PROJETO ARARIBÁ

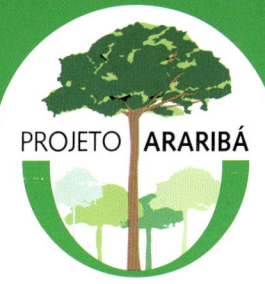

CIÊNCIAS

8

Ensino Fundamental de nove anos

Organizadora: Editora Moderna
Obra coletiva concebida, desenvolvida e produzida pela Editora Moderna.

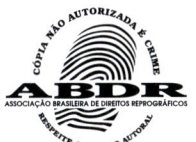

Editor Executivo:
José Luiz Carvalho da Cruz

2ª edição

Moderna

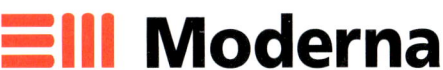

© Editora Moderna, 2007

≣III Moderna

Elaboração de originais

Giovano Candiani
Bacharel em Ecologia pela Unesp de Rio Claro.

Rita Helena Bröckelmann
Bacharel em Ciências Biológicas e especialista em Botânica pela UFLA.

Rodrigo Antunes Caires
Bacharel e licenciado em Ciências Biológicas pela USP e mestre em Zoologia pela USP.

Vanessa Shimabukuro
Bacharel e licenciada em Ciências Biológicas pela USP e mestre em Zoologia pela USP.

Coordenação editorial: José Luiz Carvalho da Cruz
Coordenação de edição de texto: Lídia Toshie Tamazato, Rita Helena Bröckelmann
Assessoria didática e pedagógica: Antonio Carlos Rodrigues de Amorim – Bacharel licenciado em Biologia pela UFV. Mestre e doutor em Educação pela Unicamp.
Edição de texto: Rita Helena Bröckelmann, Rodrigo Antunes Caires, Ronaldo Rocha, Vanessa Shimabukuro
Coordenação de *design* e projetos visuais: Sandra Botelho de Carvalho Homma
Projeto gráfico e capa: Everson de Paula
 Foto de capa: Réptil do gênero *Phelsuma*, encontrado em Madagascar © Martin Harvey/Alamy-Other Image
Coordenação de produção gráfica: André Monteiro, Maria de Lourdes Rodrigues
Coordenação de revisão: Estevam Vieira Lédo Jr.
Revisão: Adriana Bairrada, Ana Maria C. Tavares, Elaine C. del Nero, Estevam Vieira Lédo Jr., Sandra Garcia Cortes, Sirlaine Cabrine Fernandes
Edição de arte: Cristiane Alfano
Editoração eletrônica: Daniel H. Aoki, Ricardo de Gan Braga
Ilustrações: Andréa Vilela, Ari Nicolosi, Cecília Iwashita, Erika Onodera, Jurandir Ribeiro, Marcos Aurélio Neves Gomes, Osvaldo Sequetin, Paulo Cesar Pereira, Paulo Manzi, Sirio Cançado, Vicente Mendonça
Assessoria de projetos visuais: William Hiroshi Taciro
Cartografia: Alessandro Passos da Costa
Coordenação de pesquisa iconográfica: Ana Lucia Soares
As imagens identificadas com a sigla CID foram fornecidas pelo Centro de Informação e Documentação da Editora Moderna.
Pesquisa iconográfica: Evelyn Torrecilla, Maria Magalhães
Coordenação de *bureau*: Américo Jesus
Tratamento de imagens: Evaldo Almeida, Fabio Novaes Precendo, Rubens M. Rodrigues
Pré-impressão: Helio P. de Souza Filho, Marcio Hideyuki Kamoto
Coordenação de produção industrial: Wilson Aparecido Troque
Impressão e acabamento: Corprint Gráfica e Editora Ltda.

Dados Internacionais de Catalogação na Publicação (CIP)
(Câmara Brasileira do Livro, SP, Brasil)

Projeto Araribá : ciências / ensino fundamental / obra coletiva concebida, desenvolvida e produzida pela Editora Moderna ; editor executivo José Luiz Carvalho da Cruz. — 2. ed. — São Paulo : Moderna, 2007.

Obra em 4 v. para alunos do 6º ano (5ª sér.) — 7º ano (6ª sér.) — 8º ano (7ª sér.) — 9º ano (8ª sér.).
 "Componente curricular : Ciências"
Bibliografia.

1. Ciências (Ensino fundamental) I. Cruz, José Luiz Carvalho da.

07-4249 CDD-372.35

Índices para catálogo sistemático:
1. Ciências : Ensino fundamental 372.35

ISBN 978-85-16-05525-7 (LA)
ISBN 978-85-16-05526-4 (LP)

Reprodução proibida. Art. 184 do Código Penal e Lei 9.610 de 19 de fevereiro de 1998.
Todos os direitos reservados
EDITORA MODERNA LTDA.
Rua Padre Adelino, 758 - Belenzinho
São Paulo - SP - Brasil - CEP 03303-904
Vendas e Atendimento: Tel. (0__11) 2790-1500
Fax (0__11) 2790-1501
www.moderna.com.br
2009
Impresso no Brasil

1 3 5 7 9 10 8 6 4 2   R.O.

Apresentação

A Ciência é uma atividade social, realizada por homens e mulheres, que se relaciona com aspectos econômicos, políticos e culturais de determinadas sociedades.

Tem sua origem na palavra latina scientia, *que significa conhecimento, ou seja, um conjunto de informações, valores e atitudes com relação à realidade. Dependendo da época, um conhecimento pode ser considerado mais válido do que outro.*

A Ciência é uma atividade realizada por um grupo social específico, os cientistas. É de responsabilidade desse grupo questionar, interpretar alguns fatores considerados importantes socialmente e obter recursos financeiros para a realização do seu trabalho.

Este livro apresenta vários temas em que é possível conhecer diferentes características das Ciências Naturais.

Nele há respostas para algumas de suas dúvidas e também surgirão perguntas que ainda não foram respondidas, para que você pense e investigue sobre elas.

Sempre que possível, procure a sua professora ou o seu professor: converse sobre suas dúvidas e dê também a sua opinião.

Esperamos que este livro o incentive a construir seus conhecimentos, testando, errando e acertando. Esperamos também que ele o auxilie a trabalhar em equipe, cuidar da saúde, do ambiente e da qualidade de vida.

Bons estudos!

Organização da Unidade

Páginas de abertura

Cada livro contém oito unidades, que se organizam em páginas duplas espelhadas. Há seis tipos principais de páginas:

Abertura, Temas, Atividades, Pontes, portas e janelas, Por uma nova atitude e Compreender um texto.

Ao final do livro são oferecidas sugestões de experimentos mais abrangentes nas Oficinas de Ciências.

Por que estudar esta Unidade?

Um pequeno texto introdutório procura mobilizar o interesse do estudante no estudo de assuntos tratados na Unidade. Mostra exemplos e enfatiza a necessidade do aprendizado científico para a formação do cidadão.

Começando a Unidade

As perguntas propostas convidam o estudante a refletir sobre acontecimentos, fatos ou fenômenos naturais.

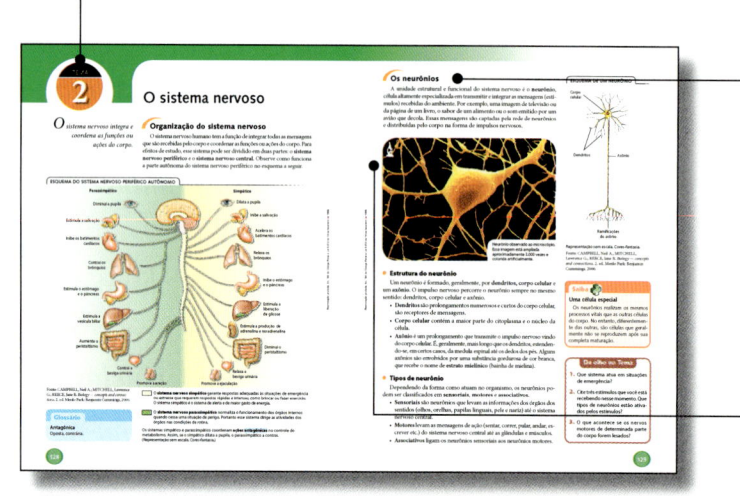

Temas

Os conteúdos foram selecionados e organizados em **temas**, que se sucedem por duplas de páginas. Clareza, adequação e interação entre conceitos foram os critérios para essa seleção.

Recurso discursivo

Um sistema de títulos hierarquiza as ideias principais do texto.

As fotomicrografias são sinalizadas com o ícone de um microscópio (🔬).

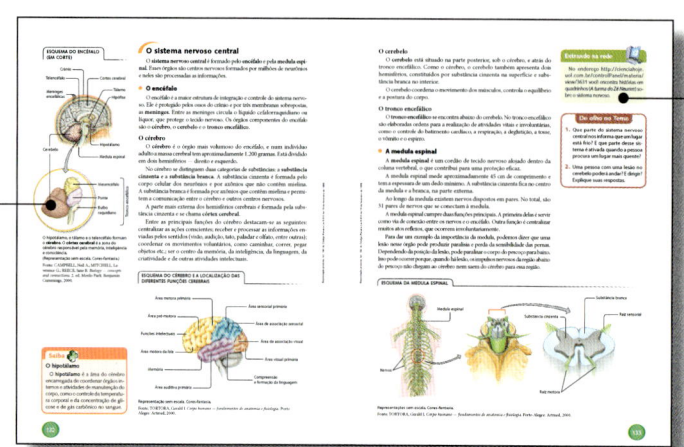

Entrando na rede

Sugestões de endereços para o aluno pesquisar na internet.

Os **elementos gráficos** (fotografias, gráficos, mapas e esquemas) ganham mais espaço e importância nesta edição. Esses elementos são auxiliares fundamentais dos textos informativos.

Um pequeno texto – *olho* – traz a ideia essencial que será desenvolvida no tema.

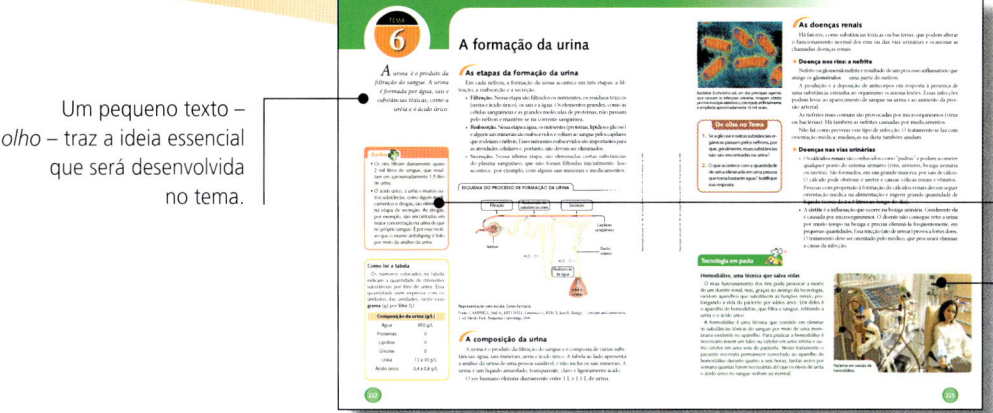

Saiba +

Boxe que traz uma informação adicional ou uma curiosidade relativa ao tema.

Tecnologia em pauta, Ambiente em pauta ou Saúde em pauta

São quadros que mostram a relação das Ciências com a tecnologia, o ambiente ou a saúde.

De olho nas notícias

Neste livro o primeiro Tema de cada Unidade apresenta trechos de notícias de várias mídias sobre assuntos referentes à Unidade.

De olho no Tema

São exercícios que ajudam a verificar o aprendizado logo após o estudo do Tema.

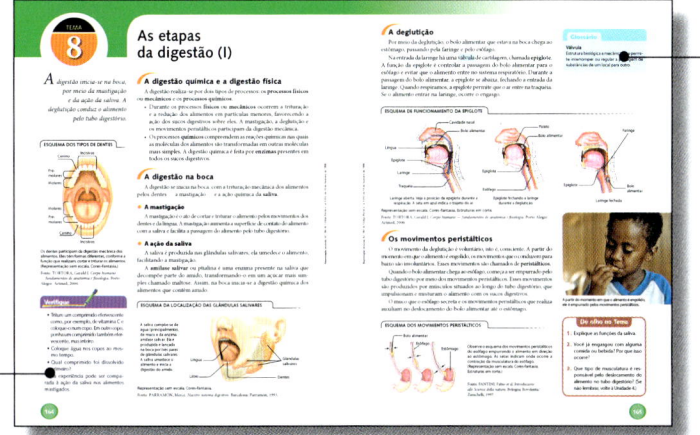

Verifique

Atividades procedimentais simples e diretas proporcionam, em certos momentos, uma abordagem lúdica para a sala de aula.

Glossário

Contém a explicação de um termo mais difícil.

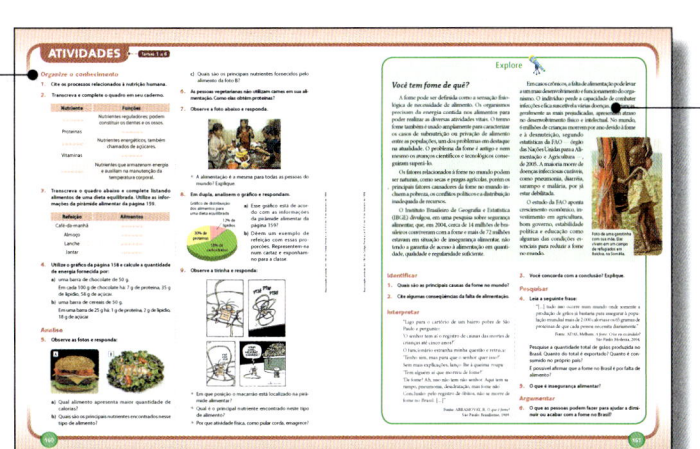

Organize o conhecimento e Analise

Essas atividades trabalham habilidades como a compreensão e a aplicação de conceitos e enfatizam o uso de técnicas de leitura, registro e interpretação.

Explore

Propõe a investigação de fatos e acontecimentos, bem como a exploração de ideias novas. Incentiva o trabalho em equipe e a argumentação.

Por uma nova atitude

Programa cujo objetivo é desenvolver **atitudes**, **interesses** e **hábitos** que reforçam a preservação ambiental e a preservação da saúde. Os textos escolhidos abordam temas transversais, como meio ambiente, saúde, ética, consumo, trabalho e pluralidade cultural.

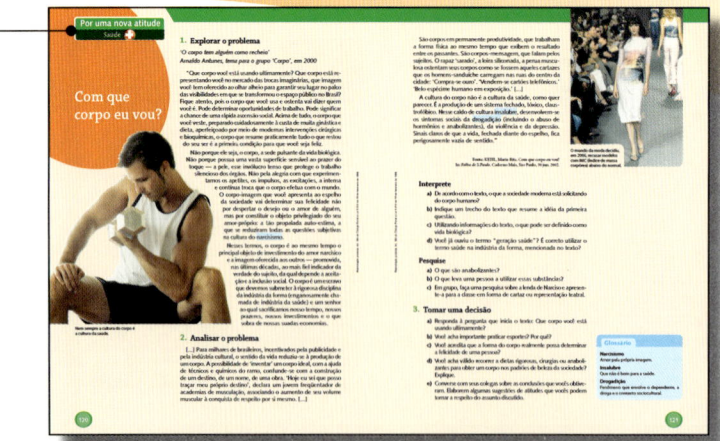

Compreender um texto

Páginas que desenvolvem a compreensão leitora, ensinando a leitura e a interpretação de textos e imagens de divulgação científica.

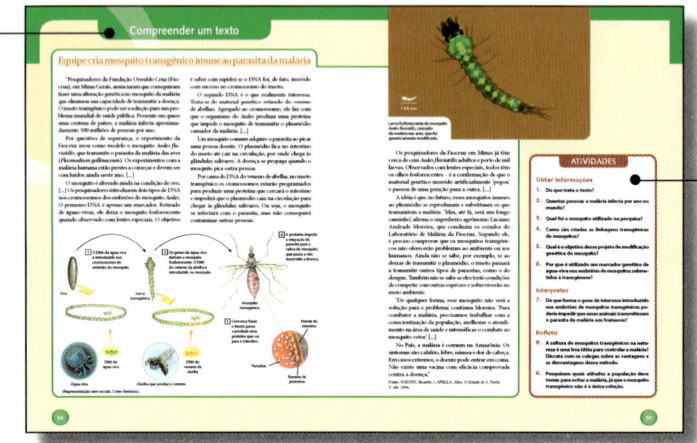

Atividades

As atividades sobre o texto estimulam a obtenção de informações e a reflexão.

Pontes, portas e janelas...

Sintonia entre as Ciências

NOVA SEÇÃO • Museus, Casas de Ciência, pesquisadores e inventores podem servir como pontes, portas ou janelas que proporcionam um contato real (ou virtual) com o mundo científico. Essas páginas têm o propósito de estimular esse contato, visto que museus, casas e cientistas são elos importantes no estudo de Ciências.

Cada oficina apresenta os **objetivos**, o **material** necessário, os **procedimentos** e as **atividades exploratórias**.

Oficinas de Ciências

Incluem atividades experimentais, estudo do meio, construção de modelos e montagens entre outras propostas de investigação.

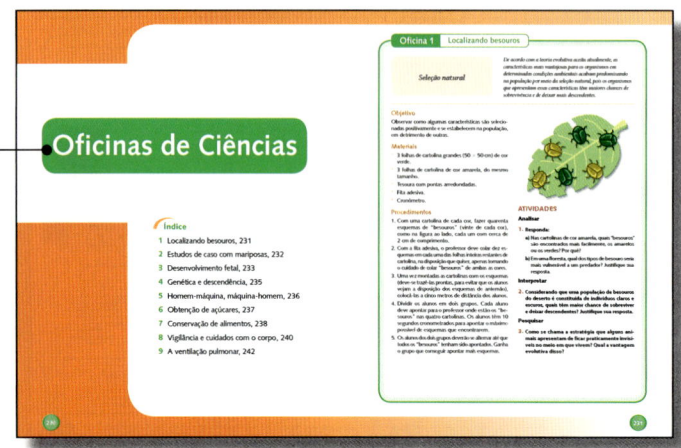

Sumário

SOMOS TODOS UM SÓ? — 12

UNIDADE 1

- **TEMA 1** De olho nas notícias 14
- **TEMA 2** A comunicação e os movimentos humanos 16
  A linguagem corporal e falada, 16 | A imagem, 16 | O andar bípede, 17 | As mãos humanas, 17
- **TEMA 3** O comportamento humano 18
  As ações humanas, 18
- **TEMA 4** O ser humano no reino animal, 20
  Quem somos?, 20 | O que há de diferente em nossa espécie?, 20 | O tamanho do crânio, 21 | O cérebro humano, 21

  Atividades Temas 1 a 4 22
  Explore Investigando os fósseis 23
- **TEMA 5** Darwin e Wallace, dois evolucionistas 24
  O pensamento evolucionista, 24 | Os fatos que Darwin observou, 26 | Dos fatos às ideias, 27
- **TEMA 6** Evolução biológica 28
  Mudanças no cenário terrestre, 28 | Evidências da evolução, 29
- **TEMA 7** Seleção e adaptação 30
  A adaptação ao ambiente, 30 | A seleção, 31 | Formação de novas espécies, 31

  Atividades Temas 5 a 7 32
  Explore Animais camuflados, os discretos competidores da corrida evolutiva 33
- **Pontes, portas e janelas...** Museu Paraense Emílio Goeldi: Ciências Humanas da Amazônia 34
- **Por uma nova atitude** Especiação 36
- **Compreender um texto** "Tradições" culturais do macaco-prego 38

PERÍODO DE MUDANÇAS — 40

UNIDADE 2

- **TEMA 1** De olho nas notícias 42
- **TEMA 2** Crescimento e mudanças no corpo humano 44
  A adolescência, 44
- **TEMA 3** De olho no texto 46
- **TEMA 4** O sistema genital masculino 48
  As partes do sistema genital masculino, 48
- **TEMA 5** O sistema genital feminino 50
  As partes do sistema genital feminino, 50
- **TEMA 6** Os métodos anticoncepcionais 52
  Métodos para evitar a gravidez, 52

  Atividades Temas 1 a 6 54
  Explore Expressando a sexualidade 55
- **TEMA 7** O ciclo menstrual 56
  Como ocorre o ciclo menstrual, 56

Sumário

- **TEMA 8** A fecundação..57
  O encontro do ovócito com o espermatozoide..........................57
- **TEMA 9** A gravidez, a gestação e o parto......................................58
  A gravidez, 58 | A gestação, 58 | A gravidez na adolescência, 60 | O parto, 61

  Atividades Temas 7 a 9 62
  Explore Gestação especial: formação de gêmeos 63
- **Por uma nova atitude** Doenças sexualmente transmissíveis (DSTs) 64
- **Compreender um texto** Primeiro bebê de proveta brasileiro fez 20 anos.....................66

UNIDADE 3 — HERANÇA E IDENTIDADES — 68

- **TEMA 1** De olho nas notícias..70
- **TEMA 2** A célula..72
  A unidade da vida, 72 | As estruturas das células, 72
- **TEMA 3** O núcleo e a informação hereditária 74
  O núcleo celular, 74 | A divisão celular, 75

  Atividades Temas 1 a 3 76
  Explore A célula, a unidade do ser vivo 77
- **TEMA 4** Herança biológica..78
  Os genes, 78 | Manipulação dos genes e interesses econômicos, 79
- **TEMA 5** Os cromossomos e o cariótipo...................................81
  Dos pais para os filhos, 81 | Os cromossomos determinam o sexo, 81 | Alterações do número de cromossomos, 82 | Doenças genéticas, 82

  Explore Investigando a herança humana: genealogias 83
- **TEMA 6** Hereditariedade humana 84
  Tipo sanguíneo, 84 | O sistema Rh, 85

  Atividades Temas 4 a 6 86
  Explore Analisando a imagem 87
- **TEMA 7** Genética: um pouco de história..................................88
  Mendel, suas observações e seus experimentos, 88 | Os cruzamentos de Mendel, 89 | Os resultados dos experimentos de Mendel, 89 | A Genética hoje, 90 | O que é clonagem?, 91
- **Por uma nova atitude** Células-tronco 92
- **Compreender um texto** Equipe cria mosquito transgênico imune ao parasita da malária.....94

UNIDADE 4 — SUPERANDO OBSTÁCULOS — 96

- **TEMA 1** De olho nas notícias..98
- **TEMA 2** Os tecidos animais...100
  As células formam diferentes tecidos, 100

  Explore Percepção na cidade 103
- **TEMA 3** Os sentidos..104
  Recepção dos estímulos ambientais, 104 | Tato, 104 | Gustação, 105 | Olfato, 105
- **TEMA 4** Visão..106
  Estrutura do olho, 106 | Funcionamento do olho, 107 | Entrada de luz no olho, 107
- **TEMA 5** Audição..108
  Estrutura da orelha, 108 | Funcionamento da orelha, 109 | Equilíbrio, 109 | Intensidade dos sons, 109

Atividades Temas 1 a 5 110
Explore Ametropias 111

■ **TEMA 6 O sistema esquelético**..112
  Tecido ósseo, 112

■ **TEMA 7 O sistema muscular**...114
  Tecido muscular, 114 | Tipos de músculo, 114 | Locomoção, 114

■ **TEMA 8 As articulações** 116
  Tipos de articulação, 116 | Elementos de uma articulação móvel, 116 |
  Doenças das articulações, 116

■ **TEMA 9 Lesões nos ossos e músculos** 117
  Lesões nos ossos e nas articulações, 117 | Lesões nos músculos, 117 |
  Como prevenir lesões, 117

  Atividades Temas 6 a 9 118
  Explore O que acontece com os músculos? 119
■ **Por uma nova atitude** Com que corpo eu vou? 120
■ **Compreender um texto** Heróis 122

COMO VOCÊ SE SENTE?   124

UNIDADE 5

■ **TEMA 1 De olho nas notícias**..126
■ **TEMA 2 O sistema nervoso** 128
  Organização do sistema nervoso, 128 | Os neurônios, 129 |
  A coordenação nervosa, 130 | O sistema nervoso periférico, 131 |
  O sistema nervoso central, 132 | Ações voluntárias e ações involuntárias, 134

  Atividades Temas 1 e 2 136
  Explore Cresce consumo de drogas no País 137
■ **TEMA 3 As drogas** 138
  De olho na notícia, 138 | O que são as drogas, 138 | Classificação das drogas, 139
■ **TEMA 4 O sistema endócrino** 140
  As glândulas endócrinas, 140
■ **TEMA 5 Saúde dos sistemas nervoso e endócrino** 142
  Distúrbios neurológicos: dá para prevenir!, 142 | Desequilíbrios endócrinos, 143

  Atividades Temas 3 a 5 144
  Explore O cérebro dos adolescentes: manual do usuário..145
■ **Por uma nova atitude** O álcool afeta o sistema nervoso? 146
■ **Compreender um texto** Tropeçando em uma nova língua 148

BOM APETITE!   150

UNIDADE 6

■ **TEMA 1 De olho nas notícias**..152
■ **TEMA 2 A nutrição e os alimentos**..154
  A nutrição, 154 | Os alimentos e os nutrientes, 154
■ **TEMA 3 Vitaminas e sais minerais**...155
  As vitaminas, 155 | Os sais minerais, 155
■ **TEMA 4 Carboidratos, lipídios e proteínas**...156
  Os carboidratos, 156 | Os lipídios, 157 |
  As proteínas, 157
■ **TEMA 5 A energia nos alimentos**..158
  As calorias, 158

Sumário

- **TEMA 6 A dieta adequada** **159**
  A pirâmide alimentar, 159

  Atividades Temas 1 a 6 160
  Explore Você tem fome de quê? 161

- **TEMA 7 A nutrição: o sistema digestório** **162**
  O sistema digestório, 162

- **TEMA 8 As etapas da digestão (I)** **164**
  A digestão química e a digestão física, 164 | A digestão na boca, 164 |
  A deglutição, 165 | Os movimentos peristálticos, 165

- **TEMA 9 As etapas da digestão (II)** **166**
  A digestão no estômago, 166 | A digestão no intestino delgado, 166 |
  O intestino grosso, 167

- **TEMA 10 A saúde do sistema digestório** **168**
  O sistema digestório e hábitos saudáveis, 168 |
  Algumas doenças do sistema digestório, 168

  Atividades Temas 7 a 10 172
  Explore O cólera 173

- **Por uma nova atitude** Obesidade: uma nova epidemia? 174
- **Compreender um texto** O 'protato': ajuda para os pobres ou cavalo de Troia? 176

UNIDADE 7 — TUM... TUM... TUM... O PULSAR DA VIDA — 178

- **TEMA 1 De olho nas notícias** **180**
- **TEMA 2 Sistema cardiovascular** **182**
  Um sistema muito abrangente, 182 | Vasos sanguíneos, 182

- **TEMA 3 O sangue e seus componentes** **184**
  Composição do sangue, 184

- **TEMA 4 Coração: o sangue vai e volta** **186**
  O coração e suas cavidades, 186 | Os batimentos do coração, 187

  Atividades Temas 1 a 4, 188
  Explore: A medida da pulsação, 189

- **TEMA 5 A circulação do sangue e da linfa** **190**
  O percurso do sangue, 190 | Como é formado o sistema linfático, 191 | O que faz o
  sistema linfático, 191

- **TEMA 6 O sistema imunitário** **192**
  A defesa do organismo, 192 | Tipos de leucócitos, 192 | Quando o sistema imunitário
  falha, 193 | A imunidade, 195

- **TEMA 7 A saúde do sistema cardiovascular** **196**
  Doenças cardiovasculares, 196

- **TEMA 8 A saúde do sistema linfático** **197**
  Atividades Temas 5 a 8 198
  Explore Os primeiros passos da vacinação 199

- **Pontes, portas e janelas...** O Instituto Bio-Manguinhos 200
- **Por uma nova atitude** Aids e preconceito 202
- **Compreender um texto** A Revolta da Vacina 204

RENOVANDO A VIDA 206

UNIDADE 8

- **TEMA 1** De olho nas notícias 208
- **TEMA 2** A saúde e a sociedade 210
  Saúde e desenvolvimento, 210 | O ambiente e as doenças respiratórias, 212 | Prevenção e tratamento, 213
- **TEMA 3** A respiração: o sistema respiratório 214
  O sistema respiratório, 214
- **TEMA 4** A entrada e a saída de ar do corpo humano 216
  Os movimentos respiratórios, 216 | A regulação da respiração, 216 | Os gases da respiração, 217 | A troca de gases e a difusão, 217

  Atividades Temas 1 a 4 218
  Explore A poluição em nossa vida 219
- **TEMA 5** O sistema urinário humano 220
  A excreção, 220
- **TEMA 6** A formação da urina 222
  As etapas da formação da urina, 222 | A composição da urina, 222 | As doenças renais, 223

  Atividades Temas 5 e 6 224
  Explore A salgada decisão do náufrago sedento 225
- **Por uma nova atitude** A saúde e o hábito de fumar 226
- **Compreender um texto** A polêmica do futebol nas alturas 228

OFICINAS DE CIÊNCIAS 230

1. Localizando besouros 231
2. Estudos de casos com mariposas 232
3. Desenvolvimento fetal 233
4. Genética e descendência 235
5. Homem-máquina, máquina-homem 236
6. Obtenção de açúcares 237
7. Conservação de alimentos 238
8. Vigilância e cuidados com o corpo 240
9. A ventilação pulmonar 242

- **Fique por dentro** 244
- **Referências bibliográficas** 246

UNIDADE 1
Somos todos um só?

Os Estatutos do Homem

Artigo I
Fica decretado que agora vale a verdade,
agora vale a vida,
e que de mãos dadas,
trabalharemos todos pela vida verdadeira.

Artigo II
Fica decretado que todos os dias da semana,
inclusive as terças-feiras mais cinzentas,
têm direito a converter-se em manhãs de domingo.
[...]

Artigo IV
Fica decretado que o homem
não precisará nunca mais
duvidar do homem.
Que o homem confiará no homem
como a palmeira confia no vento,
como o vento confia no ar,
como o ar confia no campo azul do céu.

   Parágrafo único:
   O homem confiará no homem
   como um menino confia em outro menino.
   [...]

Artigo VII
Por decreto irrevogável fica estabelecido
o reinado permanente da justiça e da claridade,
e a alegria será uma bandeira generosa
para sempre desfraldada na alma do povo.

Artigo VIII
Fica decretado que a maior dor
sempre foi e será sempre
não poder dar-se amor a quem se ama
e saber que é a água
que dá à planta o milagre da flor.

Artigo IX
Fica permitido que o pão de cada dia
tenha no homem o sinal de seu suor.
Mas que sobretudo tenha sempre
o quente sabor da ternura.

Artigo X
Fica permitido a qualquer pessoa,
a qualquer hora da vida,
uso do traje branco.

Artigo XI
Fica decretado, por definição,
que o homem é um animal que ama
e que por isso é belo,
muito mais belo que a estrela da manhã.

Artigo XII
Decreta-se que nada será obrigado nem proibido.
Tudo será permitido,
inclusive brincar com os rinocerontes
e caminhar pelas tardes
com uma imensa begônia na lapela.

   Parágrafo único:
   Só uma coisa fica proibida:
   amar sem amor.

Artigo XIII
Fica decretado que o dinheiro
não poderá nunca mais comprar
o sol das manhãs vindouras.
Expulso do grande baú do medo,
o dinheiro se transformará em uma espada fraternal
para defender o direito de cantar
e a festa do dia que chegou.

Artigo Final
Fica proibido o uso da palavra liberdade,
a qual será suprimida dos dicionários
e do pântano enganoso das bocas.
A partir deste instante
a liberdade será algo vivo e transparente
como um fogo ou um rio,
e a sua morada será sempre
o coração do homem.

Santiago do Chile, abril de 1964.

Fonte: MELLO, Thiago. *Faz escuro mas eu canto: porque amanhã vai chegar.* 19. ed. Rio de Janeiro: Bertrand Brasil, 2000.

Por que estudar esta Unidade?

Saber as principais características dos seres humanos e sua história evolutiva, nos ajuda a entender um pouco de nós mesmos e de alguns de nossos comportamentos.

O que você sabe?

1 Qual é a importância da comunicação para os seres humanos?
2 O tamanho do cérebro determina a inteligência?
3 Quem foi Darwin? E Wallace?
4 O que é evolução?

TEMA 1

De olho nas notícias

"Somos todos um só?

Pesquisa genética internacional mostra que não existem raças na espécie humana, derrubando qualquer base científica para a discriminação

Se um pesquisador do IBGE bater à sua porta e perguntar qual é sua raça, você terá dúvidas para responder? [...] Mas, se a questão já tinha implicações políticas, econômicas e culturais, ficou ainda mais difícil [...] com a publicação de um amplo e meticuloso trabalho científico que chegou a uma conclusão taxativa: não existem raças na espécie humana.

Diferenças insignificantes – Para chegar a esta afirmação, uma equipe de cinco cientistas estudou e comparou mais de oito mil amostras genéticas colhidas aleatoriamente de pessoas de todo o mundo. Segundo Alan Templeton, biólogo americano que dirigiu a pesquisa, diferentemente de todas as outras espécies de mamíferos, não há raças entre os humanos porque 'as diferenças genéticas entre grupos das mais distintas etnias são insignificantes'. Para que o conceito de raça tivesse validade científica, 'essas diferenças teriam de ser muito maiores'. Ou seja, não importa a cor da pele, as feições do rosto, a estatura ou mesmo a origem geográfica de qualquer ser humano (traços que distinguem culturalmente as etnias): geneticamente, somos todos muito semelhantes. [...].

Tese brasileira – Os resultados mostraram que, quando há diferença genética significativa, pelo menos 85% dela acontece entre indivíduos dentro de um mesmo grupo étnico (como os asiáticos, por exemplo). As diferenças entre etnias (brancos europeus e negros africanos, por exemplo), que seriam a base para haver raças distintas, são de apenas 15% ou menos que isso. 'Um índice muito abaixo do nível usado para diferenciar raças dentro de qualquer espécie animal', explica Templeton. Isso quer dizer que dois brancos europeus diferem mais entre si do que em conjunto diferem de um africano. 'Portanto, os humanos são a mais homogênea espécie que conhecemos', diz ele. [...]"

Fonte: GODOY, Norton. "Seja racista se for capaz". In: *IstoÉ*. São Paulo: Editora Três, 18 nov. 1998.

A capa da *IstoÉ* é uma representação da homogeneidade humana: uma jovem loira de olhos verdes é resultado do cruzamento das mais diversas etnias, que remonta aos mais longínquos antepassados humanos surgidos na África.

De olho no Tema

1. O que caracteriza um grupo étnico? Você é descendente de um ou mais grupos étnicos?
2. Por que o texto diz que o genoma humano é conservado?
3. Existem raças humanas? Justifique.
4. Converse com seus colegas e opine, concordando ou discordando do autor do 2º texto ao afirmar que: "O diferente é precioso".
5. De que modo a compreensão de parentesco genômico entre os seres humanos poderia modificar nossa relação com o planeta Terra?

RAÇA

"[...] A razão pela qual 'raça' está entre aspas no texto é que, embora o IBGE ainda use o termo, ele é mais uma construção social e cultural do que biológica. Do ponto de vista genético, não existem raças humanas. [...]"

Fonte: PENA, Sérgio J. D. "Retrato Molecular do Brasil." In: *Ciência Hoje*. Rio de Janeiro: SBPC, v. 27, n. 159, abr. 2001.

LIÇÕES DE VIDA DO GENOMA HUMANO

"[...] Hoje também sabemos que, como indivíduos biológicos e como espécie, somos definidos pelo nosso genoma, o qual é extremamente conservado evolucionariamente e extraordinariamente diverso. [...]

Conservado porque entre espécies diferentes as variações genômicas não são enormes: os nossos primos chimpanzés têm um genoma quase idêntico ao nosso, com diferença de apenas 1% em sua sequência. E existem também semelhanças surpreendentes entre o genoma humano e o genoma de espécies tão distantes de nós como as moscas e mesmo as leveduras. Diverso porque, em dois seres humanos escolhidos ao acaso, notamos milhões de diferenças no genoma, não importando a origem geográfica ou étnica deles. Mais de 90% dessa variação ocorre entre indivíduos e menos de 10% ocorre entre grupos étnicos ('raças') diferentes. Em outras palavras, há apenas uma raça de *Homo sapiens*: a raça humana! [...]

Não existem diferenças suficientes entre os distintos grupos étnicos para permitir dissociar os seres humanos em 'raças' distintas. As diferenças visualizadas entre populações de diferentes continentes são muito pequenas e superficiais, não se refletindo no genoma.

Isso porque, subjacente a toda a enorme diversidade encontrada entre os seres humanos únicos, existe um genoma comum que nos difere de outros seres vivos na terra e nos define como uma espécie distinta (*Homo sapiens*). O compartilhamento desse genoma por todos nós é um fato biologicamente fundamental e extremamente importante, que deveria gerar um forte sentimento de fraternidade e de solidariedade na espécie humana.

Mulheres africanas em trajes típicos.

Mulheres chinesas em trajes típicos.

Indígena da tribo dos caiapós.

Além disso, essa solidariedade derivada do nosso 'compartilhamento genômico' deveria ser estendida a toda a biosfera, que é, como nós, herdeira de um genoma primordial que deu origem ao primeiro ser vivo na terra, a partir do qual todos os outros derivaram.

No início do novo milênio, seria muito desejável – mesmo que um pouco utópico – poder traduzir esses conhecimentos do Projeto Genoma Humano em um novo paradigma genômico de relações humanas, criando, assim, uma sociedade mais sábia e mais justa.

Nossa altíssima individualidade genética deveria ser vista como fonte pessoal de orgulho e de dignidade. Sentimentos racistas deveriam ser substituídos pela compreensão de que 'o diferente é precioso'!

Talvez assim pudéssemos até começar a tratar o nosso planeta com renovado respeito, oriundo da consciência do parentesco genômico, da herança única do DNA que une todos os seres vivos. União que vem do compartilhamento do primeiro genoma que originou a vida na Terra, provavelmente como um evento ímpar, que aconteceu uma única vez e provavelmente não se repetiu e nem se repetirá jamais."

Fonte: PENA, Sérgio Junho Danilo, 52, médico geneticista, é diretor do Centro de Análise e Tipagem de Genomas do Hospital do Câncer A.C. Camargo, presidente do Gene – Núcleo de Genética Médica e professor de bioquímica da UFMG. "Lições de vida do genoma humano". In: *Folha de S.Paulo*. Folha Opinião, São Paulo, 23 jan. 2001.

Glossário

Genoma
Conjunto de todos os genes de uma espécie, ou seja, conjunto de todos os trechos de moléculas de DNA que contêm informações hereditárias para as características de uma espécie.

A comunicação e os movimentos humanos

Para muitos animais, inclusive o ser humano, a comunicação e a movimentação são necessárias à sobrevivência e à perpetuação das espécies.

A linguagem corporal e falada

A comunicação tem grande importância para toda a vida animal. A postura e os movimentos do corpo podem transmitir mensagens. Inclinar a cabeça, arquear as costas, fixar ou desviar o olhar, eriçar os pelos ou as penas, tudo isso faz parte da comunicação de alguns animais, inclusive os seres humanos.

Na linguagem corporal da espécie humana há movimentos que expressam informações, como o movimento das mãos, da cabeça, dos músculos da face, os sorrisos, as caretas, o aperto de mão e a agitação dos punhos. Há várias formas de comunicação por meio de gestos para pessoas com diferença de percepção auditiva e/ou oral (surdo-mudo). No Brasil, é utilizada a *LIBRAS* — Língua Brasileira de Sinais —, que pode ser aprendida por qualquer pessoa.

Em alguns grupos de animais, como as aves e os mamíferos, a comunicação por meio de sons é importante para a perpetuação da espécie.

A linguagem corporal é muito utilizada pelos seres humanos para comunicar-se, mas a **voz** é o principal canal de informações. A espécie humana é a única que tem uma linguagem formada por sons completos e articulados: as palavras. Isso é possível graças à complexidade dos órgãos da fala e do cérebro.

- O ser humano, diferentemente de qualquer outro animal, tem a linguagem falada caracterizada por um vocabulário.
- A fala é um meio sem comparação para a troca de informações complexas. A fala é uma parte essencial das **interações sociais** entre os indivíduos de nossa espécie, *Homo sapiens*.

A linguagem falada é, portanto, exclusiva do ser humano.

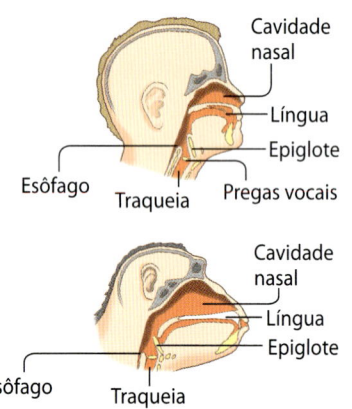

ESQUEMA DA LOCALIZAÇÃO DO SISTEMA DE PRODUÇÃO DA VOZ NO SER HUMANO E NO CHIMPANZÉ

As diferenças entre a parte superior do sistema respiratório humano e a de um chimpanzé estão associadas à capacidade de falar do ser humano. (Esquema sem escala. Cores-fantasia. Estruturas em corte.)

Fonte: JONES, Steve et al. *The Cambridge Encyclopedia of Human Evolution*. Cambridge: University Press, 1992.

A imagem

A **imagem** é outra importante forma de comunicação para o ser humano. Há registros antigos de comunicação por meio de imagens nas cavernas: as **pinturas rupestres**. Atualmente é usual a utilização da imagem como comunicação em sinais de placas de trânsito, cartazes, imagens televisivas, cinema etc.

O ser humano também se comunica por meio da **escrita**. Essa forma de comunicação é muito antiga; os primeiros indícios são de que ela teria surgido na história humana há pelo menos 6 mil anos.

Saiba

Os diferentes significados de um mesmo gesto

Girar o dedo indicador em volta da têmpora
- **EUA, Brasil** – alguém é doido.
- **Argentina** – alguém querendo falar com você no telefone.
- **Alemanha** – ofensa de trânsito.

O polegar para cima
- **Pilotos de avião** – está tudo bem.
- **EUA, Brasil** – pedir carona.
- **Japão** – indica nº 5.
- **Alemanha** – indica nº 1.

Balançar a cabeça de um lado para outro
- **Maior parte do ocidente** – significa não.
- **Grécia, Bulgária, Turquia, Irã** – significa sim.

Fonte: *Folha de S.Paulo*, 10 set. 1995, p. 3-6.

O andar bípede

O ser humano é **bípede**, ou seja, caminha sobre os dois membros inferiores. A espécie humana é mais adaptada que outros primatas ao **andar bípede**.

A forma de andar sobre os dois pés pode ser observada nas seguintes características do **sistema locomotor**:

- A **coluna vertebral** humana é vertical e apresenta leves curvaturas que permitem melhor distribuição da massa corporal.
- As **pernas** são longas e têm músculos fortes que permitem a locomoção e a manutenção da postura bípede.
- A **pelve** é larga e curta, o que facilita consideravelmente a postura ereta e a locomoção bípede. Veja as figuras ao lado.

Adotar a postura ereta e desenvolver a habilidade das mãos são etapas da evolução humana. Além disso, os seres humanos apresentam outras características ligadas ao hábito bípede.

- Desenvolvimento da habilidade para o transporte de alimentos entre lugares diferentes.
- Redução de pelos sobre as áreas do corpo não expostas aos raios solares mais intensos, o que contribui para a manutenção da temperatura corporal, pois permite maior troca de calor com o ambiente.
- Diminuição do consumo de energia em caminhadas a velocidades normais e aumento do campo da visão.

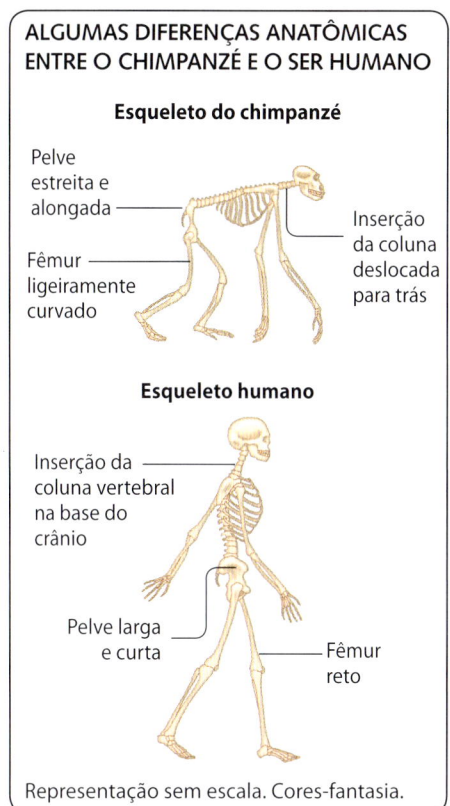

ALGUMAS DIFERENÇAS ANATÔMICAS ENTRE O CHIMPANZÉ E O SER HUMANO

Esqueleto do chimpanzé: Pelve estreita e alongada; Fêmur ligeiramente curvado; Inserção da coluna deslocada para trás.

Esqueleto humano: Inserção da coluna vertebral na base do crânio; Pelve larga e curta; Fêmur reto.

Representação sem escala. Cores-fantasia.

As mãos humanas

As **mãos humanas** são diferentes das dos outros primatas. A palma da mão é mais curta e o polegar está mais próximo dos outros dedos, o que facilita muito os movimentos.

Graças à **mobilidade do polegar**, a mão pode realizar movimentos complexos, como segurar pequenos objetos e movê-los com precisão. Um exemplo de movimento complexo da mão é a **escrita**.

A **utilização das mãos** foi decisiva para a evolução dos seres humanos.

O ser humano, diferentemente dos outros primatas, começou a utilizar somente os pés para se locomover. Isso deixou as mãos livres para pegar e segurar objetos, assim como para fabricar ferramentas que o ajudaram a enfrentar o meio em que vivia.

A habilidade manual humana permitiu a confecção de entalhes em ossos e marfim e, posteriormente, a confecção de estátuas de pedra, das **pinturas rupestres** e das obras de **arte** de nossos dias, entre outras manufaturas.

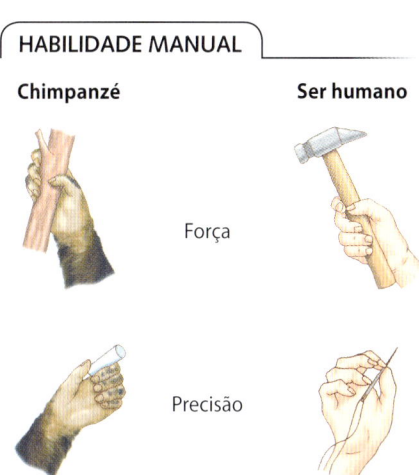

HABILIDADE MANUAL

Chimpanzé — Ser humano — Força — Precisão

Tanto o chimpanzé como o ser humano podem segurar um objeto com força, mas a mão humana pode conseguir posturas de precisão muito mais eficazes.
Representação sem escala. Cores-fantasia.

Fonte: BERGAU, Manfred. *Umwelt: Biologie*. Stuttgart: Ernest K. Schulbuchverlag, 1987.

De olho no Tema

1. Que características do seu sistema respiratório tornam o ser humano capaz de formar os sons elaborados da fala?
2. Que vantagens você pode listar quanto ao hábito bípede de locomoção dos seres humanos?
3. Cite três atividades que exigem a precisão dos movimentos das mãos.
4. Experimente prender o polegar junto à palma de sua mão com uma fita adesiva. Em seguida, tente pegar algum objeto. O que você percebe?

TEMA 3

O comportamento humano

A inteligência é a capacidade de aprender, de ser criativo e de resolver problemas.

Os comportamentos sociais humanos se desenvolveram bem antes do raciocínio e indicam a capacidade de reagir e refletir diante das ações instintivas.

As ações humanas

Existem ações que se realizam conscientemente e outras que ocorrem por reflexo ou por instinto. O ser humano age com **consciência**, porém apresenta também, como os outros animais, **reflexos** e **instintos**.

● As ações por reflexo e instinto

- **Reflexos** são processos especiais de reação do organismo a determinados estímulos. São involuntários, hereditários (passados dos pais para os filhos) e uniformes. É o caso, por exemplo, da contração ou dilatação da íris dos olhos sob a ação da luz ou dos movimentos das paredes do estômago durante a digestão dos alimentos.
- **Instintos** são impulsos interiores que levam os seres vivos a realizar certos atos, independentemente da experiência e sem o conhecimento da finalidade desses atos.

Podemos observar o instinto, por exemplo, no comportamento da gansa ao agrupar os seus ovos. Ao ver o ovo fora do ninho, ela inicia um movimento repetido para arrastar o ovo com o bico e com o pescoço.

ESQUEMA DO COMPORTAMENTO DE MOVIMENTOS INSTINTIVOS DA GANSA

Representação sem escala. Cores-fantasia.

Fonte: CAMPBELL, Neil A.; MITCHELL, Lawrence G.; REECE, Jane B. *Biology – concepts and connections*. 2. ed. Menlo Park: Benjamin Cummings, 2000.

Se o ovo escapar ou se alguém o retirar, a gansa continua a efetuar os movimentos estereotipados mesmo na ausência do ovo, até chegar ao ninho, quando, então, começa tudo de novo.

O ser humano também tem vários movimentos instintivos. Um deles é o movimento de apreensão das mãos do recém-nascido, que se agarra fortemente ao redor do objeto que toca. Experiências quantitativas mostram que ele reage com maior força ao contato com cabelos e pelos.

No ser humano, diferentemente de outros animais, os instintos sofrem grande influência da vontade, da reflexão e do ambiente.

Glossário

Estereotipado
Que é sempre o mesmo, que não varia.

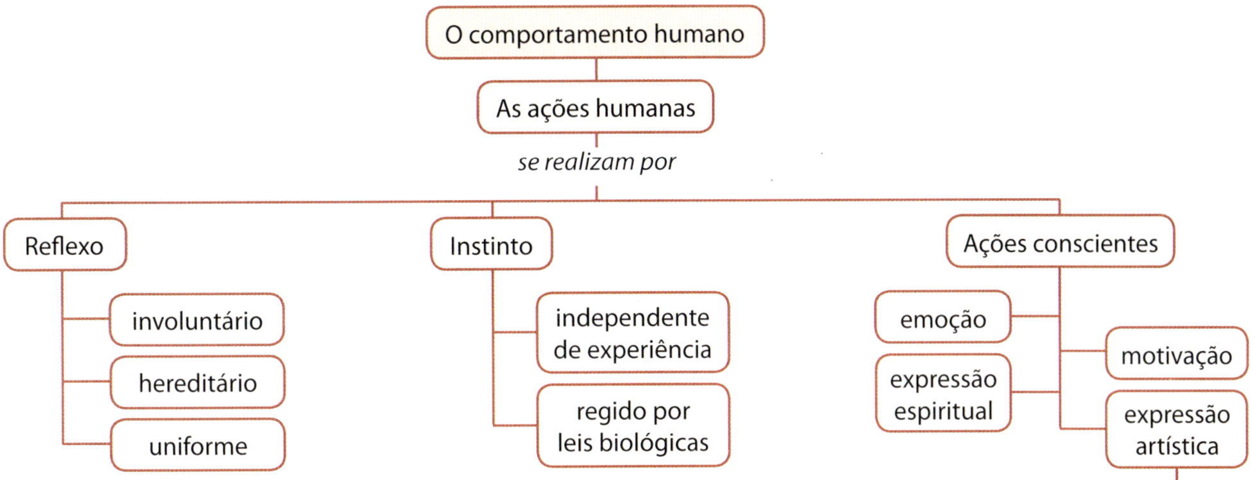

```
                    O comportamento humano
                              │
                       As ações humanas
                         se realizam por
         ┌────────────────────┼────────────────────┐
      Reflexo              Instinto          Ações conscientes
         │                    │                    │
   ─ involuntário      ─ independente         ─ emoção
   ─ hereditário         de experiência       ─ expressão espiritual
   ─ uniforme          ─ regido por           ─ motivação
                         leis biológicas      ─ expressão artística
```

Perspicácia (1936), óleo sobre tela, de René Magritte. O que o pintor retratado na tela está pintando? O que ele está utilizando como modelo? Analise a criatividade do autor dessa pintura.

• As ações conscientes

As ações voluntárias são feitas de forma **consciente**, ou seja, pensando na ação como uma possibilidade e na execução como o resultado da escolha dos meios indispensáveis para atingir um objetivo.

A maioria dos animais tomam decisões conscientemente e são capazes de interpretar e responder a estímulos do ambiente e de resolver problemas. Apenas alguns primatas, porém, conseguem **modificar os planos** e fazer as adequações necessárias para chegar ao objetivo pretendido. Por exemplo, para a construção de uma ferramenta que atinja determinado alimento, é necessária a presença de instrumentos, como um pedaço de madeira ou outro objeto, e de um apoio (como uma pedra). Se um dos instrumentos estiver faltando, esses animais são capazes de, com outros materiais, modificar o planejamento da ação e fazer as adequações necessárias para concretizar o objetivo.

Esses mesmos primatas têm a capacidade de se reconhecer como indivíduos. As características que comprovam isso são: a **emoção**, a **motivação**, e até mesmo uma **expressão artística**, presentes nesses animais. Entretanto, apenas o ser humano apresenta uma dimensão **espiritual**, ou seja, uma consciência de sua situação no ambiente, de seu possível papel na sociedade, e de que sua vida não dura para sempre. Com esses elementos, o ser humano pode buscar uma **razão**, ou um **sentido**, para a sua **existência** – coisa que nenhum outro animal é capaz de fazer.

A duração da **infância** e da **juventude** do ser humano é longa em relação à dos outros animais. Dessa forma oferece condições de maior período de aprendizagem nessas etapas.

De olho no Tema

- Em que difere o comportamento consciente dos primatas em relação à maioria dos animais?

TEMA 4

O ser humano no reino animal

A linguagem oral, a postura ereta, a habilidade com as mãos e a inteligência são algumas das características dos seres humanos.

Quem somos?

Somos membros da espécie *Homo sapiens*. O ser humano é um **mamífero**, descendente de um ramo dos **primatas**. Esse ramo é denominado hominídeo (**Hominidae**) e se separou da linhagem dos chimpanzés, nossos parentes mais próximos, há cerca de 6 milhões de anos.

Os seres humanos apresentam uma série de características idênticas e outras semelhantes às de outros seres vivos.

Como a maioria dos seres vivos, os seres humanos:
- são constituídos de células;
- têm as informações de suas características genéticas armazenadas em moléculas denominadas DNA;
- evoluem.

O que há de diferente em nossa espécie?

Os seres humanos diferem dos outros mamíferos em várias características, como:
- ter o cérebro bastante volumoso e desenvolvido;
- apresentar linguagem corporal e falada;
- caminhar eretos sobre os membros inferiores;
- ter excelente habilidade com as mãos, pois, devido à mobilidade diferenciada do polegar, executam movimentos mais precisos.

Algumas espécies de primatas são capazes de utilizar instrumentos para conseguir alimento ou se defender de predadores e competidores, e de transmitir esses conhecimentos aos demais seres de sua espécie e aos descendentes. Mas, no ser humano, essas habilidades foram refinadas ao extremo. Os seres humanos são os únicos animais que desenvolveram uma **linguagem falada** para transmitir esses conhecimentos e têm um pensamento **abstrato** que lhes possibilita diferenciar as experiências e, em consequência, distinguir o passado do presente e planejar ações futuras.

Embora ainda não saibamos como a inteligência dos seres humanos evoluiu e ficou tão mais elaborada que a dos chimpanzés e dos outros parentes primatas mais próximos, é certo que essas adaptações foram essenciais à nossa sobrevivência. A capacidade de pensar permitiu que o ser humano utilizasse o raciocínio na escolha de sua alimentação, do vestuário, da moradia e de modos de prover outras necessidades.

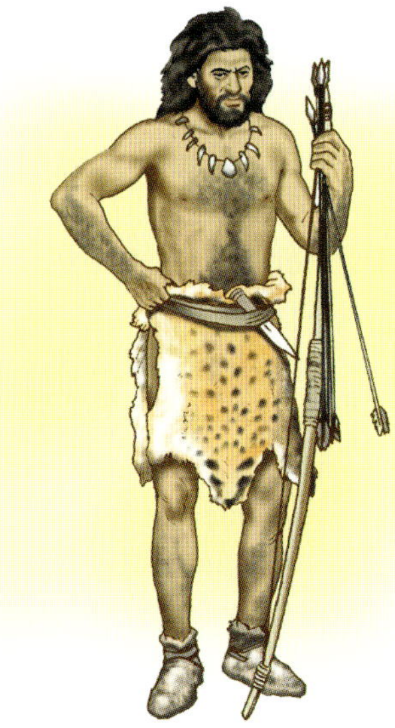

> ### Saiba
>
> **Os primatas**
>
> Dentre os mamíferos, o ramo dos **primatas** é o que apresenta maior desenvolvimento cerebral. Os primatas se originaram de **mamíferos** insetívoros, animais que se alimentam principalmente de insetos.
>
> **Evolução**
>
> Não devemos considerar uma espécie mais evoluída do que outra. Não existem espécies mais ou menos evoluídas; existem, sim, espécies mais ou menos complexas. Por exemplo, o ser humano é mais complexo do que uma ameba, porém é tão evoluído quanto ela. Isso vem do fato de que todos os organismos do planeta teriam um ancestral em comum, que teria surgido há cerca de 3,5 bilhões de anos.

20

O tamanho do crânio

O **crânio** é o conjunto de ossos da cabeça. O crânio protege o encéfalo (**cérebro** e outros órgãos, como o bulbo raquidiano e o cerebelo).

O volume do crânio de um ser humano atual é de aproximadamente 1.350 cm^3. Esse valor indica que nosso cérebro é grande quando comparado ao de outros primatas. Por exemplo, o volume do crânio de um chimpanzé é de aproximadamente 400 cm^3 e o de um gorila, de 500 cm^3.

O cérebro humano

O **cérebro** é o centro controlador de todos os outros órgãos do corpo. O cérebro tem funções superiores como **atenção**, **percepção**, **memória**, **movimento voluntário** e **linguagem**.

Os estudiosos encontram muitas dificuldades na definição das estruturas e respectivas funções do cérebro humano.

Há cérebros maiores do que o do ser humano, como o dos elefantes, que tem 6.000 cm^3. Mas a organização interna do cérebro humano é mais elaborada e há uma extensa rede de ligações entre suas estruturas. Não é apenas o tamanho do cérebro que determina a inteligência, mas também a organização e as conexões entre as estruturas do órgão.

A região mais externa do cérebro humano recebe o nome de **córtex cerebral**. O córtex é uma estrutura que contém cerca de 30 bilhões de **neurônios**. Os neurônios são as estruturas responsáveis pela transmissão de impulsos nervosos do organismo. A capacidade dos neurônios humanos de estabelecer conexões, formando áreas especializadas, fornece ao ser humano o grande potencial para aprendizado e comunicação.

REPRESENTAÇÃO DO CRÂNIO DE ALGUNS HOMINÍDEOS E SEUS RESPECTIVOS VOLUMES

385 cm^3 — *Australopithecus*
900 cm^3 — *Homo erectus*
1.400 cm^3 — *Homo neanderthalensis*
1.350 cm^3 — *Homo sapiens*

Hominídeos são a espécie humana e seus ancestrais fósseis mais próximos. Representação sem escala. Cores-fantasia.

Fonte: BLACK, Rhona M. *The elements of Paleontology*. Cambridge: Cambridge University, 1976.

REPRESENTAÇÃO DO CÓRTEX CEREBRAL DE ALGUMAS ESPÉCIES

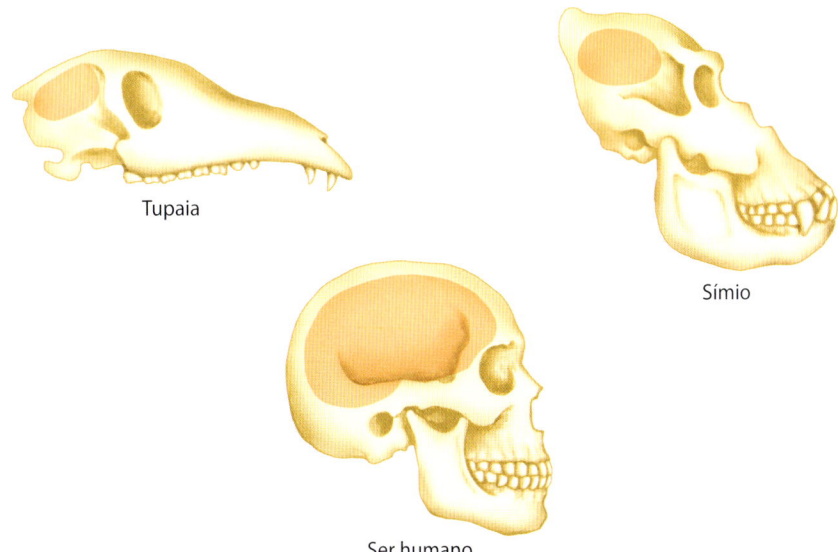

Tupaia / Símio / Ser humano

A diferença do córtex cerebral de uma tupaia, de um símio e de um ser humano. Representação sem escala. Cores-fantasia.

Fonte: AIELLO, Leslie; DEAN, Christopher. *An introduction to human evolutionary anatomy*. London: Academic Press, 1990.

De olho no Tema

1. Como a inteligência permitiu a sobrevivência do ser humano?

2. No que a linguagem do ser humano difere da dos outros animais?

3. O que determina a inteligência?

ATIVIDADES — Temas 1 a 4

Organize o conhecimento

1. Observe as figuras e responda as questões.

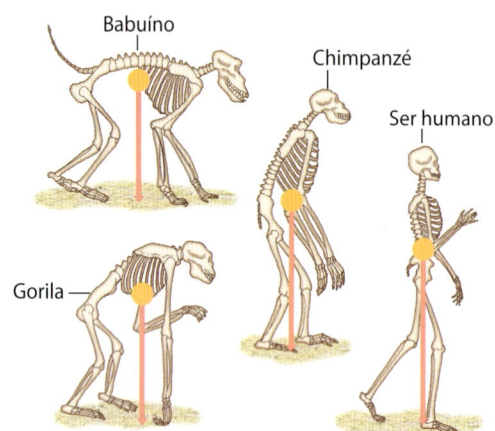

Os marcadores indicam a distância entre a caixa torácica e a superfície. As figuras não estão em proporção.

a) O que esses esqueletos têm em comum?

b) Que diferença há entre o esqueleto do ser humano e o dos outros animais?

c) Por que o ser humano tem a posição ereta?

2. Observe as figuras. Transcreva e complete a tabela, diferenciando algumas características do ser humano e do chimpanzé.

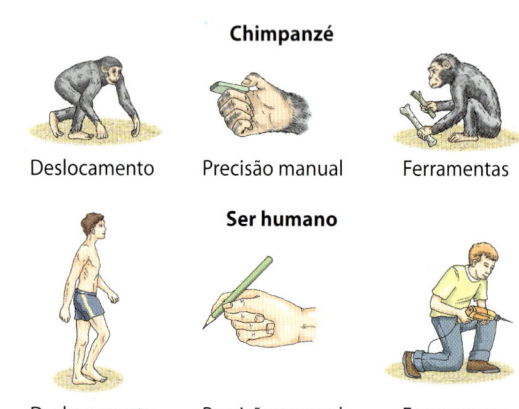

Características	Ser humano	Chimpanzé
Forma habitual de caminhar	Caminhar bípede	
Tipos de instrumento que utiliza		
Precisão manual		

3. Transcreva e complete o mapa de conceitos, substituindo as letras pelos termos adequados.

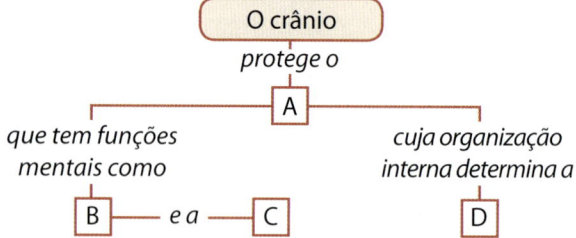

Analise

4. Responda às questões.

a) Observe o esquema da página 16. Compare a porção superior do sistema respiratório humano com a do chimpanzé e relacione as diferenças encontradas.

b) Qual é a importância da linguagem falada para os seres humanos?

c) Se um ser humano tem alguma deficiência que o impossibilite de falar, ele não pode se comunicar com os demais? Justifique.

5. Elabore um pequeno texto tentando responder ao título da reportagem "Somos todos um só?" encontrada no Tema 1. Leia-o para a classe e ouça a opinião dos seus colegas.

6. Forme um grupo com seus colegas e analisem atentamente o artigo 5º da Constituição da República Federativa do Brasil no endereço: http://www.senado.gov.br/sf/legislacao/const. Vocês acham necessário esse artigo na Constituição Brasileira? Por quê? Comentem com os outros grupos.

7. Forme um grupo com seus colegas, leiam o artigo e depois respondam.

- **Declaração sobre a raça e os preconceitos raciais** — Aprovada e proclamada pela Organização da Nações Unidas, 1978.

Artigo 1º [...]

§ 1º — Todos os seres humanos pertencem à mesma espécie e têm a mesma origem. Nascem iguais em dignidade e direitos e todos formam parte integrante da humanidade.

§ 2º — Todos os indivíduos e os grupos têm o direito de serem diferentes, a se considerar e serem considerados como tais. Entretanto, a diversidade das formas de vida e o direito à diferença não podem em nenhum caso servir de pretexto aos preconceitos raciais; [...].

- Vocês acham que esse artigo da declaração da ONU é cumprido mundialmente? Que atitudes individuais e coletivas poderiam melhorar o cumprimento desse artigo?

Explore

Investigando os fósseis

Numerosos fósseis descobertos na África mostram a ascendência dos seres humanos.

Algumas características desses fósseis estão reunidas na tabela.

Informações
- O chimpanzé é símio e quadrúpede.
- Seu cérebro tem aproximadamente 400 cm³.
- Sobre seu crânio há uma crista.
- O chimpanzé vive em florestas e não fabrica ferramentas.

Características	Fósseis		
	Australopithecus afarensis (Lucy)* 3,8 a 3 milhões de anos atrás	*Homo habilis* (homem hábil) 2,5 a 1,8 milhão de anos atrás	*Homo erectus* (homem ereto) 1,8 milhão de anos a 200.000 anos atrás
Bipedia	+	+	+
Capacidade do crânio	385 cm³	600 cm³	900 cm³
Presença de uma crista sobre o crânio	+ (Crista sagital — Presente somente nos machos)	–	–
Hábitat	Floresta e savana	Savana	Savana
Uso de ferramentas	–	+	+

(+) característica presente   (–) característica ausente   (Representação sem escala. Cores-fantasia.)

Fonte: *Scientific American Brasil* — Edição Especial nº 2. Novo olhar sobre a evolução humana. São Paulo: Duetto, nov. 2003.
*__Lucy__ é o nome dado ao fóssil encontrado na Ravina Oldwvai, África, em 1974, com 3,25 milhões de anos.

Obter informações

1. Cite uma característica comum a todos os fósseis da tabela.

2. Relacione a mudança do hábitat com a fabricação de ferramentas.

Comparar

3. Divida a capacidade do crânio do ser humano atual (*Homo sapiens* – 1.350 cm³) pela capacidade craniana do *Homo habilis*. Conclua.

4. Enumere as características que aproximam o *Australopithecus* do chimpanzé. O que você pode concluir?

TEMA 5

Darwin e Wallace, dois evolucionistas

Darwin e Wallace, de forma independente, elaboraram hipóteses muito semelhantes sobre a evolução das espécies.

O pensamento evolucionista

A biodiversidade do planeta Terra chamou a atenção dos seres humanos desde os primórdios da civilização. São várias as hipóteses sobre a origem da diversidade dos seres vivos, mas somente há dois séculos é que surgiram as primeiras explicações científicas.

Uma das ideias mais importantes surgiram com Darwin e Wallace.

- O naturalista inglês Alfred Russel Wallace (1823-1913) formulou em 1858, independentemente e ao mesmo tempo que Darwin, a hipótese da **seleção natural** para explicar a evolução das espécies. Wallace coletou dados de suas observações em sua viagem ao Brasil e ao arquipélago Malaio (Indonésia e Malásia) entre 1848 e 1852.

Alfred Russel Wallace.

Trajeto da viagem de Wallace entre 1848 e 1852.
(Mapa sem escala. Cores-fantasia.)

Fonte: WALLACE, Alfred Russel. *The Malay Archipelago*. North Clarendon: Periplus Editions, 2000.

Entrando na rede

No endereço http://www.ciencia hoje.uol.com.br/controlPanel/material/view/2622 você encontra informações sobre Darwin.

- Charles Darwin (1809-1882), naturalista inglês, coletou seus dados principalmente durante a viagem iniciada em 1831. A bordo do navio *Beagle*, viajou em direção à América do Sul e seguiu para uma volta ao redor do mundo. Uma de suas paradas foi no arquipélago de Galápagos. Regressou dessa viagem por volta de 1837, com muitas anotações e materiais coletados para estudo.

Assim que retornou para a Inglaterra, Darwin começou a estudar intensamente, ao longo de mais de duas décadas, o material biológico coletado nas expedições do navio *Beagle*. Pesquisando esse material, Darwin percebeu que os seres vivos evoluíam (sofriam modificações), então começou a levantar informações científicas e a elaborar uma teoria sobre como teria ocorrido essa evolução dos organismos. Entretanto, em 1858, Wallace enviou a Darwin um resumo dos seus estudos, no qual ele afirmava que os seres vivos evoluíam e geravam novas espécies por meio da seleção do ambiente (seleção natural). Surpreso com a semelhança entre as suas ideias e as descobertas de Wallace, Darwin correspondeu-se com o grande geólogo escocês Charles Lyell (1797-1875), de quem ele era amigo, dizendo: "Ele (Wallace) não poderia ter feito melhor resumo do meu trabalho desenvolvido nestes últimos 22 anos...".

Charles Darwin.

Darwin e Wallace apresentaram um trabalho conjunto sobre evolução na Sociedade Lineana de Londres, no dia 1º de julho de 1858. Entretanto, Darwin teve a oportunidade de obter mais dados que Wallace – e de apresentá-los de forma mais bem fundamentada na sua obra *A origem das espécies*. Com isso, cresceu a fama de Darwin como o teórico da evolução, e ouvimos falar mais dele do que de Wallace.

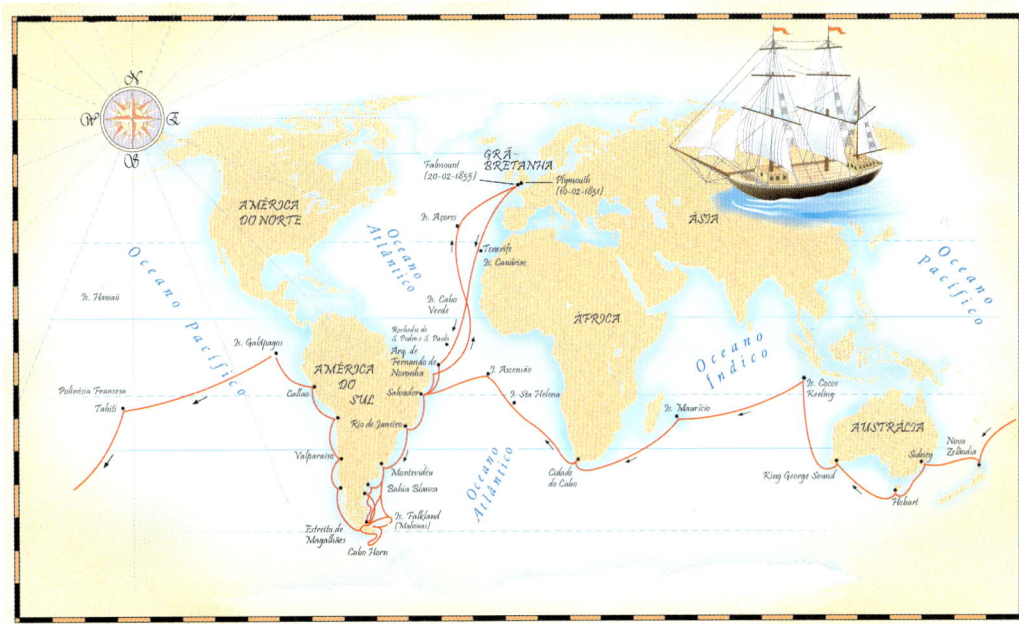

Trajeto da viagem de Darwin, no navio Beagle, entre 1831 e 1837. (Mapa sem escala. Cores-fantasia.)

Fonte: SPROULE, Anna. *Charles Darwin*. São Paulo: Globo, 1993.

● Contribuições importantes à teoria evolutiva

Darwin recebeu muitas informações importantes de estudiosos da época, como, por exemplo:
- O botânico Joseph Hooker (1817-1911) contribuiu com informações sobre a distribuição de plantas do Himalaia e da Nova Zelândia.
- Henry Bates (1825-1892) ajudou Darwin fornecendo-lhe dados sobre animais e plantas da Floresta Amazônica.

De olho no Tema

1. Como Charles Darwin achava que teria surgido a enorme diversidade de seres vivos no planeta Terra?

2. Por que a teoria da evolução por seleção natural chama-se darwinismo e não "wallacismo"?

Os fatos que Darwin observou

Em 1835, o navio *Beagle* chegou ao arquipélago de Galápagos. Darwin ficou impressionado com a enorme variedade de seres vivos e observou que a vida deveria estar sempre mudando ou evoluindo, originando essa grande variedade. Isso o levou a duvidar da ideia vigente na época de que os seres vivos foram criados por Deus e não se modificavam.

Darwin, retornando à Inglaterra, estudou durante 20 anos as amostras e anotações que fez no arquipélago de Galápagos. Observou que havia variações entre as populações de uma mesma espécie, nas diferentes ilhas, e que as condições do ambiente de cada ilha também variavam.

Alguns exemplos são as tartarugas e os tentilhões. Veja as imagens desta página e também as da seguinte.

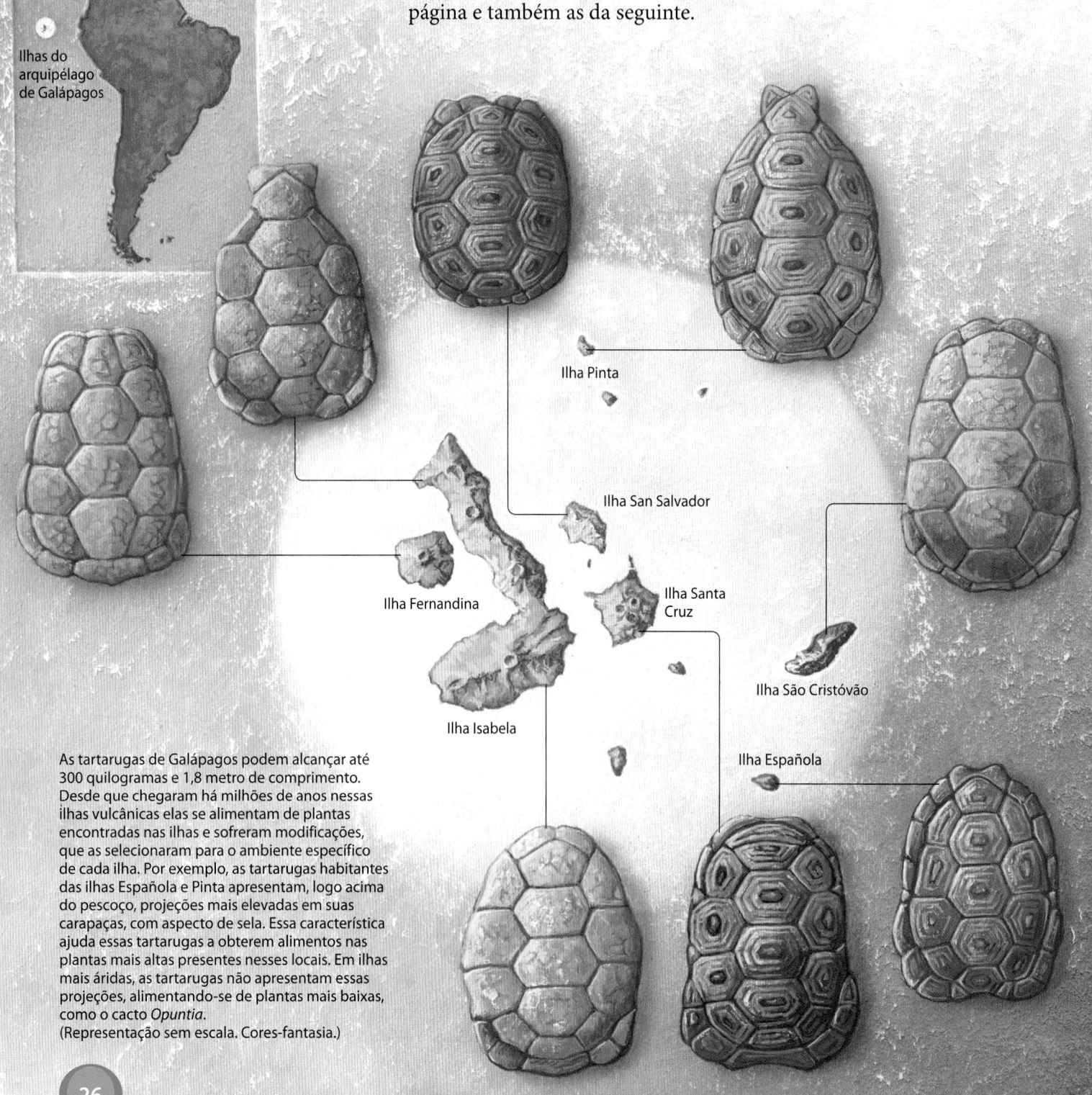

Ilhas do arquipélago de Galápagos

Ilha Pinta

Ilha San Salvador

Ilha Fernandina

Ilha Santa Cruz

Ilha São Cristóvão

Ilha Isabela

Ilha Española

As tartarugas de Galápagos podem alcançar até 300 quilogramas e 1,8 metro de comprimento. Desde que chegaram há milhões de anos nessas ilhas vulcânicas elas se alimentam de plantas encontradas nas ilhas e sofreram modificações, que as selecionaram para o ambiente específico de cada ilha. Por exemplo, as tartarugas habitantes das ilhas Española e Pinta apresentam, logo acima do pescoço, projeções mais elevadas em suas carapaças, com aspecto de sela. Essa característica ajuda essas tartarugas a obterem alimentos nas plantas mais altas presentes nesses locais. Em ilhas mais áridas, as tartarugas não apresentam essas projeções, alimentando-se de plantas mais baixas, como o cacto *Opuntia*.
(Representação sem escala. Cores-fantasia.)

Os tentilhões, pássaros das diferentes ilhas do arquipélago de Galápagos, têm uma estrutura básica comum, mas diferem quanto à forma do bico. Nota-se que as formas dos bicos estão relacionadas ao tipo de alimentação: sementes, cactos ou insetos.

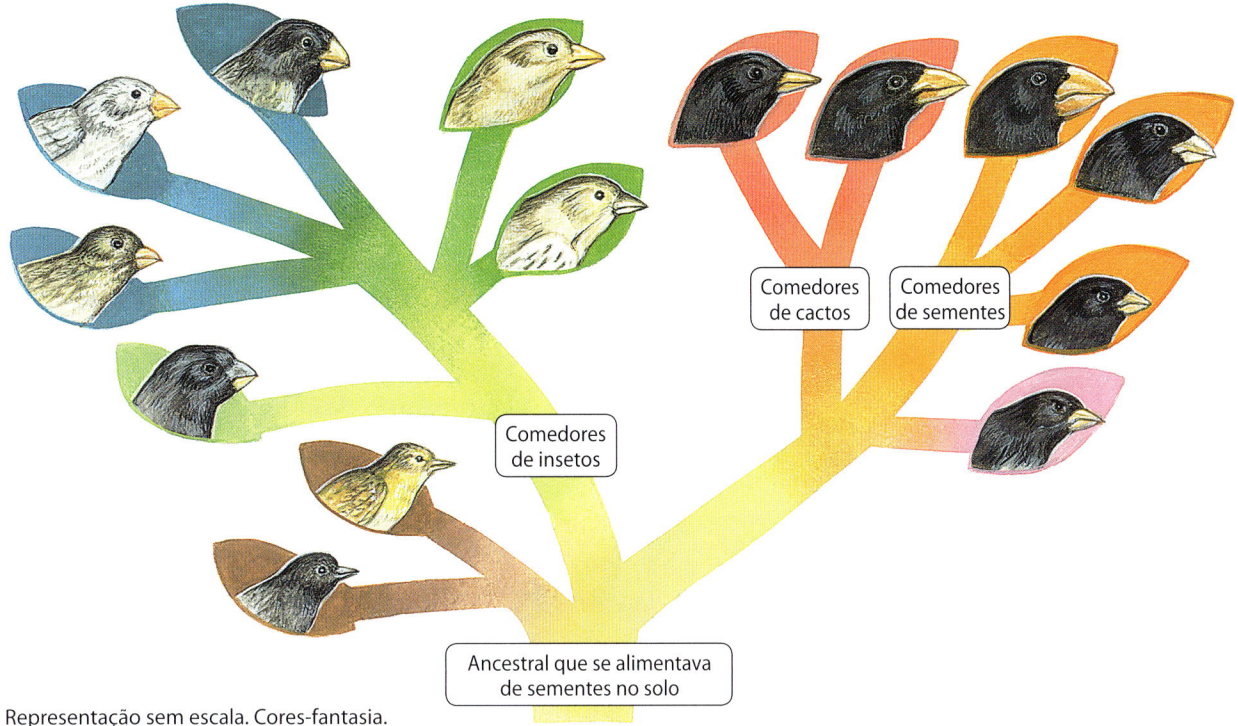

Representação sem escala. Cores-fantasia.

Fonte: CAMPBELL, Neil A.; MITCHELL, Lawrence G.; REECE, Jane B. *Biology – concepts and connections*. 2. ed. Menlo Park: Benjamin Cummings, 2000.

Dos fatos às ideias

- Os indivíduos de uma população apresentam diferentes características, isto é, variabilidade. Em determinadas condições ambientais, uma característica fará com que o indivíduo que a possui tenha maior chance de sobreviver e de se reproduzir que os demais indivíduos da população.
- Esse processo de seleção das características mais comuns entre os indivíduos da população é natural, ou seja, é determinado pelo ambiente. Após o processo seletivo, a característica vantajosa poderá ser encontrada em mais e mais indivíduos, até que todos os exemplares da população a tenham. A essência do processo de seleção é a limitação do ambiente. Por exemplo, se não tiver alimento suficiente para todos os indivíduos da população, apenas aqueles que tiverem as melhores características (como enxergar mais longe, serem mais velozes etc.) irão se alimentar e sobreviver até a idade de se reproduzir.

As ideias de Darwin partiam da existência de variabilidade entre indivíduos de uma mesma espécie. Darwin nunca explicou, porém, como ocorre essa variabilidade. Hoje, com os conhecimentos da Genética iniciados nos estudos de Mendel, sabemos que indivíduos de uma mesma espécie têm conjuntos de genes que os diferenciam (**variabilidade genética**).

De olho no Tema

1. Quais são as bases da teoria evolutiva?

2. O que garante a variabilidade dos indivíduos de uma população?

TEMA 6

Evolutia, *do latim,* quer dizer movimento em espiral.

Evolução biológica

Mudanças no cenário terrestre

A Terra vem sofrendo mudanças desde sua formação, há cerca de 4,5 bilhões de anos. A temperatura da superfície diminuiu, a composição da atmosfera mudou muito, os seres vivos apareceram e evoluíram. Essa visão de que tudo muda é característica da modernidade. Até poucos séculos atrás, a humanidade acreditava que a Terra era o centro fixo do Universo e que todos os seres vivos teriam sido criados de uma só vez, nunca sofrendo modificação. Copérnico e Galileu Galilei foram os primeiros pesquisadores a retomar, nos séculos XVI e XVII, a ideia de que o mundo está em constante mudança.

Nos últimos quatro séculos, a humanidade passou cada vez mais a considerar as evidências de que muitos seres vivos que já existiram não existem mais e que outros são muito recentes, como é o caso do próprio ser humano. Essas evidências são representadas principalmente por fósseis.

Os primeiros registros de seres vivos datam de cerca de 3,5 bilhões de anos. Os primeiros registros de répteis datam de mais de 300 milhões de anos e os grandes dinossauros desapareceram há aproximadamente 65 milhões de anos. A espécie humana, moderna, não tem muito mais do que 120 mil anos.

Para ter uma ideia de como somos recentes na Terra, se o tempo total da evolução dos seres vivos fosse de um ano, a espécie humana teria registro apenas no último segundo antes do ano-novo.

Uma das maneiras de estudar a evolução biológica das espécies é a análise e observação dos fósseis. Veja a fotografia de um pesquisador que observa fósseis de mesossauros, répteis que viveram há 280 milhões de anos no interior do estado de São Paulo.

Glossário

Fósseis
Conjunto de restos, traços ou moldes de um organismo vivo de épocas passadas, preservados nas camadas de rochas da crosta terrestre.

Formas de vida	Milhões de anos desde o primeiro registro
Células primitivas (bactérias)	3.500
Células complexas	2.000
Primeiros organismos pluricelulares	1.000
Vertebrados	505 a 530
Anfíbios	360 a 408
Répteis	286 a 360
Mamíferos	208 a 245
Primatas	58 a 66
Macacos primitivos	24 a 37
Australopitecíneos*	2 a 6
Homem moderno	0,01 a 2 (cerca de 120 mil anos)

*O grupo dos australopitecíneos, do qual faz parte o *Australopithecus afarensis*, é considerado como um dos hominídeos mais antigos.

Fonte: MADER, Sylvia S. *Biology*. 6. ed. Boston: McGraw-Hill, 1998.

Evidências da evolução

Por meio do estudo dos fósseis, os cientistas podem ter uma ideia de como eram os organismos que habitavam nosso planeta antigamente e estão extintos agora. Muitos desses fósseis, embora diferentes dos seres vivos atuais, apresentam semelhanças com os organismos encontrados hoje, indicando que os organismos atuais seriam descendentes de ancestrais no mínimo semelhantes a esses fósseis. O registro fóssil é o mais forte indício de que, antigamente, a biodiversidade do planeta era distinta da diversidade atual, e é uma das principais evidências da ocorrência da evolução.

De olho no Tema

1. Que evidências da existência da evolução são apresentadas pelo estudo dos fósseis?
2. Quais foram os primeiros pesquisadores que retomaram a defesa de que o mundo está em constante mudança?
3. O que as pesquisas dos genomas têm indicado?

• Fatos que mostram a evolução

Várias espécies têm estruturas que, embora diferentes à primeira vista e responsáveis por funções diversas em cada organismo, são anatomicamente semelhantes. Um exemplo é a variação da forma dos membros anteriores dos mamíferos. Há mamíferos com membros anteriores adaptados para correr (como nos gatos, por exemplo), para a natação (como nas baleias e golfinhos) ou para apreender objetos (no caso do ser humano), mas todos esses membros apresentam uma mesma estrutura óssea básica, indicando que as espécies de mamíferos, embora muito variadas, evoluíram de um ancestral comum exclusivo. Por outro lado, existem estruturas semelhantes à primeira vista e adaptadas para as mesmas funções, mas que são diferentes anatomicamente. Um exemplo é a presença de nadadeiras em peixes e em baleias. O desenvolvimento de estruturas com a mesma função em animais tão diferentes é um testemunho da seleção natural (no caso, as condições ambientais da vida aquática) "moldando" a forma dos organismos.

Recentemente, o uso de técnicas de genética e de bioquímica tem adicionado novas evidências em favor da evolução. O estudo comparativo da sequência de componentes do DNA vai mais longe, comparando sequências de genes entre espécies. Mesmo organismos de formas muito diferentes são bastante semelhantes geneticamente, e todos os organismos vivos conhecidos têm o genoma semelhante, indicando que eles se originaram de um único ancestral comum, sofrendo modificações e formando a imensa diversidade de vida que conhecemos hoje.

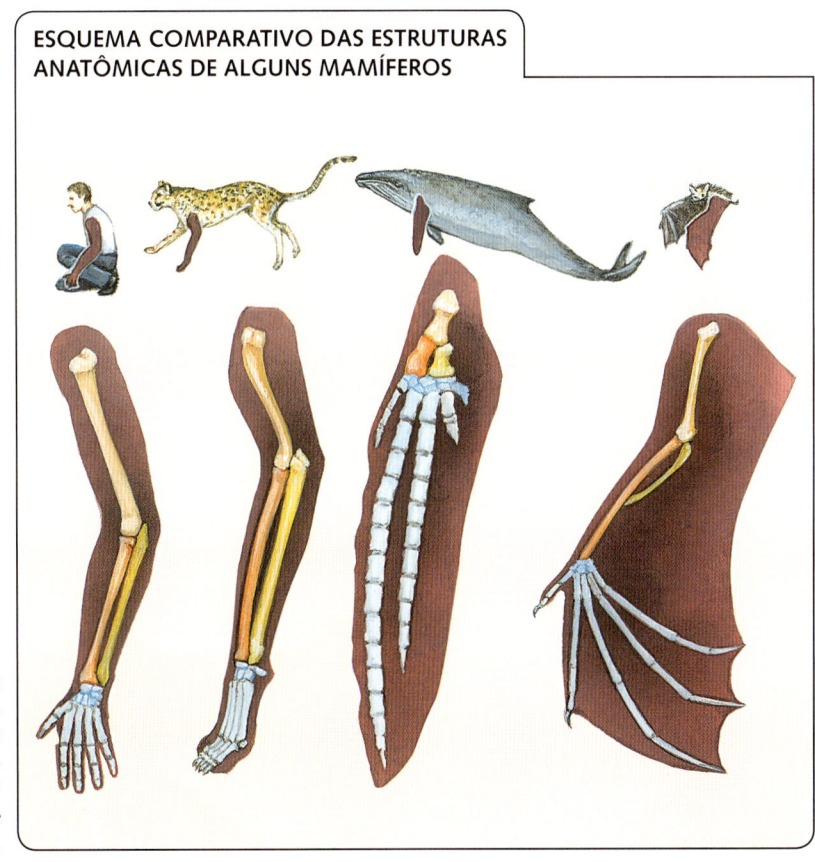

ESQUEMA COMPARATIVO DAS ESTRUTURAS ANATÔMICAS DE ALGUNS MAMÍFEROS

Apesar de terem diferentes funções, as estruturas têm os mesmos componentes básicos. Essas semelhanças demonstram que as quatro espécies tiveram um ancestral vertebrado comum. (Representação sem escala. Cores-fantasia.)

Fonte: POSTLETHWAIT, John H.; HOPSON, Janet L. *The nature of life*. 3. ed. New York: McGraw-Hill, 1995.

Seleção e adaptação

O conjunto de características dos seres vivos permite a adaptação ou não ao ambiente em que vivem.

A adaptação ao ambiente

Por que o conjunto de seres vivos muda ao longo do tempo? Porque o ambiente em que vivem também muda. Já houve muitas eras glaciais e o próprio ser humano já passou por pelo menos uma delas. Depois da última, quando a Terra voltou a se aquecer, os mamutes se extinguiram. Como essa espécie, com adaptações tão específicas para o frio, poderia aguentar altas temperaturas? Os mamutes tinham uma massa corporal enorme, pelos e uma capa de gordura que isolava o frio, retendo o calor do corpo. Com o reaquecimento global, as características que eram ideais para o frio tornaram a vida dos mamutes impossível.

Baratas domésticas são um problema. Mesmo com o uso de inseticidas, continuam sobrevivendo em nossas casas, contaminando alimentos e transmitindo doenças. As baratas entraram em contato com quantidades cada vez maiores de inseticida. As mais resistentes foram sendo selecionadas pela presença das substâncias tóxicas dos inseticidas.

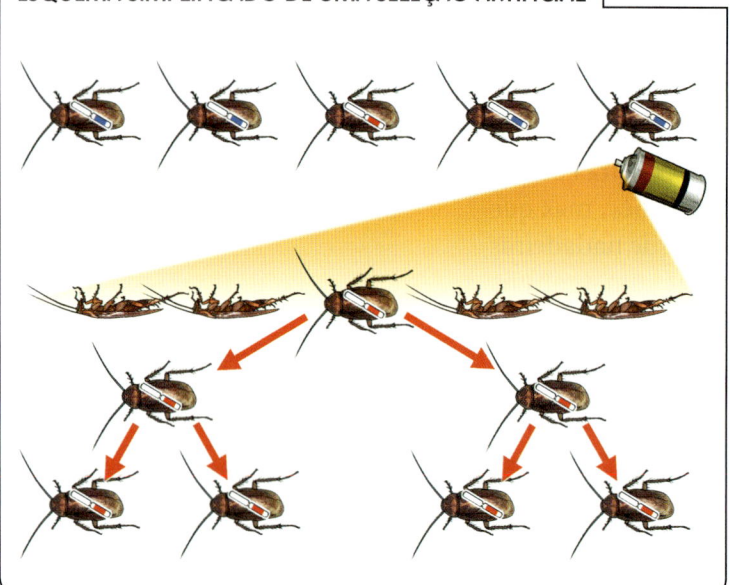

No esquema, a barata que tem a característica (representada por uma marcação na cor vermelha) que confere resistência ao inseticida sobrevive e seus descendentes são também resistentes ao inseticida. (Representação sem escala. Cores-fantasia.)

Fonte: CAMPBELL, Neil A.; MITCHELL, Lawrence G.; REECE, Jane B. *Biology – concepts and connections*. 2. ed. Menlo Park: Benjamin Cummings, 2000.

Glossário

Eras glaciais
Períodos na história da Terra em que houve uma queda significativa da temperatura média, deixando grande parte das extensões de terra do planeta coberta de gelo. A última glaciação ocorreu entre 70 mil e 10 mil anos atrás.

Que outro fator pode provocar a morte de um indivíduo tão adaptado? Mesmo tendo características que permitem a sobrevivência na presença de inseticidas, o acaso pode fazer com que a barata não sobreviva. Ela pode morrer pisada, ou, como na tira, se a lata de inseticida esmagá-la.

Assim, a evolução não depende apenas das características: depende da adaptação ao ambiente e do acaso.

A seleção

O conceito principal envolvido na compreensão da evolução biológica é justamente o da **seleção**.

- No caso do mamute, houve **seleção natural**, porque a mudança do ambiente ocorreu sem ninguém provocá-la. As adaptações que o mamute apresentava que retinha calor, e que eram vantajosas em determinadas condições ambientais (frio), não eram mais quando tais condições mudaram e, como os mamutes não conseguiram adaptar-se à nova situação ambiental, foram extintos.
- No caso da barata a seleção natural foi promovida, inadvertidamente, pelo ser humano. Sempre usamos muito inseticida contra as baratas e, no caso de existirem baratas resistentes aos inseticidas, estas sobrevivem, ao passo que as outras morrem. Livres da competição com baratas sensíveis aos inseticidas, as baratas resistentes se reproduzem e passam suas características para os descendentes. Após algumas gerações, a população de baratas é representada somente pelos indivíduos resistentes que sobreviveram. Há casos semelhantes de seleção natural promovida sem querer pelo ser humano, com microrganismos resistentes a antibióticos.

O resultado da seleção natural pode ser visto no caso deste sapo, cuja forma e cores semelhantes a folhas secas foram selecionadas ao longo de muitas gerações. Essa aparência é vantajosa, pois lhe permite camuflar-se no ambiente, evitando os predadores. Esse sapo-boi-da-serra-do-mar (*Proceratophrys subguttata*) mede cerca de 4,8 cm de comprimento.

Formação de novas espécies

As diferentes características em uma mesma espécie podem fazer com que uma população, separada geográfica ou reprodutivamente, dê origem a espécies diferentes, no processo chamado **especiação**.

Um fator que pode levar à diferenciação de populações é o **isolamento geográfico**, pois:

- cada ambiente sofrerá, ao acaso, diferentes mudanças ao longo de certo tempo;
- as populações, em diferentes ambientes, sofrem mudanças específicas;
- com o tempo, as populações originais vão acumulando diferenças, a tal ponto que podem se **isolar reprodutivamente**, ou seja, ficam tão diferentes que não produzem descendentes férteis.

O **isolamento reprodutivo** caracteriza a formação de novas espécies.

Veja um esquema sobre especiação.

De olho no Tema

1. Um rato nasce com uma característica que, embora diminua sua fecundidade, o torna mais resistente a doenças. É possível que toda a população de ratos do lugar onde nasceu esse rato fique mais resistente a doenças? De que forma?

2. Como novas espécies podem ser formadas?

REPRESENTAÇÃO ESQUEMÁTICA DA HIPÓTESE DO ISOLAMENTO GEOGRÁFICO E A FORMAÇÃO DE UMA NOVA ESPÉCIE

1. Uma população de borboletas pode voar sobre montes pequenos.

2. Com o passar do tempo, os montes se transformaram em uma cadeia de montanhas altas. Os grupos isolados fisicamente não podem se cruzar e trocar genes entre si. Cada grupo evolui separadamente, formando duas espécies diferentes.

3. Após muitos anos, forma-se uma falha na cadeia montanhosa, possibilitando a mistura das populações de borboletas. As duas espécies, porém, já acumularam tantas diferenças que não podem se cruzar (isolamento reprodutivo). Há agora duas espécies que, se não disputarem os mesmos recursos, poderão sobreviver na mesma área.

(Representação sem escala. Cores-fantasia.)
Fonte: ALPER, Fallow et al. *Time-life — Evolução da vida*. São Paulo: Abril: 1994. (Coleção Ciência e Natureza)

ATIVIDADES — Temas 5 a 7

Organize o conhecimento

1. Responda.
- **a)** Que observações Darwin e Wallace fizeram durante suas viagens?
- **b)** Darwin afirmou que a variabilidade de tipos entre os indivíduos de uma população era essencial para que alguns fossem selecionados. Darwin explicava essa variabilidade?
- **c)** Quais são as evidências que os cientistas utilizam hoje para reconstruir fatos biológicos sobre a evolução?

2. Transcreva e complete o quadro, com um exemplo de cada ideia sobre a evolução.

Seleção natural	Adaptação	Variabilidade de indivíduos

3. Responda.
- **a)** O que os cientistas comparam para tentar reconstruir a evolução dos seres vivos?
- **b)** O que é adaptação biológica?

Analise

4. Por que tantas espécies diferentes, que um dia já foram adaptadas, se extinguiram?

5. O ser humano produziu diferentes tipos de inseticida que foram utilizados na agricultura para controle de insetos e hoje não são mais eficientes.

Escreva um texto, como se fosse para publicar num jornal, relacionando esse fato com o processo de seleção artificial dos seres vivos. Coloque no mural e ouça a opinião de seus colegas sobre o seu texto. Opine sobre os textos deles.

6. Uma população de bactérias foi colocada em um meio de cultura com determinado antibiótico. A maioria das bactérias morreu. No entanto algumas sobreviveram e deram origem a descendentes resistentes a esse antibiótico.
- **a)** Explique por que algumas bactérias sobreviveram.
- **b)** Do ponto de vista evolutivo, esse acontecimento é importante? Por quê?
- **c)** Associe esse acontecimento ao uso de antibióticos sem orientação médica.

7. Leia a informação e interprete o gráfico para responder as questões.

A quantidade de inseticida por unidade de área plantada aumentou para eliminar o mesmo número de insetos, desde que os inseticidas começaram a ser utilizados na agricultura.

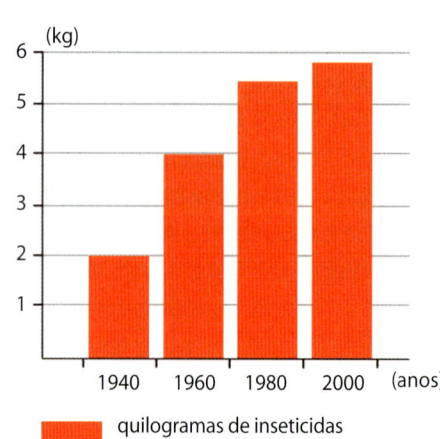

quilogramas de inseticidas por hectare

- **a)** De quanto foi o aumento entre 1940 e 1960?
- **b)** Que interpretação evolutiva pode ser tirada desse gráfico?

8. Responda.
- **a)** Em determinado local, com boa intensidade luminosa, vivem duas espécies de caracol, uma de concha escura e outra de concha clara, que servem de alimento para certos pássaros. Existem mais indivíduos de concha clara do que de concha escura.

  Supondo que tal lugar se torne gradativamente mais escuro com o passar do tempo, o que poderia ocorrer com esses caracóis?
- **b)** Como é denominado o evento da questão anterior (a)?

9. Formule uma hipótese para o problema.

Na década de 1970, o governo brasileiro construiu uma estrada, a Transamazônica. A intenção era integrar essa região com o resto do país. Foi um empreendimento caro, que ocupou mão-de-obra vinda principalmente do Nordeste brasileiro e da região de Brasília. Após algum tempo, a estrada foi abandonada, muitas pessoas que foram levadas para trabalhar na sua construção nunca voltaram para suas famílias, já que não tinham condições financeiras para isso. Esse problema social é apenas um dos quais a Transamazônica poderia ter causado. É uma barreira geográfica para muitos animais, como a capivara, um mamífero da região, que não ultrapassa locais abertos na mata. Levando em conta seus conhecimentos sobre o processo de especiação, o que poderia ter acontecido a uma espécie de capivara, caso a Transamazônica tivesse realmente separado a Amazônia em duas?

Explore

Animais camuflados, os discretos competidores da corrida evolutiva.

Vários animais camuflam-se no ambiente, procurando ficar invisíveis aos predadores – ou às presas. Essas estratégias podem fazer a diferença entre a vida e a morte de um animal e, por isso, a camuflagem é observada no curso evolutivo de muitas espécies. Observe alguns exemplos impressionantes de camuflagem em animais.

Um galho ou ... uma lagarta de mariposa?

A camuflagem não é apenas uma estratégia para evitar a predação. Esta jararaca, camuflada no solo de uma mata do estado de São Paulo, pode capturar presas desavisadas graças a esse truque.

Casca de árvore viva? Esta esperança (*Dysonia* sp.) está sobre um tronco de uma árvore. Imóvel, confunde-se com o líquen, passando despercebida por predadores visuais como aves e mamíferos.

Flor com "presente": várias espécies de aranhas-caranguejo (Família Thomisidae) camuflam-se com perfeição nas pétalas de flores, atacando sorrateiramente os insetos que vêm recolher néctar e pólen na flor.

Obter informações

1. Cite outros casos de camuflagem que você conheça.

2. Na foto 4, tente descobrir onde está a aranha.

Comparar

3. Em um fragmento de floresta tropical do sudeste do Brasil, há grilos escuros, que se confundem com os troncos de árvores, e grilos mais claros, incapazes de se camuflarem dessa forma.
   a) Qual das duas espécies seria mais atacada e serviria de alimento para os predadores? Por quê?
   b) Se, depois de contar a população de grilos da floresta, você encontrasse números iguais de indivíduos de ambos os tipos, você esperaria encontrar a mesma proporção depois de cinco anos? Qual dos tipos teria população maior ou não? Por quê?

Relacionar

4. Quais as vantagens da esperança ficar camuflada? E da jararaca ao ficar oculta no solo da floresta?

5. Considerando a posição onde a lagarta da mariposa está, onde você acha que ela procura alimento: no solo ou na copa das árvores? Justifique.

6. Em que outro local a esperança da foto 3 passaria despercebida?

Pesquisar

7. Descubra se existem desvantagens para os animais que ficam camuflados em relação aos que não se camuflam no ambiente. Tente ver isso no que diz respeito aos aspectos de reprodução, ao tempo em que cada animal precisa ficar parado sem se alimentar etc.

Pontes, portas e janelas...
Sintonia entre as Ciências

Ao conhecer um museu, você pode fazer uma "ponte" entre aquilo que você já sabe, e também, abrir "portas" e "janelas" que trarão novos conhecimentos.

Museu Paraense Emílio Goeldi: Ciências Humanas da Amazônia

"O Museu Paraense Emílio Goeldi é hoje considerado um centro de referência de produção do conhecimento científico sobre a Amazônia, seu meio ambiente e sua diversidade cultural. Sua longa, oscilante, mas vigorosa e vibrante história de quase 140 anos vem sendo construída por fundamentos acadêmicos e comprometimento com o rigor científico, na busca constante da descoberta dos saberes sobre a natureza e das populações humanas, do seu passado e do presente.[...]".

Fonte: CRISPINO, Luís Carlos Bassalo; BASTOS, Vera Bulamarque; TOLEDO, Peter Mann (orgs.). Belém: Paka-Tatu, 2006, p. 15.

Foto da fachada do Museu Paraense Emílio Goeldi.

Emílio Goeldi iniciou as pesquisas arqueológicas (coleções Cunani e Maracá).

OS ACERVOS E AS COLEÇÕES DO MUSEU

A coleção arqueológica reúne mais de 81 mil peças e fragmentos de cerâmica, artefatos líticos (confeccionados com rochas) e outras evidências coletadas em vários sítios arqueológicos da região. O acervo etnográfico apresenta cerca de 14 mil peças, abrangendo todas as categorias artesanais. As maiores coleções são originárias das culturas indígenas e representam, na sua maioria, o resultado das pesquisas de campo dos antropólogos do Museu Paraense Emílio Goeldi. O acervo linguístico dedica-se a descrever e analisar as línguas indígenas. A coleção arqueológica do Museu Paraense Emílio Goeldi é uma das mais significativas, com amostragem de material cerâmico em peças inteiras e fragmentos.

Ídolo de Santarém (Taperinha).

Vaso gravado em Marajó.

Urna funerária da caverna de Maracá.

Igaçaba de Camutins ou de Pacoval.

Imagem da exposição "Amazônia: o Homem e o Ambiente".

Cerâmica tapajônica.

Cerâmica marajoara.

Um pouco mais

Visite o sítio do Museu Paraense Emílio Goeldi e conheça melhor esse museu http://www.museu-goeldi.br

Antes da visita, anote as orientações do seu professor.

Após a visita, converse com os colegas da sala sobre o que cada um mais gostou e por quê. Você verá que novas "pontes, portas e janelas" surgirão.

- Avenida Magalhães Barata, 376. São Braz, Belém, estado do Pará.

Por uma nova atitude
Meio ambiente

Especiação

Ctenomys lami — habitam a região denominada Coxilha das Lombas.

1. Explorar o problema

Eliminando barreiras ambientais: perigo!

Roedores antes separados por rios voltaram a cruzar, gerando híbridos; resultado pode ser extinção, diz biólogo.

"Quem fizer um passeio atento pelas dunas do litoral gaúcho, de preferência com os olhos voltados para o chão, pode ter a chance de dar uma espiada no drama da evolução em tempo real. Os atores não têm muita presença de palco, mas até que são carismáticos: três espécies de roedores, duas das quais aparentemente estão se fundindo bem nas barbas dos pesquisadores.

Os bichos, conhecidos popularmente como tuco-tucos, estão mais para versões tupiniquins das marmotas, vivendo em galerias subterrâneas que eles mesmos cavam e comendo raízes e folhas de gramíneas. O biólogo Thales Renato de Freitas, do Departamento de Genética da UFRGS (Universidade Federal do Rio Grande do Sul), estuda as populações de tuco-tucos desde o começo dos anos 1990 e descobriu que essa estranha promiscuidade entre espécies pode, na verdade, levar a uma extinção no futuro. Aparentemente, por culpa do homem.

Segundo Freitas, foi a ação humana que derrubou as barreiras que existiam entre os roedores, permitindo que eles voltassem a procriar entre si depois de ficarem separados por muitas gerações. Acredita-se que esse tipo de isolamento seja um dos motores do surgimento de espécies.

A primeira indicação de que havia algo esquisito acontecendo entre as populações do gênero *Ctenomys*, ao qual pertencem os três tuco-tucos do litoral sulino (*C. flamarioni*, *C. lami* e *C. minutus*), veio quando o biólogo da UFRGS se pôs a contar o número de cromossomos dos bichos.

Mamíferos como tuco-tucos e seres humanos costumam ter um número definido de pares dessas estruturas enoveladas (são pares porque um vem do pai e o outro, da mãe), e os cromossomos encerram o DNA, com toda a informação genética da espécie. Mas, quando o pesquisador fez a conta para o *C. minutus*, topou com algo incomum: o número variava.

'Tínhamos tanto 48 quanto 46 cromossomos, e também o número intermediário, 47', conta ele. Aparentemente, o que acontece é que duas populações do bicho estavam começando o processo de isolamento que

Ctenomys flamarioni — habitam as dunas da região costeira.

Ctenomys minutus — habitam as dunas internas e os campos arenosos.

costuma gerar uma nova espécie, desenvolvendo números diferentes de cromossomos. 'Mas elas estão em cima de uma região muito dinâmica, perto da Lagoa dos Patos, onde havia várias barreiras em direção ao mar que não existem mais', diz Freitas. Segundo ele, o processo de mudança geográfica que criou essa zona de hibridação, como é chamada, foi natural.

Arroz da discórdia

O mesmo não acontece, porém, com o outro caso estudado pelo biólogo da UFRGS e seus colegas. Em condições normais, os tuco-tucos do litoral sul ocupam territórios bem definidos. O *C. flamarioni* é literalmente um rato de praia, ocupando as dunas de frente para o mar; o *C. minutus* domina os campos arenosos logo atrás; e o *C. lami* também se estabelece nesses campos, só que mais para o interior. Tudo muito organizado, se não aparecessem vários arrozais no meio do caminho.

Explica-se: antes, a região era entremeada por rios e banhados que separavam as populações. 'Você pega mapas do Exército dos anos 1950 e o banhado está lá. Nos anos 1970, ele já não existe mais', conta Freitas. Isso porque a água foi desviada para as plantações de arroz que surgiram nas redondezas, afirma o biólogo.

2. Analisar o problema

Na lama

Nessa brincadeira, quem se deu mal foi o *C. lami*, o tuco-tuco de distribuição mais restrita e, ironicamente, o que parece ser o 'pai' da espécie *C. minutus*, segundo indica a diversidade genética do bicho. A falta de barreiras fez com que o *C. minutus* cruzasse com ele, produzindo híbridos que são férteis, pelo menos até a terceira geração. A espécie 'pura' tem 56 cromossomos, enquanto os 'mestiços' possuem 51. E há mais um motivo para preocupação: o *C. minutus* parece ter muita facilidade para ocupar os ambientes do outro tuco-tuco.

'Isso é ruim. O processo de especiação [formação de novas espécies], que pelo visto ainda estava ocorrendo, pode ser interrompido', avalia Freitas. Uma das maneiras de reverter o processo seria recriar barreiras entre os animais. Os pesquisadores pretendem continuar monitorando a diversidade genética dos roedores em detalhe para ver como a situação se desenrola."

Fonte: LOPES, Reinaldo José. "Duas espécies podem virar uma só no RS". In: *Folha de S.Paulo*, 4 jan. 2006. Caderno Ciências.

Interpretar o texto

- O que o biólogo Thales Renato de Freitas, da UFRGS, descobriu?
- Como era a região do Rio Grande do Sul em que os tuco-tucos viviam? O que ocorreu com os territórios das três espécies de tuco-tucos?
- Pelas pesquisas, qual espécie está surgindo?
- O que poderá ocorrer com o *Ctenomys lami* se as barreiras geográficas não forem recriadas? Por quê?

3. Tomar uma decisão

- Qual é a importância das pesquisas sobre animais e plantas, envolvendo o ambiente?
- Os arrozais são necessários para a alimentação humana, mas estão interferindo nos ecossistemas nas regiões do banhado. Converse com seus colegas e proponham soluções para o problema.

Fonte: disponível em http://www.scielo.br/img/fbpe/bjg/v20n1/01fig1.gif. Acesso em: 12 dez. 2005.

Compreender um texto

"Tradições" culturais do macaco-prego

"A italiana Elisabetta Visalberghi, 54, se lembra bem da primeira vez em que viu um macaco-prego usando ferramentas para quebrar frutos secos. [...]

Visalberghi passou as duas décadas seguintes tentando convencer seus pares de que o uso de ferramentas pelos macaquinhos sul-americanos era intencional, não mera coincidência nem um desvio de personalidade resultante das condições de cativeiro.

A hipótese soava absurda, pois esse tipo de comportamento parecia ser exclusividade de seres humanos e seus parentes mais próximos, como os chimpanzés. [...] Em um estudo [...] a pesquisadora italiana e colegas do Brasil e dos EUA demonstram que não só o uso de ferramentas é comum entre macacos-prego selvagens como esses animais têm 'tradições culturais' distintas.

E mais: os bichos são capazes de transportar as pedras que usam como "martelo" por vários metros até as rochas e os troncos usados como 'bigorna'. O desgaste pelo uso acaba produzindo traços típicos nas pedras, criando locais na mata próprios para a atividade de quebrar coquinhos.

As observações foram feitas em um bando de macacos que habita uma fazenda em Gilbués, zona de transição entre cerrado e caatinga, no Piauí, apenas três anos depois de o uso de ferramentas entre macacos selvagens ter sido observado pela primeira vez.

'Isso contrasta com o que foi relatado para vários grupos de macacos-prego selvagens na América do Sul', diz a italiana. Durante anos, observações de macacos na Mata Atlântica e na Amazônia simplesmente falharam em detectar um padrão de uso de ferramentas. E não foi por falta de coquinhos, abundantes na floresta.

'Até alguns anos atrás as pessoas ainda se perguntavam se o macaco-prego realmente fazia isso. É porque não foram perguntar a ninguém no interior do Brasil', brinca o etólogo (especialista em comportamento animal) Eduardo Ottoni, da USP, coautor do estudo. [...]

• *Kit* complexo

Em um outro estudo, cujos resultados ainda não têm previsão de publicação, Massimo Mannu, aluno de Ottoni, observou que um bando de macacos-pregos da Serra da Capivara, também no Piauí, tem um '*kit* de ferramentas' diversificado.

Além de martelos e bigornas, os animais foram vistos usando varetas – para desentocar lagartos – e pedras para escavar tubérculos. Uso combinado de ferramentas é raro até mesmo em chimpanzés, considerados os 'gênios' do reino animal.

[...] Uma coisa parece certa: há algo no ambiente das savanas que estimula os animais a modificá-lo intencionalmente, usando instrumentos para ter acesso a alimentos indisponíveis a outros bichos. Mas se escassez de comida não é a resposta, o que é?

O pesquisador paulista e sua colega italiana apostam na terrestrialidade. Na caatinga e no cerrado, os macacos passam mais tempo no chão do que na floresta. 'No chão há coquinhos e pedras', resume Ottoni.

Macaco-prego (*Cebus libidinosus*) se prepara para golpear coquinho com pedra em Gilbués.

● Repeteco evolutivo

A hipótese é interessante porque há um outro animal que (acredita-se) evoluiu na savana e também passou a usar ferramentas: o *Homo sapiens*.

'Esta história lembra a dos australopitecinos (ancestrais humanos)', diz Ottoni. 'Quando eles começam a usar ferramentas, liberam as mãos, andam eretos e aumentam o consumo de carne, vital para o desenvolvimento do cérebro.'

É claro, ninguém entenda com isso que os macacos-prego estão na rota evolutiva para originar uma espécie inteligente. Mas, segundo Ottoni, talvez eles possam servir de modelo vivo. 'Há tantas analogias nessa história que o paleoantropólogo, em vez de olhar para um fenômeno único, que aconteceu há 6 milhões de anos, pode olhar para outras coisas.'"

Fonte: ANGELO, Claudio. Disponível em: http://www1.folha.uol.com.br/folha/ciencia/utt306u15902.shtml. Acesso em 22 maio 2007.

Glossário

Ferramenta
No estudo do comportamento animal, ferramenta significa um objeto separado, solto no ambiente, que é manipulado diretamente pelo organismo como uma extensão da mão, da pata, do bico, para alterar a forma, posição ou algum aspecto de outro objeto.

Terrestrialidade
Hábito de descer para o chão.

ATIVIDADES

Obter informações

1. O texto menciona uma descoberta nova no campo do comportamento animal. Que descoberta é essa?

2. De acordo com os autores do trabalho, o que estimularia os macacos-prego da caatinga e do cerrado a usar ferramentas, se o alimento não é escasso?

3. Que ferramentas os macacos-prego utilizam? Como eles as utilizam?

Interpretar

4. Qual o papel que o uso de ferramentas teve na evolução humana? Como isso teria alterado os hábitos dos hominídeos primitivos?

Refletir

5. Você acha que esses animais apresentam uma cultura? Discuta com os colegas.

6. Em sua opinião, no que a inteligência dos seres humanos é diferente (mais complexa) da dos macacos-prego?

UNIDADE 2

Período de mudanças

Por que estudar esta Unidade?

Durante todo o período de nossa vida, nosso corpo sofre transformações. Algumas delas caracterizam nossas diferenças físicas e emocionais. É importante conhecer as modificações que acontecem na adolescência, para sabermos como lidar com elas e tomar decisões importantes. Sexo e sexualidade fazem parte do nosso dia-a-dia.

Começando a Unidade

1. As diferenças entre as pessoas tornam a vida mais divertida ou mais chata? O que você acha?
2. Que mudanças ocorrem com as pessoas na puberdade?
3. Você sabe como evitar uma gravidez precoce? Isso é necessário?

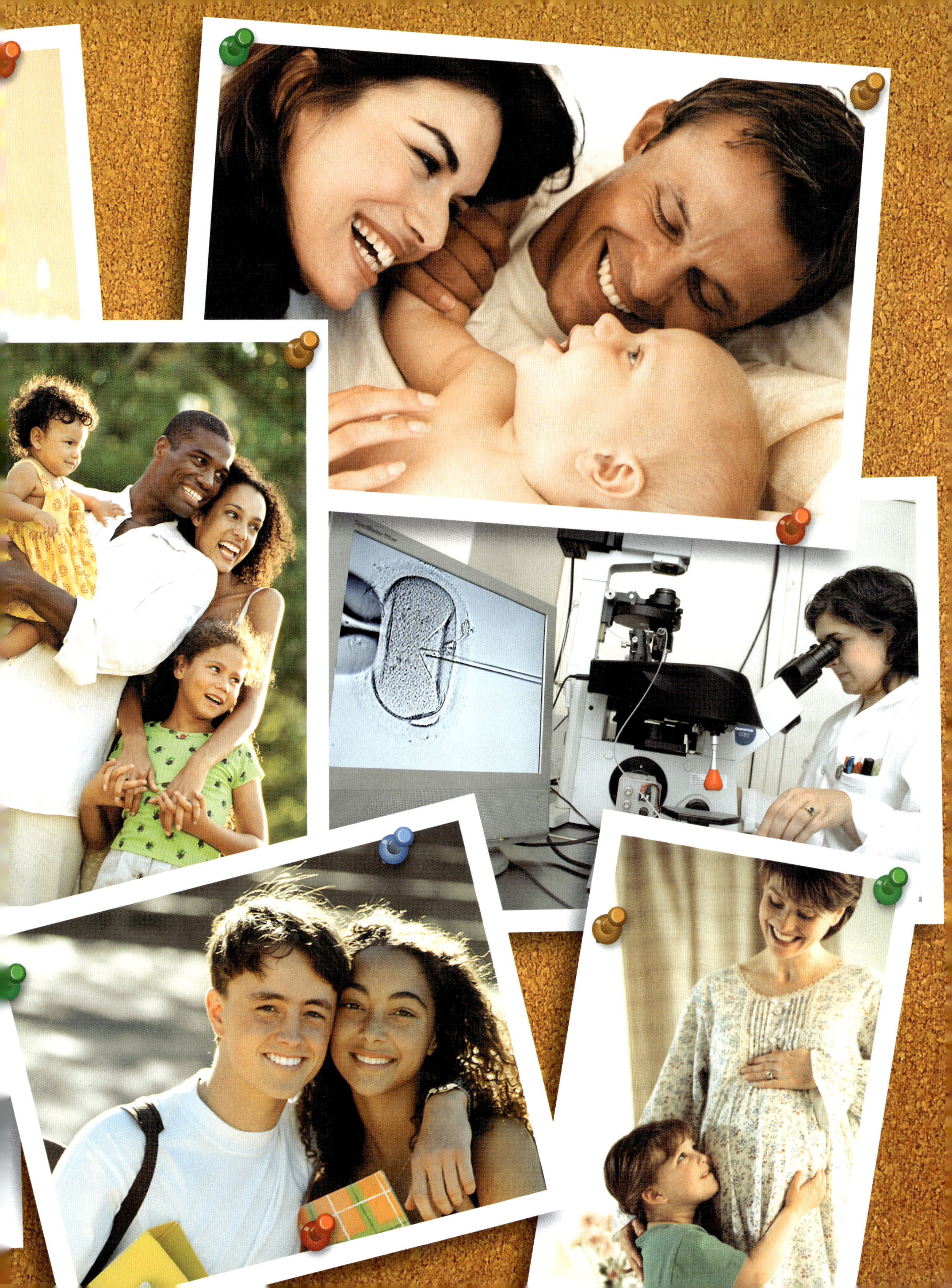

TEMA 1

De olho nas notícias

Fisgado pelo MSN

"O MSN veio a calhar para os tímidos e para as boas de papo. Eles tiram proveito porque conseguem se liberar mais e falar de sentimento. Elas, por não precisarem só da beleza como atributo de conquista. Para ambos, o fato de não estar vendo a pessoa e suas reações do outro lado da tela abre espaço para soltarem a fantasia e imaginarem que o outro seja como quiserem (ou pelo menos, mais parecido com o que gostariam). Ok, os meninos são supervisuais, a gente não vai negar. Mas essa ferramenta de bate-papo está mostrando que é possível, sim, ganhá-los pelo gogó. Rodrigo, 15 anos, é prova disso. Ele conheceu Carla na praia, mas foi graças ao MSN que se apaixonou. 'Eu tinha achado ela bonita, mas, até aí, só queria ficar. Foi pelo MSN que me encantei de verdade', conta. Eles passaram duas semanas conversando cerca de seis horas (isso mesmo: SEIS HORAS!) por dia. Até que saíram, ficaram e começaram a namorar, coisa que talvez não teria acontecido por telefone, por exemplo. 'Eu sou muito tímido para ligar para a garota, e me falta assunto. Já via MSN dá para pensar nas melhores respostas', explica. Rodrigo e a garota falavam sobre tudo, desde o que fizeram durante o dia até sobre seus sentimentos mais profundos. 'Eu consigo me soltar pelo MSN. E é incrível como por aí a gente se sente mais íntimo um do outro', diz."

Fonte: "Papo-cueca – Fisgado pelo MSN". In: *Capricho*. São Paulo: Abril, nº 987, p. 103, mar. 2006.

Decifrando universos

"Coisas que os garotos simplesmente não entendem: nossa necessidade suprema de chocolate durante a TPM, por que carregamos meio mundo dentro de uma bolsa e por que as mulheres vão juntas ao banheiro. Coisas que os garotos fazem que nós, garotas, simplesmente não entendemos (ou achamos que entendemos, porém estamos enganadas): por que os garotos pedem o nosso telefone se eles acabam não ligando, por que eles trocam tudo pelo futebol e como eles podem falar sobre peidos e arrotos sem nem sentir vergonha (e eu fico ruborizada só de escrever isso!). São tantas as diferenças que às vezes ninguém entende ninguém! É aquela coisa de querer entender cada gesto, procurar o significado de cada ação. Garotos jogam *videogame*, não diferenciam o bege de cáqui e deixam toalhas molhadas na cama. Garotas pintam as unhas das amigas, amam bebês e fogem da chuva quando estão de chapinha. Garotas procuram mil interpretações no que um garoto diz (quando, na verdade, ele disse o que ele queria dizer – e não há nada por trás disso). Garotos não entendem que quando uma garota diz uma coisa ela quer dizer outra. Garotos, garotas. Diferentes? E muito. Mas são as diferenças que tornam a vida tão divertida e peculiar. As diferenças. Os opostos. Dizem que se atraem. E não é verdade?"

Fonte: "Tudo de blog – Decifrando universos". In: *Capricho*. São Paulo: Abril, nº 1013, p. 14, mar. 2007.

PEGA-PEGA

Maratonistas de plantão

Eles não veem nenhum problema em beijar, na mesma noite, um, dois, três...

"Acho legal ficar com vários meninos, percebo que assim me sinto mais experiente, perco a timidez. Quando saio, se não beijo um cara lindo, é como se a noite não tivesse valido nada. E na balada acho que ninguém é de ninguém. Minha filosofia é viver intensamente, porque a vida é curta. [...]"

"Eu nunca saí de uma balada sem ficar com alguém. Normalmente rolam só alguns beijos e depois a gente se separa. Acho que é assim que deve ser. A gente fica mais por curiosidade. Eu quase nunca pego o telefone da garota pois sei que não vou ligar. Prefiro um lance sem compromisso e acho que várias meninas pensam assim também. [...]"

Do contra

Para eles, o barato é ficar com um por noite. E olhe lá!

"Não acho legal beijar várias na mesma balada. Só fico com uma menina quando gosto dela. [...] Fico só se achar que vale a pena. Não entro nessa de competir com os amigos para ver quem pega mais mulher. Acho que isso é coisa de quem quer aparecer. Tô fora!"

"Acho besteira ficar com mais de um cara na mesma balada. Eu sou romântica, só me relaciono com alguém quando gosto da outra pessoa de verdade. E também espero que ele sinta algo por mim. [...] Hoje em dia, saio pra curtir, não pra beijar. Se rolar de encontrar um garoto bacana, rolou. Mas prefiro ficar sozinha a sair beijando um monte de garotos que não têm nada a ver comigo."

Fonte: "Pega-Pega". In: *Atrevida*. São Paulo: Símbolo nº 138, p. 65 e 66, fev. 2006.

De olho no Tema

1. Os garotos e as garotas são realmente muito diferentes? Isso é bom ou ruim? Por quê?
2. Quantos alunos da classe usam o MSN? Quantas horas por dia? Quais são os principais assuntos discutidos *online*?
3. Os relacionamentos (amizade, namoro etc.) ficaram mais ou menos pessoais com a utilização da internet? Por quê?
4. Discuta as diferenças entre namorar e "ficar".

TEMA 2

Crescimento e mudanças no corpo humano

Desde o nascimento, o corpo sofre diversas transformações. Na puberdade, meninos e meninas passam por mudanças físicas e comportamentais.

A adolescência

Todos os seres vivos têm um período de vida limitado. A continuidade da vida só é possível graças à capacidade de reprodução desses seres.

Na adolescência, meninos e meninas tornam-se maduros sexualmente. A adolescência compreende o período que vai dos 10 aos 19 anos de idade. Moças e rapazes passam por diversas mudanças, tanto físicas como comportamentais, durante a **puberdade**.

Na puberdade, fase inicial da adolescência, ocorre o amadurecimento dos órgãos sexuais, que se tornam aptos para a produção de células sexuais, ou gametas. O início da puberdade é variável de pessoa para pessoa.

● As mudanças físicas na adolescência

A adolescência é o período no qual o corpo sofre as mudanças mais perceptíveis. Essa fase pode ser muito difícil para alguns jovens, pois as transformações que ocorrem no corpo podem fazer com que se sintam diferentes, desajeitados ou preocupados, perguntando-se se a nova aparência é "normal". Compreender o que está acontecendo com o corpo ajuda o adolescente a sentir-se mais seguro.

É importante entender que as mudanças no corpo podem começar em idades diferentes para cada um. É comum que um jovem pareça fisicamente mais "adulto" do que outro da mesma idade. Com o tempo, todos passarão pelas mesmas transformações.

No início da puberdade, as meninas tendem a ser mais altas do que os meninos, mas, quando eles atingem cerca de 14 anos, em geral já se igualaram ou superaram as meninas em altura. Em média, as meninas atingem a altura aproximada de adulto aos 17 anos, e os rapazes continuam crescendo até por volta dos 19 anos.

Os pelos aparecem em maior quantidade na adolescência. Crescem pelos púbicos ao redor dos órgãos sexuais externos e nas axilas. Nos meninos, surgem também pelos faciais (barba e bigode).

Nas garotas, há o desenvolvimento dos seios. A principal função dos seios é produzir o leite que será usado, após a gravidez, para alimentar o bebê. É comum, na adolescência, que um seio cresça mais do que o outro. Com o tempo, o tamanho dos seios tende a se igualar. Os quadris das meninas alargam-se e seu corpo adquire formato mais saliente.

Nos meninos, os ombros ficam mais largos, há aumento da massa muscular e o pênis e os testículos se desenvolvem. Além disso, a voz dos meninos se modifica, tornando-se mais grave.

É importante, na adolescência, manter uma alimentação equilibrada e saudável, para garantir um bom desenvolvimento corporal.

Entrando na rede

Nos endereços http://www.adolec.br e http://www.falateen.com.br, você encontra informações sobre adolescência e saúde.

ESQUEMA DE UM SEIO EM CORTE TRANSVERSAL

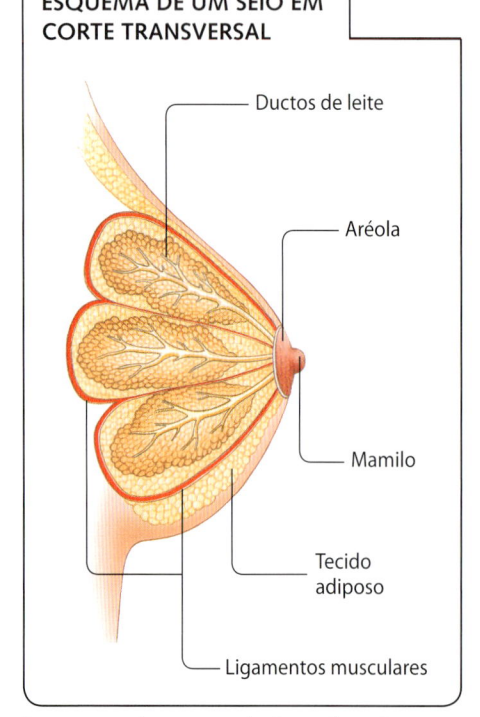

- Ductos de leite
- Aréola
- Mamilo
- Tecido adiposo
- Ligamentos musculares

Representação sem escala. Cores-fantasia.
Fonte: TORTORA, Gerald J. *Corpo humano – fundamentos de anatomia e fisiologia*. Porto Alegre: Artmed, 2000.

ESQUEMA DAS MUDANÇAS NO CORPO

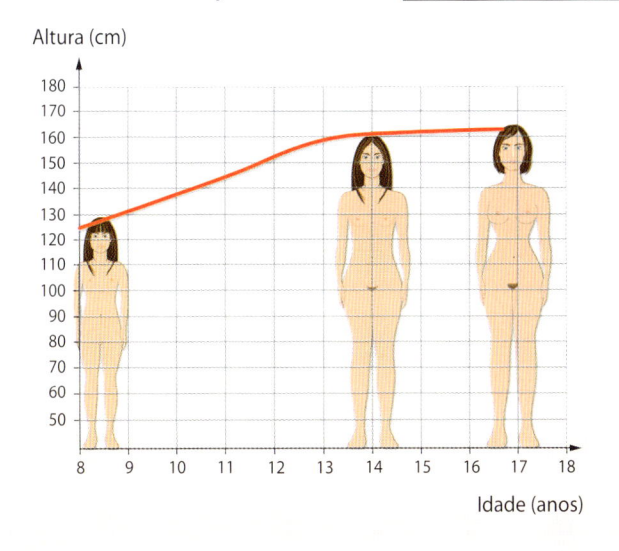

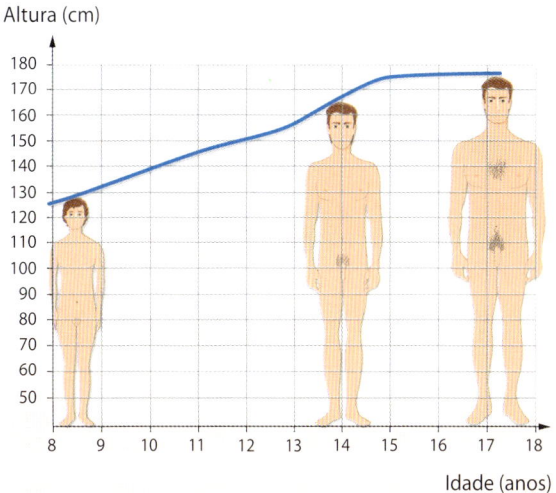

Mudanças no corpo feminino. Note o crescimento da menina, o desenvolvimento dos seios e o alargamento dos quadris.

Mudanças no corpo masculino. Note o crescimento do menino e o desenvolvimento do tórax.

(Cores-fantasia.)

Fonte: CAMPERGUE, Mariette et al. *Sciences de la vie et de la Terre*. 4. ed. Paris: Nathan, 1998.

Tornando-se adulto: mudanças comportamentais

Além das mudanças físicas, os jovens experimentam sentimentos diferentes daqueles da infância. Meninas e meninos começam a mostrar interesse por conviver com pessoas do sexo oposto e aumenta a curiosidade sobre sexualidade.

Na adolescência, o jovem torna-se consciente de si mesmo e do que os outros pensam dele. Essa autoconsciência pode fazer com que muitos adolescentes se sintam tímidos, inseguros e fragilizados.

Muitos jovens podem experimentar mudanças de humor, isto é, ora se sentem felizes, ora deprimidos e mal-humorados. Nessa fase da vida, ter um grupo de amigos torna-se muito importante. É preciso aprender a se relacionar com os outros para tornar-se um adulto saudável e feliz.

A adolescência pode trazer sentimentos de insegurança e fragilidade.

As mudanças hormonais

Todas as mudanças da puberdade são controladas por **hormônios sexuais**. Nos **testículos**, parte do sistema genital masculino, ocorre a produção do hormônio masculino, chamado **testosterona**. Na puberdade, esse hormônio leva ao desenvolvimento dos **caracteres sexuais secundários masculinos**: aparecimento de barba e bigode, de pelos na região dos órgãos sexuais e nas axilas e mudança do timbre da voz.

Nos **ovários**, parte do sistema genital feminino, ocorre a produção de dois hormônios sexuais femininos: o **estrógeno** e a **progesterona**. É na fase da puberdade que o **estrógeno** leva ao desenvolvimento dos **caracteres sexuais secundários femininos**: aparecimento de pelos na região dos órgãos sexuais e nas axilas, desenvolvimento das mamas e alargamento dos quadris.

De olho no Tema

1. Quais são as principais mudanças que ocorrem no corpo de meninos e meninas, na adolescência?

2. A puberdade se inicia na mesma idade em todas as pessoas?

3. As mudanças que ocorrem são apenas físicas? Justifique.

TEMA 3

De olho no texto

"Diferentes orientações sexuais: o que é isso?

Como já dissemos, a diferença física mais reconhecível é o sexo de uma pessoa. Logo ao nascer, dependendo do tipo de órgãos sexuais externos, o bebê é identificado como pertencendo ao sexo masculino ou feminino, o que vai condicionar a escolha de seu nome e o registro civil.

A construção da identidade sexual de cada um, entretanto, vai depender tanto de fatores biológicos quanto de fatores psíquicos e sociais.

Os fatores biológicos, tais como a presença de cromossomos *XX* ou *XY*, a presença de glândulas que produzem hormônios femininos (ovários) e masculinos (testículos) e, principalmente, os próprios órgãos genitais externos e internos, vão fornecer o que se costuma chamar *identidade genital*.

Seria fácil se essa identidade genital também determinasse a identidade sexual de cada um. Mas as coisas nem sempre acontecem dessa maneira.

Em geral, cada um de nós desenvolve a sensação interna de pertencer ao gênero masculino ou feminino, de acordo com a identidade genital. Algumas vezes, contudo, a sensação interna contradiz a identidade genital: uma criança, biologicamente pertencente a um sexo, tem a sensação de pertencer a outro, ou seja, psiquicamente ela se sente pertencendo ao outro sexo. Esse desenvolvimento passa por muitas fases, comportando fatores biológicos (a produção de hormônios, por exemplo) e sociais, tais como a valorização familiar ou comunitária de um sexo ou de outro. Esta é a chamada *identidade de gênero*, que só se completa ao fim da adolescência.

E, por fim, chegamos à orientação afetivo-sexual, ou seja, à capacidade de nos relacionar amorosa e/ou sexualmente com alguém. Essa orientação é parte da nossa identidade sexual e pertence ao nosso mundo interno, psicológico, pois está vinculada aos sentimentos que temos com relação a outra pessoa, sentimento de desejo e prazer sexual, fantasias de amor e paixão. Essa orientação, portanto, é básica para a escolha de nosso par amoroso, a pessoa com quem queremos ter um relacionamento sexual.

Pesquisas nesse campo vêm sendo realizadas há décadas e apontam para a complexidade da orientação afetivo-sexual do ser humano, que, mais do que opção, é fruto de um conjunto de fatores que podem ser de ordem biológica (genética ou neurológica), psicológica ou social, ainda não totalmente compreendidos ou explicados, variando de indivíduo para indivíduo.

O importante é saber que nossa identidade sexual envolve vários aspectos e se desenvolve ao longo do tempo. E que, independentemente do nosso comportamento sexual, somos todos seres humanos merecedores de respeito e aceitação."

Fonte: MARTINS, Maria Helena Pires. *Somos todos diferentes. Convivendo com a diversidade do mundo.* Coleção Aprendendo a Com-viver. São Paulo: Moderna, 2001. p. 23 e 24.

De olho no Tema

1. A identidade genital sempre determina a identidade sexual?
2. Por que a identidade sexual é considerada tão complexa?
3. Observe as imagens e responda: por que alguns comportamentos são aceitos para um tipo de gênero e para outro não?
4. A identidade sexual de uma pessoa já está formada quando ela nasce?

47

TEMA 4

O sistema genital masculino

O sistema genital masculino produz espermatozoides, os gametas masculinos.

As partes do sistema genital masculino

A principal função do sistema genital masculino é a produção das células sexuais (gametas) masculinas, os **espermatozoides**. Além disso, o pênis, órgão do sistema genital masculino, também é responsável pela deposição do esperma no interior da vagina da mulher, permitindo o encontro do espermatozoide com o ovócito.

O sistema genital masculino é formado por **testículos**, **ductos genitais**, **glândulas sexuais acessórias** e **pênis**.

- Os **testículos** são duas glândulas sexuais de forma oval. São protegidos externamente por uma bolsa de pele chamada **escroto**. O escroto ou bolsa escrotal localiza-se externamente à cavidade corporal. Dentro de cada testículo, encontram-se numerosos tubos, chamados **túbulos seminíferos**. A partir da puberdade, a fase inicial da adolescência, esses túbulos produzem os espermatozoides.

Cada espermatozoide tem uma cauda que garante a mobilidade da célula.

ESQUEMA DE UM TESTÍCULO (EM CORTE TRANSVERSAL)

Veias, Artéria, Epidídimo, ducto deferente, Túbulos seminíferos

A localização dos testículos fora da cavidade corporal permite que mantenham uma temperatura cerca de 3°C mais baixa do que a do resto do corpo. Essa temperatura mais baixa é importante para a produção e sobrevivência dos espermatozoides.

(Representação sem escala. Cores-fantasia.)

Fonte: TORTORA, Gerald J. *Corpo humano – fundamentos de anatomia e fisiologia*. Porto Alegre: Artmed, 2000.

ESQUEMA DE UM ESPERMATOZOIDE

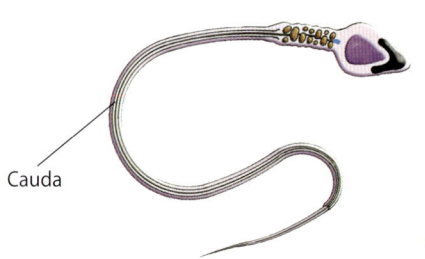

Cauda

(Representação sem escala. Cores-fantasia.)

Nos testículos, além da produção de espermatozoides, há a produção do hormônio sexual masculino, a **testosterona**.

- Os **ductos genitais** são tubos que têm a função de conduzir os espermatozoides até o exterior do sistema genital masculino. São ductos genitais o **epidídimo**, o **ducto deferente** e a **uretra**.
  - O **epidídimo** localiza-se sobre cada testículo. É no epidídimo que os espermatozoides ficam armazenados e completam o seu desenvolvimento.
  - O **ducto deferente** é um tubo com parede muscular. Os ductos deferentes conduzem os espermatozoides dos epidídimos até a uretra.
  - A **uretra** conduz os espermatozoides até o meio externo. A uretra inicia-se na bexiga urinária, percorre todo o pênis e se abre para o meio externo. É um tubo comum a dois sistemas: o sistema genital masculino e o sistema urinário. Porém a expulsão dos espermatozoides e da urina nunca ocorre simultaneamente.

ESQUEMA DO SISTEMA GENITAL MASCULINO (EM CORTE)

(Vista lateral)

- Vesículas seminais
- Próstata
- Epidídimo
- Ducto deferente
- Bexiga*
- Uretra
- Pênis
- Glande
- Escroto

(Vista frontal)

- Vesícula seminal
- Pênis
- Escroto
- Bexiga*
- Ducto deferente
- Epidídimo
- Testículo

Representação sem escala. Cores-fantasia.

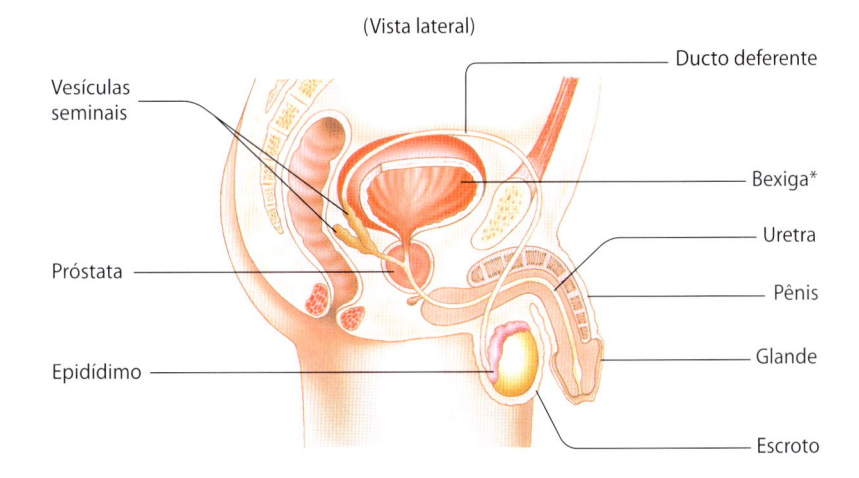

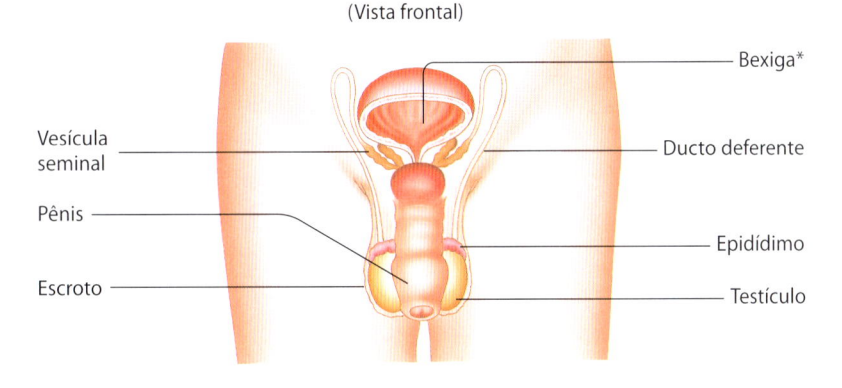

Fonte: CAMPBELL, Neil A.; MITCHELL, Lawrence G.; REECE, Jane B. *Biology – concepts and connections*. 2. ed. Menlo Park: Benjamin Cummings, 2000.

* **IMPORTANTE**: A bexiga não faz parte do sistema genital masculino. Está representada no esquema para facilitar a localização das demais estruturas.

- As **glândulas sexuais acessórias** são as vesículas seminais e a próstata.
  - As **vesículas seminais** são duas glândulas que produzem um líquido viscoso. Esse líquido nutre os espermatozoides e facilita a sua mobilidade.
  - A **próstata** produz um líquido leitoso que tem a função de neutralizar a acidez da urina residual acumulada na uretra e das secreções vaginais, protegendo os espermatozoides.

  O líquido produzido pelas glândulas sexuais acessórias é chamado de líquido seminal.

- O **pênis** é um órgão de forma cilíndrica. A parte final do pênis apresenta uma dilatação. Essa região é chamada de **glande** e é recoberta por uma pele, o **prepúcio**.

  Durante a excitação sexual, o pênis aumenta de tamanho. Isso acontece pela entrada de grande quantidade de sangue no interior do órgão, que se torna rígido e ereto. A **ereção** possibilita que o pênis possa penetrar na vagina.

  Durante o ato sexual ou com o aumento de estímulos no pênis, o esperma ou sêmen é expelido do corpo. Esse processo recebe o nome de **ejaculação**. Em cada ejaculação são expelidos cerca de 3 mL de sêmen. Cada mL contém aproximadamente 100 milhões de espermatozoides.

De olho no Tema

1. Os meninos são capazes de produzir espermatozoides desde o nascimento?
2. Qual é a importância da localização externa ao corpo dos testículos?
3. O que fazem as glândulas sexuais acessórias?
4. Qual é a diferença entre ejaculação e ereção?

Glossário

Esperma ou sêmen
É formado pelo líquido seminal juntamente com os espermatozoides.

TEMA 5

O sistema genital feminino

O sistema genital feminino possibilita a fecundação e o desenvolvimento do feto até o seu nascimento.

As partes do sistema genital feminino

A função principal do sistema genital feminino é a produção das células sexuais femininas. Além disso, esse sistema é responsável pela produção de hormônios, e pela nutrição e acomodação do feto até o seu nascimento.

O sistema genital feminino é formado por **ovários**, **tubas uterinas**, **útero**, **vagina** e **pudendo feminino**.

- Os **ovários** são duas glândulas sexuais de formato arredondado. São responsáveis pela produção das células sexuais (gametas) femininas: os **ovócitos**. O ovócito só recebe o nome de óvulo após ser fecundado por um espermatozoide. O ovócito é a maior célula do corpo humano, apresenta forma esférica e é cerca de 500 vezes maior do que o espermatozoide. O citoplasma do ovócito é repleto de **substâncias de reserva**, que nutrem o futuro embrião.

Desde que nasce, a menina já tem em seus ovários milhares de ovócitos. A partir da puberdade, um hormônio estimula o desenvolvimento e a liberação de ovócitos, iniciando o processo de **ovulação**, por meio do qual a mulher libera um ou mais ovócitos, mais ou menos a cada 28 dias.

ESQUEMA DE UM OVÁRIO (EM CORTE TRANSVERSAL)

Início da maturação do ovócito

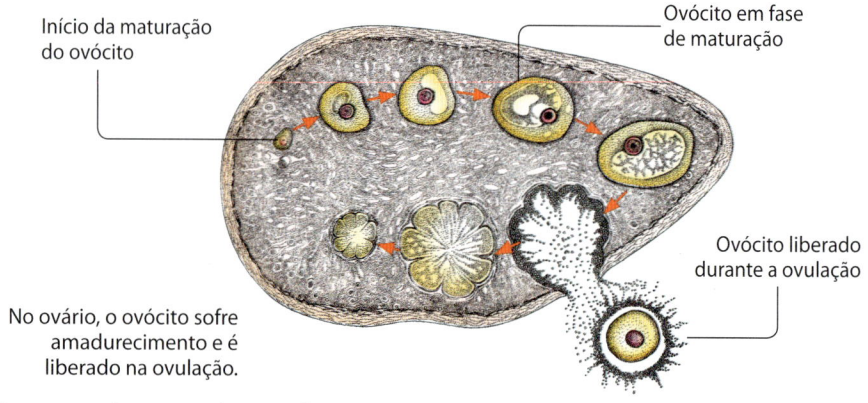

Ovócito em fase de maturação

No ovário, o ovócito sofre amadurecimento e é liberado na ovulação.

Ovócito liberado durante a ovulação

Representação sem escala. Cores-fantasia.
Fonte: CAMPBELL, Neil A.; MITCHELL, Lawrence G.; REECE, Jane B. *Biology – concepts and connections*. 2. ed. Menlo Park: Benjamin Cummings, 2000.

Os ovários produzem hormônios sexuais femininos: o **estrógeno** e a **progesterona**, responsáveis pelo desenvolvimento dos caracteres sexuais secundários femininos (mamas, pelos pubianos etc.), controle da menstruação e preparação do útero para receber o futuro embrião.

- As **tubas uterinas** são dois tubos que conduzem o ovócito do ovário ao útero. As paredes das tubas uterinas são revestidas por cílios, que, juntamente com a contração das paredes musculares das tubas, empurram o ovócito pelo oviduto até o útero.

No interior da tuba uterina normalmente ocorre a fecundação, nome dado ao encontro do ovócito com o espermatozoide.

Fotomicrografia de um ovócito humano (em marrom) e de espermatozoides (em azul) tentando penetrá-lo. Imagem colorida artificialmente e ampliada 650 vezes.

ESQUEMA DO SISTEMA GENITAL FEMININO (EM CORTE)

(Vista lateral)

- Tuba uterina
- Ovário
- Bexiga*
- Clitóris
- Grande lábio
- Pequeno lábio
- Pudendo feminino
- Útero
- Vagina

(Vista frontal)

- Tubas uterinas
- Ovário
- Útero
- Vagina

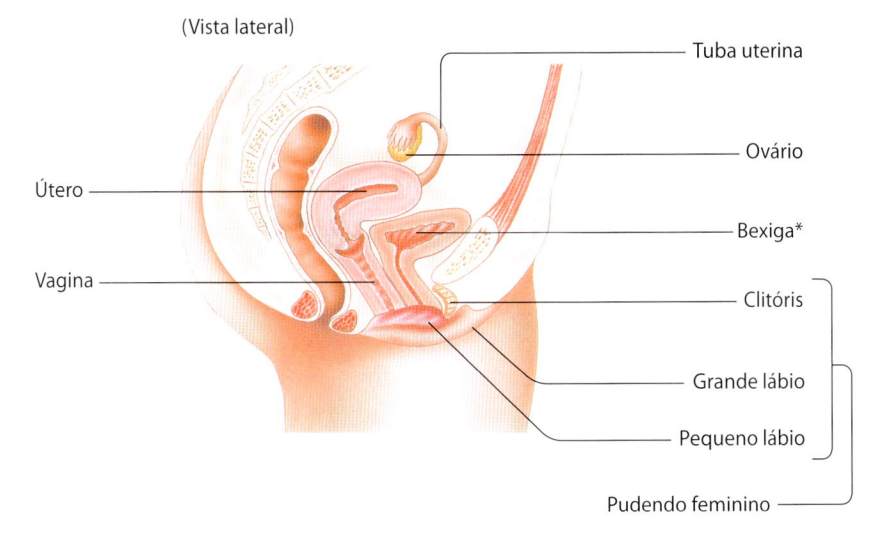

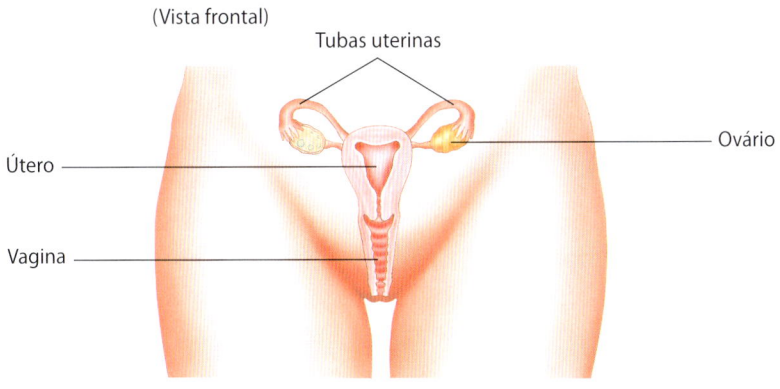

Representação sem escala. Cores-fantasia.

Fonte: CAMPBELL, Neil A.; MITCHELL, Lawrence G.; REECE, Jane B. *Biology – concepts and connections*. 2. ed. Menlo Park: Benjamin Cummings, 2000.

* **IMPORTANTE**: A bexiga não faz parte do sistema genital feminino. Está representada no esquema para facilitar a localização das demais estruturas.

- O **útero** é um órgão oco com paredes musculares e apresenta a forma e o tamanho de uma pera invertida.

  O útero abriga o embrião durante o seu desenvolvimento até o momento do parto.

- A **vagina** é o canal que liga o útero ao meio externo e tem, aproximadamente, sete centímetros de comprimento. A abertura da vagina pode ser parcialmente fechada por uma membrana chamada **hímen**.

  A vagina apresenta uma grande elasticidade, o que permite a relação sexual e a passagem do bebê durante o parto normal.

- O **pudendo feminino**, antigamente denominado vulva, é a parte genital externa, formada pelos **grandes** e **pequenos lábios** e pelo **clitóris**.

  – Os **grandes lábios** são duas dobras de pele que recobrem os lábios menores.

  – Os **pequenos lábios** são duas dobras de pele que protegem a entrada da vagina.

  – O **clitóris** é um pequeno órgão rico em terminações nervosas. Fica localizado na região anterior das partes externas do sistema genital. O clitóris também se enche de sangue e aumenta de tamanho durante a excitação sexual.

De olho no Tema

1. A mulher tem capacidade para a reprodução após a menopausa? Explique.

2. Em qual parte do sistema genital feminino geralmente ocorre a fecundação?

TEMA 6

Os métodos anticoncepcionais

Os métodos anticoncepcionais devem ser utilizados para que o casal possa planejar o momento mais adequado para uma gravidez. Alguns métodos anticoncepcionais podem prevenir as DSTs.

ESQUEMA DO USO DA CAMISINHA MASCULINA

1. Abrir a embalagem cuidadosamente.

2. Segurar a ponta da camisinha e apertá-la para tirar o ar (essa etapa é muito importante). Depois desenrolar a camisinha até a base do pênis ereto.

3. Após o uso, descartar. O preservativo nunca pode ser reutilizado.

Disponível em: http://www.aids.gov.br/final/prevencao/camisinha_masculina.htm. Acesso em: 3 jan. 2007.

Métodos para evitar a gravidez

Por meio do ato sexual, os seres humanos podem ter filhos. Além disso, sexo é uma troca de carinho e prazer entre um casal.

Para que um casal possa realizar o ato sexual evitando a gravidez, existem os métodos anticoncepcionais. Os **métodos anticoncepcionais** ou **contraceptivos** impedem a fecundação ou a implantação do embrião no útero e são classificados de acordo com o mecanismo de atuação. O casal deve escolher o método mais adequado à sua saúde e ao seu estilo de vida. A escolha de um tipo de contraceptivo deve sempre ser precedida de consulta médica.

• Métodos anticoncepcionais de barreira

Os métodos de barreira impedem que os espermatozoides cheguem ao ovócito, evitando a fecundação. São eficientes e simples de ser usados. A **camisinha** e o **diafragma** são métodos de barreira.

- A **camisinha masculina** é o contraceptivo de barreira mais utilizado. Ela também protege os parceiros de DSTs (doenças sexualmente transmissíveis), como a aids e o HPV. Não tem contraindicação e não necessita de receita médica para ser adquirida.
- A **camisinha feminina** deve ser inserida na vagina. Protege o casal com bastante eficiência contra as DSTs. Não tem contraindicação.
- O **diafragma** é uma pequena capa de borracha ou silicone que deve ser colocada na vagina pela mulher antes de cada relação sexual. Para usar o diafragma, a mulher deve fazer um exame médico. Deve ser utilizado junto com um espermicida, no máximo 6 horas antes da relação sexual e só retirado 6 a 8 horas após a última relação sexual. A higienização e o armazenamento corretos do diafragma são fatores importantes na prevenção de infecções genitais.

• Métodos anticoncepcionais comportamentais

São métodos pouco eficientes. Um deles é a **tabelinha**, que consiste em evitar relações sexuais nos dias férteis do ciclo menstrual. A tabelinha apresenta um alto índice de falha, porque o ciclo menstrual não é regular para muitas mulheres, o que não permite calcular o período fértil com precisão. Mesmo em mulheres com ciclo menstrual regular, podem ocorrer variações de ciclo para ciclo, em razão de diferentes fatores, como condição emocional e distúrbios hormonais. A tabelinha, se usada, deve ser associada a outro método anticoncepcional.

> **Saiba**
>
> Nos dois primeiros meses, o novo ser que está se desenvolvendo é chamado de **embrião**. A partir do terceiro mês, ou oitava semana, o embrião já tem alguns órgãos formados e recebe o nome de **feto**.

- **Métodos anticoncepcionais hormonais**

Os métodos que se utilizam de hormônios atuam no ciclo menstrual e impedem a ovulação. O exemplo mais conhecido é a pílula.

- A **pílula** ou **anticoncepcional oral** é feita com hormônios sintéticos similares ao estrógeno e à progesterona, hormônios naturais produzidos pelo corpo da mulher. A pílula apresenta algumas vantagens, como a redução das cólicas, da tensão pré-menstrual e da acne. Entretanto o uso da pílula anticoncepcional pode causar efeitos colaterais em algumas mulheres, como náusea, dor de cabeça, inchaço e aumento da pressão sanguínea.

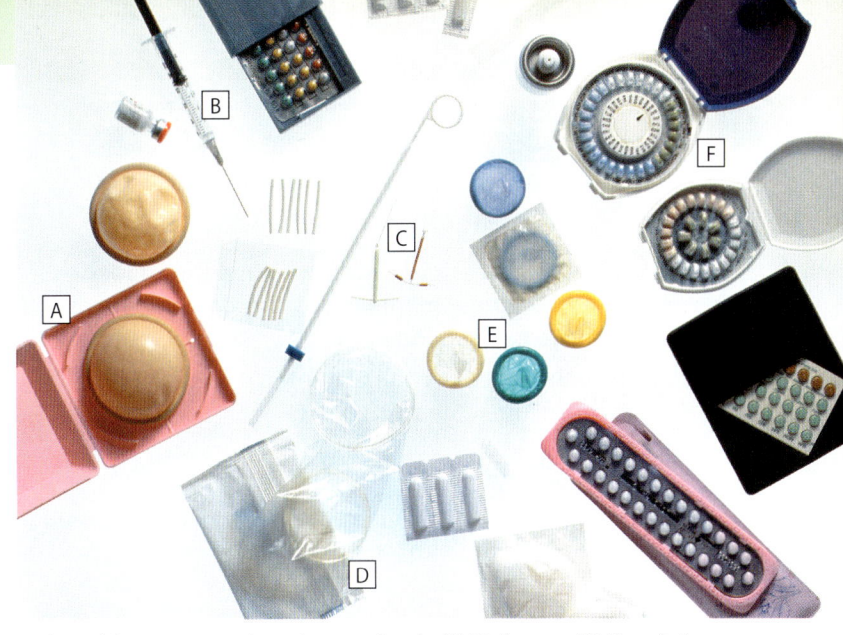

Na foto, diferentes tipos de anticoncepcionais. (A) Diafragma. (B) Hormônios injetáveis. (C) DIU (dispositivo intrauterino). (D) Preservativo feminino. (E) Preservativo masculino. (F) Pílulas anticoncepcionais.

- **Métodos anticoncepcionais cirúrgicos**

  - A **ligadura das tubas uterinas**, também conhecida por laqueadura tubária, é um procedimento em que, por meio de uma cirurgia, o médico amarra e corta as tubas uterinas, impedindo que o ovócito chegue ao útero.
  - A **vasectomia** é um procedimento em que os ductos deferentes (tubos que conectam os testículos ao pênis) são cortados. Assim, a passagem dos espermatozoides produzidos pelos testículos é bloqueada.

- **Métodos anticoncepcionais endoceptivos**

O DIU (dispositivo intrauterino) é o método endoceptivo (que é usado no interior do útero) mais utilizado. Os endoceptivos evitam que o óvulo fecundado se implante no útero.

- O **DIU** é uma pequena peça com hastes de cobre ou um tipo de plástico, introduzida pelo médico no útero da mulher. O DIU impede que o embrião se implante na parede do útero. Para colocá-lo, a mulher deve fazer um exame ginecológico completo. Os DIUs mais modernos podem permanecer de 5 a 10 anos no organismo da mulher.

Método contraceptivo	Índice de falha
Camisinha masculina	3% a 14%
Camisinha feminina	16% a 21%
Diafragma	2,1% a 20%
Pílula	0,1% a 6,8%
Ligadura das tubas uterinas	0,5%
Vasectomia	0,1% a 0,15%
Tabelinha	9% a 20%
DIU	0,5%

Índice de falha dos principais métodos anticoncepcionais no primeiro ano de uso.
Fonte: Ministério da Saúde, 2002.

Verifique

Métodos anticoncepcionais

Materiais: três caixas de sapato, duas caixas maiores, etiquetas e métodos anticoncepcionais (ex.: camisinhas feminina e masculina, pílula anticoncepcional e DIU).

Procedimentos: O professor deve trazer diversos métodos anticoncepcionais, como os da foto. Colar etiquetas com os custos aproximados de cada método. Nas caixas de sapato, usar etiquetas dizendo: "Métodos de barreira", "Métodos hormonais" e "Métodos endoceptivos". Nas caixas maiores, usar etiquetas dizendo: "Previne DSTs" e "Não previne DSTs". Os alunos devem primeiro depositar os métodos anticoncepcionais nas diferentes caixas de sapato, definindo as categorias dos métodos. Em seguida, os alunos devem colocar as caixas de sapato dentro das caixas maiores, definindo se os métodos previnem as DSTs.

Conclusão: Quais métodos previnem gravidez e DSTs? São baratos ou caros?

De olho no Tema

1. Você desconhecia algum método mencionado no texto? Qual?

2. Pense e escreva como uma gravidez não planejada pode afetar sua vida.

ATIVIDADES

Temas 1 a 6

Organize o conhecimento

1. Analise os gráficos que mostram a média de idade em que meninos e meninas passam por mudanças na puberdade. Responda.

   a) Na puberdade qual é geralmente a primeira mudança que ocorre com as meninas?

   b) Quem começa a sofrer mudanças primeiro: as meninas ou os meninos?

   c) Ordene cronologicamente as mudanças que os meninos e as meninas experimentam.

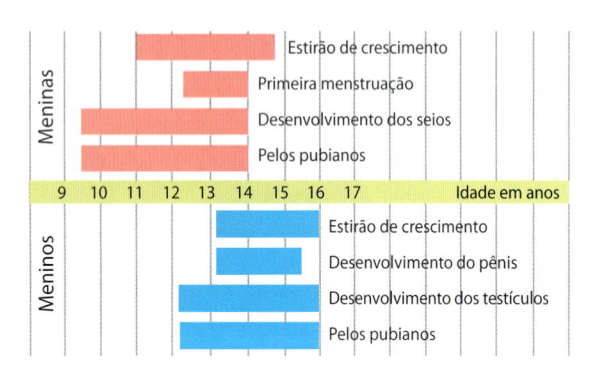

   Meninas
   - Estirão de crescimento
   - Primeira menstruação
   - Desenvolvimento dos seios
   - Pelos pubianos

   Idade em anos: 9 10 11 12 13 14 15 16 17

   Meninos
   - Estirão de crescimento
   - Desenvolvimento do pênis
   - Desenvolvimento dos testículos
   - Pelos pubianos

2. Responda em seu caderno.

   Sobre o sistema genital masculino, qual(is) estrutura(s) é(são) responsável(is) por:

   a) produzir o líquido seminal que nutre e protege os espermatozoides e aumenta a sua mobilidade?

   b) armazenar os espermatozoides até o seu amadurecimento?

   c) produzir espermatozoides e testosterona?

3. Transcreva e complete o quadro em seu caderno com informações sobre o sistema genital feminino.

Estrutura	Função
Tubas uterinas	
Ovários	
Útero	

4. Esquematize o caminho percorrido pelos espermatozoides no sistema genital masculino, colocando em sequência e nomeando as estruturas numeradas, e responda:
   - Qual estrutura é comum ao sistema genital e ao sistema urinário masculino?

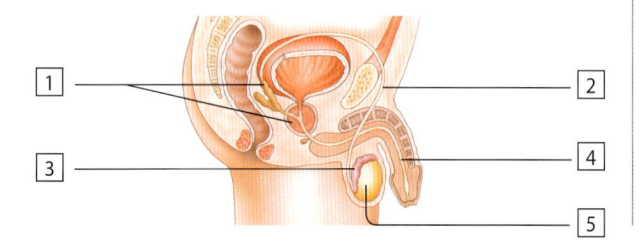

5. Responda em seu caderno.

   Qual o nome que recebe:

   a) o conjunto formado por líquido seminal e espermatozoides?

   b) o processo de expulsão dos espermatozoides do corpo para o meio externo?

   c) a pele que recobre a glande?

6. Reescreva a afirmativa em seu caderno, substituindo as letras pelas palavras corretas.
   - A (A) é a expulsão do ovócito pelo ovário. O ovócito segue para as tubas uterinas, que têm a função de conduzir o ovócito ao (B). Nesse caminho, pode ocorrer a (C), encontro do ovócito com o espermatozoide.

Analise

7. Transcreva e complete o quadro no caderno, identificando as principais diferenças entre células sexuais femininas e masculinas humanas.

	Gameta feminino	Gameta masculino
Nome		
Tamanho		
Mobilidade		
Relação citoplasma/núcleo		

   - Após identificar as diferenças acima, discuta com os colegas as possíveis razões dessas características celulares.

8. Forme uma dupla: cada aluno indica um método anticoncepcional para cada caso e justifica sua indicação para o colega.

   a) Maria tem 25 anos e não tem filhos. É hipertensa (apresenta pressão alta).

   b) Cleide e Rafael têm 42 anos, 4 filhos e não desejam ter mais crianças.

   c) Roberto tem 18 anos e nenhum filho.

   d) Mônica tem 33 anos e um filho. Seu ciclo menstrual é muito irregular.

   - Qual método anticoncepcional não seria indicado para Mônica? Por quê?

9. Leia as frases: "Meninos são corajosos e fortes. Meninas são sensíveis e comportadas".

   Você acha correto generalizar sobre comportamentos e personalidades dos gêneros masculinos e femininos?

Explore

Expressando a sexualidade

Materiais: cartolina, folhas de papel, canetas coloridas, revistas e jornais atuais, tesoura e cola.

Antes de iniciar a atividade, você deve pensar em algo que tenha visto, ouvido, falado ou sentido sobre sexualidade na televisão, em conversas com amigos etc.

Procedimentos: Forme um grupo com quatro colegas e conversem sobre diferentes situações em que a sexualidade é manifestada pelas pessoas no ambiente social. Pesquisem, em revistas e jornais, figuras, anúncios e textos que estejam relacionados com a sexualidade. Montem um painel e anotem em uma folha de papel os principais assuntos discutidos pelo grupo. Escolham um representante para explicar o que foi discutido pelo seu grupo e apresentem o painel para o restante da classe. Depois de todas as apresentações, todos os alunos deverão realizar um pequeno debate sobre as manifestações da sexualidade em diferentes culturas.

Comparar

1. Observe todos os painéis feitos pelos grupos. São todos iguais? Quais as principais diferenças entre eles?

2. Utilizaram-se mais imagens ou textos?

3. Pense em diferentes etnias. As manifestações da sexualidade são iguais em todas as culturas?

4. Em uma mesma etnia, as manifestações da sexualidade são iguais para todas as pessoas? Por que é importante respeitar as diferenças?

Explicar

5. Por que as pessoas confundem sexualidade com sexo?

6. De que maneiras a sexualidade pode ser expressa?

7. Que sentimentos podem estar envolvidos na expressão da sexualidade?

8. Quais são as diferenças entre sexualidade, sensualidade, erotismo e pornografia? Quais palavras apresentam sentido negativo?

TEMA 7

O ciclo menstrual

No ciclo menstrual ocorrem dois processos importantes: a maturação do ovócito e o desenvolvimento das paredes uterinas.

Como ocorre o ciclo menstrual

A cada 28 dias, aproximadamente, o útero se modifica, possibilitando o recebimento de um embrião. Esse processo ocorre de forma periódica e é chamado de ciclo menstrual.

No ciclo menstrual ocorre a maturação de um ovócito e a preparação do útero, que receberá o possível embrião. Cada ciclo menstrual compreende as seguintes etapas:

- Durante os primeiros 14 dias do ciclo, um ovócito de um dos ovários amadurece. Começa o desenvolvimento da parede do útero, que se torna mais espessa e repleta de vasos sanguíneos.
- Por volta do 14º dia ocorre a **ovulação**. O ovócito liberado por um dos ovários segue para as tubas uterinas. Nos dias próximos à ovulação, a mulher se encontra no **período fértil**. Caso ocorra relação sexual nesse período, as chances de acontecer uma gravidez aumentam.
- Durante os dias que se seguem, o ovócito continua avançando em direção ao útero. Se o ovócito não for fecundado, ele degenera e parte das paredes do útero começa a se desprender, juntamente com o sangue proveniente do rompimento dos vasos sanguíneos. Esses produtos são eliminados pela vagina, produzindo a **menstruação**.

Costuma-se adotar o 1º dia de menstruação como sendo o 1º dia do ciclo menstrual. Assim, com o acontecimento da menstruação, que dura cerca de 3 a 5 dias, um novo ciclo começa. A duração do ciclo menstrual pode variar de mulher para mulher, apresentando uma média de 28 dias.

Saiba +

A primeira menstruação

Menarca é o nome que se dá à primeira menstruação. Acontece com a maturação do primeiro ovócito, geralmente quando a menina tem cerca de 12 a 13 anos de idade.

ESQUEMA SIMPLIFICADO DO CICLO MENSTRUAL

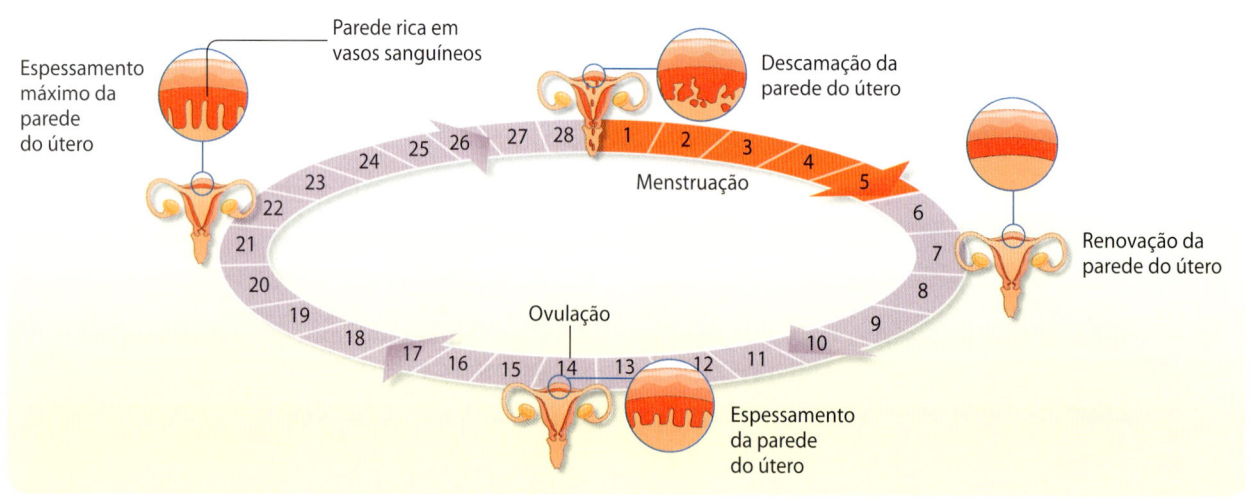

Ciclo menstrual de 28 dias. (Representação sem escala. Cores-fantasia.)

Fonte: CAMPERGUE, Mariette et al. *Sciences de la vie et de la Terre*. 4. ed. Paris: Nathan, 1998.

TEMA 8

A fecundação

A fecundação do ovócito pelo espermatozoide torna possível o surgimento de uma nova vida.

Saiba +

Na maioria das mulheres, um ovócito é liberado do ovário aproximadamente 14 dias antes do início da menstruação. Embora o ovócito não fertilizado sobreviva apenas 24 horas, os espermatozoides podem sobreviver 3 a 4 dias após a relação sexual.

Consequentemente, a fertilização pode ser decorrente de uma relação ocorrida quatro dias antes da liberação do ovócito.

Glossário

Mitose
Divisão celular que resulta na formação de duas células iguais à célula original.

O encontro do ovócito com o espermatozoide

A **fecundação** ou **fertilização** consiste na união do ovócito com o espermatozoide. Após ser fecundado, o ovócito completa o seu desenvolvimento e passa a ser chamado **óvulo**. Normalmente, a fecundação ocorre nas tubas uterinas.

Durante o ato sexual, milhões de espermatozoides são liberados pelo homem na vagina da mulher. Os gametas masculinos percorrem o útero e chegam às tubas uterinas.

A maioria dos espermatozoides morre durante esse trajeto. Apenas uma pequena quantidade consegue chegar até o ovócito e somente um penetra no gameta feminino. Após a fecundação, o ovócito produz substâncias que impedem a entrada de outros espermatozoides.

A união do núcleo do óvulo com o núcleo do espermatozoide forma o **zigoto**.

No início, o zigoto é uma única célula. Essa célula divide-se por mitose, à medida que continua o seu trajeto pelas tubas uterinas, em direção ao útero.

O zigoto dá origem a duas células, depois a quatro, e assim sucessivamente. Essas células originam o **embrião**.

Por volta de sete dias depois da fecundação, o embrião chega ao útero e se implanta na parede uterina. O processo de implantação do embrião na parede uterina é chamado de **nidação**. O útero, graças à ação da progesterona, está preparado para receber o embrião e abrigá-lo durante toda a gravidez.

REPRESENTAÇÃO DO PROCESSO DE FECUNDAÇÃO

(Útero, Parede do útero, Vagina, Movimento dos espermatozoides, Tuba uterina, Fecundação, Ovócito, Ovário, Deposição dos espermatozoides durante o ato sexual)

REPRESENTAÇÃO DO PROCESSO DE NIDAÇÃO

(Seis células, 3 dias após a fecundação; Quatro células, 2 dias após a fecundação; Nidação 7 dias após a fecundação; Duas células, 1 dia após a fecundação; Ovário; Zigoto)

(Representação sem escala. Cores-fantasia.)

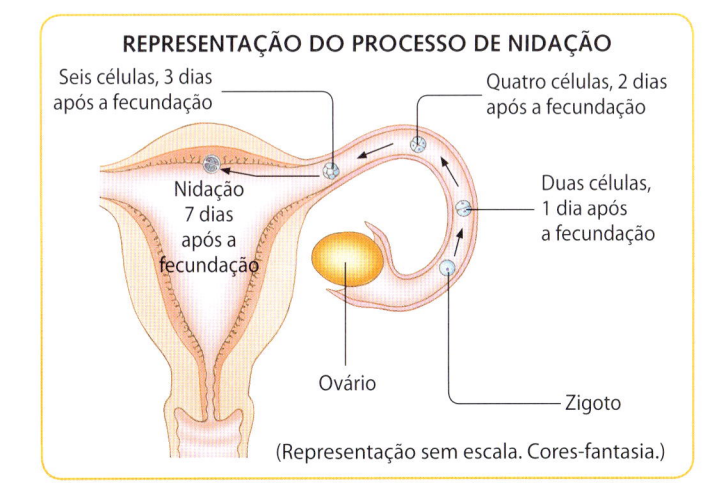

De olho no Tema

1. Por que o espessamento da parede do útero é importante na reprodução?

2. O que pode ocorrer se houver a liberação de mais de um ovócito durante o ciclo menstrual?

TEMA 9

A gravidez, a gestação e o parto

O organismo feminino é capaz de garantir o desenvolvimento do novo ser até que este esteja pronto para nascer.

A gravidez

A gravidez ou gestação inicia-se quando o ovócito é fecundado e termina quando a mulher dá à luz o seu bebê. Após a fecundação, o zigoto passa por divisões celulares e recebe o nome de **embrião**.

A ausência de menstruação é o primeiro indício que caracteriza uma gravidez. Mas é possível que o atraso no ciclo seja decorrente de outros fatores, que podem ser hormonais ou até mesmo emocionais. Sendo assim, para confirmar se está grávida ou não, a mulher deve fazer um exame laboratorial. O **teste de gravidez** pode ser feito pelo exame da urina ou do sangue.

A gestação

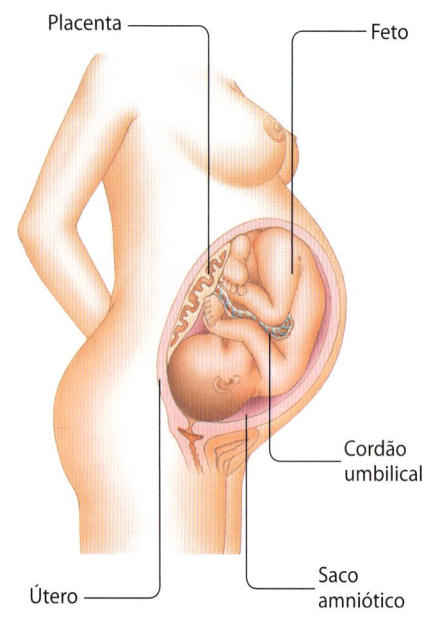

Uma gestação normal tem duração de nove meses, ou seja, cerca de 38 semanas. Na fase inicial de desenvolvimento do bebê, também formam-se os órgãos encarregados de proteger e nutrir o feto. Esses órgãos são o saco amniótico e a placenta.

- O **saco amniótico** é uma bolsa cheia de líquido, chamado **líquido amniótico**, na qual o feto fica mergulhado durante toda a gravidez. O líquido amniótico tem a função de proteger o feto, amortecendo os choques físicos e as pressões que a barriga da mãe possa vir a sofrer e regulando a temperatura corporal.

    O saco amniótico é popularmente conhecido como bolsa d'água e se rompe logo antes do nascimento do bebê.

- A **placenta** é o órgão que comunica o feto com a mãe. A placenta é formada por tecido do embrião e do útero materno. Através da placenta, o feto recebe gás oxigênio e outros nutrientes. O feto também elimina gás carbônico e excreções. A placenta e o feto estão unidos por meio do **cordão umbilical**.

ESQUEMA DO FETO NO INTERIOR DO ÚTERO

(Representação sem escala. Cores-fantasia.)
Fonte: CAMPERGUE, Mariette et al. *Sciences de la vie et de la Terre*. 4. ed. Paris: Nathan, 1998.

ESQUEMA DO SACO AMNIÓTICO E DA PLACENTA

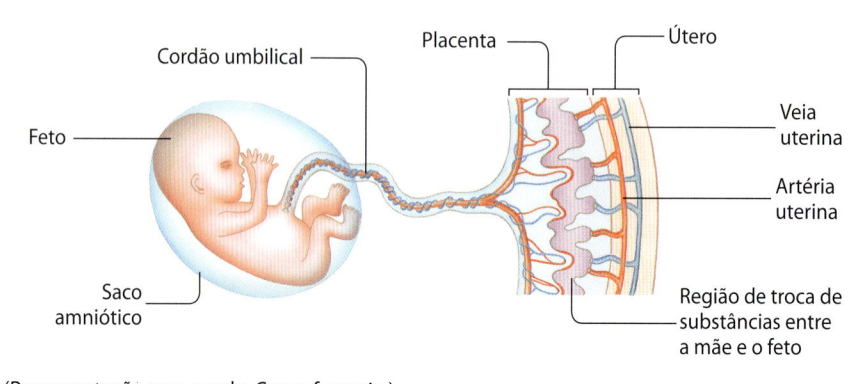

O saco amniótico protege o bebê contra choques físico, e a placenta permite a troca de nutrientes e resíduos entre o feto e a mãe.

(Representação sem escala. Cores-fantasia.)
Fonte: CAMPERGUE, Mariette et al. *Sciences de la vie et de la Terre*. 4. ed. Paris: Nathan, 1998.

Etapas do desenvolvimento fetal

Durante os nove meses de gestação, o bebê cresce e se desenvolve.

- **1º mês**: o embrião tem aproximadamente 1 cm e sua massa é menor do que 1 g. Há o início de formação do cérebro, órgãos dos sentidos e membros. O coração começa a bater.

- **2º mês**: o embrião tem de 4 a 5 cm e 5 a 10 g. Há o início de formação dos órgãos internos.

- **3º mês**: já recebe o nome de feto. Mede de 9 a 12 cm e pode ter até 30 g. Inicia-se a formação dos órgãos sexuais.

- **4º mês**: o feto tem de 16 a 20 cm e cerca de 120 a 170 g. O esqueleto já pode ser visto por equipamentos médicos.

- **5º mês**: os batimentos cardíacos podem ser ouvidos e a mãe pode sentir os movimentos da criança. O feto mede aproximadamente 30 cm e tem de 300 a 500 g.

- **6º mês**: mede de 30 a 35 cm e sua massa pode chegar a 900 g.

- **7º mês**: o feto mede cerca de 40 cm, tem cerca de 1,5 kg, já está formado e pode nascer. Porém seria um nascimento prematuro e o feto precisaria de cuidados especiais.

- **8º mês**: O feto mede de 40 a 45 cm e tem de 2,3 a 2,5 kg.

- **9º mês**: o feto tem de 45 a 50 cm e aproximadamente 3,2 kg. Já está desenvolvido e pronto para nascer.

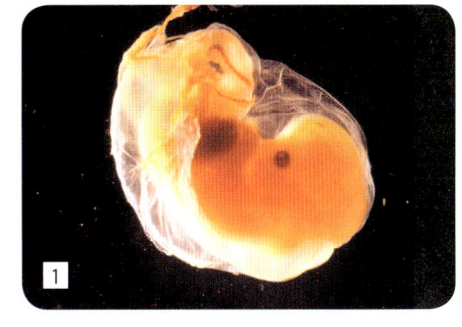

Embrião de oito semanas, com cerca de 4 cm.

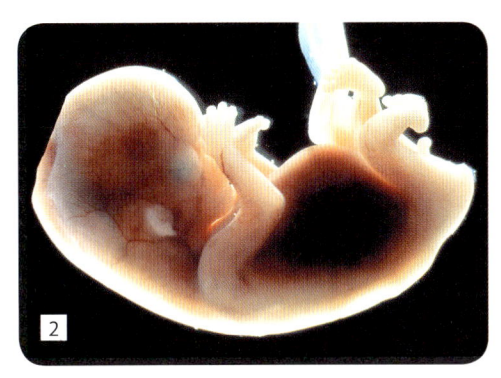

Feto masculino de onze semanas, com cerca de 9 cm e 30 gramas.

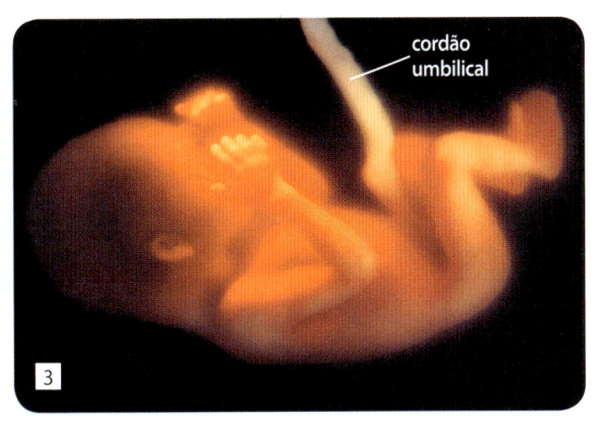

Feto de dezessete semanas, com cerca de 20 cm e 170 gramas. Observe o cordão umbilical. Imagem reduzida 4 vezes.

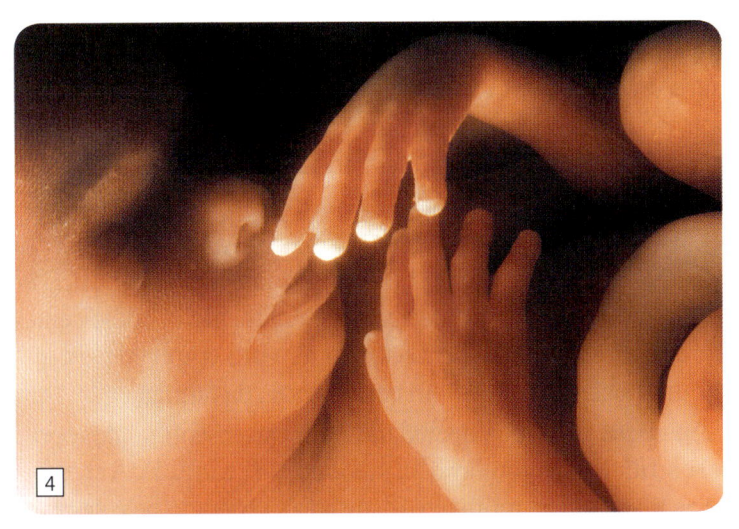

Feto masculino de cinco meses, com cerca de 30 cm e 500 gramas. Imagem reduzida 3 vezes.

Verifique

Crescimento e desenvolvimento de um feto

Procedimentos: Os alunos devem ser divididos em 9 grupos. Por meio de sorteio, cada grupo terá de pesquisar sobre um mês de gestação (do primeiro ao nono mês). Os grupos devem reunir informações sobre o desenvolvimento e trazer algum objeto que represente as dimensões máximas de um feto no final do mês em questão.

Conclusão: Compare a massa e o tamanho dos objetos. A variação das dimensões foi homogênea de mês para mês?

Glossário

Micção
Ato de urinar.

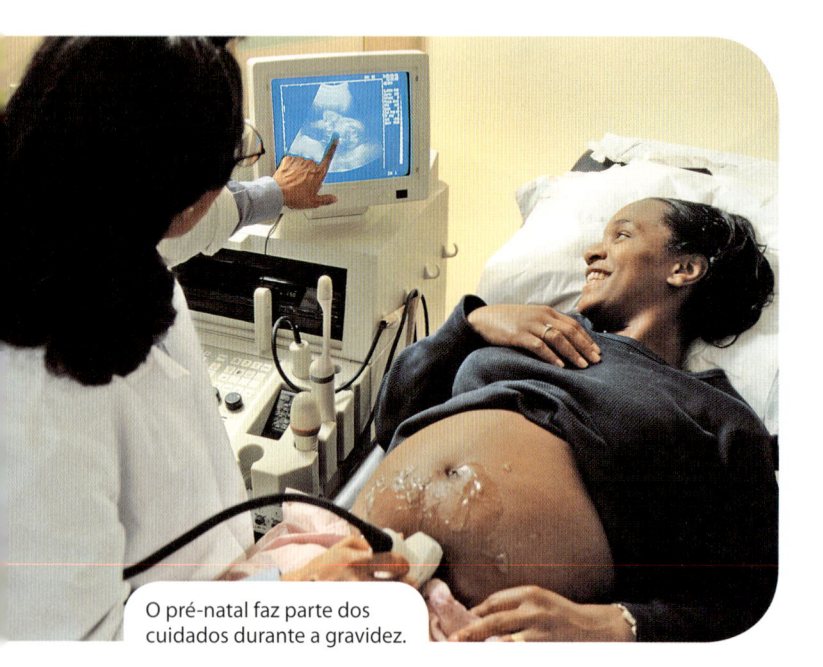

● **Mudanças no organismo feminino durante a gestação**

Durante a gestação, o organismo da mulher sofre diversas mudanças.

- O útero chega a aumentar cerca de 10 vezes, e a sua massa vai de 45 g, antes da gravidez, para 1 kg, aproximadamente.
- As mamas aumentam de volume. Esse aumento prepara a mulher para o aleitamento do bebê quando ele nascer.
- A gestante pode ter azia, vômitos e náuseas, que são mais comuns e frequentes até o terceiro mês de gestação.
- Pode ocorrer variação da pressão arterial. Isso requer atenção especial, pois pode causar complicações para a mãe ou o feto.
- A frequência das micções aumenta por causa da compressão da bexiga urinária pelo aumento do tamanho do útero e pelo próprio feto. Além disso, durante a gestação ocorre o aumento da atividade renal.

● **Cuidados durante a gestação**

A mulher pode levar uma vida normal durante a gestação, mas alguns cuidados especiais são necessários.

Obrigatoriamente, a gestante deve fazer o acompanhamento da gravidez com visitas periódicas ao médico. Esse acompanhamento, chamado de **pré-natal**, é feito para prevenir qualquer problema de saúde, tanto da mãe como do feto.

A futura mãe deve ter uma alimentação saudável e equilibrada. Além disso, a gestante não deve ingerir bebidas alcoólicas nem usar drogas, como a nicotina presente no fumo. As substâncias presentes nas drogas e nos medicamentos podem passar para o feto, por meio da placenta, e prejudicar o seu desenvolvimento. A administração de medicamentos deve ser feita somente com orientação médica.

O pré-natal faz parte dos cuidados durante a gravidez.

A gravidez na adolescência

O momento da geração de um bebê é um período de grandes mudanças para qualquer mulher. Quando ocorre muito cedo, a gravidez pode significar, para os pais ou, principalmente, a mãe da criança, ter de abrir mão da própria adolescência.

Há vários mitos envolvendo o sexo e a gravidez. Ao contrário do que se pensa, uma garota pode ficar grávida na primeira relação sexual. A gravidez pode ocorrer na adolescência porque muitas moças e rapazes desconhecem os meios para evitá-la.

Durante a adolescência, a gravidez pode ter consequências diferentes do que para uma pessoa adulta. Tornar-se pai ou mãe na adolescência significa ter responsabilidades paterna ou materna antecipadas. Geralmente, os adolescentes não estão preparados para serem pais e mães, não têm um emprego para que possam sustentar um bebê ou não contam com o apoio da família.

Uma gravidez inesperada, em qualquer idade, pode trazer sentimentos opostos. O casal pode se sentir feliz e orgulhoso ou preocupado e zangado. A chegada de um bebê deve acontecer num momento planejado e esperado pelo casal.

De olho no Tema

1. É correto afirmar, sem dúvida alguma, que uma mulher está grávida se não ocorrer a menstruação? Justifique.
2. Como o feto respira e se alimenta?
3. Relacione o desenvolvimento fetal e a utilização de drogas pela mãe.

O parto

Normalmente, o nascimento do bebê ou **parto** ocorre após nove meses de gestação. Porém diversos fatores podem ocasionar um parto antes dos nove meses, que recebe o nome de **prematuro**.

O momento do parto pode ser anunciado e percebido pela gestante de várias maneiras. Algumas delas são:

- **Cólicas**: são conhecidas como "dores do parto", decorrentes das contrações da musculatura do útero. Próximo ao momento do parto, essas contrações ficam cada vez mais intensas e ocorrem em intervalos de tempo cada vez menores.
- **Rompimento do saco amniótico**: também conhecido como "rompimento da bolsa". Ocorre rompimento das membranas do saco amniótico e extravasamento do líquido do seu interior.

No parto normal, podem-se distinguir três fases: a **dilatação**, a **saída do bebê** e a **expulsão da placenta**.

A **dilatação** do colo do útero permite a passagem do bebê. Essa dilatação é facilitada pelas contrações da musculatura uterina.

O bebê, que já está de cabeça para baixo, é empurrado para a vagina da mãe. Na **saída do bebê**, as contrações do útero são mais fortes, ajudando a empurrar a criança em direção à vagina. A cabeça do bebê sai primeiro e logo depois todo o corpo. Por último, o cordão umbilical do recém-nascido é cortado.

Depois do nascimento da criança, o útero volta a contrair-se para **expulsar a placenta**. É importante que toda a placenta seja removida do interior do útero, evitando riscos de infecções no organismo.

De olho no Tema

1. Por que é importante realizar o pré-natal?

2. Quais são as principais mudanças que ocorrem na vida de adolescentes durante uma gravidez não planejada e após o nascimento do bebê?

ESQUEMA DAS FASES DE UM PARTO NORMAL

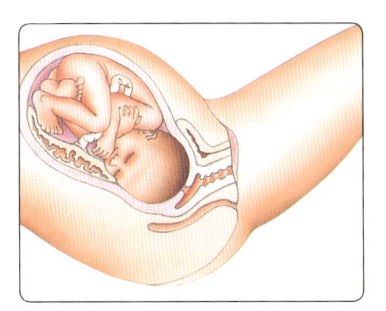

1 Dilatação do colo do útero.

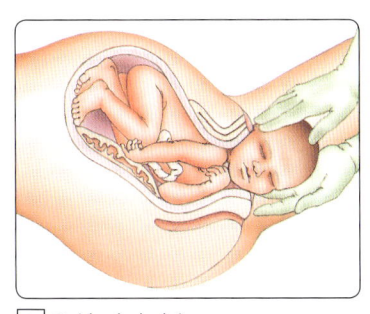

2 Saída do bebê.

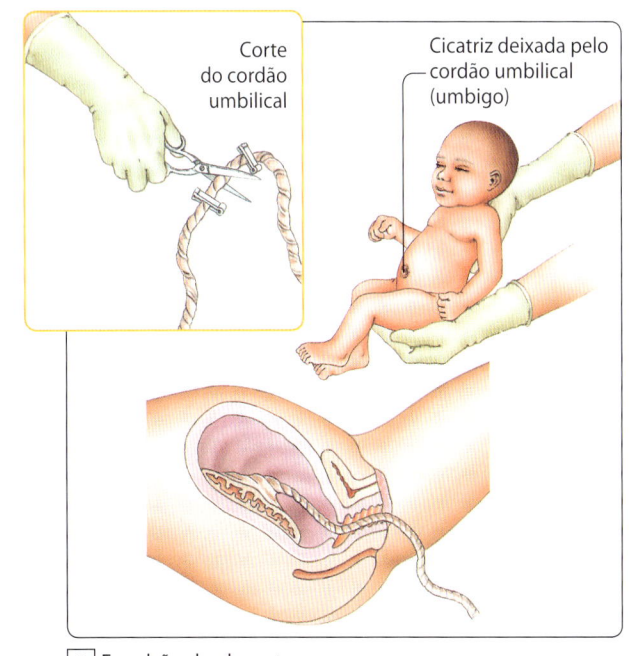

Corte do cordão umbilical

Cicatriz deixada pelo cordão umbilical (umbigo)

3 Expulsão da placenta.

Representação sem escala. Cores-fantasia.

Fonte: CAMPBELL, Neil A.; MITCHELL, Lawrence G.; REECE, Jane B. *Biology – concepts and connections*. 2. ed. Menlo Park: Benjamin Cummings, 2000.

ATIVIDADES
Temas 7 a 9

Organize o conhecimento

1. Dois processos importantes marcam o ciclo menstrual. Explique-os.

2. Leia as afirmativas sobre as mudanças sofridas pelo útero durante o ciclo menstrual.

   Escreva uma frase em que os acontecimentos estejam em ordem cronológica, levando em conta a menstruação como início do ciclo.

   a) Descamação da parede uterina, com rompimento dos vasos sanguíneos.
   b) Espessamento da parede do útero.
   c) Renovação da parede uterina.
   d) Espessamento máximo da parede uterina, que se encontra rica em vasos sanguíneos.

3. Descreva o que ocorre desde o encontro do ovócito com o espermatozoide (esquema abaixo) até o momento do processo de nidação.

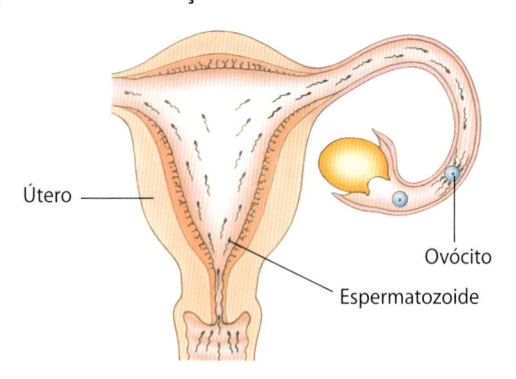

   (Útero, Ovócito, Espermatozoide)

4. Diferencie ovulação e menstruação. Em um ciclo menstrual, qual desses eventos ocorre primeiro?

5. Responda.

   Qual é a denominação dada para o(a):
   a) eliminação dos restos da parede uterina, misturados com sangue proveniente do rompimento dos vasos sanguíneos?
   b) liberação do ovócito por um dos ovários?
   c) período em que a mulher tem maiores chances de engravidar.
   d) união do óvulo com o espermatozoide, levando à formação do zigoto?

6. Transcreva e complete corretamente o quadro no caderno.

Órgão	Função
Placenta	
Saco amniótico	

Analise

7. Calcule, considerando que a menstruação de uma mulher se inicia no dia 6 de um mês:
   a) o dia em que se inicia o seu ciclo menstrual;
   b) o dia provável da ovulação;
   c) os dias com maior chance de ocorrer fecundação.

8. Transcreva o esquema a seguir e responda.

   O esquema sinaliza algumas trocas que podem ocorrer entre a mãe e o feto através da placenta. Coloque em cada uma das substâncias do esquema setas indicando o sentido em que a troca ocorre.

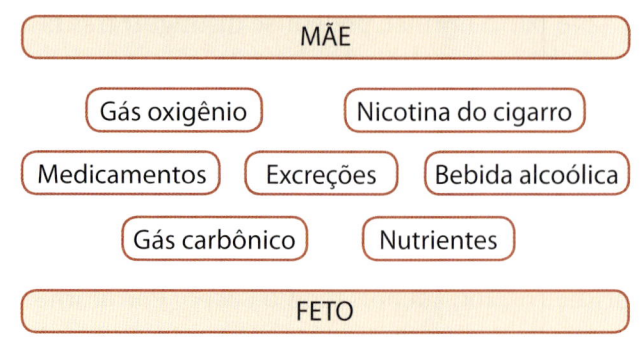

   MÃE

   Gás oxigênio — Nicotina do cigarro
   Medicamentos — Excreções — Bebida alcoólica
   Gás carbônico — Nutrientes

   FETO

   - Quais dessas substâncias devem ser evitadas, principalmente no período de gravidez?

9. Leia a tirinha e responda.

   a) Por que a garota da tirinha ficou tão alegre por ter menstruado?
   b) Que atitude a garota da tirinha deveria ter tido para evitar a preocupação?
   c) Converse com um colega:
      Que outra preocupação a garota da tirinha deveria ter, que o fato de ter menstruado não resolveria?

Explore

Gestação especial: formação de gêmeos

A gestação de mais de um bebê ao mesmo tempo não é frequente, mas pode acontecer, formando os irmãos gêmeos. As formações mais comuns são:

Gêmeos univitelinos ou monozigóticos

A união do núcleo do óvulo com o núcleo do espermatozoide forma um zigoto ou ovo. Do zigoto origina-se um embrião. Esse embrião, no início da sua multiplicação celular, pode se dividir em dois blocos iguais de células. Cada um desses blocos vai continuar com as multiplicações celulares, dando origem a dois bebês. Assim, formam-se os gêmeos univitelinos.

Os gêmeos univitelinos compartilham da mesma placenta e têm informação genética idêntica. São sempre do mesmo sexo e muito parecidos fisicamente.

Gêmeos bivitelinos ou dizigóticos

Formam-se quando os ovários liberam dois ovócitos ao mesmo tempo. Cada um desses ovócitos é fecundado por um espermatozoide distinto. Os dois embriões formados desenvolvem-se no útero como dois irmãos diferentes.

Os gêmeos bivitelinos podem ou não ser do mesmo sexo, não são idênticos geneticamente e às vezes não apresentam semelhança física.

Glossário

Informação genética
Informação contida nos cromossomos e relacionada à herança de características.

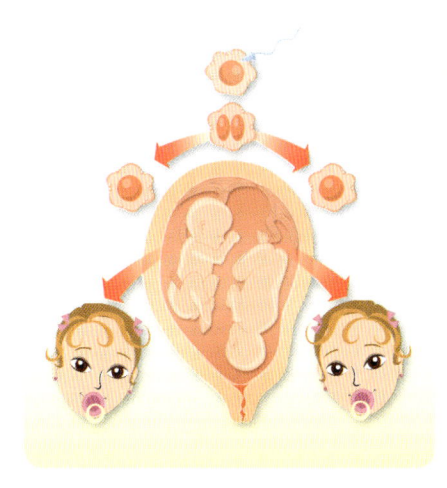

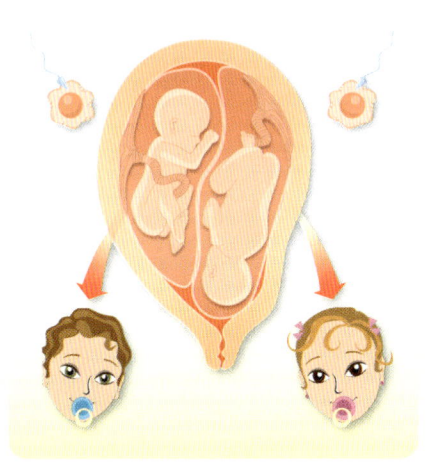

Identificar

1. É correto dizer que gêmeos idênticos se formam de um ovócito fecundado por dois espermatozoides? Explique.

Comparar

2. Transcreva e complete o quadro.

	Gêmeos	
	Univitelinos	Bivitelinos
Como se formam		
Sexo dos bebês		
Compartilhamento da placenta		

3. Por que os gêmeos univitelinos são sempre do mesmo sexo?

Explicar

4. Leia e responda.

Seus tios anunciam o nascimento de filhos gêmeos, um menino e uma menina.
Sua avó diz: "Não vejo a hora de vê-los! Será que são idênticos?".
Mesmo sem ver os bebês, o que você poderia dizer à sua avó?

Pesquisar

5. Faça uma pesquisa sobre animais mamíferos que produzem muitos filhotes em uma gestação. Relacione-os com a formação de gêmeos.

Por uma nova atitude
Saúde

Doenças sexualmente transmissíveis (DSTs)

Preservativos masculinos (camisinhas).

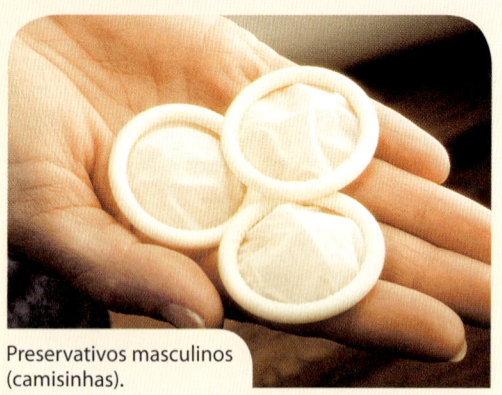

Fotomicrografia de bactérias causadoras da gonorreia (*Neisseria gonorrhoeae*), doença sexualmente transmissível. Imagem colorida artificialmente e ampliada cerca de 1600 vezes.

1. Explorar o problema

"Observem que durante uma relação sexual transmitimos e recebemos muitas coisas, o sentimento e o prazer parecem ser o que mais importa. Contudo, não doamos e percebemos apenas sensações. O nosso corpo possui substâncias, secreções, líquidos etc. que também são passadas ao outro. E é por aí que doenças, as chamadas DSTs – Doenças Sexualmente Transmissíveis, podem causar transtornos à nossa vida. A maioria dessas DSTs tem cura. Entretanto, aquelas causadas por vírus ainda não têm cura.

Conhecer o funcionamento e as necessidades do nosso corpo é uma maneira de nos proteger e proteger o outro e, desta forma, podermos desfrutar de diversos prazeres, sem precisarmos passar pelas dificuldades e inconveniências que toda doença traz.

Aprender a usar o preservativo, a negociar o uso, a não sentir vergonha de tirar as dúvidas, a adiar uma transa, a conversar com o parceiro sobre como vão fazer para usar o preservativo, são maneiras de garantir a sua saúde.

As DSTs acompanham a história da humanidade. Durante a evolução da espécie humana, as DSTs vêm acometendo pessoas de todas as classes, religiões e todos os sexos.

No tempo da Grécia antiga foram chamadas de doenças venéreas, como referência a Vênus, a Deusa do Amor. A gonorreia, descrita em passagens da Bíblia, só teve o seu agente causador identificado em 1879. A sífilis, que até o século XV era desconhecida, teve seus primeiros registros em figuras encontradas em tumbas do Egito no tempo dos faraós. [...]

Com a descoberta da penicilina, na década de 40, as epidemias de algumas DSTs começam a recuar. Nos anos 60/70, com a descoberta da pílula anticoncepcional e com a maior liberdade sexual entre os jovens, voltam a aumentar os números de casos de DST em todo mundo. Nos anos 80/90 observou-se um aumento dramático dos casos de sífilis e gonorreia, muitos dos quais têm ocorrido na população adolescente e de adultos jovens.

As DSTs são atualmente um grande problema de saúde pública no Brasil, principalmente porque facilitam a transmissão do HIV, o vírus que causa a aids, tendo, portanto, uma parcela de responsabilidade pela atual dimensão da epidemia da aids.

O que é DST?

DST significa Doença Sexualmente Transmissível. As DSTs mais comuns são: gonorreia, clamídia, tricomoníase, sífilis, condiloma acuminado (verruga genital), cancro mole, herpes genital, hepatite B e infecção por HIV (o vírus da aids).

O que causa as DSTs?

As DSTs são causadas por vírus, bactérias e outros parasitas. Os vírus são causadores de uma grande parte das DSTs, como verrugas genitais, herpes genital, hepatite B e a infecção pelo HIV (o vírus da aids). As bactérias causam doenças como a gonorreia, a clamídia, o cancro mole e a sífilis. Escabiose (sarna), tricomoníase e piolho púbico (chato) são DSTs causadas por outros parasitas. [...]

DST tem cura?

A maioria das DSTs pode ser curada, com exceção daquelas causadas por vírus.

Algumas DSTs, se não tratadas rapidamente, podem causar danos aos órgãos reprodutores levando à esterilidade (incapacidade de gerar filhos), tanto em homens como em mulheres; podem também predispor ao câncer, causar lesões no coração e cérebro, e em alguns casos, morte. [...]

Quem são os 'portadores assintomáticos'?

'Portador assintomático' é a pessoa que foi infectada e não apresenta manifestações da doença. Os 'portadores assintomáticos' são, em grande parte, os principais transmissores das DSTs, pois não percebendo que estão infectados não procuram tratamento e nem se cuidam para evitar o contágio dos parceiros. [...]"

Existem outras formas de transmissão das DSTs?

As DSTs são transmitidas principalmente pela via sexual. Todavia, existem DSTs como a sífilis e a hepatite B, que a exemplo do HIV podem ser transmitidas por sangue infectado e da mulher grávida infectada para o filho (durante a gestação, parto ou pela amamentação). [...]"

Fonte: Disponível em: http://www.adolesite.aids.gov.br/dst.htm. Acesso em 5 jun. 2007.

2. Analisar o problema

A forma mais fácil e segura de evitar o contágio da maioria das DSTs é o uso correto de preservativo (camisinha) durante cada relação sexual. Mas muitas pessoas ainda têm receio de exigir que seus parceiros usem camisinha nas relações sexuais. Outras desconhecem totalmente o assunto. São várias as desculpas, tais como: "Não preciso usar camisinha, sei com quem estou"; "Comigo não, essas doenças só pegam nos outros"; "Usar camisinha na relação sexual tira o prazer".

Obter informações

a) Durante a relação sexual, o que os seres humanos trocam, além de sentimentos?
b) O que essa troca pode ocasionar?
c) Qual a forma mais fácil e segura de evitar o contágio da maioria das DSTs?
d) Por que as DSTs são consideradas um grande problema de saúde pública no Brasil?

Explicar

- Podemos dizer somente pela aparência que uma pessoa não está com DST? Justifique sua resposta.
- Quais as outras formas de contágio das DSTs?

Tomar uma decisão

Observe a charge abaixo.

a) A charge, ganhadora do 1º Festival Internacional do Humor (2004), que tinha as DSTs como tema, coloca os dois sobreviventes aborrecidos e distanciados. Qual prática de prevenção de DSTs a charge sugere? Você acha que essa prática é realmente oportuna? Justifique sua resposta.
b) Muitas mulheres têm medo ou vergonha de exigir que seus parceiros usem camisinha. Exponha sua opinião aos seus colegas. Ouça o que eles pensam a respeito.
c) Forme um grupo e discuta com a classe quais as melhores formas de prevenir as DSTs. Coloquem as ideias em algum meio de divulgação (cartaz, mural, painéis, slides etc.) e apresente-as para a classe.

Compreender um texto

Primeiro bebê de proveta brasileiro fez 20 anos

Marco definitivo para a medicina e também para a sociedade, a fertilização in vitro *tem conquistado muitos avanços nas últimas duas décadas*

"No dia 7 de outubro de 1984, nascia Ana Paula Caldeira na cidade de São José dos Pinhais, Região Metropolitana de Curitiba, o primeiro bebê de proveta brasileiro. Ao completar 20 anos, a fertilização *in vitro* continua sendo um marco definitivo. 'A fertilização representa uma revolução na medicina e na sociedade', afirma o ginecologista Daniel Faúndes, do Centro de Reprodução Humana de Campinas (CRHC), lembrando que, antes da técnica, existiam várias causas de infertilidade sem solução.

O ginecologista Carlos Alberto Petta, também do CRHC, reforça que, nas últimas duas décadas, as técnicas de reprodução assistida avançaram muito. Os procedimentos deixaram de ser invasivos e as taxas de sucesso aumentaram de forma significativa. [...] Os especialistas avaliam que a procura pela fertilização *in vitro* tem se popularizado e tende a aumentar cada vez mais. 'O nascimento de um bebê por fertilização, ao contrário de 20 anos atrás, hoje é um acontecimento comum', diz Petta.

[...] Com a participação feminina no mercado de trabalho, as mulheres têm adiado a gravidez, muitas vezes para depois dos 35 anos, idade em que a mulher passa a apresentar mais dificuldades para engravidar, necessitando de ajuda médica.

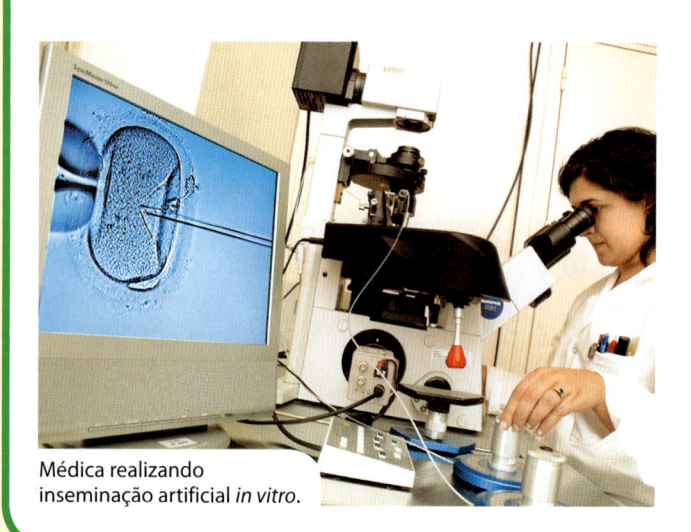

[...] Mas, apesar de alguns poucos centros que fazem atendimento pelo Sistema Único de Saúde (SUS), o custo do procedimento continua proibitivo para grande parcela da população.

● Brasil já é referência mundial na área

O primeiro bebê de proveta brasileiro, Ana Paula Caldeira, nasceu apenas seis anos após Louise Brown, o primeiro do mundo, o que mostra que, no início, o Brasil esteve no encalço do que era descoberto na Europa e nos Estados Unidos. Hoje, o País tornou-se referência na área, atendendo pacientes até do Exterior.

'O Brasil está equipado com os grandes centros mundiais de reprodução humana, apresentando, muitas vezes, índices de sucesso superiores aos obtidos no Exterior', afirma o especialista em reprodução humana do Instituto Paulista de Ginecologia e Obstetrícia, Arnaldo Cambiaghi.

FERTILIZAÇÃO *IN VITRO*

6 Os embriões são implantados no útero da mulher com auxílio de equipamentos médicos. Normalmente, são implantados 3 embriões. Por isso, na fertilização *in vitro*, é muito frequente o nascimento de gêmeos.

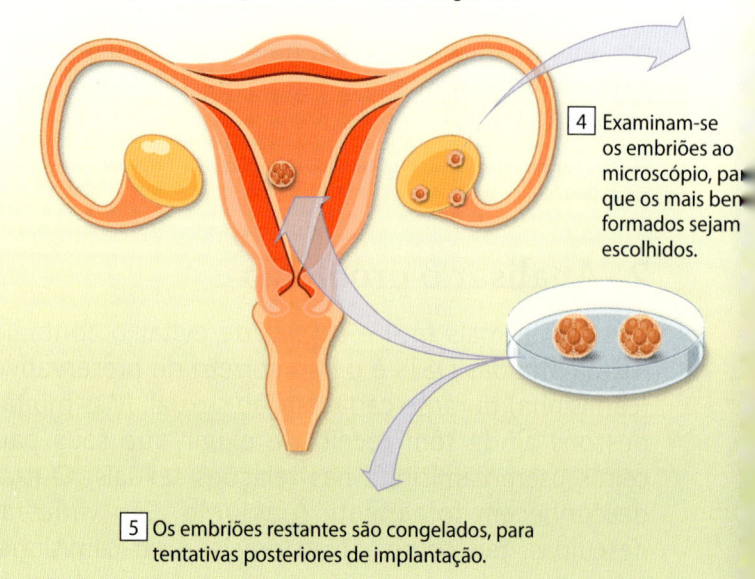

4 Examinam-se os embriões ao microscópio, para que os mais bem formados sejam escolhidos.

5 Os embriões restantes são congelados, para tentativas posteriores de implantação.

Médica realizando inseminação artificial *in vitro*.

[...] O ginecologista Carlos Alberto Petta, do Centro de Reprodução Humana de Campinas, ressalta que, em muitos casos de infertilidade, tratamentos mais simples, como medicamentos, cirurgia ou inseminação artificial, podem resolver. Segundo ele, a estimativa é que a infertilidade atinja 15% dos casais em idade fértil, mas, desses, em torno de 2% apenas precisam recorrer à fertilização para engravidar. 'A maioria engravida com outros tratamentos', afirma."

FONTE: http://www.unicamp.br/unicamp/canal_aberto/clipping/outubro2004/clipping041003_correiopop.html
Acesso em 24 ago. 2007.

1. A mulher é submetida a um tratamento hormonal que estimula a ovulação. Assim, produz maior quantidade de ovócitos maduros para serem usados no tratamento. Esses ovócitos são retirados dos ovários por procedimento médico.

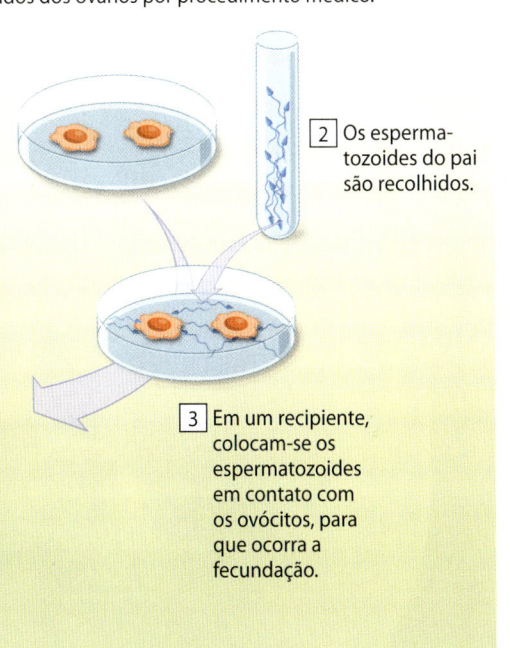

2. Os espermatozoides do pai são recolhidos.

3. Em um recipiente, colocam-se os espermatozoides em contato com os ovócitos, para que ocorra a fecundação.

ATIVIDADES

Obter informações

1. Responda de acordo com o texto.
   a) Qual seria um dos motivos da dificuldade de as mulheres engravidarem?
   b) Qual é a situação do Brasil, quanto à utilização dessa técnica de reprodução?
   c) A fertilização *in vitro* é recomendada para todos os tipos de infertilidade? Explique.
   d) Qual é a idade em que a mulher passa a ter mais dificuldade para engravidar?

2. Localize no texto o trecho que explica os avanços da fertilização *in vitro*.

Interpretar o esquema

3. Compare a técnica da fertilização *in vitro* com a fecundação natural e complete o quadro no seu caderno.

	Fertilização *in vitro*	Fecundação natural
Onde ocorre?		
Quantos ovócitos estão envolvidos?		
Quantos embriões se formam?		
Como o embrião se implanta no útero?		

Pesquisar

4. Pesquise:
   a) Outras razões para a infertilidade e fatores que podem aumentar a dificuldade de as mulheres engravidarem.
   b) Sobre embriões congelados.

Refletir

5. Você considera a fertilização *in vitro* uma técnica acessível para toda a população? Por quê?

6. Considere.
   Segundo a Sociedade Brasileira de Reprodução Assistida, a estimativa é que em 2007 havia cerca de 3 a 5 milhões de embriões congelados armazenados no Brasil. A maioria desses embriões não será utilizada. Que destino, na sua opinião, eles devem ter? Por quê?

UNIDADE 3

Herança e identidades

Por que estudar esta Unidade?

Nossas identidades de seres humanos podem ser explicadas pelas características herdadas de geração em geração. Do ponto de vista da Biologia, para entender essa herança, é necessário conhecer as unidades básicas dos seres vivos: as células. Atualmente, são várias as discussões éticas sobre a manipulação tecnológica dessa herança.

Começando a Unidade

1. Quais as diferenças entre células animais e vegetais?
2. O que é informação genética?
3. Geralmente as pessoas de uma mesma família têm características semelhantes. Por que isso ocorre?
4. O que é uma célula-tronco?

Quatro gerações de mulheres da mesma família.

TEMA 1 — De olho nas notícias

ÓRGÃOS NA LINHA DE MONTAGEM

"Pela primeira vez na história da medicina, cientistas conseguiram reconstruir um órgão, a bexiga, usando tecidos vivos cultivados em laboratório, e transplantá-lo com sucesso em sete pacientes. A experiência dos pesquisadores do Instituto de Medicina Regenerativa da Universidade Forest, nos Estados Unidos, foi publicada na revista médica 'The Lancet' em março.

Como os órgãos cresceram a partir de células dos próprios pacientes, não há risco de rejeição. Participaram do estudo crianças e adolescentes de 4 a 19 anos que apresentavam problemas nas funções da bexiga devido a um defeito de nascimento congênito. O principal objetivo da operação era reduzir a pressão dentro da bexiga para preservar os rins. O procedimento também melhorou a incontinência urinária, outro problema apresentado pelos pacientes.

O grupo médico realizou a cirurgia em 1999, mas preferiu ter certeza de que o procedimento funcionava em outros pacientes antes de publicar o resultado do teste clínico. Alguns dos pacientes foram acompanhados por mais de sete anos, período em que a função das bexigas foi apresentando melhoras.

Apenas tecidos mais simples (pele, osso e cartilagem) já foram cultivados em laboratório. Esta é a primeira vez que um órgão completo foi reconstruído, em sua maior parte por células do próprio paciente. E agora os cientistas estão trabalhando para reconstruir 20 tipos de tecido e órgãos, incluindo vasos sanguíneos e corações. O avanço pode abrir as portas para a regeneração de diversas outras partes do corpo."

Fonte: COLAVITTI, Fernanda. "Órgãos na linha de montagem". In: *Galileu*. n. 178. São Paulo: Globo, maio 2006.

REGENERAÇÃO DE ÓRGÃOS

1. **Remoção**
2. **Cultivo** — Células removidas dos pacientes e cultivadas para criar outras.
3. **Crescimento** — As células são colocadas sobre uma plataforma, onde permanecerão crescendo por sete semanas.
4. **Enxerto** — O tecido recriado é adicionado à bexiga da qual ele se formou.

Fonte: Universidade Wake Forest.

Zoológico pré-histórico: pesquisa ou espetáculo?

"Se entre os humanos a clonagem reprodutiva não parece ter ainda uma função bem definida, na agropecuária ela tem um papel bastante útil na conservação e no melhoramento genético. Por meio dessa técnica podemos gerar animais com capacidade superior de produção de alimentos, por exemplo. Além disso, a clonagem auxiliada à técnica de transgenia permite a criação de animais com substâncias que auxiliem no tratamento de doenças humanas. Uma aplicação ainda mais ambiciosa da técnica é a recuperação de espécies extintas ou em risco de extinção. E já há candidatos.

No ano passado, cientistas australianos conseguiram isolar fragmentos de DNA intactos nos tecidos de um exemplar de tigre-da-tasmânia — mamífero da família dos cangurus extinto há mais de 50 anos — preservado em álcool desde 1986. A ideia é introduzir o material genético em um óvulo esvaziado de diabo-da-tasmânia, parente que também irá gerá-lo, caso dê certo.

Em 2000, cientistas americanos já haviam anunciado a clonagem de um animal em risco de extinção, o gauro indiano, parente do búfalo. No mesmo ano, cientistas espanhóis iniciaram as pesquisas para clonar o bucardo, um tipo de bode, que vivia na Espanha, cujo último exemplar havia morrido recentemente.

Além da baixa probabilidade de obter genes preservados, outro problema de clonar esses animais seria formar populações homogêneas. "A técnica é totalmente inviável. É um esforço originado por interesse da mídia, não da ciência", disse Harry Griffin, diretor do Instituto Roslin, que criou a ovelha Dolly."

Fonte: COLAVITTI, Fernanda; GIRARDI, Giovana. "Zoológico pré-histórico: pesquisa ou espetáculo?". In: *Galileu*. n. 139. São Paulo: Globo, fev. 2003.

Cientistas querem clonar o tigre-da-tasmânia, extinto há mais de 50 anos.

De olho no Tema

1. O que é clonagem e quais são as possíveis aplicações?

2. Que restrições os cientistas fazem à clonagem de animais ameaçados de extinção?

3. Localize nos textos a fase que demonstra que houve ética por parte dos pesquisadores durante a pesquisa. Isso é importante? Por quê?

4. Quais são as vantagens dos órgãos fabricados a partir de células cultivadas em laboratório?

5. Leia a tira do Calvin abaixo e imagine que você tivesse um clone. Será que a personalidade dele seria como a sua? Como seria a situação? Converse com seu colega a respeito.

TEMA 2

A célula

A maioria dos seres vivos, desde microrganismos até seres gigantescos como algumas baleias e árvores, é constituída por células.

A unidade da vida

Todos os seres vivos são formados por células, exceto os vírus, que são classificados como seres acelulares.

A célula é a unidade **estrutural**, **funcional** e **genética** dos seres vivos.

- **Unidade estrutural** porque, isolada ou associada a outras células, forma parte ou o todo do ser vivo.
- **Unidade funcional** porque tem todo o equipamento necessário para cumprir as funções de um ser vivo, como a nutrição e a reprodução.
- **Unidade genética** porque cada célula contém a informação hereditária do ser vivo da qual é parte e a transmite quando se reproduz.

A maioria das células não é visível a olho nu, sendo necessário o auxílio de microscópio.

Todas as células têm composição semelhante, mas podem diferir quanto à presença ou ausência de determinadas estruturas celulares. Dessa forma, há dois tipos básicos de célula, de acordo com a presença ou ausência de uma **membrana** envolvendo o núcleo: **procarióticas** e **eucarióticas**.

- **Células procarióticas:** são mais simples e o material nuclear não se encontra envolto por nenhuma membrana. Todos os organismos procarióticos são unicelulares. Exemplo: bactérias. Veja o esquema ao lado.
- **Células eucarióticas:** o material nuclear encontra-se envolto por uma membrana. Os organismos eucarióticos podem ser unicelulares, como a ameba, ou pluricelulares, como os animais e as plantas.

ESQUEMA DE UMA CÉLULA PROCARIÓTICA (EM CORTE)

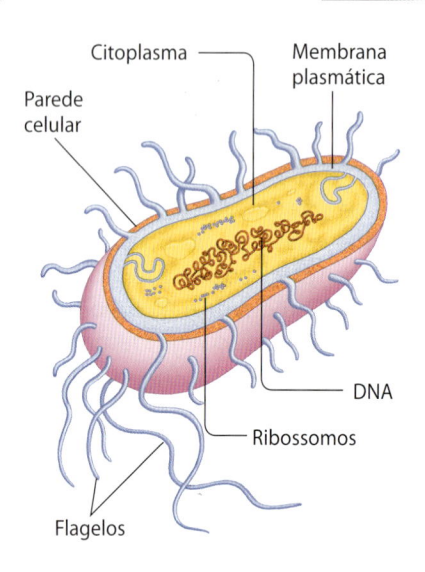

Citoplasma — Membrana plasmática — Parede celular — DNA — Ribossomos — Flagelos

Representação sem escala. Cores-fantasia.

As estruturas das células

As células são formadas basicamente por **membrana plasmática**, **citoplasma** e **núcleo**. Para melhor compreensão, a descrição das estruturas celulares será feita com base em uma **célula eucariótica**.

- A **membrana celular** ou **plasmática** envolve toda a célula; ela não é contínua e apresenta poros por meio dos quais a célula realiza a troca de substâncias com o exterior.

Nas células vegetais, além da membrana plasmática existe uma **parede de celulose** unida estreitamente à membrana plasmática, que tem por finalidade conferir maior sustentação e proteção à célula vegetal.

- O **citoplasma** é a porção da célula localizada entre o núcleo e a membrana celular. O citoplasma contém uma parte fluida denominada **citosol**, em que há várias estruturas mergulhadas, denominadas **organoides**.

  O citosol é constituído de água, proteínas, sais e açúcares e tem aspecto gelatinoso e viscoso. Os organoides são estruturas com diferentes funções que são indispensáveis para a vida da célula.

- O **núcleo** é a estrutura celular que comanda a maioria das atividades da célula, utilizando as instruções contidas nos **genes**.

ESQUEMA DA CÉLULA ANIMAL (EM CORTE) COM OS ORGANOIDES

Os **ribossomos** são as estruturas nas quais são fabricadas as proteínas das células. Eles produzem diferentes tipos de proteína, de acordo com as informações que recebem do núcleo. Encontram-se livres no citoplasma ou aderidos ao retículo endoplasmático.

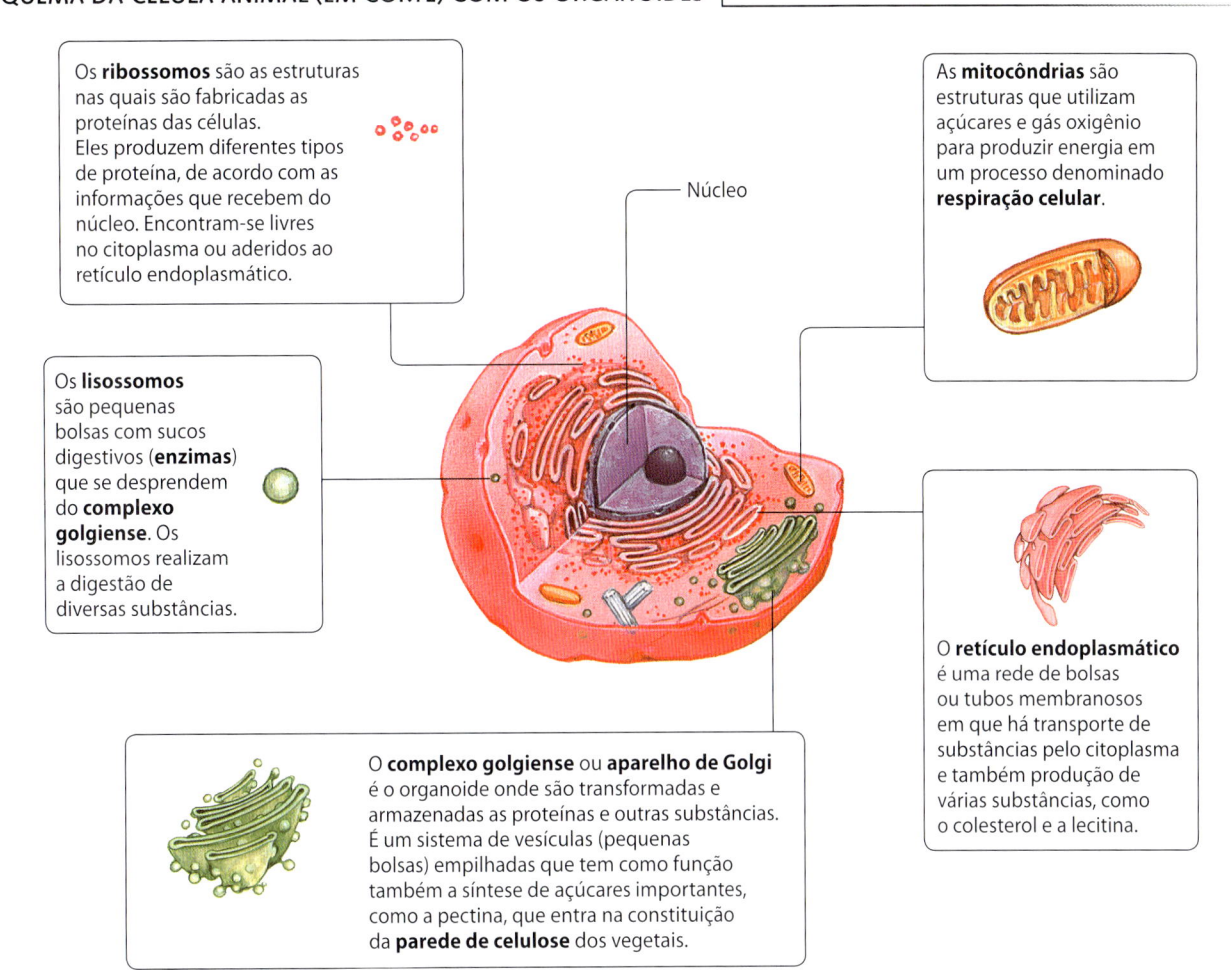

Os **lisossomos** são pequenas bolsas com sucos digestivos (**enzimas**) que se desprendem do **complexo golgiense**. Os lisossomos realizam a digestão de diversas substâncias.

Núcleo

As **mitocôndrias** são estruturas que utilizam açúcares e gás oxigênio para produzir energia em um processo denominado **respiração celular**.

O **retículo endoplasmático** é uma rede de bolsas ou tubos membranosos em que há transporte de substâncias pelo citoplasma e também produção de várias substâncias, como o colesterol e a lecitina.

O **complexo golgiense** ou **aparelho de Golgi** é o organoide onde são transformadas e armazenadas as proteínas e outras substâncias. É um sistema de vesículas (pequenas bolsas) empilhadas que tem como função também a síntese de açúcares importantes, como a pectina, que entra na constituição da **parede de celulose** dos vegetais.

ESQUEMA DA CÉLULA VEGETAL (EM CORTE) COM OS ORGANOIDES

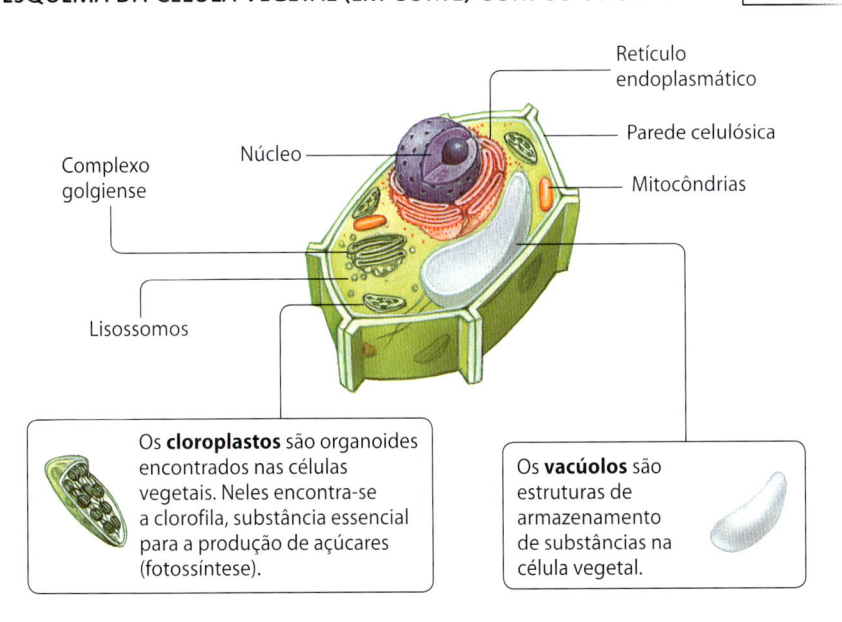

Retículo endoplasmático
Parede celulósica
Complexo golgiense
Núcleo
Mitocôndrias
Lisossomos

Os **cloroplastos** são organoides encontrados nas células vegetais. Neles encontra-se a clorofila, substância essencial para a produção de açúcares (fotossíntese).

Os **vacúolos** são estruturas de armazenamento de substâncias na célula vegetal.

Parede celulósica, cloroplastos e vacúolos são estruturas exclusivas das células vegetais. (Representações sem escala. Cores-fantasia.)

Fonte dos esquemas: CAMPBELL, Neil A.; MITCHELL, Lawrence G.; REECE, Jane B. *Biology — concepts and connections*. 2. ed. Menlo Park: Benjamin Cummings, 2000.

De olho no Tema

1. Um organismo procariótico pode ser pluricelular?

2. Que estrutura da célula separa o meio externo do interno?

3. Liste três organoides do citoplasma e suas respectivas funções.

4. O que ocorre com a célula se o seu núcleo for retirado? Por quê?

5. Quais são as diferenças básicas entre a célula animal e a célula vegetal?

TEMA 3

O núcleo e a informação hereditária

Nos organismos eucarióticos, o núcleo é a estrutura celular na qual as informações hereditárias estão armazenadas.

O núcleo celular

O **núcleo** armazena milhares de instruções para a síntese de proteínas celulares; essas proteínas comandam praticamente todas as atividades da célula.

As estruturas do núcleo

O núcleo é formado por membrana, carioplasma, nucléolo e cromossomos.

- A **membrana nuclear** separa o citoplasma do conteúdo do núcleo e permite o intercâmbio de substâncias entre essas regiões celulares.
- O **carioplasma** ou suco nuclear contém proteínas e enzimas necessárias para que o núcleo efetue suas funções.
- O **nucléolo** é um corpo esférico sem membrana, constituído por proteínas e pequenos fragmentos de **RNA** (ácido ribonucleico). O nucléolo participa na divisão celular e na formação de estruturas como cílios e flagelos.
- Os **cromossomos** são as estruturas que guardam a informação genética dos organismos.

Os cromossomos

Os **cromossomos** são constituídos de **ácido desoxirribonucleico (DNA)** e proteínas.

A principal função dos cromossomos é guardar a informação hereditária, ou seja, as características passadas de geração a geração. Essas informações estão contidas no DNA.

As informações hereditárias são instruções específicas em forma de código para a síntese de proteínas. Segmentos de DNA que têm essas instruções são denominados **genes**.

REPRESENTAÇÃO DO DNA NO NÚCLEO (EM CORTE)

Nucléolo — Membrana nuclear — Filamento cromossômico — DNA

Segmentos de **DNA** (ácido desoxirribonucleico) são denominados de genes, nos quais estão, em código, as informações hereditárias dos seres vivos, que são passadas de geração a geração. (Representação sem escala. Cores-fantasia.)

Fonte: CAMPBELL, Neil A.; MITCHELL, Lawrence G.; REECE, Jane B. *Biology – concepts and connections*. 2. ed. Menlo Park: Benjamin Cummings, 2000.

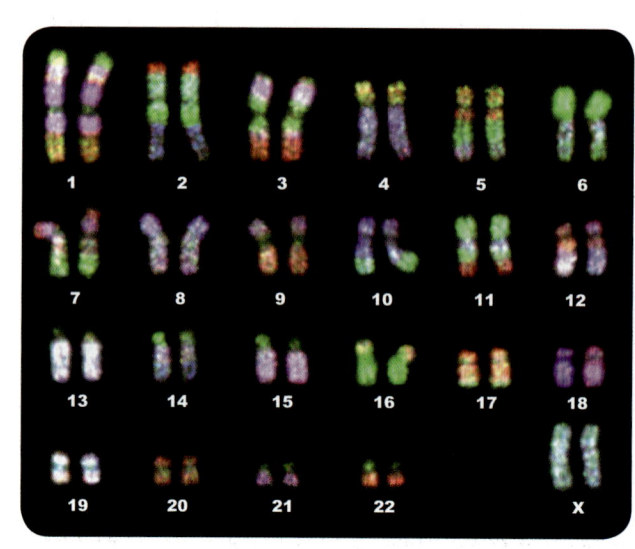

O conjunto de cromossomos de cada célula de um organismo é denominado **cariótipo**. Cada espécie de ser vivo contém um número diferenciado de cromossomos. Nas células humanas há 46 cromossomos. Observe a fotomontagem do cariótipo de uma célula humana vista por microscópio de luz, colorida artificialmente e ampliada aproximadamente 5.500 vezes.

74

A divisão celular

A maioria das células tem a capacidade de dividir-se. Quando se dividem, as células se reproduzem.

A divisão celular é comandada pelo núcleo da célula. Existem dois tipos básicos de divisão celular: a **mitose** e a **meiose**.

• A mitose

A **mitose** é um processo em que uma célula — que chamaremos de célula-mãe — origina duas células-filhas idênticas a ela. Veja esquema simplificado abaixo.

A mitose possibilita o crescimento do organismo e a reposição de células que se desgastam e morrem. É também o meio de reprodução de alguns seres vivos que apresentam uma só célula.

• A meiose

A **meiose** é o tipo de divisão celular que permite a reprodução sexuada. Na reprodução sexuada, o pai e a mãe contribuem com seus genes gerando descendentes diferentes, ou seja, há combinações diferentes de genes em cada novo indivíduo. Essa divisão celular promove a **variabilidade genética**, que é fundamental para o processo de **evolução**.

A maioria das células do organismo humano tem 46 cromossomos no núcleo. Existem, porém, células humanas que têm a metade do número de cromossomos (23). Essas células são chamadas de **gametas**. Os gametas humanos são o **ovócito** (gameta feminino) e o **espermatozoide** (gameta masculino). Os gametas são formados nessa fase de divisão celular.

De olho no Tema

1. Se o número de cromossomos encontrados no núcleo de uma célula muscular de boi é 30, quantos cromossomos existem nas células do coração do boi? E nos seus espermatozoides?

2. O que aconteceria com o cariótipo dos organismos se os gametas não tivessem metade do número de cromossomos das demais células do corpo?

3. Qual a importância da reprodução sexuada?

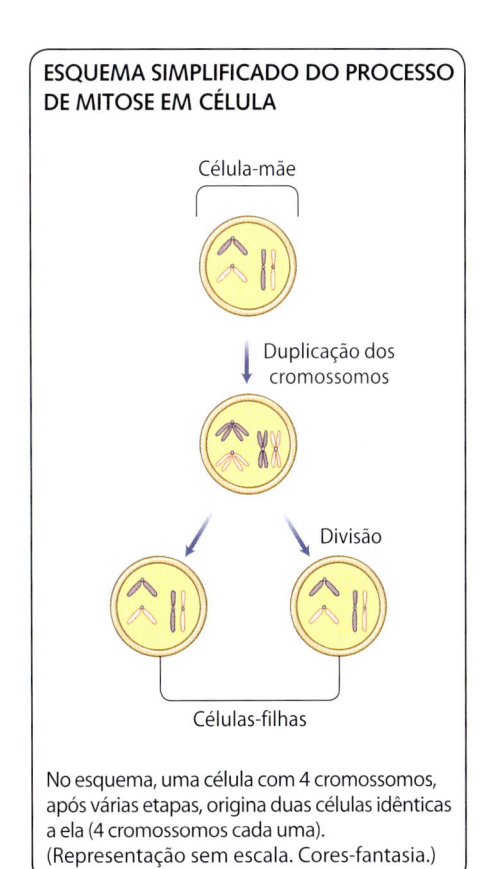

ESQUEMA SIMPLIFICADO DO PROCESSO DE MEIOSE EM CÉLULA

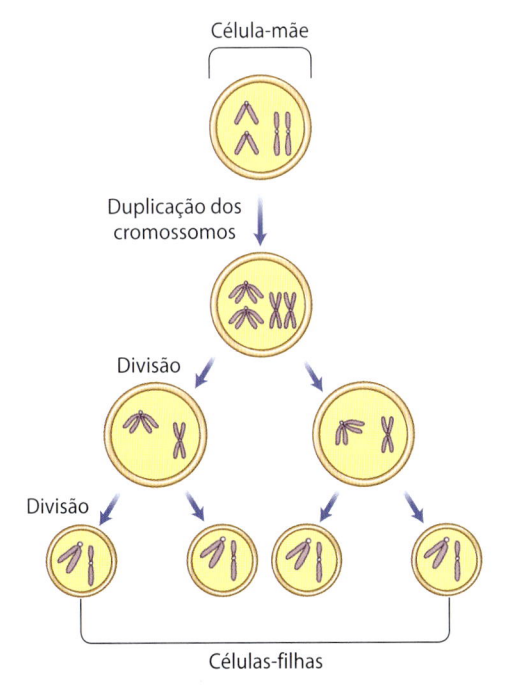

No esquema, uma célula com 4 cromossomos, após várias etapas, origina 4 células com metade dos seus cromossomos (2 cromossomos cada uma).
(Representação sem escala. Cores-fantasia.)

ESQUEMA SIMPLIFICADO DO PROCESSO DE MITOSE EM CÉLULA

No esquema, uma célula com 4 cromossomos, após várias etapas, origina duas células idênticas a ela (4 cromossomos cada uma).
(Representação sem escala. Cores-fantasia.)

ATIVIDADES

Temas 1 a 3

Organize o conhecimento

1. Escreva em seu caderno o nome e a função de cada uma das estruturas identificadas por um número.

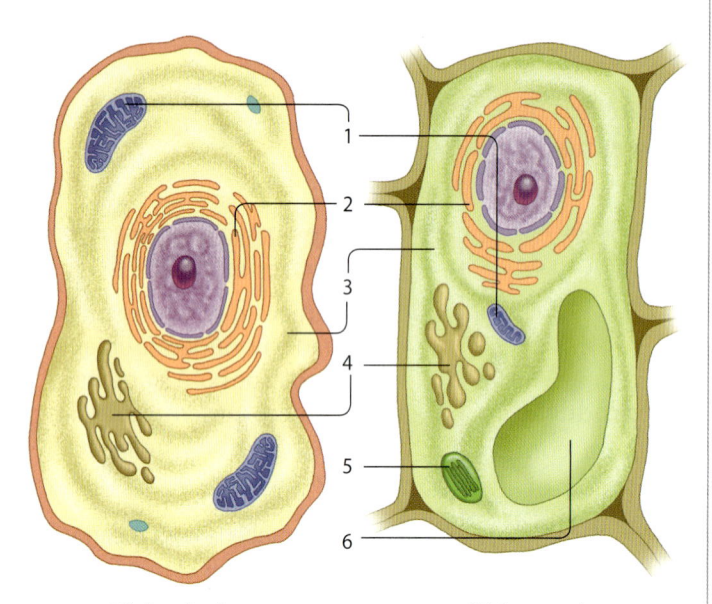

Célula animal   Célula vegetal

2. Leia a pergunta e associe as funções com a estrutura.

- Que organoide aparece em maior número nas seguintes células:

a) de um órgão que produz e armazena substâncias.

b) de um tecido com elevada produção de proteína.

c) de um tecido que utiliza muita energia.

3. Corrija as frases incorretas, substituindo por termos apropriados.

a) O citoplasma da célula é totalmente líquido, sem estruturas associadas.

b) O núcleo é responsável pelo controle da síntese de proteínas pela célula.

c) No complexo golgiense, ocorre a síntese de proteínas e de energia para a célula.

d) A fotossíntese nas células vegetais ocorre em organoides chamados mitocôndrias.

e) Os ribossomos têm a função de transportar e armazenar substâncias na célula.

4. Resolva as questões e fundamente os resultados elaborando esquemas e discutindo-os com seus colegas.

- Quantas células se formarão depois que uma célula humana, com 46 cromossomos, se dividir por mitose 3 vezes?

- Quantos cromossomos terá cada célula-filha?

5. Transcreva as frases em seu caderno, substituindo as letras pelos termos adequados.

a) A (A) é a unidade funcional, estrutural e genética dos seres vivos.

b) O (B) é a estrutura celular que armazena as informações hereditárias.

c) As proteínas são produzidas pelos (C) e armazenadas no (D).

d) Através da (E) são formadas células com a metade do número de cromossomos das células-mãe. Elas são denominadas (F).

Analise

6. Leia a informação e interprete o gráfico.

A mitose é um tipo de divisão celular que permite o crescimento e a reposição de células nos organismos.

NÚMERO DE CÉLULAS DE UM SER HUMANO (EM BILHÕES) DURANTE A SUA VIDA

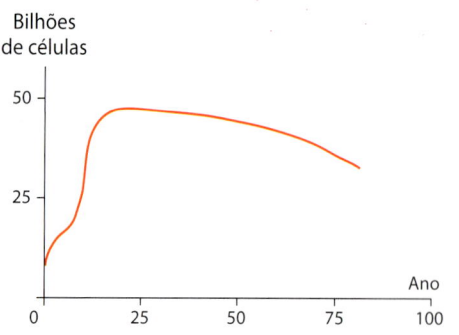

a) Por que o gráfico não começa no ano zero (quando o ser humano nasce)? Em que período da vida há maior número de mitoses?

b) Qual é a idade aproximada em que o ser humano completa o seu crescimento? Aproximadamente quantas células um adulto pode ter?

c) Que interpretação se dá à região mais ou menos horizontal do gráfico entre os 20 e os 60 anos?

7. Qual desses esquemas representa a meiose? Justifique sua resposta.

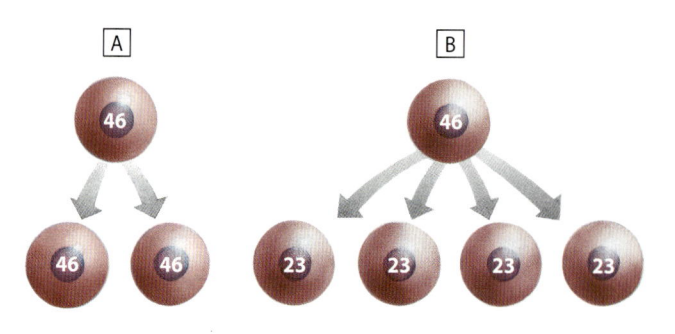

A: 46 → 46, 46

B: 46 → 23, 23, 23, 23

76

Explore

A célula, a unidade do ser vivo

Como preparar uma lâmina para observação ao microscópio óptico

1. Adicione uma gota de corante (lugol) sobre a lâmina.
2. Com o auxílio de uma pinça, retire cuidadosamente um fragmento da epiderme de uma cebola.
3. Corte com uma tesoura de pontas arredondadas um pequeno fragmento para colocar na lâmina, sobre a gota de corante.
4. Coloque verticalmente a lamínula sobre a epiderme que for colocada na lâmina, evitando a formação de bolhas de ar, que prejudicam a visualização.
5. Coloque a lâmina sobre a platina do microscópio, regule o aumento e observe a preparação.

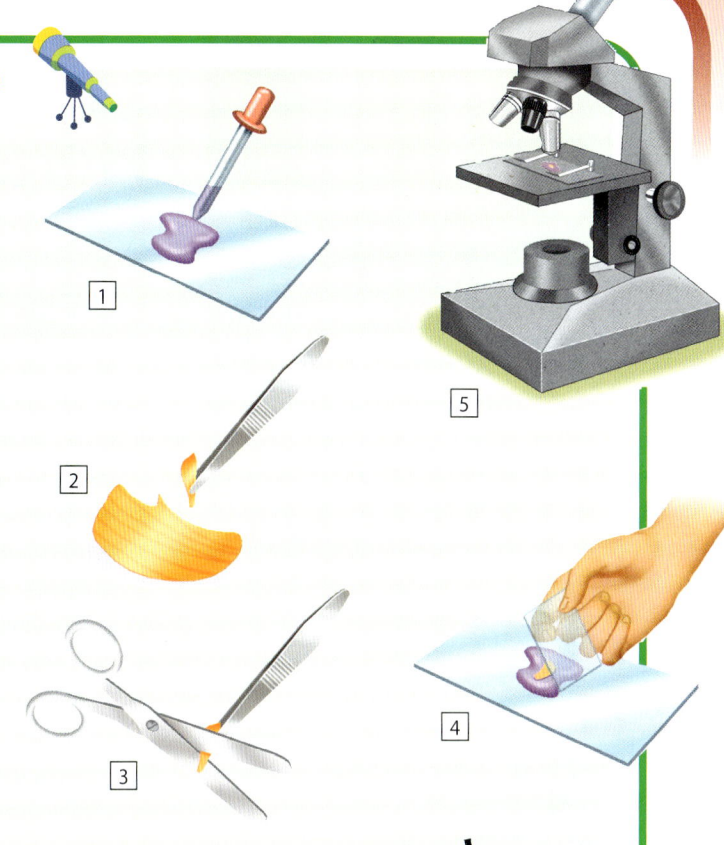

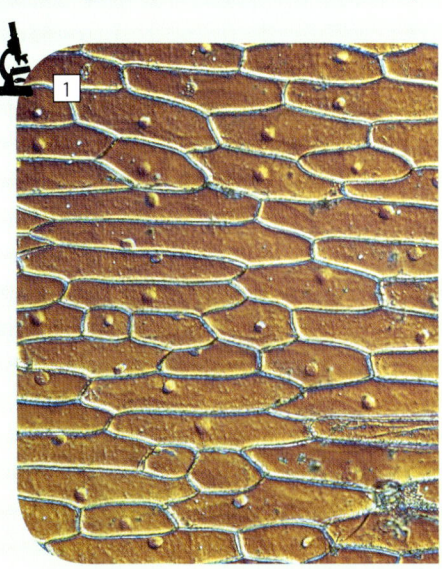

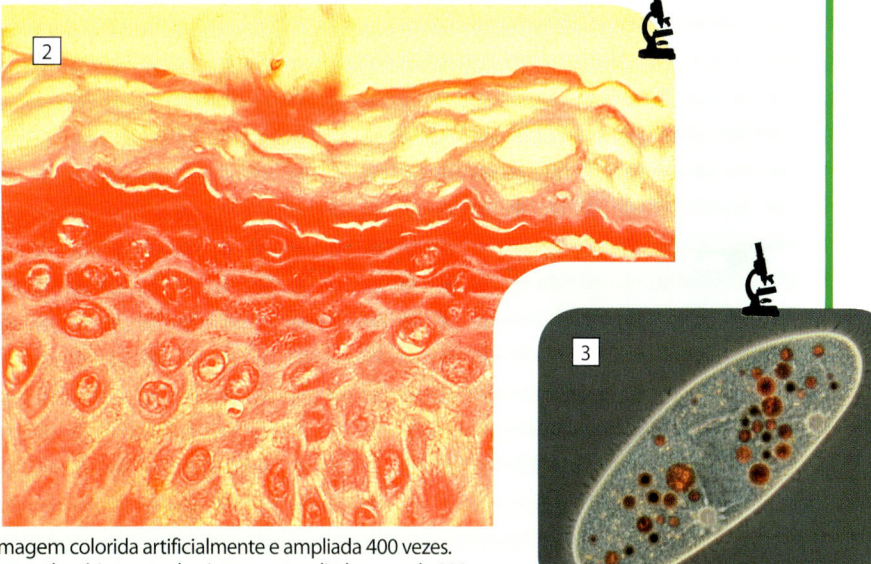

(1) Fotomicrografia de células da epiderme da cebola. Imagem colorida artificialmente e ampliada 400 vezes.
(2) Fotomicrografia de células de um dedo humano, mostrando várias camadas. Imagem ampliada cerca de 800 vezes.
(3) Fotomicrografia de um protozoário (*Paramecium* sp.), colorida artificialmente e ampliada cerca de 300 vezes.

Identificar

1. Desenhe o que você observa na imagem da célula da epiderme da cebola. Indique com legendas o nome das estruturas e suas respectivas funções.

Comparar

2. Que característica em comum você observa nas fotos 1, 2 e 3?

3. O que você observa em relação ao número de células do dedo humano e do protozoário paramécio das fotos 2 e 3?

Argumentar

4. "Normalmente, a forma das células dos animais e das plantas é condicionada pela função que desempenham no organismo." Você concorda com essa afirmação ou discorda dela, ao observar as fotos? Justifique sua resposta.

TEMA 4

Herança biológica

Os genes agem de maneira integrada, controlando a síntese de proteínas na célula e determinando todas as características hereditárias dos organismos.

Os genes

O material hereditário dos seres vivos é formado basicamente por duas substâncias: o **DNA** e o **RNA**.

- O **DNA** ou **ADN** (ácido desoxirribonucleico) é uma grande molécula portadora das informações da célula. Ela é constituída de um açúcar (desoxirribose), de fosfato e das bases nitrogenadas: adenina (A), guanina (G), citosina (C) e timina (T). Essa molécula tem cadeia dupla e arranjo helicoidal (dupla-hélice), em que a base A se liga com a base T e a C com a G. Observe o esquema ao lado.

O DNA é a substância que forma os **genes**. O conceito clássico de gene diz que gene é um trecho do DNA que contém a informação hereditária para uma característica. Entretanto, estudos atuais indicam que o conceito de gene é mais complexo. Aceita-se que os genes codificam proteínas ou RNA, que participam de diversas atividades celulares, agindo de maneira integrada uns com os outros, de forma muito dinâmica. Fisicamente o gene é um segmento de DNA, com uma localização definida em uma grande molécula de DNA, que é um **cromossomo**.

O conjunto de genes é denominado **genoma**. O genoma das células de um indivíduo é o mesmo e, entre indivíduos de uma mesma espécie, a variação é muito pequena.

- O **RNA** ou **ARN** (ácido ribonucleico) é uma molécula de cadeia simples. O RNA é constituído de um açúcar (ribose), por fosfato e pelas bases nitrogenadas: adenina (A), guanina (G), citosina (C) e uracila (U). O RNA é responsável por fazer um tipo de leitura do DNA. Ele está envolvido na tradução das informações do DNA.

Além do DNA e do RNA, existem outras substâncias, como as proteínas, que participam das atividades da célula.

REPRESENTAÇÃO ESQUEMÁTICA DE UM FRAGMENTO DA MOLÉCULA DE DNA

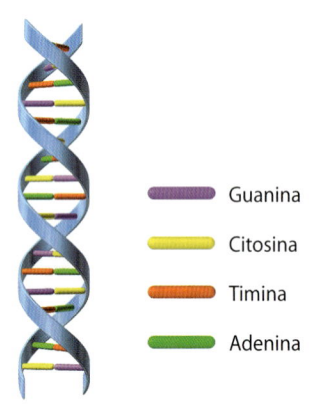

- Guanina
- Citosina
- Timina
- Adenina

Representação sem escala. Cores-fantasia.

Saiba +

Receita do organismo?

"[...] As doenças que mais nos afligem, como diabetes e problemas cardíacos, não possuem uma base genética simples. Pelo contrário, resultam da interação de vários genes. E, para complicar as coisas mais ainda, o ambiente (o que o cidadão come, onde vive etc.) também influi nas chances de a pessoa permanecer saudável ou ser acometida pela doença. Isso significa que, mesmo dispondo do rico catálogo de genes pelo Projeto Genoma, será um desafio compreender as doenças complexas — causadas por muitos genes em interações com fatores ambientais. O mapa genômico será útil nessa empreitada, mas não constitui uma resposta final. E a razão para isso é muito simples: o genoma não é a receita completa do organismo e das doenças das quais ele pode sofrer, mas apenas uma lista de ingredientes.

A verdadeira 'receita' envolve informação sobre como os produtos dos genes devem ser montados, em que sequência devem ser acrescentados e como interagem com o ambiente [...]."

Fonte: EL-HANI, Charbel Niño; MEYER, Diogo. "A receita do organismo está no material genético?" In: *Zero Hora*, Porto Alegre, 8 jul. 2000.

Genes e tipos de células

Embora todas as células de um organismo tenham o mesmo conjunto de genes, alguns estão ativos e outros não, dependendo do tipo de célula. DNA, RNA e muitas proteínas agem em conjunto: é preciso que alguns genes sejam lidos e outros não.

As células do fígado não produzem a queratina do cabelo, mas têm os genes para isso. Nas células do fígado, porém, esses genes estão inativos.

Um gene inativo também pode ser ativado por meio de estímulos do ambiente. Por isso as células da pele são capazes de produzir maior quantidade de melanina, substância que dá cor à pele depois de tomarmos bastante sol. As células reconhecem os estímulos do ambiente e reagem a eles, ativando ou inativando os genes.

James Watson (à esquerda) e Francis Crick (à direita), descobridores do DNA.

Células-tronco

Células-tronco são células com características embrionárias, capazes de originar diversos tipos de célula.

Um pouco de história

As descobertas da Ciência geralmente envolvem estudo e observação de vários pesquisadores. A descoberta do DNA também foi assim.

A elucidação da estrutura do DNA é considerada marco fundamental na Ciência. Em 1962, o norte-americano James Watson, o britânico Francis Crick e o neozelandês Maurice Wilkins receberam o Prêmio Nobel pela descoberta. Porém há ainda muitos aspectos obscuros nessa história.

Outros pesquisadores fundamentais tiveram seu papel minimizado ou até mesmo esquecido, como Rosalind Franklin, integrante da equipe de Maurice Wilkins no King's College de Londres. Há até quem diga que a pesquisadora foi passada para trás: uma imagem da molécula de DNA obtida por ela com raios X permitiu que Watson tivesse o lampejo para desvendar a estrutura em dupla-hélice. A imagem foi mostrada a Watson por Wilkins, sem o consentimento de Rosalind Franklin.

Rosalind Franklin, biofísica, especialista em cristalografia.

Manipulação dos genes e interesses econômicos

Os Projetos Genoma são pesquisas sobre o conjunto de genes de uma espécie. A **genômica** — Ciência que estuda os genomas — tem sido foco de polêmicas, já que serve de base para a alteração da composição hereditária das espécies.

O estudo do genoma humano pode nos revelar por que muitas doenças relacionadas aos genes acontecem, como é o caso do câncer, havendo maior probabilidade de preveni-las ou tratá-las.

A manipulação de genes humanos deve seguir o padrão ético de uma sociedade.

A comunidade mundial discute hoje a validade e o direito de utilizar técnicas de clonagem de embriões humanos, o impacto que a genômica pode ter no ambiente e na biodiversidade e o direito de comercializar produtos transgênicos — que são obtidos a partir de organismos alterados por Engenharia Genética.

De olho no Tema

1. Cite pelo menos duas diferenças entre o DNA e o RNA.

2. Que propriedade do DNA permite que genes de um organismo sejam inseridos no material genético de outro organismo muito diferente?

3. Nas Unidades 1 e 2 deste livro vimos algumas colocações sobre preconceitos e diferenciações de papéis. Releia o item *Um pouco de história*, nesta página, e discuta com seus colegas a posição em que se encontrava a pesquisadora Rosalind Franklin e a atitude dos outros pesquisadores. Vocês conhecem outros fatos históricos semelhantes? Concordam com eles? Por quê?

Por que se quer tanto saber sobre as informações hereditárias contidas nas células de organismos? A explicação é simples: manipulando os genes, podemos fazer com que as células produzam aquilo que mais nos interessa, elevando o valor dos produtos. Grãos de milho com maior quantidade de óleo valem mais. Cana-de-açúcar que cresce mais rápido aumenta a produção de açúcar e álcool num mesmo ano.

Se um gene que está na natureza for utilizado para desenvolver um novo produto, quem tem direitos sobre ele e quem pode tirar proveito de sua venda? Essa discussão sobre os organismos geneticamente modificados deve continuar. O Brasil negocia essas questões na Organização Mundial do Comércio, pois faz pesquisa em genômica e também tem recursos genéticos naturais.

Tecnologia em pauta

O Projeto Genoma no Brasil

Equipe de pesquisadores brasileiros sequenciou o DNA da bactéria *Xylella fastidiosa*, que parasita os citros (laranja, limão, tangerina). A bactéria parasita os vasos de seiva dos citros, impedindo o desenvolvimento dos frutos. Foi a primeira vitória importante para o Brasil em *Projeto Genoma*.

O sequenciamento da *Xylella* ajudará os pesquisadores a descobrir como evitar o ataque às plantações de citros, que causa grandes perdas na qualidade dos frutos, além de perdas econômicas.

Veja no infográfico algumas técnicas de transgenia.

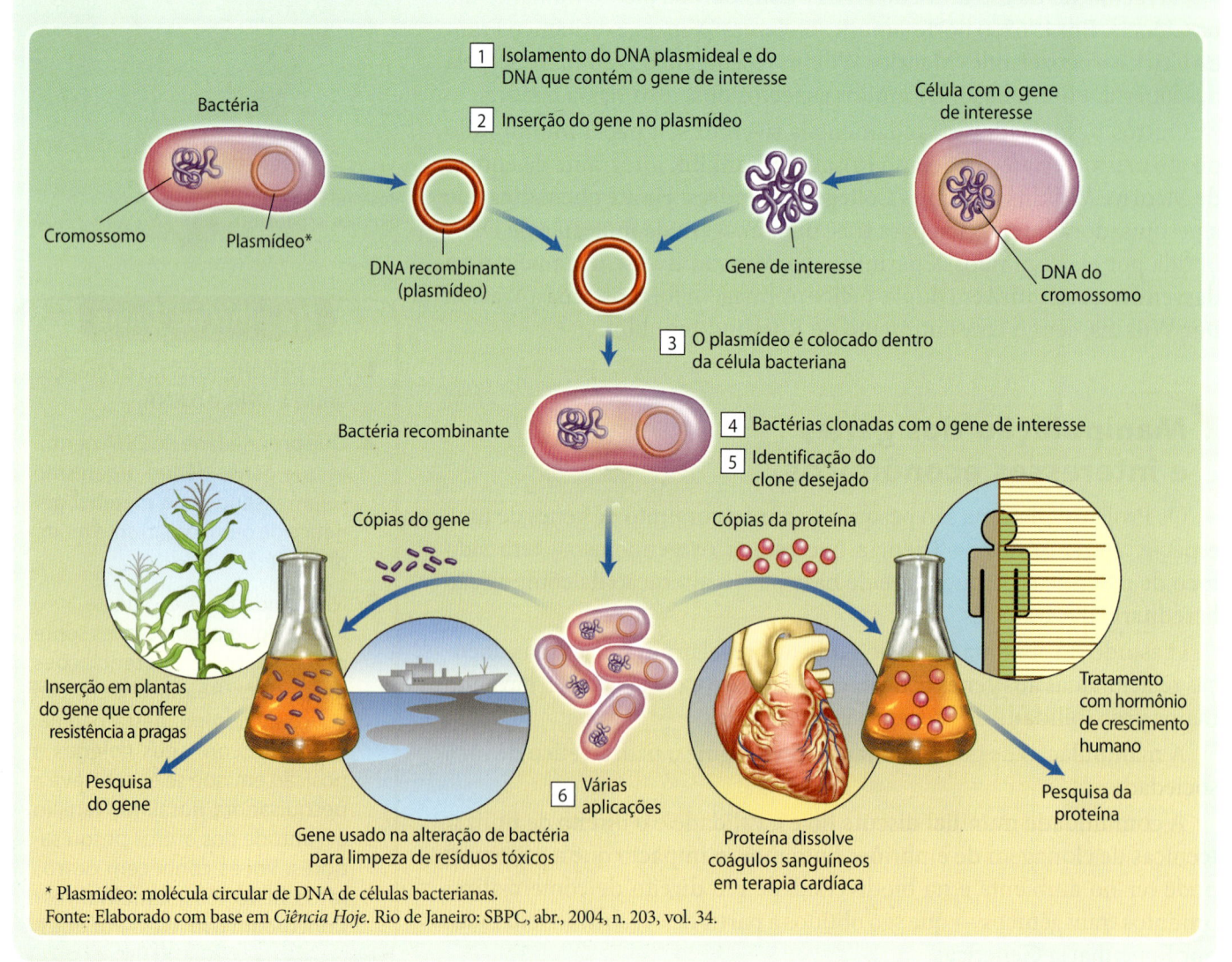

1. Isolamento do DNA plasmideal e do DNA que contém o gene de interesse
2. Inserção do gene no plasmídeo
3. O plasmídeo é colocado dentro da célula bacteriana
4. Bactérias clonadas com o gene de interesse
5. Identificação do clone desejado
6. Várias aplicações

Bactéria — Cromossomo — Plasmídeo*
DNA recombinante (plasmídeo)
Gene de interesse
Célula com o gene de interesse — DNA do cromossomo
Bactéria recombinante
Cópias do gene
Cópias da proteína

Inserção em plantas do gene que confere resistência a pragas
Pesquisa do gene
Gene usado na alteração de bactéria para limpeza de resíduos tóxicos
Proteína dissolve coágulos sanguíneos em terapia cardíaca
Tratamento com hormônio de crescimento humano
Pesquisa da proteína

* Plasmídeo: molécula circular de DNA de células bacterianas.
Fonte: Elaborado com base em *Ciência Hoje*. Rio de Janeiro: SBPC, abr., 2004, n. 203, vol. 34.

TEMA 5

Os cromossomos e o cariótipo

O conjunto de cromossomos de uma célula é denominado cariótipo.

Dos pais para os filhos

Os seres humanos têm 23 pares de cromossomos em cada uma de suas células. A célula com número total de pares é chamada **diploide**, ou **2n**. Nos gametas formados por meiose, esse número é reduzido pela metade, e, assim, óvulos ou espermatozoides têm um cromossomo de cada par, ou seja, 23 cromossomos.

A técnica do cariótipo permite que um conjunto de cromossomos de uma célula humana seja fotografado (fotomicrografia). Todos os cromossomos da célula são fotografados juntos e, depois, cada cromossomo da foto é recortado e alinhado com o seu par e colocado em uma ordem decrescente de tamanho e devidamente numerado, como se vê na foto abaixo. Assim, é possível saber se os cromossomos estão em número correto e se todos têm a estrutura (forma) certa.

Veja na foto os cromossomos em destaque: os de número 18.

Glossário

Gameta
Célula que, na reprodução sexuada, se funde a outro gameta. Apresenta **n** cromossomos.

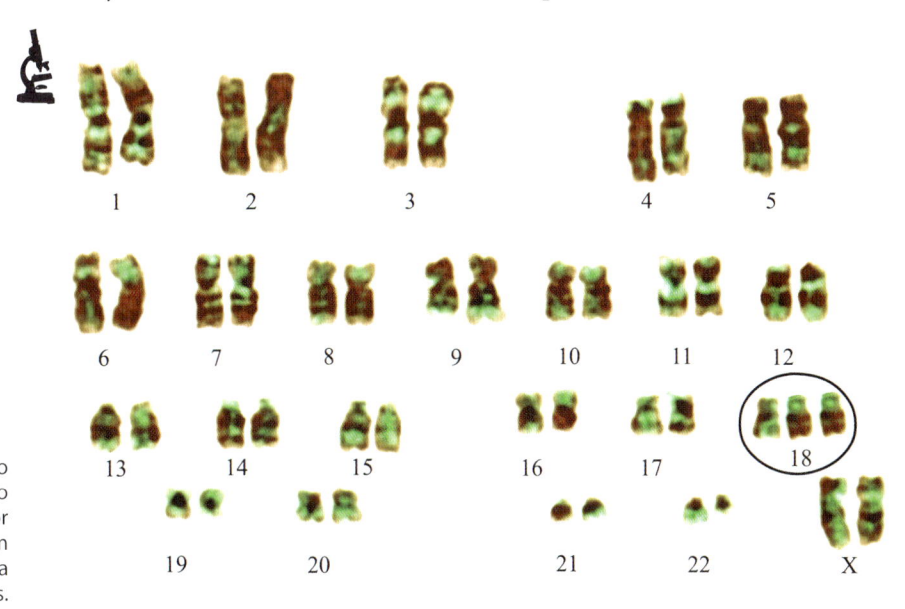

Fotomontagem de um cariótipo feminino com trissomia no cromossomo 18, obtida por microscópio óptico. Imagem colorizada artificialmente e ampliada cerca de 5.000 vezes.

Na fotomicrografia pode ser observada a presença de três cromossomos de número 18. Essa **trissomia** é chamada **Síndrome de Edwards** e provoca deficiência psicomotora, deformação facial e crescimento reduzido.

Entrando na rede

Nos endereços http://www.biotecpragalera.org.br e http://www.anbiojovem.org.br você encontra informações sobre biotecnologia.

Os cromossomos determinam o sexo

Nos humanos, o sexo é determinado pela composição de cromossomos. No cariótipo acima temos um indivíduo do sexo feminino, já que o par número 23 é formado por dois cromossomos X. No sexo masculino, o mesmo par apresenta um cromossomos X e um Y. Os cromossomos humanos X e Y são chamados **cromossomos sexuais**.

81

> **De olho no Tema**
>
> **1.** Explique por que as chances de uma mulher ter menino ou menina são aproximadamente as mesmas.
>
> **2.** Um casal nunca teve um filho homem. Com base no que você sabe de determinação cromossômica do sexo, o que acontece para que isso ocorra?

ESQUEMA DE POSSÍVEIS COMBINAÇÕES DE CROMOSSOMOS SEXUAIS

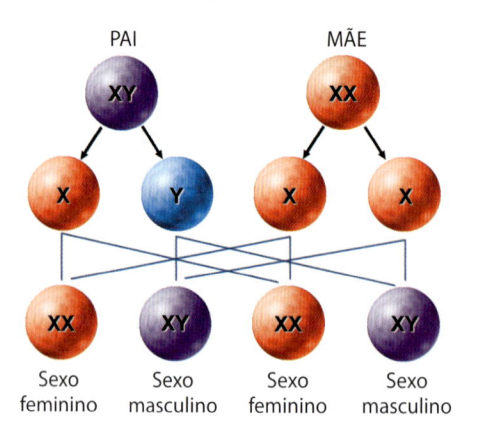

Alterações do número de cromossomos

Muitos indivíduos apresentam *síndromes cromossômicas*, que são alterações do número de cromossomos ou de sua forma — quando, por exemplo, falta um "braço" de um cromossomo ou quando uma parte dele fica em posição invertida.

Utilize o esquema acima para pensar: O que aconteceria se o primeiro filho do casal fosse o resultado da fecundação de um óvulo por um espermatozoide contendo os dois cromossomos sexuais, X e Y?

Essa criança teria um cromossomo a mais (ficaria com XXY — sendo um X da mãe e um X e um Y do pai). Esse é o caso da **síndrome de Klinefelter** — que recebeu o nome do cientista que primeiro descobriu essa alteração cromossômica. Os portadores da síndrome de Klinefelter são do sexo masculino e podem apresentar braços e pernas alongados e dificuldade de aprendizagem, porém a maioria leva uma vida normal.

A **síndrome de Down** é uma das mais estudadas e mais bem conhecidas trissomias. O indivíduo portador tem, em vez de uma dupla, uma trinca de cromossomos do número 21. Por isso a síndrome é também chamada de **trissomia do 21**.

Indivíduos com síndrome de Down apresentam características especiais em seu desenvolvimento. Graças à compreensão que se tem hoje sobre essa síndrome, cresce a certeza de que esses indivíduos são parte da sociedade como qualquer outro cidadão, só merecem um tipo de atenção especial que lhes permita, como qualquer pessoa, alcançar plena satisfação em viver.

Doenças genéticas

Muitos erros nos genes provocam problemas na produção de substâncias essenciais para a sobrevivência normal das células e dos organismos.

Os geneticistas hoje conhecem mais de duas mil doenças genéticas. São assim chamadas porque ocorre um "erro" nas informações dos genes, causando problemas na composição das células e do organismo como um todo.

O diabetes, por exemplo, é uma falha nas informações hereditárias para a produção de insulina, hormônio que controla, entre outros processos, a concentração de açúcar no sangue.

> **Entrando na rede**
>
> No endereço http://www.apaebrasil.org.br você encontra informações sobre associações estaduais que promovem a inclusão social de portadores de necessidades especiais.

Explore

Investigando a herança humana: genealogias

A genealogia é o estudo das origens familiares. Vamos fazer um exercício de construção de uma **árvore genealógica**, ou seja, vamos colocar as pessoas com suas ligações familiares em diferentes **ramos** a partir de um **tronco** principal.

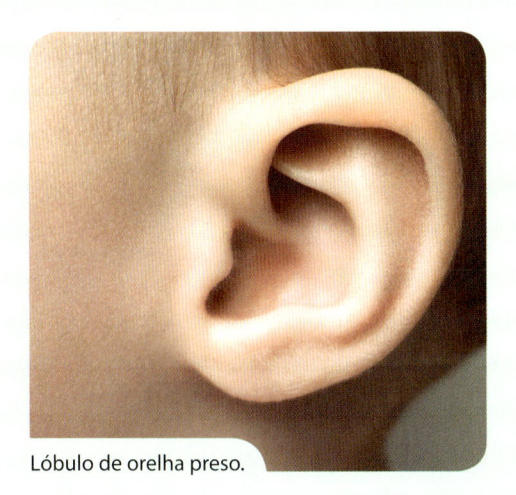

AVÓS
Gigi — Lucas
AA   Aa

PAIS
Lúcia — Zé Carlos
Aa   Aa

FILHAS
Mariana   Carla
Aa   aa

☐ Lóbulo solto – AA ou Aa
☐ Lóbulo preso – aa

Lóbulo de orelha solto.

Lóbulo de orelha preso.

Veja esta genealogia:
Nem os avós, nem os pais, nem a irmã de Carla têm lóbulo de orelha preso. Carla é a única com lóbulo de orelha preso, que é uma característica recessiva. Assim, somente quem recebeu dois genes recessivos apresenta o lóbulo das orelhas preso.
Os genes para esse tipo de lóbulo de orelha estão presentes no genótipo de Lúcia e de Zé Carlos. Isso mostra que o gene estava encoberto pelo gene dominante nos pais de Carla.

Pesquisar

1. Construa uma genealogia semelhante à que está no exemplo, usando a sua família ou alguma família com quem você tenha amizade. Utilize qualquer uma das características hereditárias, como tipo sanguíneo, cor dos olhos, cor dos cabelos, tipo de cabelo (liso, ondulado, fino etc.). Procure fotos das pessoas e faça um cartaz com elas. Após a montagem da árvore genealógica, observe as fotos das pessoas e liste características semelhantes. Caso não seja possível obter as fotos, faça uma ficha para cada pessoa, com os dados levantados. Qual é a característica que mais se destaca? E a que menos aparece?

2. Formem grupos de 4 colegas e, com autorização de seu professor, façam uma pesquisa em algumas salas de aula de sua escola, contando quantos alunos têm o lóbulo da orelha solto e quantos o têm preso. Em seguida, juntem os resultados da pesquisa do grupo com os resultados dos outros grupos. A classe deve avaliar os dados obtidos.

TEMA 6

Hereditariedade humana

Recebemos as características genéticas de nossos antepassados e as repassamos aos nossos descendentes.

Tipo sanguíneo

Cada característica de um ser vivo é o resultado da leitura que a célula faz de seus genes. Recebemos de nossos pais um conjunto de genes. Nossos pais, por sua vez, receberam esses genes dos seus antepassados. Uma das características hereditárias é o tipo sanguíneo.

Hoje, sabemos que um dos grupos sanguíneos humanos é o **sistema ABO**. Esse sistema apresenta quatro tipos de sangue: **A**, **B**, **AB** e **O**.

Sabemos que os genes interagem e que cada característica pode ter mais de um gene em ação. Para melhor compreensão, vamos supor que para cada um dos quatro tipos sanguíneos exista um gene específico. Pensando assim, temos:

- gene I^A, que determina o sangue tipo A;
- gene I^B, que determina o sangue tipo B;
- gene **i**, que determina o sangue tipo O.

Os genes I^A e I^B são "dominantes" sobre o gene **i**. Como cada indivíduo recebe um gene do pai e outro da mãe, podemos ter:

Fenótipo	Genótipo
Tipo A	indivíduo $I^A I^A$ ou $I^A i$
Tipo B	indivíduo $I^B I^B$ ou $I^B i$
Tipo AB	indivíduo $I^A I^B$
Tipo O	indivíduo **ii**

As pessoas nem sempre podem receber transfusões de sangue de tipo diferente do seu. Por que isso acontece?

No início do século XX, o médico Karl Landsteiner verificou que nem sempre as transfusões sanguíneas tinham êxito. Pesquisando, ele e sua equipe descobriram que, quando eram misturadas, algumas amostras de sangue de pessoas diferentes aglutinavam, isto é, se aglomeravam. Esses aglomerados podiam entupir os vasos sanguíneos e prejudicar a circulação, causando até a morte.

A incompatibilidade entre os grupos sanguíneos deve-se a uma reação imunológica entre algumas proteínas presentes ou não no sangue.

De forma bem simplificada, o sangue tipo A tem o antígeno que chamaremos de A; o sangue tipo B tem o antígeno B; o sangue tipo AB tem os antígenos A e B, e o sangue tipo O não tem nenhum dos dois antígenos.

O sangue tipo A, por exemplo, não pode receber sangue do tipo B, e vice-versa, pois os dois têm antígenos diferentes.

Essa descoberta salvou e salva muitas vidas, pois permite a transfusão sanguínea correta. Com as pesquisas, verificaram-se as possibilidades de transfusão sanguínea. Observe a tabela ao lado.

Saiba +

Fenótipo e genótipo

Fenótipo é o termo usado para uma característica ou conjunto de características visíveis ou que possam ser verificadas.

Genótipo é o conjunto de genes de um indivíduo.

O fenótipo, em alguns casos, resulta da ação conjunta do genótipo e do ambiente. Por exemplo, a cor da pele humana depende dos genes que ela tem. Esses genes podem acionar a produção de mais ou menos melanina. Essa produção, por sua vez, pode ser aumentada pela exposição aos raios solares, modificando a tonalidade inicial, porém não acarreta modificações no genótipo.

TABELA DE TRANSFUSÃO SANGUÍNEA NO SISTEMA ABO

Grupo sanguíneo da pessoa	Recebe de	Doa para
A	A e O	A e AB
B	B e O	B e AB
AB	A, B, AB e O	AB
O	O	A, B, AB e O

Disponível em: http://www.ufv.br/dbg/labgen/almult.html. Acesso em: 3 set. 2007.

O sistema Rh

Em 1940, Landsteiner e sua equipe verificaram que, mesmo com a descoberta dos quatro grupos sanguíneos, algumas transfusões continuaram a não ter êxito. Em suas pesquisas com macacos, conhecidos como resos (antigamente classificados como *Macaca rhesus* e atualmente como *Macaca mullata*), constataram a existência de um outro antígeno, denominado **Rh** (de *rhesus*). Esse antígeno está presente em aproximadamente 85% da população humana.

As pessoas que têm esse antígeno são denominadas **Rh positivas** (Rh^+) e as que não o apresentam são denominadas **Rh negativas** (Rh^-). Sabe-se que o gene que determina o fator Rh^+ é "dominante" sobre o gene que determina o fator Rh^-. Veja o esquema a seguir.

TABELA DE FENÓTIPO E GENÓTIPO DO SISTEMA SANGUÍNEO Rh

Fenótipo	Genótipo
Rh^+	RR ou Rr
Rh^-	rr

IDENTIFICAÇÃO DOS GRUPOS SANGUÍNEOS DO SISTEMA Rh

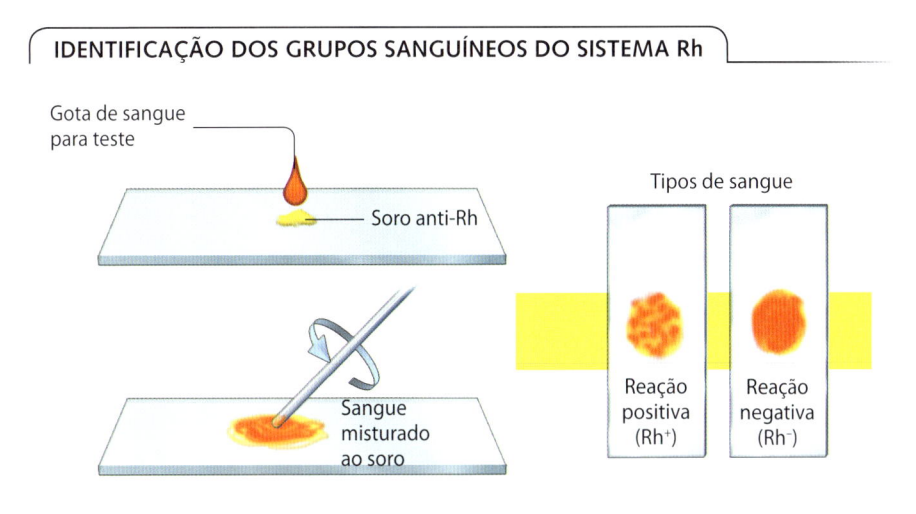

POSSIBILIDADES DE TRANSFUSÃO SANGUÍNEA PARA O SISTEMA Rh

Observe ao lado o esquema mostrando as possibilidades de transfusão sanguínea para o sistema Rh.

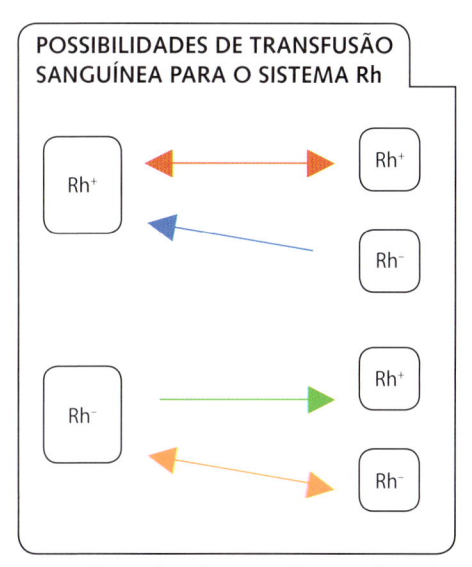

Pessoas Rh^+ podem doar para Rh^+ e recebem de Rh^+ e de Rh^-. Pessoas Rh^- doam para Rh^- e Rh^+ e somente recebem de Rh^-.

Um exemplo

Sabendo que Catarina é do tipo sanguíneo A (I^Ai) e Roberto, seu marido, do tipo B (I^Bi), de que tipos sanguíneos podem ser seus filhos?

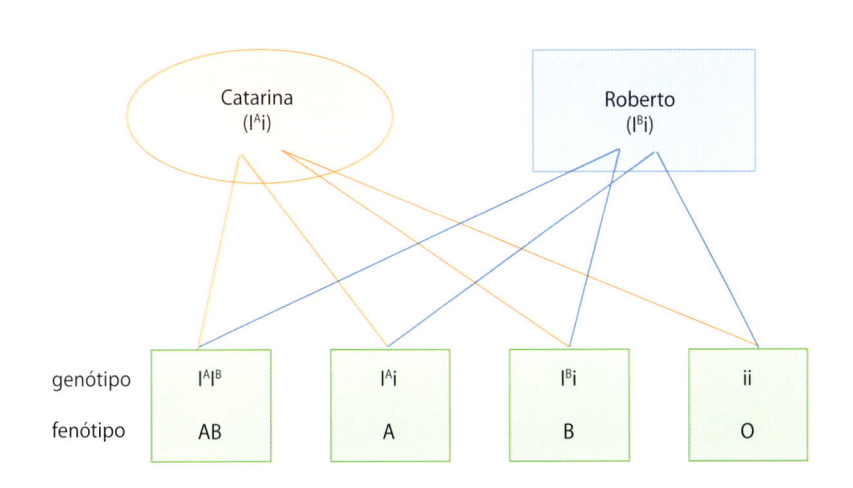

Catarina (I^Ai) × Roberto (I^Bi)

genótipo	I^AI^B	I^Ai	I^Bi	ii
fenótipo	AB	A	B	O

De olho no Tema

1. Se Catarina for do grupo Rh^+ (homozigota — RR) e Roberto do grupo Rh^- (homozigoto — rr), haverá possibilidade de os dois terem filhos do grupo Rh^- (rr)? Por quê?

2. Observando a tabela de possíveis doações sanguíneas do sistema ABO e Rh, qual pode ser chamado de doador universal (que pode doar para todos os outros tipos) e qual é o receptor universal?

3. Por que as primeiras tentativas de transfusão sanguínea não tiveram êxito?

ATIVIDADES — Temas 4 a 6

Organize o conhecimento

1. Defenda a mafagafa e seu ninho de mafagafinhos.

Faça de conta que existem mafagafos.

Os mafagafos podem ser azuis ou vermelhos. A característica vermelha é dominante sobre a azul.

Um mafagafo macho azul e um mafagafo fêmea vermelho puro tiveram mafagafinhos. Foram doze filhotes, todos lindos e todos vermelhos.

O sr. Mafagafo não se conforma: diz que os filhotes não poderiam ser todos iguais à mãe. Ele quer explicações.

a) Como você explicaria ao sr. Mafagafo o que ocorreu?

b) Quais são os genes para a cor encontrados em todos os filhotes de mafagafos da família?

c) Faça um esquema com os genes envolvidos dessa família para apresentar ao sr. Mafagafo.

2. Complete com fenótipos e genótipos.

Faça as "combinações" possíveis entre genes e diga quais cores poderão ter as flores das plantas resultantes do cruzamento.

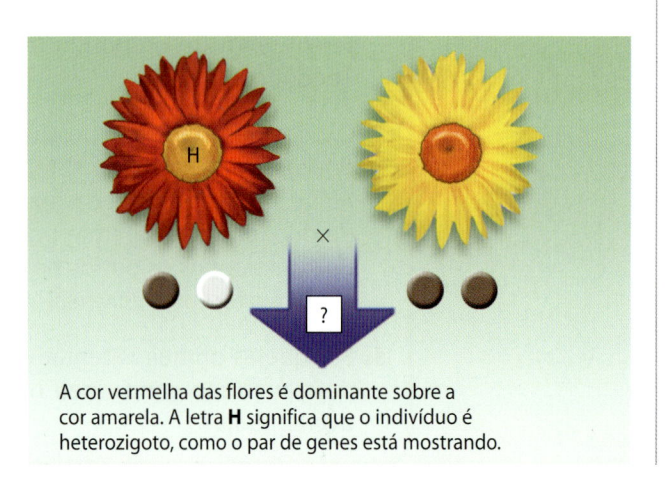

A cor vermelha das flores é dominante sobre a cor amarela. A letra **H** significa que o indivíduo é heterozigoto, como o par de genes está mostrando.

Analise

3. O albinismo é caracterizado pela ausência completa de pigmento na pele (melanina) e em estruturas epidérmicas como pelos. O alelo normal (A) do gene do albinismo determina a produção do pigmento e é "dominante" sobre o alelo alterado (a), que não ativa a produção do pigmento. Determine:

a) Os genótipos e fenótipos possíveis para um indivíduo normal para a pigmentação de pele e um indivíduo albino.

b) Um homem albino casa-se com uma mulher normal para a pigmentação da pele. Sabe-se que ela é heterozigota para a característica albinismo, pois sua mãe é albina. Como poderão ser os filhos desse casal quanto à pigmentação da pele? Monte um esquema para explicar sua resposta.

4. Um pesquisador analisou a composição de duas substâncias e obteve o seguinte resultado:

Substância A — 25% de timina; 25% de adenina; 25% de guanina e 25% de citosina

Substância B — 25% de citosina; 25% de uracila; 25% de guanina e 25% de adenina

Identifique as substâncias A e B e justifique sua resposta.

5. Informe-se e responda.

As células do pâncreas produzem, entre outras substâncias, a insulina; as células do fígado produzem a bile. Se todas as células contêm o mesmo código genético da espécie, por que células de órgãos diferentes produzem substâncias diferentes?

6. Analise o problema e explique.

Suponha que a miopia seja determinada por um par de genes recessivos mm e que um casal de visão normal, cujo genótipo é Mm, tenha três filhos, todos de visão normal. Existe chance de esse casal ter filhos míopes (mm)? Explique.

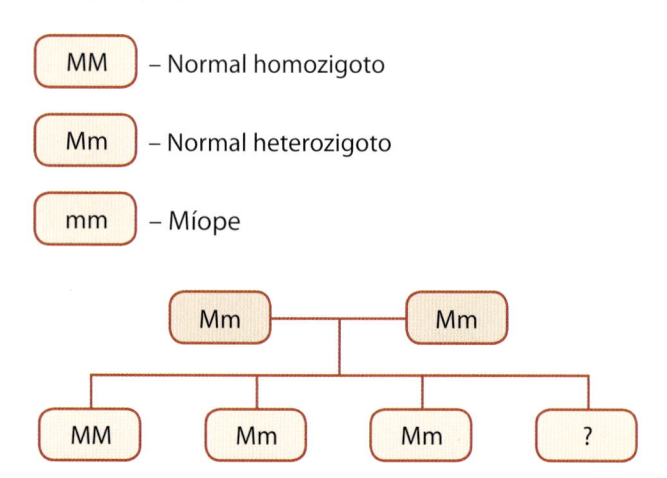

MM – Normal homozigoto

Mm – Normal heterozigoto

mm – Míope

Explore

Analisando a imagem

A criação de Adão, obra de Michelangelo Buinarroti (1495-1584), é um afresco – pintura feita sobre a massa úmida de uma parede ou teto. Ela é parte da Capela Sistina da Basílica de São Pedro, no Vaticano.

Arte computadorizada de uma releitura de *A criação de Adão*, obra de Michelangelo.

Esta obra de Michelangelo é um exemplo de antropocentrismo renascentista: na pintura a figura de um homem ocupa tanto destaque quanto a de Deus. Ao mesmo tempo que Adão, como símbolo do que é humano e terrestre, é atraído em direção à Terra, ele estende o dedo na direção do Criador. O toque entre as duas figuras une o céu e a Terra e reforça a ideia de que Deus fez o homem à sua imagem e semelhança.

Obter informação

1. Por que *A criação de Adão* é tida como exemplo de obra antropocêntrica?

2. Na visão do artista Michelangelo, como o ser humano foi criado?

Opinar e argumentar

3. Na sua opinião, qual é o aspecto mais marcante da pintura?

4. Você conhece outras maneiras de explicar a origem do ser humano além da mostrada no quadro? Qual (is)?

5. Compare as duas imagens. Que mensagem o autor da arte computadorizada está transmitindo?

6. Com os conhecimentos que você e seus colegas têm da célula e da Genética, elaborem uma figura que retrate a criação do ser humano.

TEMA 7

Genética: um pouco de história

As pesquisas de Mendel, um monge austríaco que observou e fez experimentos com um tipo de planta do jardim do mosteiro onde vivia, são consideradas o início da Genética.

Mendel, suas observações e seus experimentos

As observações e os experimentos realizados por Mendel, um monge austríaco que viveu no século XIX, não foram feitos em um laboratório como os que existem hoje. Mas esses experimentos seguiram rigorosamente o método científico e a lógica comparativa da Ciência moderna.

Mendel estudava o cruzamento de plantas chamadas **ervilhas-de-cheiro**, um tipo de arbusto de jardim, e resolveu entender por que a mesma planta produzia sementes de cor verde e de cor amarela. Mendel também fez experimentos sobre outras características, como a altura da planta (baixa ou alta) e o formato da vagem.

Suas observações, explicações e conclusões sobre a genética de plantas ficaram na história das Ciências Biológicas. Foi a partir delas que outros cientistas puderam atentar para os estudos de Genética.

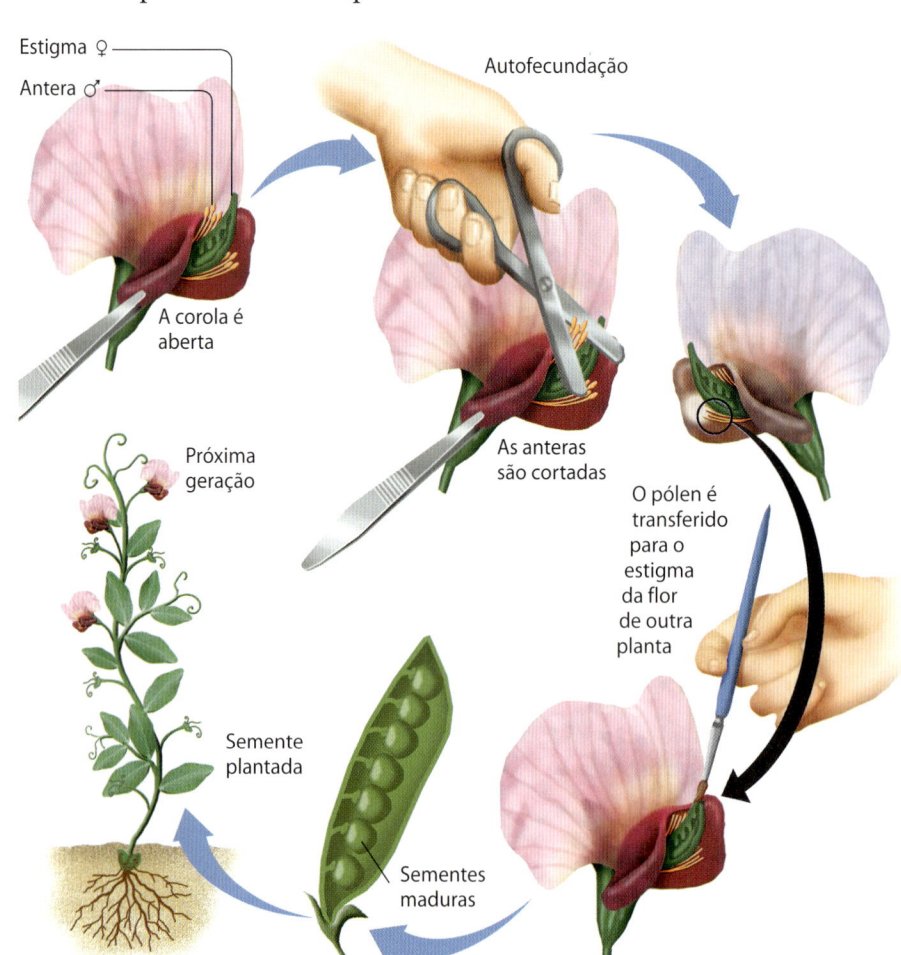

Flores da ervilha-de-cheiro.

Esquema dos procedimentos que Mendel adotou para fazer os cruzamentos entre os cultivares de ervilha-de-cheiro.

Fonte: POSTLETHWAIF, John H. & HOPSON, Janet L. *The nature of life*. New York: McGraw-Hill, 1995.

De olho no Tema

1. Uma ervilha com sementes amarelas e de procedência desconhecida foi cruzada com uma ervilha com sementes verdes, originando ervilhas com sementes amarelas e verdes. A ervilha amarela era pura? Justifique.

2. O que é alelo dominante? E alelo recessivo?

3. Quem foi Mendel? O que ele observou?

Os cruzamentos de Mendel

Veja nos esquemas ao lado o resumo dos cruzamentos que Mendel realizou com as ervilhas e seus resultados.

Mendel observou que as cultivares de sementes verdes, quando cruzadas com outras verdes, sempre produziam sementes verdes. Ele as chamou de "puras". Veja o **esquema I**.

Também havia cultivares de sementes amarelas que, cruzadas com amarelas, só produziam sementes amarelas. Essas eram "puras" também! Veja o **esquema II**.

Cruzando cultivares de sementes verdes "puras" com as de sementes amarelas "puras", só resultavam sementes amarelas. Veja o **esquema III**.

Porém, em alguns cruzamentos de cultivares de sementes amarelas com amarelas, eram produzidas sementes amarelas e sementes verdes.

Mendel observou que isso sempre acontecia quando ele cruzava entre si os cultivares de sementes amarelas que foram resultado do cruzamento de ervilhas com sementes amarelas "puras" com ervilhas de sementes verdes "puras".

● A explicação para os fatos

Mendel elaborou, com base nesses fatos, a hipótese de que cada característica, como a cor das sementes, é sempre determinada por um mesmo par de fatores (que hoje chamamos de alelos).

Mendel concluiu que, no cruzamento representado no **esquema IV**, as sementes apresentavam um alelo para a cor verde e outro alelo para a cor amarela. Ele chamou essas sementes de híbridas (identificadas com a letra **H**). Nessa linha de raciocínio, também concluiu que a característica "cor amarela" "dominava" e encobria a característica "cor verde".

Os resultados dos experimentos de Mendel

Observe o **esquema V** ao lado.

Um par de alelos determina a cor das sementes de ervilha. Esse par está representado no esquema ao lado por letras. Letras iguais representam um par de alelos **homozigotos**, isto é, um par de alelos que determinam a mesma característica. Nas ervilhas, a característica amarela encobre a característica verde. Assim, os alelos para amarelo são denominados **dominantes** e os alelos para verde são denominados **recessivos**.

Indivíduos identificados com AA são homozigotos dominantes e têm coloração amarela. Já os indivíduos aa são homozigotos recessivos e apresentam coloração verde. Os indivíduos que têm um alelo de cada tipo (Aa) são **heterozigotos**. Como o alelo para cor amarela é dominante sobre o verde, o indivíduo é amarelo.

Quando as células se dividem na meiose para formar os gametas, os indivíduos homozigotos somente podem formar gametas com um tipo de alelo: para cor verde **ou** para cor amarela. Os heterozigotos podem formar gametas com alelos para cor amarela **e** com alelos para cor verde.

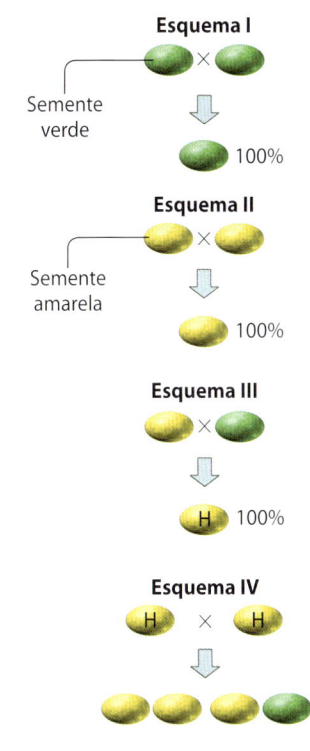

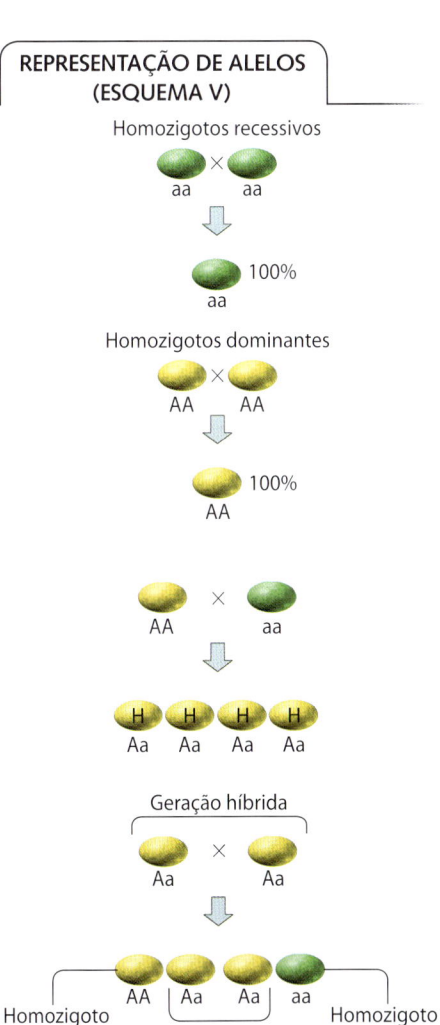

89

Glossário

Nanismo
É um caso de "erro" genético. O resultado é um problema na produção do hormônio de crescimento, que permite o alongamento dos ossos durante as fases de crescimento.

De olho no Tema

1. Quais os motivos que as pessoas alegam para se posicionar contra o uso de transgênicos?

2. Cite duas aplicações mais recentes das técnicas de manipulação de genes.

3. Explique como os cientistas pretendem alterar funções específicas com auxílio da Genética.

A Genética hoje

A hereditariedade desafiou a curiosidade dos seres humanos desde a pré-história, mas seu estudo somente se desenvolveu a partir de 1900 com a redescoberta das leis de Mendel, que não foram compreendidas em 1865, ano em que foram propostas. Hoje a Genética é uma ciência muito mais desenvolvida. É utilizada na obtenção de novos tipos de planta para cultivo com diferentes fins. A seleção de cultivares de milho ou feijão que resistem à falta de água no solo, por exemplo, é essencial para resolver problemas da agricultura das regiões secas.

Por outro lado, a Genética dá margem à polêmica porque, por meio de suas técnicas, podem-se manipular os genes de plantas ou de animais, resultando em novos cultivares "transgênicos", ou seja, que recebem genes de outras espécies de seres vivos.

Existem movimentos sociais e de proteção ao consumidor que são contrários aos organismos geneticamente modificados (OGM). Segundo esses movimentos, há perigo de que muitos desses organismos modificados, utilizados na alimentação humana, causem alergias ou problemas de saúde ainda desconhecidos. Outros dizem que os OGM podem causar danos ao ambiente, contaminando outros cultivares da mesma espécie. Há quem defenda o uso desses organismos, já que, na maioria das vezes, são produtos que se adaptam bem à agricultura, trazem aumento da quantidade de nutrientes etc. Há ainda uma questão ética: o ser humano tem direito de manipular a vida dos organismos até esse ponto?

De qualquer modo, a polêmica continua, e a discussão é muito importante.

A utilização da Genética para a produção de remédios é muito menos polêmica. É o caso da produção de hormônio de crescimento humano. Crianças com nanismo, por exemplo, não crescem por falta desse hormônio.

Hoje, o gene responsável pela produção de hormônio de crescimento pode ser inserido em uma bactéria. O cultivo dessa bactéria em laboratório permite extrair o hormônio, purificá-lo e, então, administrá-lo para as crianças que não o produzem. Assim, elas podem vir a crescer normalmente.

Leia a seguir alguns trechos de reportagens sobre projetos de Engenharia Genética que podem trazer grandes expectativas para o futuro.

CÉLULA VERSÁTIL

PROJETO
Los Alamos BUG
(Laboratório Nacional de Los Alamos)

EM QUE CONSISTE
Criar uma célula totalmente artificial, dotada de informações genéticas e capaz de se reproduzir e evoluir

OBJETIVOS
Tratar doenças, reparar tecidos, produzir energia e eliminar gases tóxicos do efeito estufa

Células humanas: no futuro, programas como computadores.

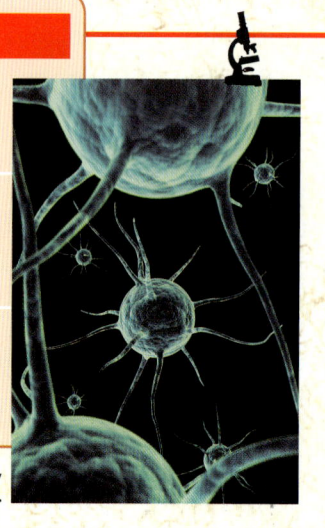

ENERGIA DO FUTURO

PROJETO
Genoma Mínimo
(Instituto Craig Venter)

EM QUE CONSISTE
Descobrir a quantidade mínima de genes de que um organismo necessita para viver. A partir daí, criar um microrganismo artificial programável

OBJETIVO
Produzir combustíveis alternativos

Bactéria mycoplasma: com genoma curto, ela pode guardar a receita da vida.

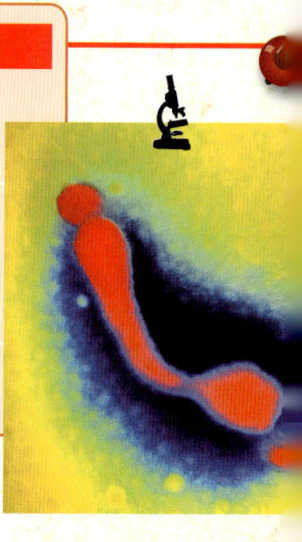

O QUE É CLONAGEM?

"A clonagem é um mecanismo comum de propagação da espécie em plantas ou bactérias. [...] um clone é definido como uma população de moléculas, células ou organismos que se originaram de uma única célula e que são idênticas à célula original e entre elas. Em humanos, os clones naturais são os gêmeos idênticos que se originam da divisão de um óvulo fertilizado. A grande revolução da ovelha Dolly, que abriu caminho para a possibilidade de clonagem humana, foi a demonstração, pela primeira vez, de que era possível clonar um mamífero, isto é, produzir uma cópia geneticamente idêntica a partir de uma *célula somática diferenciada*."

Fonte: ZATZ, Mayana. *Clonagem e células-tronco*. Disponível em http://www.scielo.br/scielo.php?script=sci_arttext&pid=s0103-40142004000200016&ng=pt&nrm=iso. Acesso em 3 set. 2007.

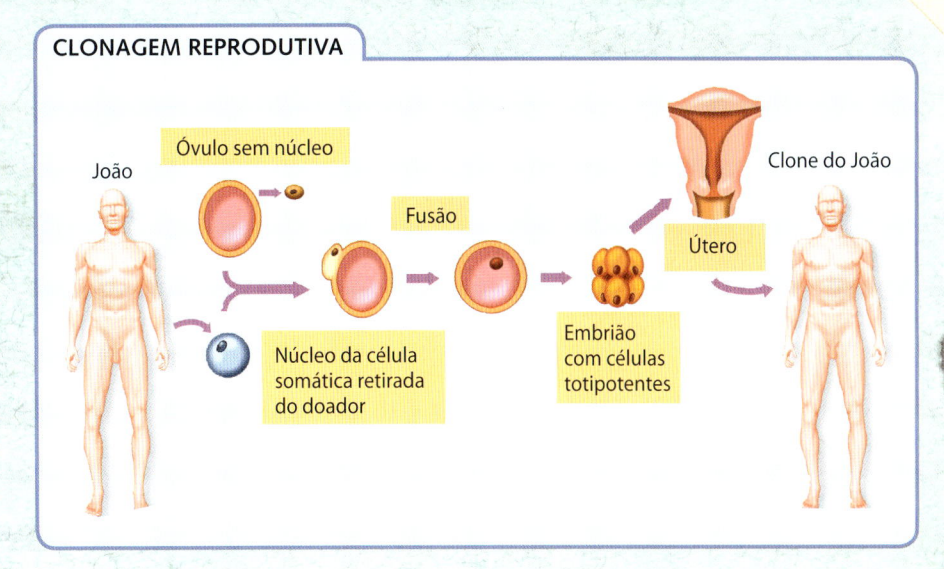

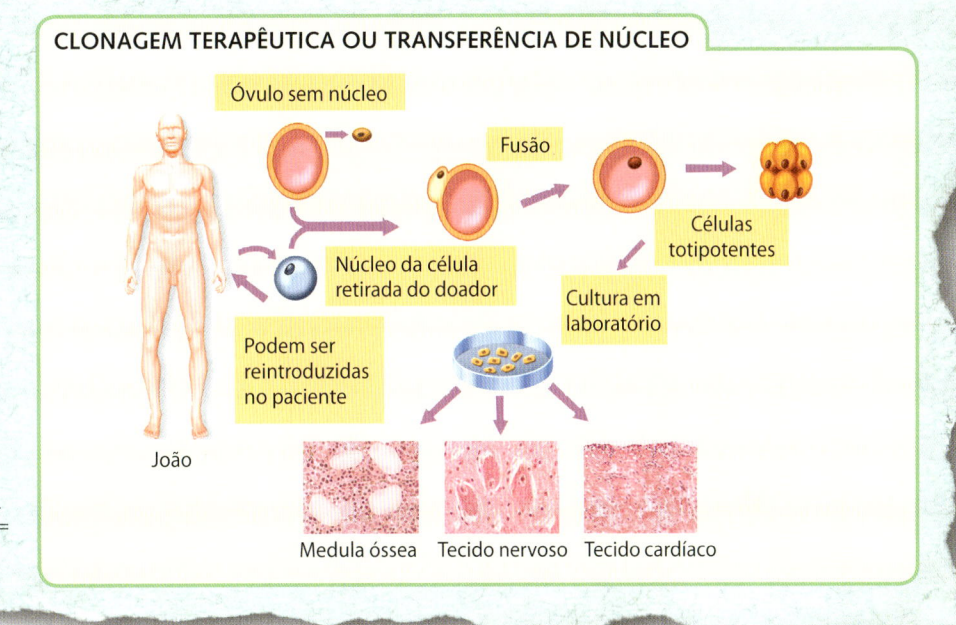

CLONAGEM REPRODUTIVA

João → Óvulo sem núcleo → Fusão → Embrião com células totipotentes → Útero → Clone do João

Núcleo da célula somática retirada do doador

CLONAGEM TERAPÊUTICA OU TRANSFERÊNCIA DE NÚCLEO

João → Óvulo sem núcleo → Fusão → Células totipotentes → Cultura em laboratório → Medula óssea / Tecido nervoso / Tecido cardíaco

Núcleo da célula retirada do doador

Podem ser reintroduzidas no paciente

CONECTORES UNIVERSAIS

PROJETO
BioBricks
(Instituto de Tecnologia de Massachusetts)

EM QUE CONSISTE
Criar pedaços de DNA artificial que, encaixados como peças do brinquedo Lego no DNA dos seres vivos, alteram funções específicas nas células

OBJETIVOS
Detectar e tratar doenças, retardar o envelhecimento, produzir combustíveis alternativos

PESQUISADOR
Drew Endy

Endy e os BioBricks: DNA sintético

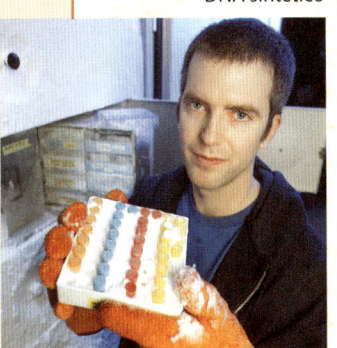

MICRÓBIOS VIGILANTES

PROJETO
Custom-built *E. coli*
(Universidade da Califórnia – São Francisco)

EM QUE CONSISTE
Programar bactérias para percorrer a corrente sanguínea e atuar como sentinelas do organismo

OBJETIVOS
Identificar tumores, matar as células cancerosas e prevenir que o tumor reapareça no mesmo local. Ajustar os níveis de glicose e colesterol no sangue.

Fonte: CAMARGO, Leoleli. "Em busca da vida artificial". In: *Veja*. São Paulo: Abril, 13 jun. 2007.

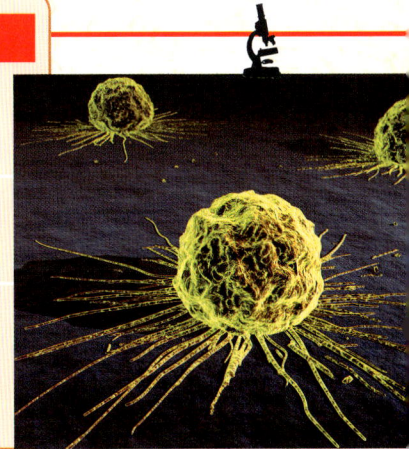

Células cancerosas: bactérias serão introduzidas no organismo para destruí-las.

Por uma nova atitude
Ética e Saúde

Células-tronco

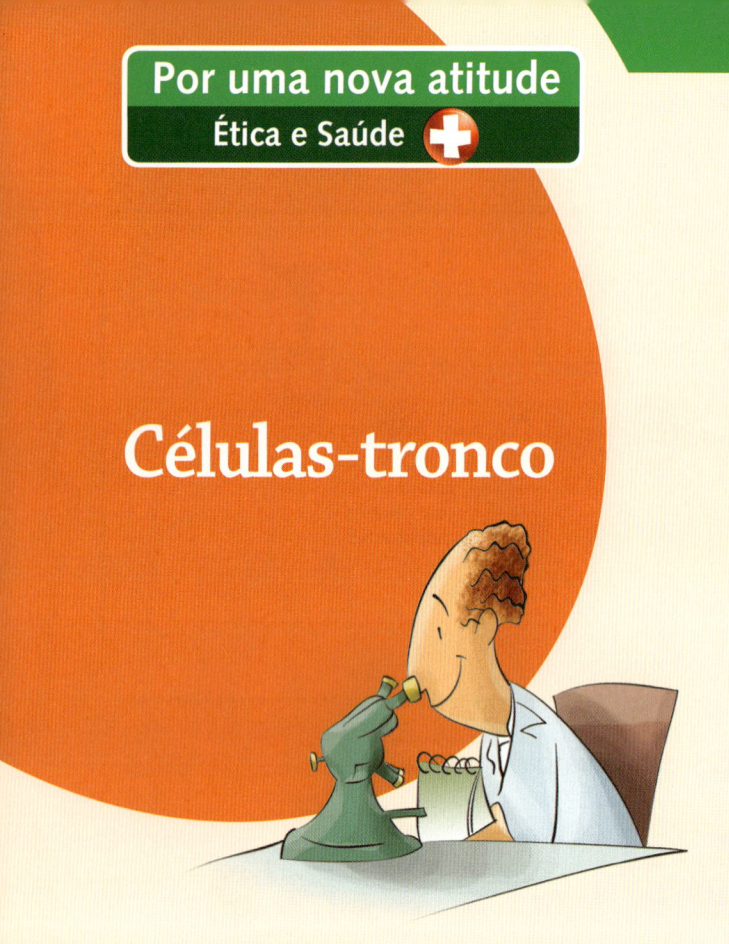

1. Explorar o problema

"A medicina é cheia de exemplos de tecnologias que mexeram com o imaginário popular quando foram apresentadas ao mundo. Foi assim com o transplante de órgãos e com os bebês de proveta [...] Quando uma nova tecnologia se mostra capaz de interferir no curso natural da vida, ela costuma ser recebida de duas formas: com estranheza ou com fascínio. É exatamente o que vem acontecendo com as experiências com células-tronco, esses curingas biológicos que têm o potencial de dar origem a todos os tecidos do corpo humano. [...]

As células-tronco são a nova fronteira da medicina. É provável que no futuro elas alterem profundamente a forma como muitas doenças são tratadas. Mas todas as aplicações cogitadas hoje serão factíveis? 'Podemos imaginar que em 2020 terapias celulares serão utilizadas rotineiramente no tratamento de doenças como diabetes, alguns tipos de cegueira, infarto, derrame e talvez lesões na medula espinal', diz Stevens Rehen, presidente da Sociedade Brasileira de Neurociências e Comportamento. 'Mas nada disso é garantido. Talvez demore mais ou menos tempo. [...] Muita gente tem a impressão de que os cientistas estão a um passo de uma revolução médica. Mas a ciência não é construída assim. Cada pequeno avanço é baseado em muitos erros. [...] Eles estão às voltas com muitas dificuldades.'

2. Analisar o problema

A primeira delas é de **ordem política**. Manifestações contrárias ao uso de células-tronco de embriões dificultam o financiamento das pesquisas. [...] No Brasil, o ambiente pode se tornar ainda mais restritivo. Embora a Lei de Biossegurança tenha autorizado as pesquisas com embriões em 2005, o Supremo Tribunal Federal está analisando se a permissão é inconstitucional. Se decidir que é, as pesquisas serão proibidas no país. Restará aos cientistas a alternativa de trabalhar apenas com células-tronco adultas (extraídas da medula do paciente ou do sangue do cordão umbilical). Mas essas células não parecem ser tão versáteis quanto as células embrionárias. Existem várias experiências em andamento no país com células-tronco adultas. [...] Os resultados são animadores. Mas não há curas espetaculares. É por isso que os pesquisadores que lideram esses estudos também defendem a liberdade de pesquisa com embriões.

A segunda dificuldade enfrentada pelos cientistas é de **ordem técnica**. A busca de soluções deverá se estender pelos próximos cinco anos. Não é fácil descongelar os embriões, extrair as células-tronco e cultivá-las em laboratório [...] Mesmo quando os pesquisadores conseguem fazer esse cultivo, as células resultantes costumam ter erros genéticos. Esse material, portanto, não poderia servir para um transplante. [...]

'O conceito de célula-tronco vai mudar. Será substituído pela ideia de reprogramação celular', diz o brasileiro Alysson Muotri, que pesquisa células-tronco no Instituto Salk [...] na Califórnia. 'Em 2020, não estaremos mais falando das diferenças entre células adultas e embrionárias. Toda célula-tronco será derivada de células somáticas do próprio paciente', afirma. Traduzindo: bastaria extrair células da pele do paciente e, em laboratório, ativar genes essenciais para que elas regredissem até o estágio em que não têm função específica. Assim elas poderiam virar qualquer tecido [...] Parece bom demais para ser verdade. Mas alguns grupos, como o do cientista Kazutoshi Takahashi, da Universidade de Kyoto, já estão fazendo isso em experiências com camundongos. [...] Uma das principais vantagens dessa técnica seria evitar o uso de embriões. Mas não acabaria com todos os embates éticos. A reprogramação celular envolve manipulação genética – e esse é outro tema controverso. Nos próximos anos, não faltará combustível para manter acesa a polêmica em torno das experiências que prometem mudar nossa vida."

Fonte: SEGATTO, Cristiane. "O fígado vai mal? Cultive um novo". In: *Época*, 28 maio 2007.

Interpretar o texto

1. De acordo com o texto o que são "esses curingas biológicos"? Por que o autor utiliza essa expressão?

2. Como as células-tronco podem ser obtidas?

3. De acordo com o texto, qual é a tendência no estudo das células-tronco?

4. Quais são as dificuldades, comentadas no texto, de implantação das terapias com células-troncos?

3. Tomar uma decisão

- Em grupo, conversem sobre o assunto e, depois, respondam as questões.

a) Você apoia o desenvolvimento de uma nova tecnologia que tenha "capacidade de interferir no curso natural da vida"? Por quê?

b) Você pensa que a população brasileira deve se manifestar contrariamente ou a favor do uso de células-tronco? Que meios você sugere para esse manifesto?

c) Vocês acham que a população brasileira tem conhecimento suficiente para opinar sobre o assunto? Justifiquem sua resposta.

d) Pesquisem em jornais e revistas sobre a terapia com as células-tronco e montem um painel, apresentando para os demais grupos. Após a apresentação dos painéis, levantem quantas notícias diferentes os grupos conseguiram reunir e elejam a mais interessante.

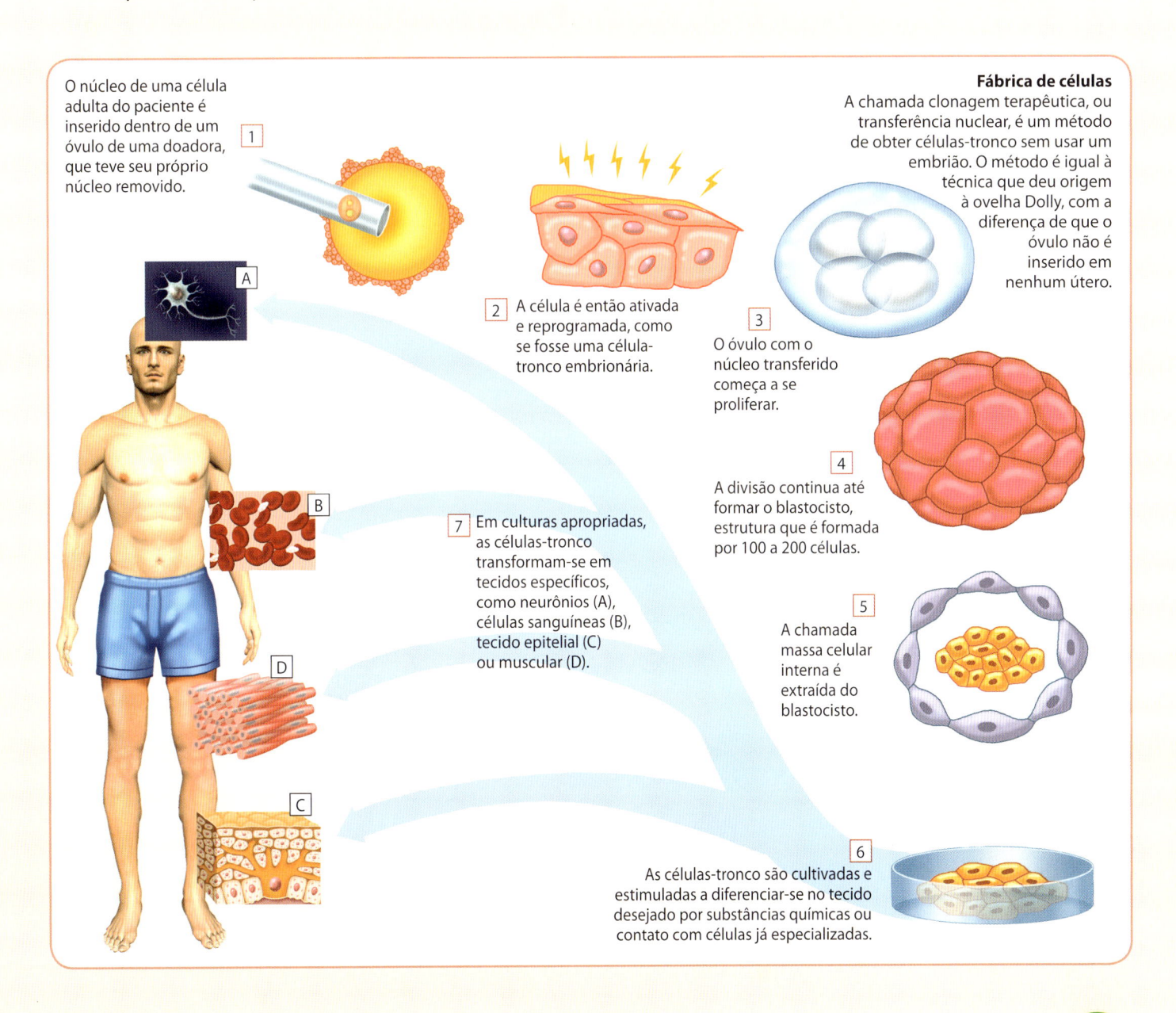

---

1 O núcleo de uma célula adulta do paciente é inserido dentro de um óvulo de uma doadora, que teve seu próprio núcleo removido.

2 A célula é então ativada e reprogramada, como se fosse uma célula-tronco embrionária.

3 O óvulo com o núcleo transferido começa a se proliferar.

4 A divisão continua até formar o blastocisto, estrutura que é formada por 100 a 200 células.

5 A chamada massa celular interna é extraída do blastocisto.

6 As células-tronco são cultivadas e estimuladas a diferenciar-se no tecido desejado por substâncias químicas ou contato com células já especializadas.

7 Em culturas apropriadas, as células-tronco transformam-se em tecidos específicos, como neurônios (A), células sanguíneas (B), tecido epitelial (C) ou muscular (D).

Fábrica de células
A chamada clonagem terapêutica, ou transferência nuclear, é um método de obter células-tronco sem usar um embrião. O método é igual à técnica que deu origem à ovelha Dolly, com a diferença de que o óvulo não é inserido em nenhum útero.

Compreender um texto

Equipe cria mosquito transgênico imune ao parasita da malária

"Pesquisadores da Fundação Oswaldo Cruz (Fiocruz), em Minas Gerais, anunciaram que conseguiram fazer uma alteração genética no mosquito da malária que eliminou sua capacidade de transmitir a doença. O inseto transgênico pode ser a solução para um problema mundial de saúde pública. Presente em quase uma centena de países, a malária infecta aproximadamente 500 milhões de pessoas por ano.

Por questões de segurança, o experimento da Fiocruz usou como modelo o mosquito *Aedes fluviatilis*, que transmite o parasita da malária das aves (*Plasmodium gallinaceum*). Os experimentos com a malária humana estão prestes a começar e devem ser concluídos ainda neste ano. [...]

O mosquito é alterado ainda na condição de ovo. [...] Os pesquisadores introduzem dois tipos de DNA nos cromossomos dos embriões do mosquito *Aedes*. O primeiro DNA é apenas um marcador. Retirado de águas-vivas, ele deixa o mosquito fosforescente quando observado com lentes especiais. O objetivo é saber com rapidez se o DNA foi, de fato, inserido com sucesso no cromossomo do inseto.

O segundo DNA é o que realmente interessa. Trata-se do material genético retirado do veneno de abelhas. Agregado ao cromossomo, ele faz com que o organismo do *Aedes* produza uma proteína que impede o mosquito de transmitir o plasmódio causador da malária. [...]

Um mosquito comum adquire o parasita ao picar uma pessoa doente. O plasmódio fica no intestino do inseto até cair na circulação, por onde chega às glândulas salivares. A doença se propaga quando o mosquito pica outra pessoa.

Por causa do DNA do veneno de abelha, no inseto transgênico os cromossomos estarão programados para produzir uma proteína que cercará o intestino e impedirá que o plasmódio caia na circulação para chegar às glândulas salivares. Ou seja, o mosquito se infectará com o parasita, mas não conseguirá contaminar outras pessoas.

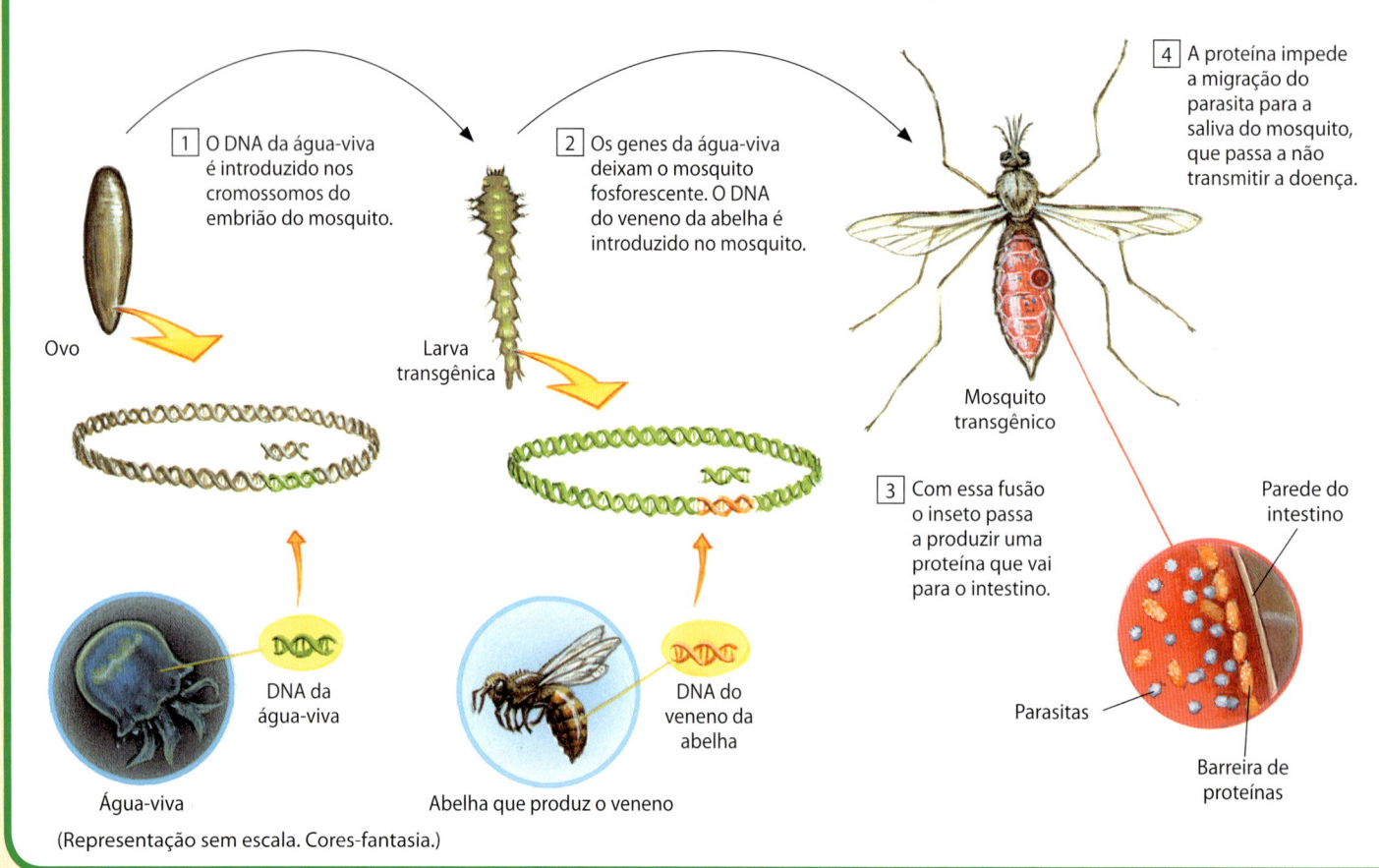

1 O DNA da água-viva é introduzido nos cromossomos do embrião do mosquito.

2 Os genes da água-viva deixam o mosquito fosforescente. O DNA do veneno da abelha é introduzido no mosquito.

3 Com essa fusão o inseto passa a produzir uma proteína que vai para o intestino.

4 A proteína impede a migração do parasita para a saliva do mosquito, que passa a não transmitir a doença.

Ovo — Larva transgênica — Mosquito transgênico

DNA da água-viva — Água-viva

DNA do veneno da abelha — Abelha que produz o veneno

Parede do intestino — Parasitas — Barreira de proteínas

(Representação sem escala. Cores-fantasia.)

Larva fosforescente do mosquito *Aedes fluviatilis*, causador da malária nas aves, que foi geneticamente modificado.

3 a 5 mm

Os pesquisadores da Fiocruz em Minas já têm cerca de cem *Aedes fluviatilis* adultos e perto de mil larvas. Observados com lentes especiais, todos têm os olhos fosforescentes – é a confirmação de que o material genético inserido artificialmente 'pegou' e passou de uma geração para a outra. [...]

A ideia é que, no futuro, esses mosquitos imunes ao plasmódio se reproduzam e substituam os que transmitem a malária. 'Mas, até lá, será um longo caminho', afirma o engenheiro agrônomo Luciano Andrade Moreira, que conduziu os estudos do Laboratório de Malária da Fiocruz. Segundo ele, é preciso comprovar que os mosquitos transgênicos não oferecerão problemas ao ambiente ou aos humanos. Ainda não se sabe, por exemplo, se ao deixar de transmitir o plasmódio, o inseto passará a transmitir outros tipos de parasitas, como o do dengue. Também não se sabe se eles terão condições de competir com outras espécies e sobreviverão no meio ambiente.

'De qualquer forma, esse mosquito não será a solução para o problema', continua Moreira. 'Para combater a malária, precisamos trabalhar com a conscientização da população, melhorar o atendimento na área de saúde e intensificar o combate ao mosquito vetor.' [...]

No País, a malária é comum na Amazônia. Os sintomas são: calafrio, febre, náusea e dor de cabeça. Em casos extremos, o doente pode entrar em coma. Não existe uma vacina com eficácia comprovada contra a doença."

Fonte: WESTIN, Ricardo; CAPELLA, Alex. *O Estado de S. Paulo*, 1º abr. 2006.

ATIVIDADES

Obter informações

1. Do que trata o texto?
2. Quantas pessoas a malária infecta por ano no mundo?
3. Qual foi o mosquito utilizado na pesquisa?
4. Como são criadas as linhagens transgênicas de mosquitos?
5. Qual é o objetivo desse projeto de modificação genética do mosquito?
6. Por que é utilizado um marcador genético de água-viva nos embriões de mosquitos submetidos à transgênese?

Interpretar

7. De que forma o gene de interesse introduzido nos embriões de mosquitos transgênicos poderia impedir que esses animais transmitissem o parasita da malária aos humanos?

Refletir

8. A soltura de mosquitos transgênicos na natureza é uma boa ideia para controlar a malária? Discuta com os colegas sobre as vantagens e as desvantagens desse método.
9. Pesquisem quais atitudes a população deve tomar para evitar a malária, já que o mosquito transgênico não é a única solução.

UNIDADE 4

Superando obstáculos

Por que estudar esta Unidade?

Os organismos interagem entre si e com o ambiente, recebendo diferentes estímulos. Esses estímulos são captados por um conjunto de órgãos, conhecidos como órgãos dos sentidos. A percepção dos estímulos e a interpretação das informações pelo cérebro são muito importantes para a sobrevivência dos organismos, inclusive dos seres humanos. Muitas atividades podem ser realizadas graças aos sentidos, aos movimentos e à locomoção. Na sociedade, encontramos pessoas diferentes, portadoras de necessidades especiais nos sentidos ou na locomoção. Essas pessoas podem, de maneira diferenciada, realizar as mesmas atividades (trabalhar, brincar, estudar etc.) realizadas por pessoas não-portadoras.

Esta imagem é uma releitura da gravura *Relatividade*, feita em 1953 pelo artista Maurits Cornelius Escher. Gire o livro sobre a mesa, observando esta imagem. O que você vê? Você conhece, em sua cidade, algum dos recursos apresentados na imagem que auxiliam as pessoas portadoras de necessidades especiais? Qual(ais)?

Começando a Unidade

1. Como você percebe a temperatura de um objeto?
2. Quando você está resfriado, geralmente não sente bem o sabor dos alimentos. Por quê?
3. Por que a luz é necessária para podermos enxergar?
4. Qual é a importância dos ossos para a locomoção?

TEMA 1

De olho nas notícias

A PELE

Nos séculos XVI e XVII acreditava-se que a água era capaz de abrir os poros e, assim, o corpo ficaria permeável a doenças. O banho era visto como um risco, especialmente na época das pestes e epidemias.

Veja mais algumas informações:

"A limpeza se compõe, necessariamente, com as imagens do corpo; com as imagens, mais ou menos obscuras, do invólucro corporal; com aquelas, mais opacas ainda, do meio físico. Por exemplo, por se considerar, nos séculos XVI e XVII, que a água era capaz de se infiltrar no corpo, o banho, na mesma época, tinha um *status* muito específico: supunha-se que a água quente, especialmente, fragilizasse os órgãos, abrindo os poros para os ares malsãos."

Fonte: VIGARELLO, Georges. *O limpo e o sujo. Uma história da higiene corporal.* São Paulo: Martins Fontes, 1996.

PARTE DOS BENEFÍCIOS PROMETIDOS POR CREMES NÃO TEM COMPROVAÇÃO

Dez especialistas ouvidos pelo jornal Folha de S.Paulo dizem que boa parte dos benefícios prometidos por fabricantes de cremes caríssimos não tem comprovação científica

"Se você é daqueles que acreditam que o preço é diretamente proporcional à qualidade, está na hora de abrir os olhos e pensar duas vezes antes de enfiar a mão no bolso para pagar por cremes caríssimos que prometem o milagre da juventude eterna em um curto período de tempo. Sucumbir a esse tipo de apelo é, geralmente, pedir para ser enganado, afirmam, em coro, os especialistas.

[...] A *Folha* ouviu dermatologistas e farmacêuticos de universidades e hospitais renomados sobre como escolher e utilizar filtros solares, hidratantes e cremes antienvelhecimento. Todos são unânimes em afirmar que os preços exorbitantes atribuídos a alguns cosméticos são pouco justificáveis e têm maior relação com fatores como grife e *status* do que com os benefícios que eles são capazes de proporcionar. Eles recomendam ainda um cuidado redobrado com a avalanche de novidades tentadoras, que prometem maravilhas como pele perfeita e rejuvenescimento instantâneo. E são categóricos: há muito mais propaganda do que efeito comprovado."

Fonte: http://www1.folha.uol.com.br/folha/equilibrio/noticias/ult263u4115.shtml
Acesso em: jul. 2007.

A VERDADE SOBRE OS COSMÉTICOS E SUAS AÇÕES SOBRE A PELE

"[...] É importante lembrar que o termo cosmético deve se limitar aos produtos com ação superficial, sem caráter terapêutico, não penetrando na estrutura celular ou fazendo sinergia com o sistema circulatório. Qualquer ação em profundidade sobre a pele e anexos, com produtos que alteram a estrutura celular, passa ao domínio médico e deve ser vista como medicamento."

Fonte: http://www.guiacosmeticos.com.br/artigos.php?id=27
Acesso em: jul. 2007.

Glossário

Invólucro
Aquilo que serve ou é usado para envolver ou cobrir.
Malsão
Nocivo à saúde.
Sinergia
Ação associada ou coordenada.

Baba de lesma estressada faz bons cosméticos, diz pesquisa

"MADRI – Dermatologistas e farmacêuticos aprovaram a eficácia da baba de caracol para ser usada como cosmético. Mas advertem que, para que os produtos elaborados com estas secreções possuam as propriedades regeneradoras e antioxidantes que são atribuídas a eles, estas devem ser extraídas quando o animal está estressado.

[...] Para que estes cosméticos sejam eficazes, devem ser elaborados com a secreção que o caracol expele ao receber estímulos externos — como radiações ou estresse mecânico — para reparar sua pele e se proteger das agressões externas, e não com a baba que o caracol desprende em seus deslocamentos.

[...] Segundo um estudo realizado em 2004 com pessoas tratadas com baba de caracol, a redução progressiva e gradual da percentagem de pacientes com rugas finas é de 26,7% e de 45,5% para as rugas grossas. Também foi identificada uma significativa redução do aspecto envelhecido por causa do sol e da secura e aspereza da pele."

Fonte: http://g1.globo.com/Noticias/PlanetaBizarro/0,,AA1374163-6091,00.html
Acesso em: jul. 2007.

2 a 3 cm

De olho no Tema

1. A pele está relacionada a qual sentido?

2. O que há de semelhante na interpretação da estrutura da pele hoje e nos séculos XVI e XVII?

3. Forme um grupo com mais três colegas e pesquisem, em revistas semanais ou mensais, propagandas de produtos de beleza.

a) Quantas propagandas de produtos para beleza a revista tem? Alguma revista apresentou um maior número de propagandas do que as outras?

b) Verifiquem se há propagandas do tipo: "reduz as linhas de expressão em até 50% em duas semanas"; "tratamento com proteínas naturais e ceramidas"; "nova fórmula preenche as rugas de dentro para fora"; "fornece à pele fibras elásticas"; "creme contra celulite que quebra as moléculas de gordura"; "xampu com DNA vegetal"; "creme previne o aparecimento de novas espinhas"; "xampu nutre e repara em profundidade os cabelos ressecados e sem brilho".

c) O que vocês acham dessas propagandas? Expliquem.

d) Cada grupo deverá criar um cosmético fictício e elaborar uma propaganda para o novo cosmético. A propaganda deverá apresentar o nome do produto, os efeitos esperados e as indicações de uso.

e) Compare-o com os cosméticos criados pelos outros grupos e discutam sobre a veracidade das propagandas elaboradas.

TEMA 2

Os tecidos animais

Tecido é um conjunto de células que exercem a mesma função.

As células formam diferentes tecidos

Na maioria dos seres vivos pluricelulares, as células desempenham diferentes funções. Existem células que realizam a digestão, outras se encarregam de transportar o gás oxigênio e algumas são responsáveis por proteger e revestir o corpo.

Um grupo de células semelhantes que realizam a mesma função no corpo recebe o nome de **tecido**. Um conjunto de tecidos forma os **órgãos**. Assim, um órgão como o coração é composto de diferentes tipos de tecido. Um conjunto de órgãos que funcionam de maneira integrada constitui um **sistema**. Vários sistemas integrados formam um **organismo**.

Os tecidos do corpo humano são classificados em quatro tipos principais: tecido **epitelial**, tecido **muscular**, tecido **conjuntivo** e tecido **nervoso**.

ESQUEMA DOS TECIDOS DO CORPO HUMANO

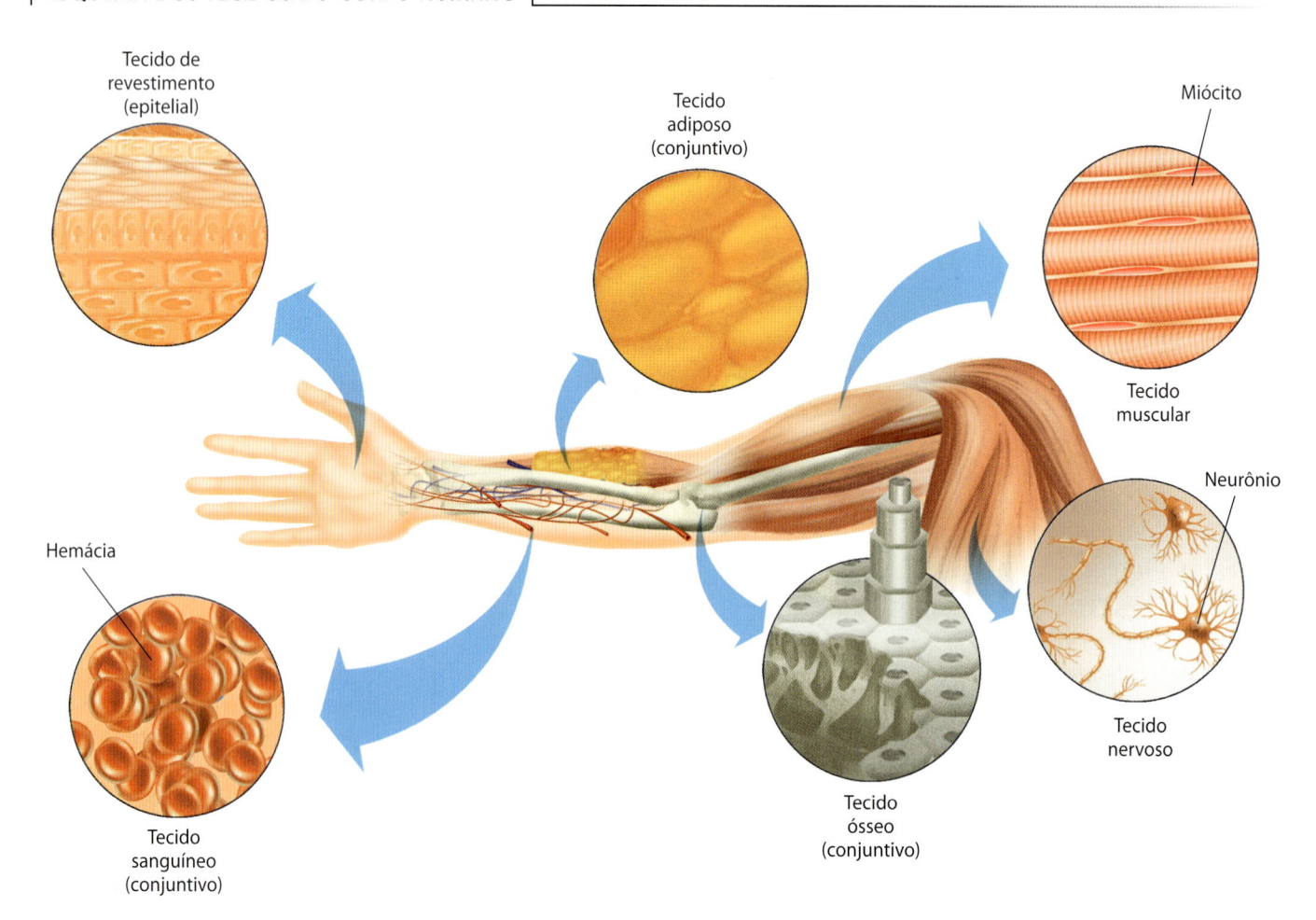

- Tecido de revestimento (epitelial)
- Tecido adiposo (conjuntivo)
- Miócito — Tecido muscular
- Hemácia — Tecido sanguíneo (conjuntivo)
- Tecido ósseo (conjuntivo)
- Neurônio — Tecido nervoso

Representação sem escala. Cores-fantasia.
Fonte: CAMPBELL, Neil A.; MITCHELL, Lawrence G.; REECE, Jane B. *Biology — concepts and connections*. 2. ed. Menlo Park: Benjamin Cummings, 2000.

● O tecido epitelial

O tecido epitelial protege e cobre o corpo, tanto externa quanto internamente. Além da proteção, esse tecido secreta diversas substâncias. As células do tecido epitelial são achatadas e muito unidas entre si.

A camada mais externa da pele, chamada **epiderme**, é formada por tecido epitelial. A pele protege o organismo contra a invasão de microrganismos e atua no controle da temperatura corporal.

O tecido epitelial também reveste partes internas do corpo, como a boca e o estômago.

● O tecido muscular

O tecido muscular compõe os músculos, que permitem os diversos tipos de movimento. Esse tecido é constituído por células alongadas, denominadas miócitos (fibras musculares). Os miócitos podem encurtar-se e alongar-se, provocando a contração muscular.

A contração muscular é responsável pela movimentação de órgãos internos, pela pulsação do coração e das artérias e pelo deslocamento dos alimentos no tubo digestório. O tecido muscular pode ser não-estriado, estriado esquelético ou estriado cardíaco.

- O **tecido muscular não-estriado** ou **tecido muscular liso** forma a musculatura da maioria dos órgãos internos, como o estômago, o intestino, a bexiga urinária e os vasos sanguíneos.
- O **tecido muscular estriado esquelético** forma a maior parte da musculatura do corpo dos vertebrados. Recobre totalmente o esqueleto e liga-se aos ossos. É conhecido popularmente como carne.
- O **tecido muscular estriado cardíaco** é encontrado apenas no coração. O movimento produzido pelos músculos cardíacos propicia o bombeamento de sangue, fazendo-o circular por todo o organismo.

ESQUEMA DE TECIDOS MUSCULARES

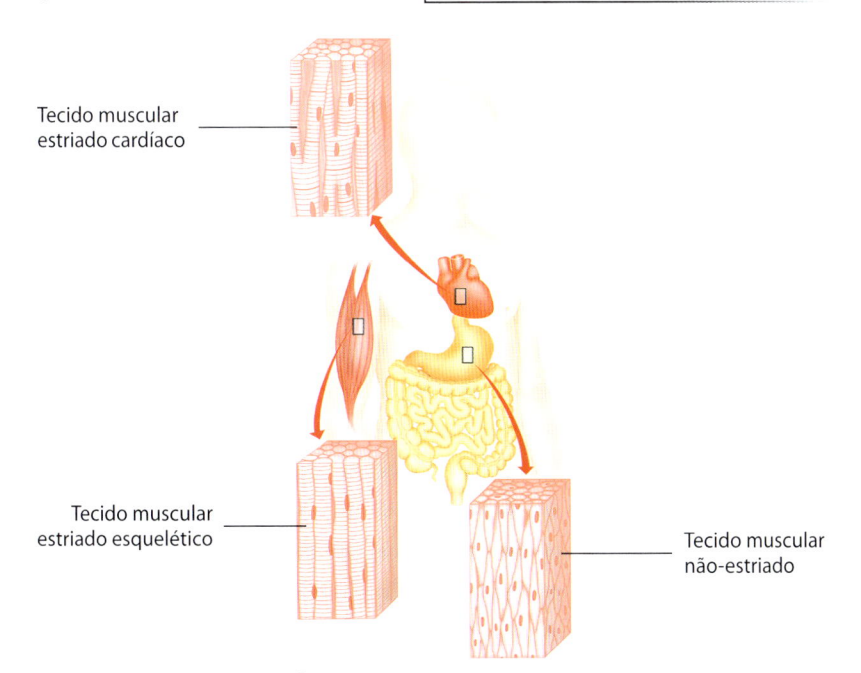

Tecido muscular estriado cardíaco

Tecido muscular estriado esquelético

Tecido muscular não-estriado

Representação sem escala. Cores-fantasia.

Fonte: FANTINI, Fabio et al. *Introduzione alle Scienze della natura*. Bologna: Bovolenta/Zanichelli, 1997.

ESQUEMA DO TECIDO EPITELIAL

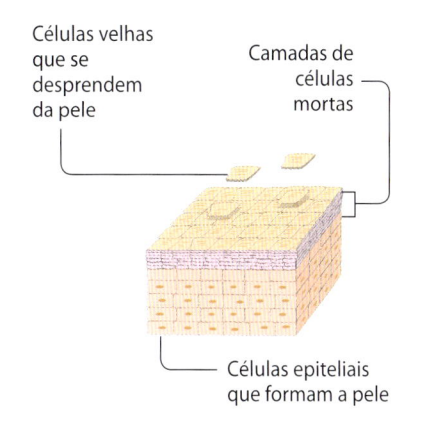

Células velhas que se desprendem da pele

Camadas de células mortas

Células epiteliais que formam a pele

Na pele, o tecido epitelial forma a parte mais externa, chamada de epiderme. (Representação sem escala. Cores-fantasia.)

Fonte: TORTORA, Gerald J. *Corpo humano — fundamentos de anatomia e fisiologia*. Porto Alegre: Artmed, 2000.

De olho no Tema

1. Cite os principais tecidos encontrados no seu corpo.

2. A carne bovina utilizada na alimentação é constituída, principalmente, por qual tecido?

Glossário

Coagulação
Processo que detém o sangramento em uma região ferida do corpo.

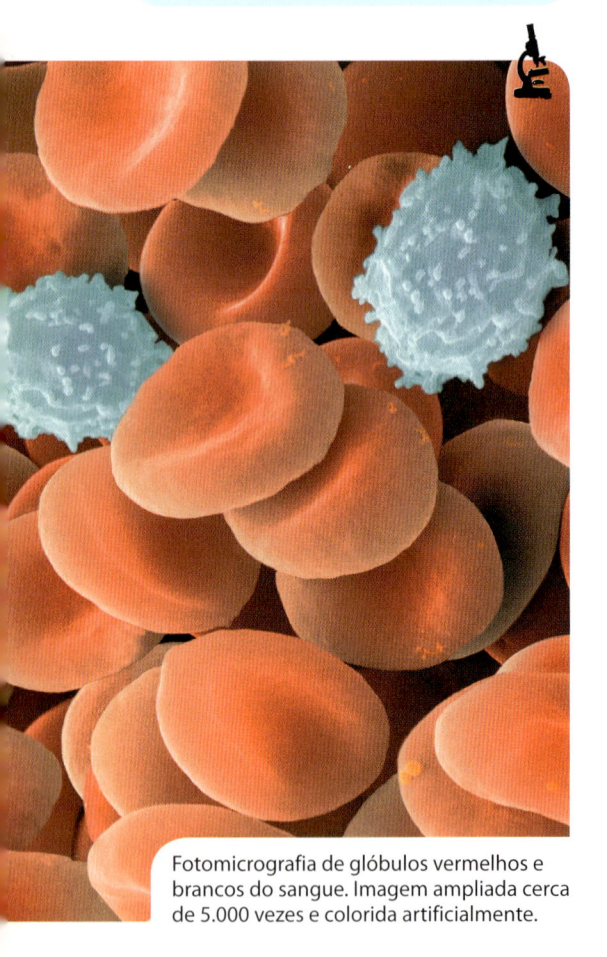

Fotomicrografia de glóbulos vermelhos e brancos do sangue. Imagem ampliada cerca de 5.000 vezes e colorida artificialmente.

De olho no Tema

1. O que é hemofilia e qual tecido está relacionado a ela? Faça uma pesquisa caso desconheça esse termo.

2. Complete a frase:

   Os _____ são células do tecido nervoso e constituem o _____ e a _____ _____.

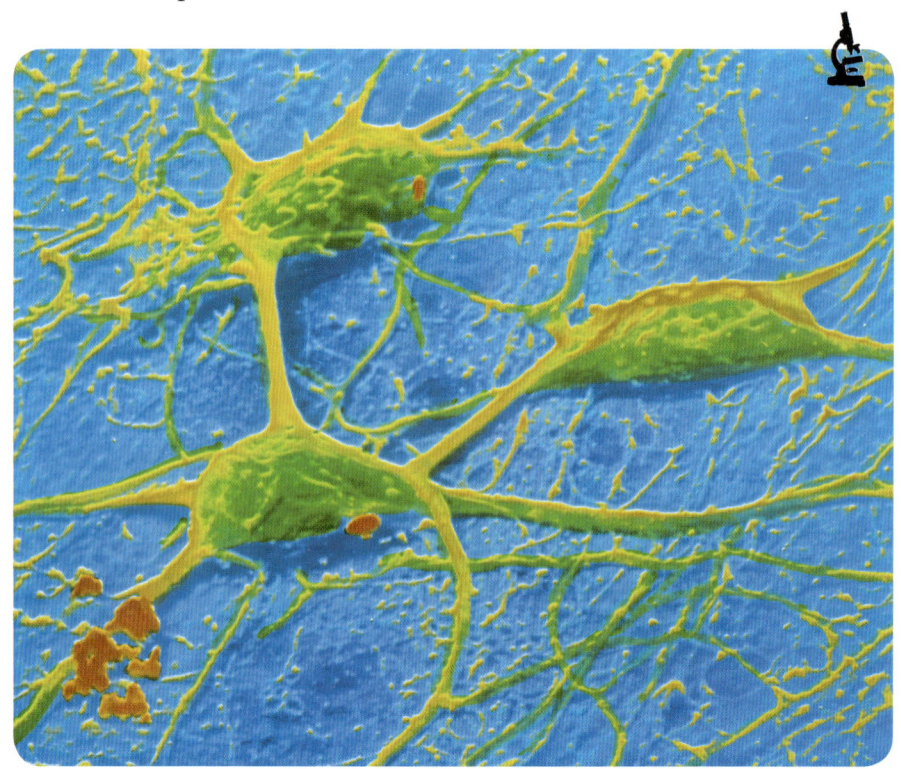

Fotomicrografia de neurônios do córtex cerebral humano. Imagem ampliada cerca de 9.000 vezes e colorida artificialmente.

O tecido conjuntivo

O tecido conjuntivo agrupa grande variedade de tecidos com diferentes funções. Todos eles têm uma característica em comum: suas células não estão unidas entre si. O espaço entre as células é preenchido por **substância intercelular**.

A função do tecido conjuntivo é unir e dar sustentação aos órgãos do corpo. Entre os diferentes tipos de tecido conjuntivo, podemos encontrar:

- O **tecido cartilaginoso**, que forma as cartilagens da orelha, do nariz, da traqueia e da articulação da maioria dos ossos. É um tecido flexível.
- O **tecido adiposo**, formado por células que armazenam gordura. A gordura é fonte de energia para o corpo, além de funcionar como isolante térmico. O tecido adiposo encontra-se debaixo da pele e ocupa espaços entre alguns órgãos, protegendo-os contra choques mecânicos.
- O **tecido ósseo**, que forma os ossos. A substância intercelular desse tecido é sólida e rígida.
- O **tecido sanguíneo**, formado por células que constituem o sangue. Essas células podem ser glóbulos brancos (células de defesa contra microrganismos), hemácias (transportam o gás oxigênio e o gás carbônico) e plaquetas (participam da coagulação do sangue).

O tecido nervoso

O tecido nervoso é constituído por células chamadas **neurônios**. Os neurônios apresentam um ou mais prolongamentos e são especializados em receber estímulos e conduzir a informação de célula para célula.

O tecido nervoso forma os órgãos do sistema nervoso, como o cérebro e a medula espinal.

Explore

Percepção na cidade

Observe durante três dias o caminho que realiza da sua casa até a escola, procurando anotar a quantidade e as características:

- dos *outdoors* e demais locais de propaganda;
- dos barulhos emitidos por pessoas, animais, máquinas, veículos etc.;
- das pessoas com quem você interage ou que vê passar;
- dos cheiros que são percebidos;
- da textura de objetos que você toca.

Organize suas informações e monte uma tabela, utilizando como exemplo a tabela abaixo.

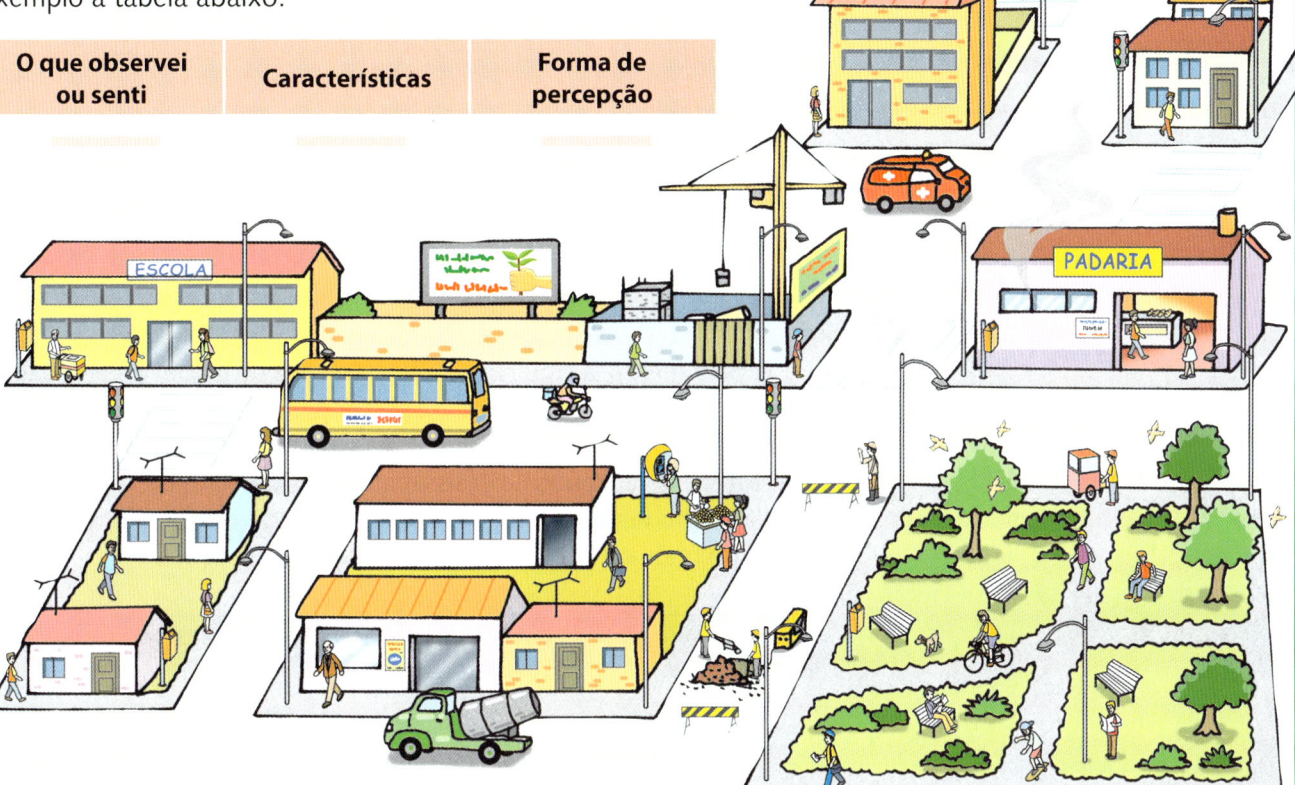

O que observei ou senti	Características	Forma de percepção

Comparar

1. Compare suas informações com as dos outros alunos da classe. Foram semelhantes?

Identificar

2. Você utilizou mais de um sentido para perceber uma mesma situação?

3. Quais sentidos foram mais utilizados?

Explicar

4. Escolha um dos sentidos e cite pelo menos três dificuldades encontradas por uma pessoa que apresenta deficiência nesse sentido. Você pode utilizar as páginas de abertura desta Unidade para ajudar na resposta.

Pesquisar

5. Embora tenhamos, potencialmente, as mesmas possibilidades de percepção do ambiente, há muitas diferenças. Uma delas, por exemplo, diz respeito à visão.

   Assista a trechos do documentário "Janela da Alma" (direção de João Jardim e Walter Carvalho). Após isso, em grupo, realize entrevistas com pessoas que têm diferenças no uso dos sentidos para se localizarem, perceberem o mundo, ou seja, viverem.

6. A prefeitura da sua cidade oferece atendimento especial para portadores de necessidades especiais? Qual(is)?

TEMA 3

Os sentidos

Por meio do tato é possível perceber temperatura, dor, texturas e formas. Na gustação há percepção dos sabores e, por meio do olfato, os aromas são percebidos.

ESQUEMA DE LOCALIZAÇÃO DOS CENTROS NERVOSOS

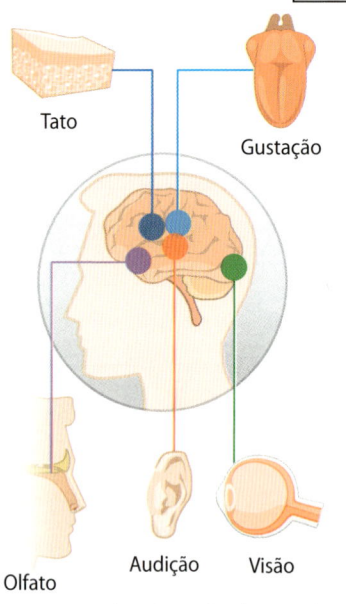

Tato
Gustação
Olfato
Audição
Visão

As informações coletadas pelos órgãos dos sentidos são enviadas ao cérebro. (Representação sem escala. Cores-fantasia.)

Fonte: CAMPBELL, Neil A.; MITCHELL, Lawrence G.; REECE, Jane B. *Biology — concepts and connections*. 2. ed. Menlo Park: Benjamin Cummings, 2000.

Saiba
A anestesia

A anestesia é usada para impedir a sensação de dor durante uma cirurgia, exames diagnósticos ou tratamento dentário, entre outras situações dolorosas. Ela impede que os impulsos nervosos gerados pelos receptores de dor sejam transmitidos pelos nervos. A pessoa anestesiada não sente dor porque os impulsos nervosos não chegam ao cérebro.

Recepção dos estímulos ambientais

Os sentidos permitem que o corpo receba informações vindas do meio ambiente, como calor, luz e sons. Essas informações recebem o nome de **estímulos**.

O corpo humano tem cinco sentidos: **tato**, **gustação**, **olfato**, **visão** e **audição**. Cada um deles está associado a um órgão do sentido. Esses órgãos contêm **receptores de estímulos**, que são células especializadas em captar estímulos e transformá-los em pequenas descargas elétricas, os **impulsos nervosos**. O impulso nervoso é conduzido pelos nervos e enviado aos **centros nervosos**. Lá é interpretado e transformado em sensações como doce ou azedo, frio ou quente, por exemplo.

Neste Tema estudaremos o **tato**, a **gustação** e o **olfato**.

Tato

A pele reveste a superfície do corpo e é o principal órgão relacionado ao tato. Nela existem vários tipos de receptores de estímulos táteis. Alguns receptores são terminações nervosas livres, enquanto outros se organizam em forma de corpúsculos (agrupamentos de células especializadas em contato com terminações nervosas). Cada tipo de receptor tátil é sensível a um ou mais estímulos que promovem as sensações.

ESQUEMA (EM CORTE) DOS CORPÚSCULOS RECEPTORES DA PELE

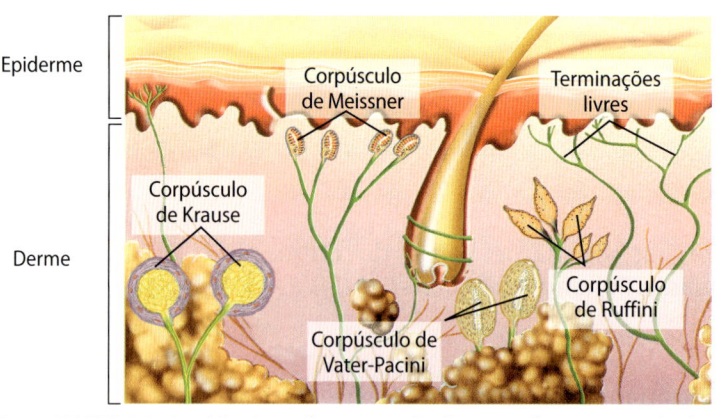

Epiderme
Derme
Corpúsculo de Meissner
Terminações livres
Corpúsculo de Krause
Corpúsculo de Ruffini
Corpúsculo de Vater-Pacini

Há diferentes tipos de receptores na pele. Cada um deles é sensível a um ou mais estímulos. (Representação sem escala. Cores-fantasia.)

Fonte: TORTORA, Gerald J. *Corpo humano — fundamentos de anatomia e fisiologia*. Porto Alegre: Artmed, 2000.

Os receptores recebem os estímulos e enviam impulsos para os centros nervosos. O cérebro interpreta a informação na forma de **sensações táteis**, como dor, calor, frio, pressão ou textura.

Embora a pele cubra todo o corpo, o sentido do tato é mais aguçado em regiões em que há maior concentração de receptores. A ponta dos dedos e os lábios são exemplos dessas regiões.

Os receptores táteis são encontrados também próximo aos pelos do corpo.

Gustação

A língua é o principal órgão relacionado ao sentido da gustação ou paladar.

Na parte superior da língua, há elevações microscópicas chamadas **papilas linguais**. Cada papila é formada por um conjunto de células que estão ligadas a terminações nervosas. Essas papilas captam os estímulos de sabor dos alimentos e outras substâncias.

As papilas se comunicam com a superfície da língua por um poro, pelo qual entram as substâncias, principalmente, alimentares. Essas substâncias estimulam as células a enviar impulsos nervosos ao cérebro. No cérebro, os impulsos são transformados em sensações gustatórias.

ESQUEMA DE UMA PAPILA LINGUAL

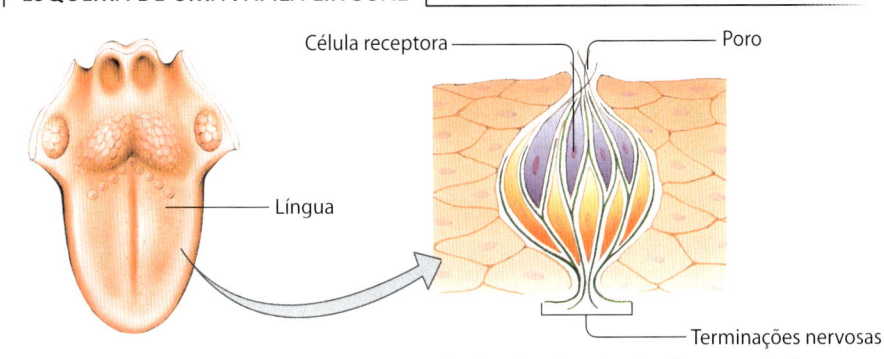

Na língua, há diversas papilas que captam os estímulos de sabor. No detalhe, uma papila bastante ampliada. (Representação sem escala. Cores-fantasia.)

Fonte: TORTORA, Gerald J. *Corpo humano — fundamentos de anatomia e fisiologia*. Porto Alegre: Artmed, 2000.

As células presentes nas papilas captam apenas quatro sensações gustatórias: o doce, o salgado, o azedo e o amargo. Existem, porém, centenas de outros sabores que podem ser produzidos e percebidos a partir de combinações entre esses quatro sabores principais.

As papilas só conseguem captar diretamente os estímulos de sabor dos alimentos que estão na forma líquida. O sabor dos alimentos sólidos somente é captado pelas papilas quando dissolvidos pela saliva.

Olfato

O nariz é o principal órgão relacionado ao olfato. No topo da cavidade nasal, há **células olfatórias** que captam as moléculas aromáticas (voláteis) que estão dissolvidas no ar.

Quando inspiramos, o ar entra nas cavidades nasais e passa pelas células olfatórias. Essas células são estimuladas pelas moléculas aromáticas e enviam impulsos nervosos para o cérebro, no qual são produzidas as sensações olfatórias.

O olfato humano é muito mais sensível que a gustação e pode detectar milhares de aromas diferentes.

Enquanto comemos um alimento, moléculas que conferem sabor aos alimentos (moléculas sápidas) estimulam as papilas linguais e moléculas aromáticas atingem as células olfatórias. O gosto dos alimentos é uma combinação de sabores e aromas. Assim, há uma forte associação entre o olfato e a gustação.

Verifique

A relação entre o olfato e a gustação

Realize a atividade.

- Coloque em um conta-gotas descartável essência culinária, como baunilha ou menta, por exemplo.
- Peça a um amigo que tape o nariz e coloque a língua para fora. Pingue algumas gotas da essência na língua dele. Veja se ele consegue identificar o sabor da essência.
- A seguir, peça que ele destape o nariz. O que ocorre?

De olho no Tema

1. O sentido do tato é mais aguçado na ponta dos dedos ou no joelho? Por quê?

2. Utilizando qual sentido, olfato ou gustação, conseguimos captar mais estímulos? Explique.

ESQUEMA DA LOCALIZAÇÃO DAS CÉLULAS OLFATÓRIAS (EM CORTE)

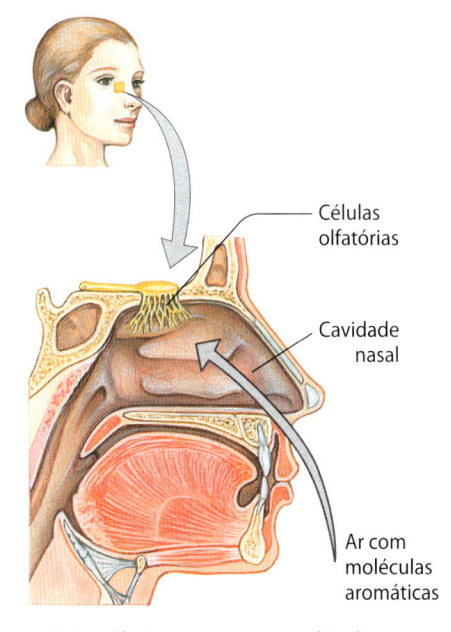

As células olfatórias captam as moléculas aromáticas presentes no ar e transmitem impulsos nervosos para o cérebro. (Representação sem escala. Cores-fantasia.)

Fonte: TORTORA, Gerald J. *Corpo humano — fundamentos de anatomia e fisiologia*. Porto Alegre: Artmed, 2000.

TEMA 4

Visão

Os olhos recebem os estímulos luminosos e enviam impulsos nervosos ao cérebro.

Estrutura do olho

O bulbo do olho, popularmente chamado de olho, tem forma esférica e é composto de membranas que atuam como revestimento e interiormente de elementos transparentes.

As estruturas acessórias auxiliam na proteção e lubrificação dos olhos. São elas: **supercílios**, **pálpebras**, **cílios** e **sistema lacrimal**.

ESQUEMA DA ESTRUTURA DO OLHO (EM CORTE)

- O **cristalino** é a membrana elástica que funciona como lente. Está localizado atrás da íris. A espessura do cristalino pode mudar de acordo com a distância em que se encontra o objeto a ser focalizado.

- O **humor aquoso** é o líquido que preenche o espaço entre a córnea e o cristalino.

- O **humor vítreo** é a substância gelatinosa que preenche o espaço atrás do cristalino, até a retina.

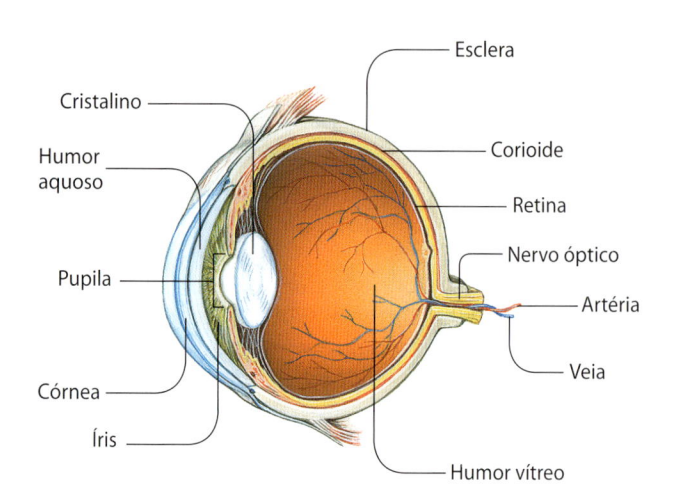

(Representação sem escala. Cores-fantasia.)

Fonte: CAMPBELL, Neil A.; MITCHELL, Lawrence G.; REECE, Jane B. *Biology — concepts and connections*. 2. ed. Menlo Park: Benjamin Cummings, 2000.

O revestimento do bulbo do olho é composto de três membranas dispostas em camadas: a **esclera**, a **corioide** e a **retina**.

- A **esclera** é a camada mais externa e resistente, conhecida como "branco dos olhos". Na parte anterior do bulbo do olho, a esclera é substituída por uma membrana transparente chamada **córnea**.
- A **corioide** é a membrana intermediária, muito rica em vasos sanguíneos. Na parte anterior do bulbo do olho, a corioide se modifica, formando a **íris**, que é a parte colorida do olho. No centro da íris há uma abertura chamada **pupila**. A íris aumenta e diminui o tamanho da pupila para regular a quantidade de luz que entra no olho.
- A **retina** é a camada mais interna do bulbo do olho. Na retina se localizam as células receptoras de estímulos visuais. Essas células transformam estímulos luminosos em impulsos nervosos. A retina se comunica com o nervo óptico, que transmite os impulsos nervosos até o cérebro.

Dentro do olho há três elementos transparentes: o **humor aquoso**, o **cristalino** e o **humor vítreo**.

Saiba +
Jardim dos Sentidos

O Jardim dos Sentidos do Jardim Botânico de São Paulo, foi inaugurado em 2003. Ele tem uma coleção de plantas aromáticas, com folhas de diversas texturas, flores coloridas e fonte de água que estimulam os sentidos de adultos e crianças.

No Jardim dos Sentidos o visitante pode tocar nas plantas sentindo seu aroma e textura, tendo assim a percepção das plantas que são utilizadas no cotidiano. Esse espaço está adaptado para atender deficientes visuais e cadeirantes.

Algumas plantas expostas nessa área: diversas variedades de gerânio; lavanda; alecrim; cavalinha; boldo; manjericão; hortelã; menta e citronela.

Funcionamento do olho

A luz refletida de um objeto chega ao olho, atravessa a córnea, o humor aquoso e a pupila, atingindo o cristalino. Este direciona os raios de luz para a retina, na qual é formada uma imagem do objeto em foco.

Na retina estão as células receptoras de estímulos luminosos. Há dois tipos de células receptoras: os **cones** e os **bastonetes**.

- Os **cones** são células capazes de perceber cores. Só são estimulados sob luz intensa.
- Os **bastonetes** são células que percebem apenas o branco, o preto e tons de cinza. São mais sensíveis, sendo estimulados mesmo sob luz fraca.

Os cones e os bastonetes enviam impulsos nervosos ao nervo óptico, que os conduz até o cérebro.

A imagem formada na retina é invertida. No cérebro as impressões nervosas são interpretadas para que a imagem seja vista na posição correta.

ESQUEMA DE FUNCIONAMENTO DO OLHO

1. A luz proveniente do objeto entra pela pupila.
2. O cristalino é a lente que foca a imagem.
3. Na retina, a imagem é transformada em impulsos nervosos.
4. O nervo óptico conduz os impulsos ao cérebro.
5. O cérebro interpreta a informação.

O cérebro se encarrega de interpretar as imagens. Assim, vemos os objetos na posição correta. (Representação sem escala. Cores-fantasia.)

Fonte: TORTORA, Gerald J. *Corpo humano — fundamentos de anatomia e fisiologia*. Porto Alegre: Artmed, 2000.

Entrada de luz no olho

A íris controla a quantidade de luz que entra no olho, de acordo com a iluminação do ambiente.

Quando está escuro, os músculos da íris se contraem e a pupila fica dilatada. Assim, aumenta a quantidade de luz que entra no olho.

Quando está muito claro, os músculos da íris se distendem e a pupila se contrai. Assim, impede-se que a luz entre em excesso e a visão fique ofuscada.

A pupila precisa de alguns segundos ou até minutos para se ajustar às mudanças bruscas de iluminação. Por isso, ao entrarmos num quarto escuro, é necessário algum tempo até que possamos distinguir os objetos.

Saiba +
A persistência da visão

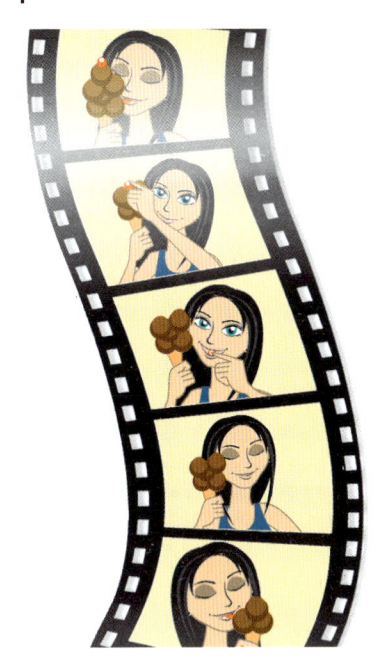

As imagens permanecem na retina por alguns milésimos de segundo antes de desaparecerem. Esse fenômeno é chamado **persistência da visão**. Graças a ele, conseguimos ver imagens em movimento no cinema.

Um filme é na verdade uma sequência de fotos tiradas com pequenos intervalos de tempo. Essa sequência é exibida a uma velocidade de vinte e quatro fotos por segundo. O olho não consegue ver cada imagem separadamente, o que nos dá a ideia de movimento.

De olho no Tema

1. É possível enxergar em uma sala completamente escura? Por quê?

2. Quando uma pessoa afirma que tem olhos verdes, a qual parte do olho ela se refere?

TEMA 5

Audição

As orelhas captam as vibrações sonoras e enviam impulsos nervosos ao cérebro.

Estrutura da orelha

A orelha é o principal órgão relacionado à audição e ao equilíbrio do corpo. Ela é composta de três partes: **orelha externa**, **orelha média** e **orelha interna**.

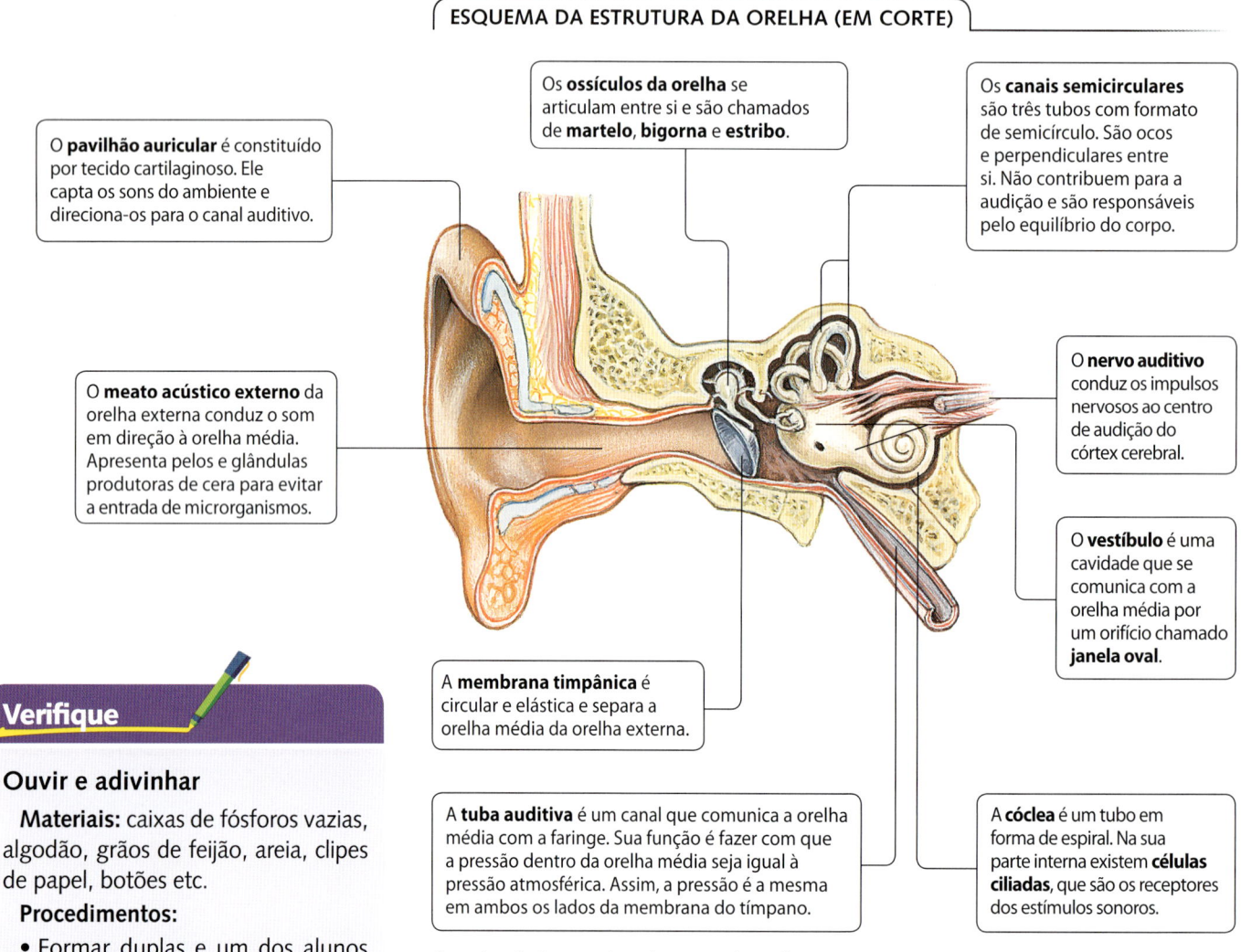

ESQUEMA DA ESTRUTURA DA ORELHA (EM CORTE)

- O **pavilhão auricular** é constituído por tecido cartilaginoso. Ele capta os sons do ambiente e direciona-os para o canal auditivo.

- Os **ossículos da orelha** se articulam entre si e são chamados de **martelo**, **bigorna** e **estribo**.

- Os **canais semicirculares** são três tubos com formato de semicírculo. São ocos e perpendiculares entre si. Não contribuem para a audição e são responsáveis pelo equilíbrio do corpo.

- O **meato acústico externo** da orelha externa conduz o som em direção à orelha média. Apresenta pelos e glândulas produtoras de cera para evitar a entrada de microrganismos.

- O **nervo auditivo** conduz os impulsos nervosos ao centro de audição do córtex cerebral.

- O **vestíbulo** é uma cavidade que se comunica com a orelha média por um orifício chamado **janela oval**.

- A **membrana timpânica** é circular e elástica e separa a orelha média da orelha externa.

- A **tuba auditiva** é um canal que comunica a orelha média com a faringe. Sua função é fazer com que a pressão dentro da orelha média seja igual à pressão atmosférica. Assim, a pressão é a mesma em ambos os lados da membrana do tímpano.

- A **cóclea** é um tubo em forma de espiral. Na sua parte interna existem **células ciliadas**, que são os receptores dos estímulos sonoros.

Organização interna das três partes da orelha.
(Representação sem escala. Cores-fantasia.)

Fonte: TORTORA, Gerald J. *Corpo humano — fundamentos de anatomia e fisiologia*. Porto Alegre: Artmed, 2000.

A **orelha externa** é formada pelo **pavilhão auricular** e pelo **meato acústico externo,** anteriormente denominado **canal auditivo** da orelha externa.

A **orelha média** é composta da **membrana timpânica** (anteriormente denominada tímpano), de um conjunto de três ossículos (ossos pequenos) e da **tuba auditiva**.

A **orelha interna** é composta de três estruturas preenchidas por líquido: **canais semicirculares**, **vestíbulo** e **cóclea**.

Verifique

Ouvir e adivinhar

Materiais: caixas de fósforos vazias, algodão, grãos de feijão, areia, clipes de papel, botões etc.

Procedimentos:
- Formar duplas e um dos alunos deve colocar dentro da caixa de fósforo um tipo de objeto, sem que o outro aluno veja.
- O outro aluno deverá tentar adivinhar o objeto apenas pelo som ao sacudir a caixa.
- Os alunos devem repetir a atividade invertendo os papéis.

Conclusão: Você consegue adivinhar o objeto apenas pelo seu som? Quais objetos foram mais difíceis de adivinhar?

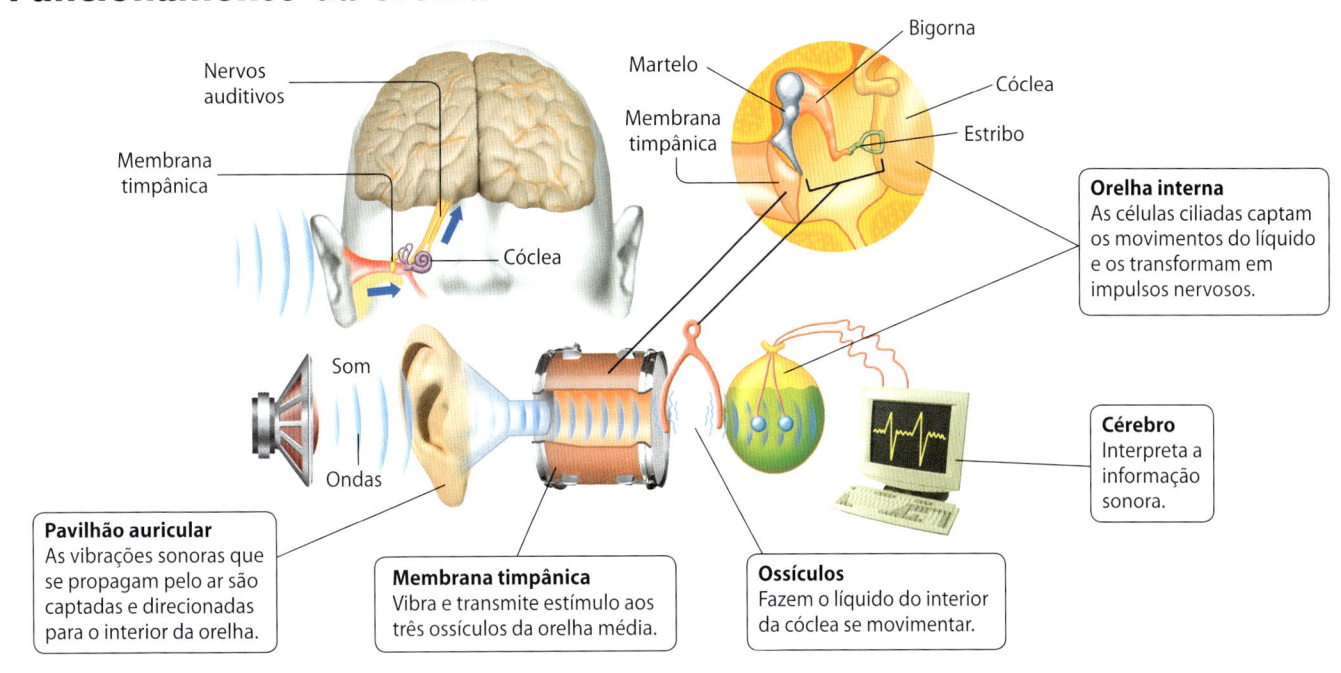

Funcionamento da orelha

Pavilhão auricular
As vibrações sonoras que se propagam pelo ar são captadas e direcionadas para o interior da orelha.

Membrana timpânica
Vibra e transmite estímulo aos três ossículos da orelha média.

Ossículos
Fazem o líquido do interior da cóclea se movimentar.

Orelha interna
As células ciliadas captam os movimentos do líquido e os transformam em impulsos nervosos.

Cérebro
Interpreta a informação sonora.

Equilíbrio

A orelha também está relacionada ao equilíbrio do corpo, à orientação postural. Na orelha interna existe um sistema de percepção postural, o sistema vestibular ou labirinto, em que estão os canais semicirculares. Na extremidade de cada canal semicircular há uma dilatação denominada **ampola**. Assim como a cóclea e o vestíbulo, os canais também estão preenchidos por líquido.

Na ampola, existem células sensoriais ciliadas sobre as quais ficam os **estatocônios**. Eles são pequenos grãos cristalinos, aderidos a um material gelatinoso. À medida que mudamos a posição da cabeça, a pressão dos estatocônios contra as células sensitivas ciliadas altera-se e produz a sensação de posição relativa "para cima" e "para baixo". Os movimentos de aceleração e desaceleração também são percebidos pelo labirinto.

A manutenção do equilíbrio do corpo se dá também pela ação de informações de sensores localizados nos músculos, tendões e em órgãos internos. Os olhos também contribuem com a manutenção do equilíbrio, pois transmitem informações ao encéfalo por meio das imagens captadas do ambiente.

Intensidade dos sons

É muito raro encontrar ambientes completamente silenciosos. No dia-a-dia estamos expostos a vários tipos de som, como o do trânsito ou o de pessoas conversando.

Quando esses ruídos são de maior intensidade e incomodam, são chamados **poluição sonora**.

A intensidade dos sons é medida em decibels (dB). Pessoas com audição normal podem captar sons a partir de dez ou quinze decibels. Sons de até oitenta e cinco decibels são considerados inofensivos à audição. Longas exposições a sons de maior intensidade podem provocar dores de cabeça, insônia, falta de atenção, irritabilidade e até diminuição da capacidade auditiva. Ruídos acima de cento e vinte decibels podem causar dor. Observe a tabela.

De olho no Tema

1. Preste atenção nos tipos de barulho da sua classe e escreva pelo menos quatro sons diferentes.

2. Quais os problemas causados pela exposição prolongada a sons muito intensos?

TABELA DE INTENSIDADE DOS RUÍDOS

Som	Nível sonoro (dB – decibel)
Respiração normal	10 dB
Conversa entre duas pessoas	60 dB
Tráfego urbano	90 dB
Rádio portátil com fones de orelha	80 a 100 dB
Discoteca	115 dB
Decolagem de um avião	140 dB

Fonte: Sociedade Brasileira de Otorrinolaringologia.

ATIVIDADES — Temas 1 a 5

Organize o conhecimento

1. Transcreva e complete o quadro no caderno. Siga o exemplo:

Órgão	Estrutura	Função
Pele	Receptores táteis	Percebe sensações de frio, calor, dor, pressão ou textura
		Percebe sabor
		Percebe aromas
		Regula o tamanho da pupila
		Foca os raios luminosos
		Capta os sons do ambiente
		Transmite as vibrações à orelha média
		Comunica a orelha média com a faringe

2. Responda:
a) Qual dos sentidos nos permite saborear os alimentos?
b) Quais sentidos nos permitem perceber se um alimento está em boas condições para ser consumido?
c) Qual é a importância da saliva para a percepção dos sabores.

3. Ordene o trajeto que as vibrações sonoras percorrem até serem transformadas em impulsos nervosos, substituindo as letras pelos termos adequados e explicando, resumidamente, cada etapa.

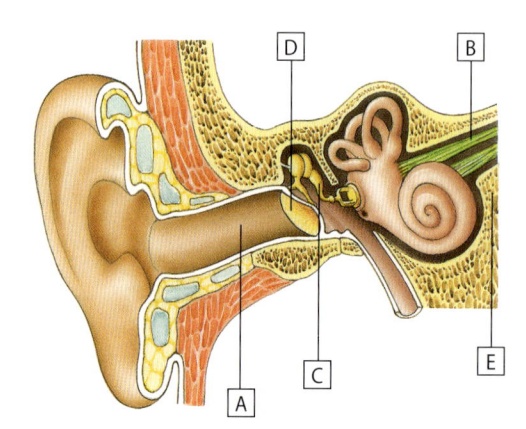

4. Qual a importância de ter receptores de dor na pele?

Analise

5. Pense e responda:
a) Considerando os cinco sentidos, quais são os mais necessários para a nossa vida? Por quê?
b) Qual(is) sentido(s) nos permite(m) obter mais informações sobre o ambiente em que vivemos? Por quê?

6. Leia o trecho de uma carta.

"Ontem acordei mais cedo, mas não quis acender a luz porque meu irmão ainda estava dormindo. No começo, eu não enxergava bem, mas logo minha visão se acostumou ao escuro e eu consegui distinguir o contorno do armário. Me vesti e fui para a escola. No caminho, percebi que tinha colocado um pé de meia de cada cor…"

Escreva um comentário sobre essa carta, explicando:
a) Por que a visão "acostumou-se" ao escuro.
b) Por que, em ambientes pouco iluminados, não se pode distinguir a cor dos objetos.

7. Observe a foto e responda.

Quando giramos muitas vezes e paramos de repente, é produzida uma sensação de tontura. Por quê?

8. Pense em um animal primitivo. Ele tem um órgão que funciona com base nas informações contidas nos esquemas a seguir.

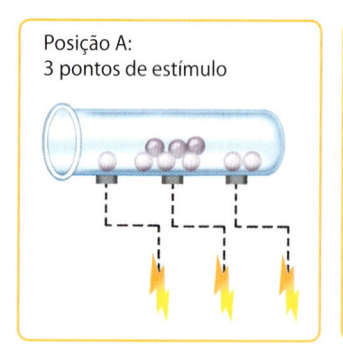

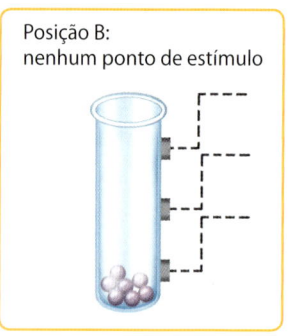

Posição A: 3 pontos de estímulo
Posição B: nenhum ponto de estímulo

As partículas arredondadas dentro da estrutura cilíndrica, em contato com a superfície interna, enviam informações pelas conexões representadas por linhas pontilhadas. A posição A equivale a estar deitado e a posição B a estar em pé.

a) Qual é a função desse órgão no animal?
b) Em seres humanos, a qual órgão esse órgão está ligado?
c) Analise o modo como esse órgão funciona em seres humanos.

Explore

Ametropias

O olho pode ser comparado a uma máquina fotográfica, que transmite e focaliza a luz por intermédio de suas lentes (córnea e cristalino), através de uma abertura de diâmetro variável, controlada por um diafragma (íris e pupila), que dosa a quantidade de luz que entra e impressiona o filme (retina).

Quando existe no bulbo do olho uma dificuldade de focalização da imagem sobre a retina, definimos a condição genericamente como **ametropia** ou erro de refração, que pode ser: **miopia**, **hipermetropia**, **astigmatismo** e **presbiopia**. Informe-se sobre miopia e hipermetropia.

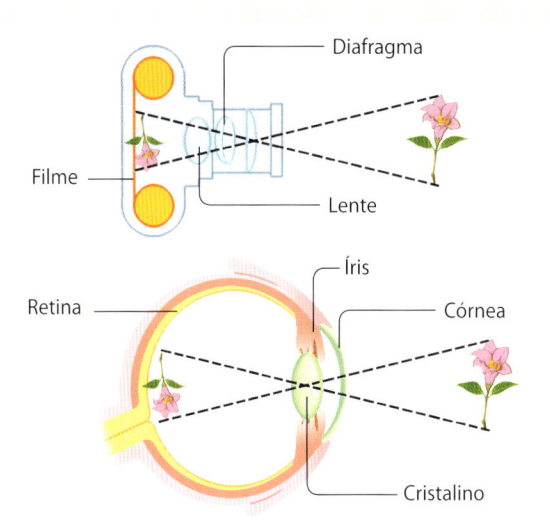

Tanto na retina como no filme, a imagem projetada é invertida.
(Representação sem escala. Cores-fantasia)

Miopia

A imagem é formada **à frente** da retina.
Isso acontece porque, nas pessoas míopes, a distância entre a córnea e a retina (eixo ocular) é longa.

Pessoas míopes enxergam mais claramente **objetos próximos**. A visão "de longe" fica prejudicada e os objetos parecem borrados. A correção dessa ametropia é feita pelo uso de **lentes divergentes** (côncavas).
(Representação sem escala. Cores-fantasia)

Hipermetropia

A imagem é formada **atrás** da retina.
Isso ocorre porque, nas pessoas hipermetropes, a distância entre a córnea e a retina é curta.

Pessoas com hipermetropia têm visão de **objetos distantes** mais clara. A correção desse tipo de ametropia é feita pelo uso de **lentes convergentes** (convexas).
(Representação sem escala. Cores-fantasia)

Fonte: TORTORA, Gerald J. *Corpo humano — fundamentos de anatomia e fisiologia*. Porto Alegre: Artmed, 2000.

Compreender

1. Associe as características com a ametropia correspondente.
   a) Visão de objetos próximos prejudicada.
   b) Eixo ocular longo e visão de objetos distantes prejudicada.

Comparar

2. Compare a função do diafragma de uma máquina fotográfica com a íris do olho humano.

3. Por que não enxergamos invertido, já que as imagens são formadas de forma invertida sobre a retina?

TEMA 6

O sistema esquelético

O esqueleto é o conjunto de ossos responsável pela sustentação e pelo apoio dos músculos do corpo, possibilitando a locomoção.

Tecido ósseo

O tecido ósseo é o principal componente dos ossos do esqueleto. É composto principalmente de **osteócitos** e **matriz óssea**.

- **Osteócitos** são células ósseas (adultas) vivas nutridas por vasos sanguíneos.
- A **matriz óssea** é rígida e se encontra ao redor dos osteócitos. Essa matriz é composta de **sais minerais** e **proteínas**.

Os **sais minerais**, principalmente sais de **cálcio** e **fósforo**, são responsáveis pela rigidez do osso.

As **proteínas** conferem certa flexibilidade e sua falta torna o osso quebradiço.

A parte externa dos ossos é maciça e formada por **tecido ósseo compacto**. O interior é formado pelo **tecido ósseo esponjoso** e apresenta inúmeras pequenas cavidades.

Além do tecido ósseo, o osso também é formado por:

- **Periósteo**, que é uma membrana de tecido conjuntivo envolvendo externamente o osso. Apresenta vasos sanguíneos que penetram no osso por pequenos orifícios.
- **Medula óssea vermelha**, que é encontrada no interior de vértebras e costelas e nos ossos longos, e é capaz de originar células do sangue.
- **Medula óssea amarela**, que serve para armazenar alguns tipos de gordura.

O corpo humano tem um total de 206 ossos, cujas funções principais são: sustentação, proteção, movimento, armazenamento e liberação de substâncias como o cálcio e o fósforo.

ESQUEMA DE UM OSSO (EM CORTE)

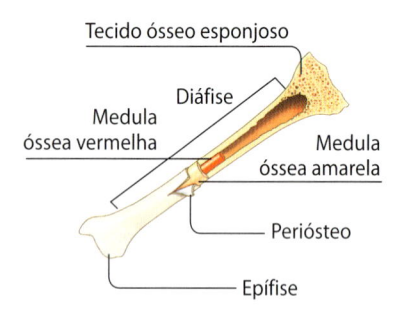

Representação sem escala. Cores-fantasia.
Fonte: TORTORA, Gerald J. *Corpo humano — fundamentos de anatomia e fisiologia*. Porto Alegre: Artmed, 2000.

ESQUEMA DE DOIS TIPOS DE OSSO

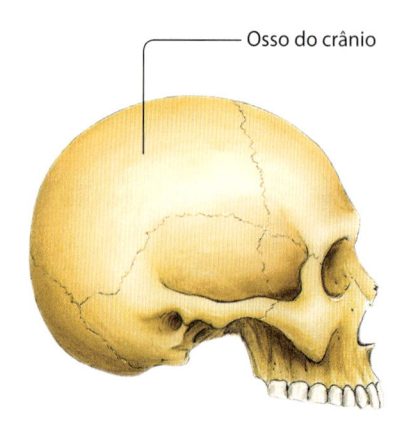

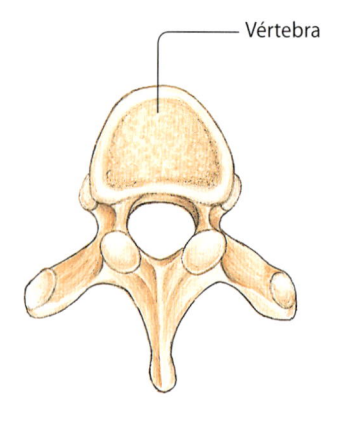

Os ossos do crânio são planos. A vértebra é um exemplo de osso curto. (Representação sem escala. Cores-fantasia.)

Fonte: TORTORA, Gerald J. *Corpo humano — fundamentos de anatomia e fisiologia*. Porto Alegre: Artmed, 2000.

De olho no Tema

1. Por que os ossos são rígidos?
2. Dê exemplos de alimentos ricos em cálcio. Por que são importantes para o sistema esquelético?

ESQUEMA DOS PRINCIPAIS OSSOS DO ESQUELETO HUMANO

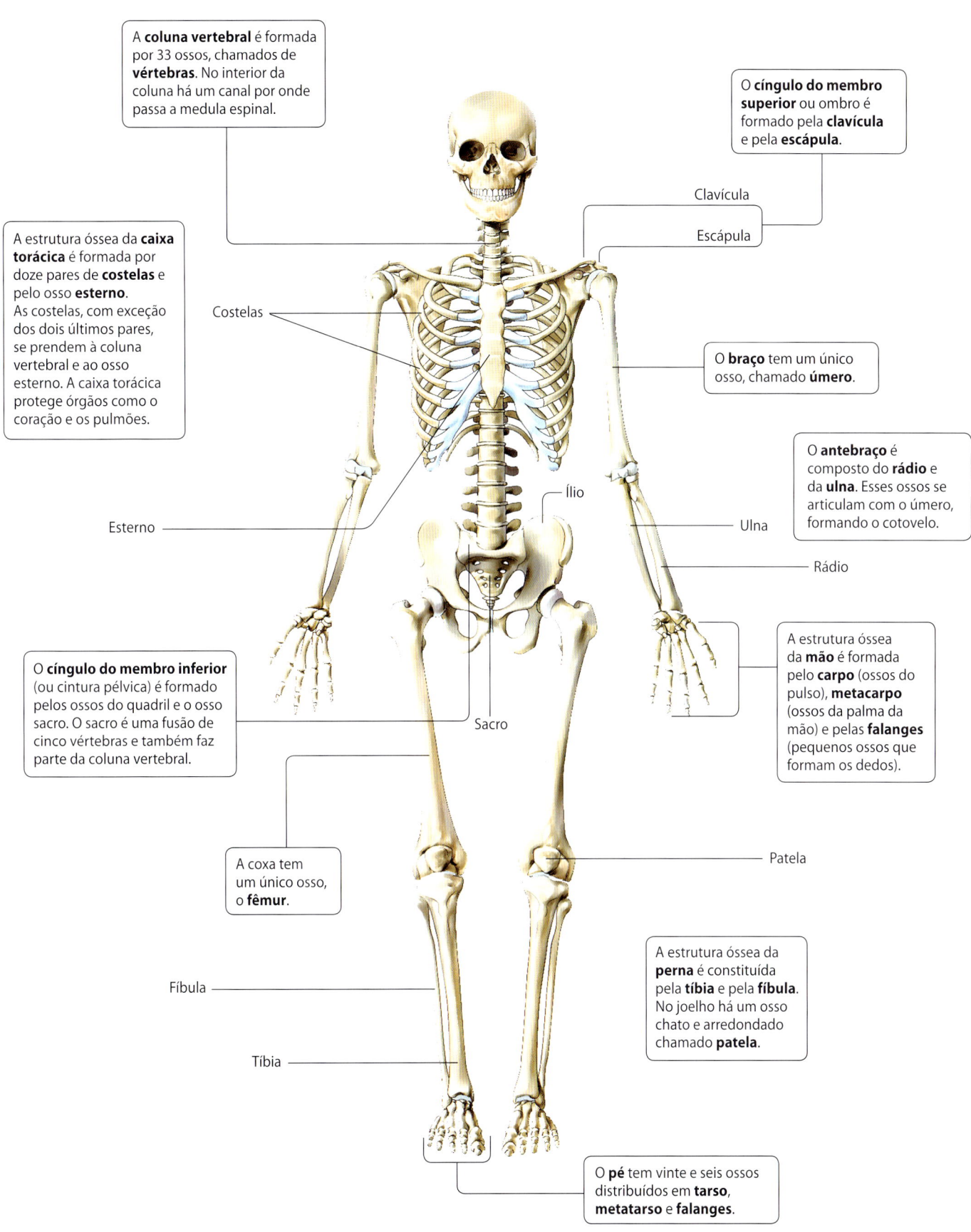

A **coluna vertebral** é formada por 33 ossos, chamados de **vértebras**. No interior da coluna há um canal por onde passa a medula espinal.

O **cíngulo do membro superior** ou ombro é formado pela **clavícula** e pela **escápula**.

Clavícula

Escápula

A estrutura óssea da **caixa torácica** é formada por doze pares de **costelas** e pelo osso **esterno**. As costelas, com exceção dos dois últimos pares, se prendem à coluna vertebral e ao osso esterno. A caixa torácica protege órgãos como o coração e os pulmões.

Costelas

O **braço** tem um único osso, chamado **úmero**.

O **antebraço** é composto do **rádio** e da **ulna**. Esses ossos se articulam com o úmero, formando o cotovelo.

Esterno

Ílio

Ulna

Rádio

O **cíngulo do membro inferior** (ou cintura pélvica) é formado pelos ossos do quadril e o osso sacro. O sacro é uma fusão de cinco vértebras e também faz parte da coluna vertebral.

Sacro

A estrutura óssea da **mão** é formada pelo **carpo** (ossos do pulso), **metacarpo** (ossos da palma da mão) e pelas **falanges** (pequenos ossos que formam os dedos).

A coxa tem um único osso, o **fêmur**.

Patela

Fíbula

A estrutura óssea da **perna** é constituída pela **tíbia** e pela **fíbula**. No joelho há um osso chato e arredondado chamado **patela**.

Tíbia

O **pé** tem vinte e seis ossos distribuídos em **tarso**, **metatarso** e **falanges**.

O esqueleto humano tem 206 ossos.
(Cores-fantasia.)

Fonte: TORTORA, Gerald J. *Corpo humano — fundamentos de anatomia e fisiologia*. Porto Alegre: Artmed, 2000.

TEMA 7

O sistema muscular

O sistema muscular é formado pelos músculos. Junto com os ossos e as articulações, os músculos permitem o movimento.

Tecido muscular

Cada músculo é formado por milhares de células alongadas chamadas **fibras musculares**.

No citoplasma das fibras musculares há filamentos microscópicos de proteína — as **miofibrilas** — capazes de se contrair ou alongar-se.

Tipos de músculos

No corpo humano há três tipos de músculo: o **músculo estriado esquelético**, o **músculo estriado cardíaco** e o **músculo liso**.

- Os **músculos estriados esqueléticos** são responsáveis pela movimentação do corpo. Estão ligados aos ossos por meio de feixes de tecido conjuntivo fibroso chamados **tendões**. São músculos de contração rápida e voluntária.
- O **músculo estriado cardíaco** é responsável pelos batimentos do coração. Tem contração rápida e involuntária.
- Os **músculos lisos** têm contração lenta e involuntária. São responsáveis pelos movimentos de órgãos internos, como os movimentos peristálticos do sistema digestório, por exemplo.

De olho no Tema

1. Quais tipos de músculo têm contração involuntária? Cite três órgãos em que são encontrados.

2. Observe o esquema dos principais músculos estriados esqueléticos e responda: quando você está escrevendo as respostas destes exercícios, quais músculos são principalmente utilizados?

ESQUEMA DE UM MÚSCULO (EM CORTE)

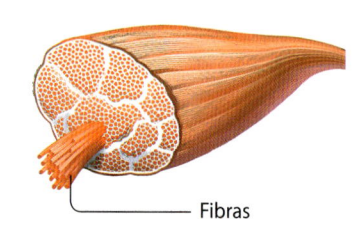

Desenho de um músculo. Observe no detalhe ampliado o aspecto das fibras musculares em seu interior. (Representação sem escala. Cores-fantasia.)

Fonte: TORTORA, Gerald J. *Corpo humano — fundamentos de anatomia e fisiologia*. Porto Alegre: Artmed, 2000.

ESQUEMA DO MOVIMENTO DO ANTEBRAÇO

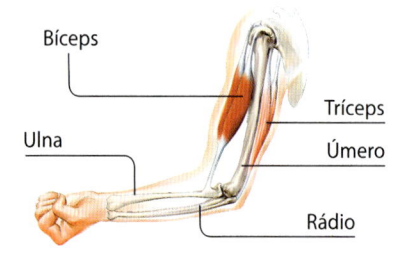

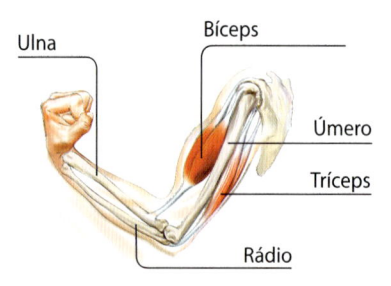

Bíceps e tríceps trabalham juntos na movimentação do antebraço. (Representação sem escala. Cores-fantasia.)

Fonte: CAMPBELL, Neil A.; MITCHELL, Lawrence G.; REECE, Jane B. *Biology — concepts and connections*. 2. ed. Menlo Park: Benjamin Cummings, 2000.

Locomoção

A locomoção depende do esqueleto, dos músculos estriados esqueléticos, das articulações e dos estímulos vindos do sistema nervoso. Essas estruturas fazem parte do sistema locomotor.

O músculo contraído fica mais curto e espesso. Ao se encurtar, o músculo move o osso ao qual está ligado.

Muitos músculos esqueléticos trabalham aos pares: enquanto um se contrai, o outro relaxa. Por exemplo, quando o bíceps (músculo da parte superior do braço) se contrai, o tríceps (músculo da parte inferior do braço) se distende e o antebraço se eleva. Quando o tríceps se contrai, o bíceps se distende e o antebraço é abaixado.

Além de possibilitar movimentos, o sistema locomotor também mantém a postura ereta do corpo humano.

ESQUEMA DOS PRINCIPAIS MÚSCULOS ESTRIADOS ESQUELÉTICOS

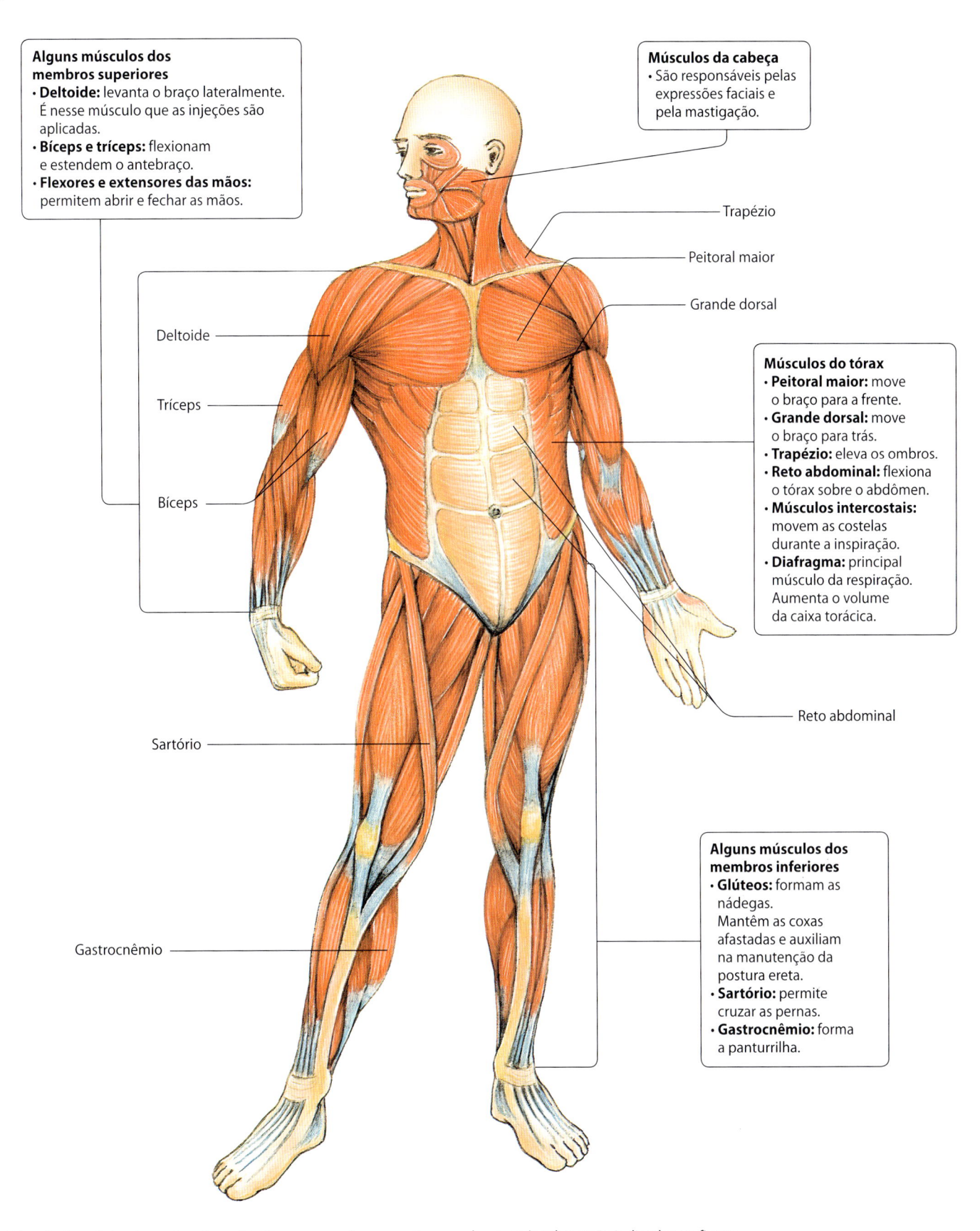

Alguns músculos dos membros superiores
- **Deltoide:** levanta o braço lateralmente. É nesse músculo que as injeções são aplicadas.
- **Bíceps e tríceps:** flexionam e estendem o antebraço.
- **Flexores e extensores das mãos:** permitem abrir e fechar as mãos.

Músculos da cabeça
- São responsáveis pelas expressões faciais e pela mastigação.

Trapézio
Peitoral maior
Grande dorsal
Deltoide
Tríceps
Bíceps

Músculos do tórax
- **Peitoral maior:** move o braço para a frente.
- **Grande dorsal:** move o braço para trás.
- **Trapézio:** eleva os ombros.
- **Reto abdominal:** flexiona o tórax sobre o abdômen.
- **Músculos intercostais:** movem as costelas durante a inspiração.
- **Diafragma:** principal músculo da respiração. Aumenta o volume da caixa torácica.

Reto abdominal
Sartório
Gastrocnêmio

Alguns músculos dos membros inferiores
- **Glúteos:** formam as nádegas. Mantêm as coxas afastadas e auxiliam na manutenção da postura ereta.
- **Sartório:** permite cruzar as pernas.
- **Gastrocnêmio:** forma a panturrilha.

Há mais de quinhentos músculos estriados no corpo humano. Apenas alguns músculos estão indicados na figura. (Cores-fantasia.)

Fonte: TORTORA, Gerald J. *Corpo humano — fundamentos de anatomia e fisiologia*. Porto Alegre: Artmed, 2000.

TEMA 8

As articulações

O tecido conjuntivo forma articulações que mantêm os ossos unidos. A maioria das articulações permite movimentos.

Tipos de articulação

Articulações são regiões de junção entre dois ou mais ossos, ou entre cartilagens e ossos.

De acordo com o grau de mobilidade que apresentam, as articulações são classificadas em **móveis**, **semimóveis** e **imóveis**.

ESQUEMA DE ARTICULAÇÕES

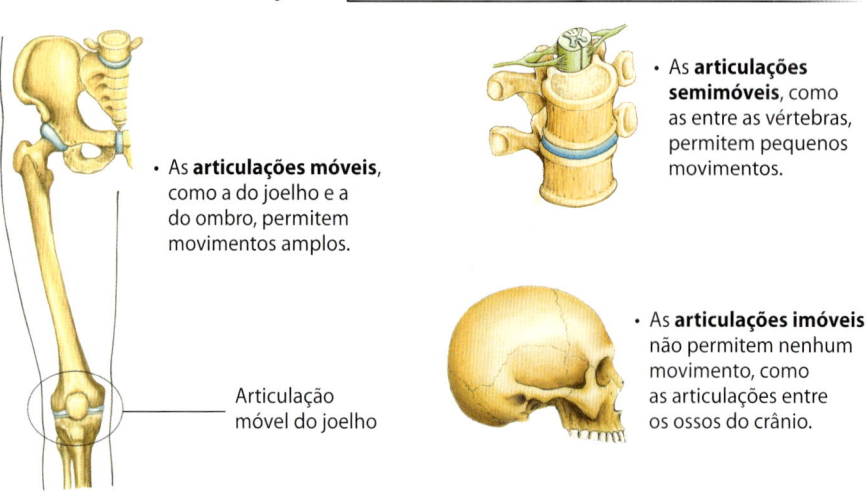

- As **articulações móveis**, como a do joelho e a do ombro, permitem movimentos amplos.

Articulação móvel do joelho

- As **articulações semimóveis**, como as entre as vértebras, permitem pequenos movimentos.

- As **articulações imóveis** não permitem nenhum movimento, como as articulações entre os ossos do crânio.

O desenho mostra exemplos de articulações móveis, semimóveis e imóveis. (Representação sem escala. Cores-fantasia.)

Fonte: TORTORA, Gerald J. *Corpo humano — fundamentos de anatomia e fisiologia*. Porto Alegre: Artmed, 2000.

Elementos de uma articulação móvel

As articulações impedem que os ossos se movam em direções inadequadas. A articulação do cotovelo, por exemplo, permite que o antebraço se dobre apenas em uma direção.

Para evitar atrito e desgaste dos ossos, as superfícies articulares estão recobertas por **cartilagens**. Entre elas existe o **líquido sinovial**, que atua como lubrificante.

Os **ligamentos** são faixas de tecido fibroso que impedem que os ossos saiam do lugar e mantêm as articulações na posição correta.

Doenças das articulações

Algumas doenças causam desgaste às articulações. As doenças mais comuns são a artrite e a artrose.

- **Artrite** é a inflamação das articulações.
- **Artrose** é a degeneração das cartilagens articulares.

Ambas causam dor e dificuldade de movimentação.

ESQUEMA DE UMA ARTICULAÇÃO MÓVEL

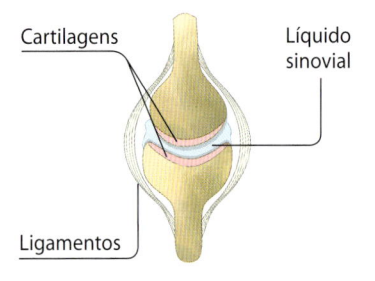

Cartilagens
Líquido sinovial
Ligamentos

(Representação sem escala. Cores-fantasia.)
Fonte: TORTORA, Gerald J. *Corpo humano — fundamentos de anatomia e fisiologia*. Porto Alegre: Artmed, 2000.

Glossário

Inflamação
Reação protetora localizada, produzida por tipos diferentes de agressão (física, alérgica, microbiana). Produz vermelhidão, dor e inchaço na área afetada.

TEMA 9

Lesões nos ossos e músculos

Apesar de serem muito resistentes, os ossos e os músculos estão sujeitos a lesões causadas por acidentes.

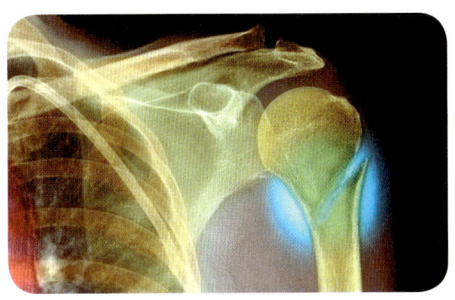

As fraturas podem ser detectadas por radiografias. Observe o detalhe em azul de uma radiografia do úmero (osso do braço) fraturado.

Glossário

Hematoma
Mancha arroxeada causada pela ruptura de capilares sanguíneos no interior de um tecido.

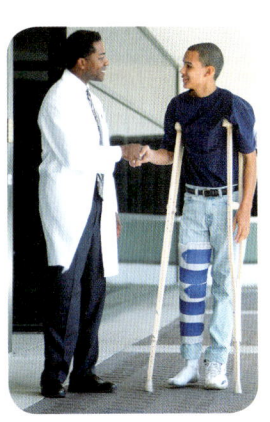

A imobilização é o tratamento adequado para vários tipos de lesões de ossos e músculos. Esse procedimento deve ser feito somente por um profissional habilitado.

De olho no Tema

1. Como prevenir lesões no sistema locomotor?
2. Pesquise como um osso se regenera após uma fratura.
3. Cite dois esportes que podem causar lesões musculares ou ósseas.

Lesões nos ossos e nas articulações

A **entorse**, a **luxação** e a **fratura** são exemplos de lesões ósseas.

- A **entorse** é uma lesão leve que consiste no estiramento dos ligamentos das articulações, mas sem que o osso saia do lugar. Causa dor e inchaço, que diminuem com aplicação de bolsas de gelo e imobilização do local.
- A **luxação** é um deslocamento da articulação. Os ossos saem do lugar e os ligamentos se distendem ou rompem. Causa impossibilidade de movimentação da articulação atingida e dor intensa. O médico deverá ser chamado para reposicionar o osso. Para a recuperação, pode ser necessário engessar o local.
- A **fratura** é a quebra do osso. Causa forte dor no local, que aumenta quando se tenta mover o osso fraturado. É mais frequente em pessoas idosas, por causa da descalcificação do osso. A região atingida pode ficar inchada e com hematomas. A pessoa com suspeita de fratura deve ser encaminhada ao médico. Geralmente, é necessário imobilizar o local da fratura, engessando-o ou enfaixando-o.

Lesões nos músculos

O **estiramento**, a **distensão** e a **tendinite** são exemplos de lesões musculares.

- **Estiramento** e **distensão muscular.** Ocorrem quando o músculo é muito esticado por movimentos bruscos, sem movimentos de aquecimento prévio. Pode haver rompimento de células musculares (distensão muscular). Ambas as lesões causam dor e dificuldades para realizar movimentos relacionados ao músculo lesionado. O tratamento consiste em repouso da musculatura afetada e a aplicação de bolsas de gelo para aliviar a dor.
- **Tendinite** é uma inflamação nos tendões causada por movimentos repetitivos. Causa dor e sensação de fraqueza no membro afetado. O local pode ser imobilizado e os movimentos que causaram a tendinite devem ser evitados.

Como prevenir lesões

Para evitar lesões ósseas e musculares, devemos:

- Seguir uma dieta saudável e rica em cálcio.
- Praticar esportes sem exageros. Sempre alongar e aquecer os músculos antes de iniciar as atividades.
- Manter a postura correta, tomando cuidado ao carregar pesos.
- Evitar movimentos repetitivos.
- Fazer intervalos quando usar o computador por longos períodos.

ATIVIDADES — Temas 6 a 9

Organize o conhecimento

1. Identifique as estruturas numeradas, escrevendo os nomes em seu caderno, e responda.

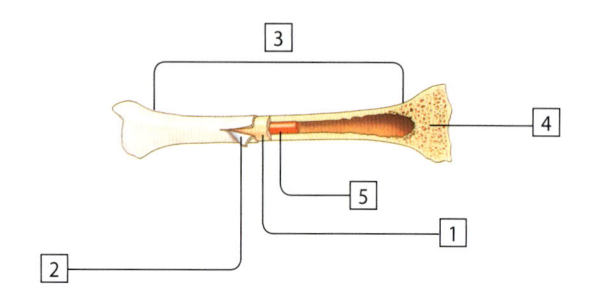

a) Quais são as principais funções do esqueleto?

b) Qual a importância da estrutura identificada pelo número 5?

2. Transcreva e complete o quadro em seu caderno.

	Esqueleto	Musculatura
Estruturas que os formam		
Tecidos que os formam		
Funções que realizam		

3. Observe os esquemas do esqueleto humano e dos principais músculos, nos Temas 6 e 7 desta Unidade, e escreva:

a) Exemplos de órgãos protegidos pelo sistema esquelético.

b) Qual é a importância dos músculos intercostais?

Analise

4. Um médico atendeu os seguintes pacientes. Responda qual foi o possível diagnóstico dado pelo médico para os casos I e II.

I) D. Ângela, aposentada, 70 anos, sofreu uma queda na rua. Seu braço esquerdo ficou inchado e com hematomas. A dor era intensa e piorava quando dona Ângela tentava mover o membro.

II) José Carlos, de 23 anos, atleta, estava com dor e inchaço no joelho.

III) Que exames o médico poderá solicitar para auxiliar o diagnóstico desses casos?

IV) Que tratamentos o médico poderá indicar para cada caso?

5. Observe os esquemas, que representam pegadas de dois tipos de mamífero:

A – ser humano B – urso-pardo

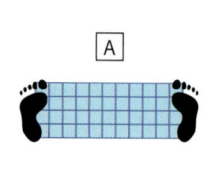

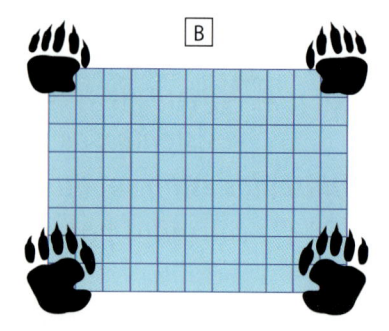

A área quadriculada representa a base média de sustentação desses animais.

a) Qual dos animais apresenta maior ou menor estabilidade para locomover-se? Justifique sua resposta.

b) Em qual caso deve haver maior controle neuromuscular para manter o animal em equilíbrio? Justifique sua resposta apresentando os órgãos e sistemas envolvidos na manutenção da postura e na locomoção.

6. Interprete.

Leia os dados da tabela e responda em seu caderno.

Idade	Quantidade total de cálcio no esqueleto
Ao nascer	25 gramas
Aos 10 anos	390 gramas
Aos 17 anos	800 gramas
Aos 35 anos	1.000 a 1.200 gramas
Mais de 35 anos	Diminuição progressiva

a) Em qual idade necessitamos de cálcio em nossa dieta?

b) Quando voltamos a necessitar de quantidade extra de cálcio e por quê?

c) Em 1922 foi descoberta no Egito a tumba do faraó Tutankâmon. Por meio de exames de sua múmia, os especialistas determinaram que Tutankâmon morreu aos 17 anos de idade. Que tipo de exame poderia ser feito para chegar a essa conclusão?

7. Busque informações nos esquemas do esqueleto humano e das articulações e proponha explicações para as questões.

a) Por que não é possível girar o braço para trás, na altura do cotovelo?

b) Por que não é possível dobrar a perna para a frente da patela (joelho)?

c) O que aconteceria se uma pessoa rompesse os ligamentos do joelho?

Explore

O que acontece com os músculos?

Atividade 1

1. Coloque-se entre os batentes de uma porta estendendo os braços de forma que o dorso de suas mãos encoste nos batentes. Observe a figura ao lado.
2. Faça força com as mãos como se as estivesse empurrando contra os batentes da porta. Empurre o mais forte que puder!
3. Conte até 30, lentamente, enquanto exerce a força.
4. Ao fim da contagem, retire rapidamente as mãos do batente, deixando cair os braços ao longo do corpo.
5. Observe o que acontece com seus braços.

Atividade 2

1. Coloque alguns clipes numa caneta ou lápis, conforme mostra a figura.
2. Segure na ponta da caneta/lápis e aproxime-se de uma mesa. Tente segurar a caneta com os clipes de modo que estes quase toquem a superfície da mesa.
3. Tente não se mexer e mantenha a caneta com os clipes em repouso.
4. Observe o que acontece.

Responder

1. No primeiro experimento, o que você sentiu logo que retirou as mãos dos batentes da porta?
2. No segundo experimento, o que acontece com o braço após algum tempo?
3. Discuta com seus colegas e busque explicações para os dois casos acima. Se necessário, pesquise em outros livros.

Por uma nova atitude
Saúde ✚

Com que corpo eu vou?

Nem sempre a cultura do corpo é a cultura da saúde.

1. Explorar o problema

'O corpo tem alguém como recheio'
Arnaldo Antunes, tema para o grupo 'Corpo', em 2000

"Que corpo você está usando ultimamente? Que corpo está representando você no mercado das trocas imaginárias, que imagem você tem oferecido ao olhar alheio para garantir seu lugar no palco das visibilidades em que se transformou o espaço público no Brasil? Fique atento, pois o corpo que você usa e ostenta vai dizer quem você é. Pode determinar oportunidades de trabalho. Pode significar a chance de uma rápida ascensão social. Acima de tudo, o corpo que você veste, preparado cuidadosamente à custa de muita ginástica e dieta, aperfeiçoado por meio de modernas intervenções cirúrgicas e bioquímicas, o corpo que resume praticamente tudo o que restou do seu ser é a primeira condição para que você seja feliz.

Não porque ele seja, o corpo, a sede pulsante da vida biológica. Não porque possua uma vasta superfície sensível ao prazer do toque — a pele, esse invólucro tenso que protege o trabalho silencioso dos órgãos. Não pela alegria com que experimentamos os apetites, os impulsos, as excitações, a intensa e contínua troca que o corpo efetua com o mundo. O corpo-imagem que você apresenta ao espelho da sociedade vai determinar sua felicidade não por despertar o desejo ou o amor de alguém, mas por constituir o objeto privilegiado do seu amor-próprio: a tão propalada autoestima, a que se reduziram todas as questões subjetivas na cultura do narcisismo.

Nesses termos, o corpo é ao mesmo tempo o principal objeto de investimento do amor narcísico e a imagem oferecida aos outros — promovida, nas últimas décadas, ao mais fiel indicador da verdade do sujeito, da qual depende a aceitação e a inclusão social. O corpo é um escravo que devemos submeter à rigorosa disciplina da indústria da forma (enganosamente chamada de indústria da saúde) e um senhor ao qual sacrificamos nosso tempo, nossos prazeres, nossos investimentos e o que sobra de nossas suadas economias.

2. Analisar o problema

[...] Para milhares de brasileiros, incentivados pela publicidade e pela indústria cultural, o sentido da vida reduziu-se à produção de um corpo. A possibilidade de 'inventar' um corpo ideal, com a ajuda de técnicos e químicos do ramo, confunde-se com a construção de um destino, de um nome, de uma obra. 'Hoje eu sei que posso traçar meu próprio destino', declara um jovem frequentador de academias de musculação, associando o aumento de seu volume muscular à conquista de respeito por si mesmo. [...]

São corpos em permanente produtividade, que trabalham a forma física ao mesmo tempo que exibem o resultado entre os passantes. São corpos-mensagem, que falam pelos sujeitos. O rapaz 'sarado', a loira siliconada, a perua musculosa ostentam seus corpos como se fossem aqueles cartazes que os homens-sanduíche carregam nas ruas do centro da cidade: 'Compra-se ouro'. 'Vendem-se cartões telefônicos.' 'Belo espécime humano em exposição.' [...]

A cultura do corpo não é a cultura da saúde, como quer parecer. É a produção de um sistema fechado, tóxico, claustrofóbico. Nesse caldo de cultura insalubre, desenvolvem-se os sintomas sociais da drogadição (incluindo o abuso de hormônios e anabolizantes), da violência e da depressão. Sinais claros de que a vida, fechada diante do espelho, fica perigosamente vazia de sentido."

Fonte: KEHL, Maria Rita. Com que corpo eu vou? In: *Folha de S.Paulo*. Caderno Mais, São Paulo, 30 jun. 2002.

O mundo da moda decidiu, em 2006, recusar modelos com IMC (Índice de massa corpórea) abaixo do normal.

Interprete

a) De acordo com o texto, o que a sociedade moderna está solicitando do corpo humano?

b) Indique um trecho do texto que resume a ideia da primeira questão.

c) Utilizando informações do texto, o que pode ser definido como vida biológica?

d) Você já ouviu o termo "geração saúde"? É correto utilizar o termo saúde na indústria da forma, mencionada no texto?

Pesquise

a) O que são anabolizantes?

b) O que leva uma pessoa a utilizar essas substâncias?

c) Em grupo, faça uma pesquisa sobre a lenda de Narciso e apresente-a para a classe em forma de cartaz ou representação teatral.

3. Tomar uma decisão

a) Responda à pergunta que inicia o texto: Que corpo você está usando ultimamente?

b) Você acha importante praticar esportes? Por quê?

c) Você acredita que a forma do corpo realmente possa determinar a felicidade de uma pessoa?

d) Você acha válido recorrer a dietas rigorosas, cirurgias ou anabolizantes para obter um corpo nos padrões de beleza da sociedade? Explique.

e) Converse com seus colegas sobre as conclusões que vocês obtiveram. Elaborem algumas sugestões de atitudes que vocês podem tomar a respeito do assunto discutido.

Glossário

Narcisismo
Amor pela própria imagem.

Insalubre
Que não é bom para a saúde.

Drogadição
Fenômeno que envolve o dependente, a droga e o contexto sociocultural.

Compreender um texto

Heróis

"Gente normal é capaz de feitos extraordinários: essa é a premissa de *Heroes*, o maior fenômeno da última temporada televisiva americana. [...] Mutações genéticas seriam a explicação das capacidades extraordinárias dos personagens, frutos naturais da evolução da espécie humana.

[...] O mundo está cheio de pessoas com habilidades especiais, genéticas ou adquiridas, que desafiam a compreensão dos cientistas. E, como em *Heroes*, nem por isso deixam de ser normais... mais ou menos.

• O Demolidor

Olhando de longe, Ben Underwood é um garoto americano tradicional. [...] Mas é só chegar perto dele para ver, ou melhor, ouvir, o que o faz diferente, especial. Enquanto anda, ele faz um clique — um estalo com a boca. [...] É emitindo um barulhinho esquisito que ele enxerga. Ou melhor, é assim que ele percebe os obstáculos à sua frente.

Como os golfinhos e morcegos, o rapaz de 15 anos se movimenta por ecolocalização — um dos pouquíssimos seres humanos a desenvolver essa habilidade. Ele emite um som e, a partir da velocidade e do volume do eco, é capaz de 'enxergar' do que se trata [...] Foi a maneira que ele encontrou para viver uma vida razoavelmente normal depois de perder a visão, aos 3 anos.

[...] Ben Under-wood tem uma história parecida com a do super-herói Demolidor. Para compensar a cegueira, o diabo vermelho dos quadrinhos e do cinema desenvolveu todos os outros sentidos além do humanamente normal. [...] o exemplo de Ben mostra que seres humanos também são capazes de desenvolver alguns superpoderes que parecem só existir na ficção. [...]

• O Supercabeção

[...] Kim Peek tem síndrome de Savant, uma condição clínica em que os portadores desenvolvem tanto habilidades extraordinárias quanto graves limitações — no caso dele, autismo.

[...] o americano de 55 anos domina pelo menos 15 campos, de política e boxe às estradas dos EUA. [...] A facilidade em decorar informações é proporcional aos obstáculos da vida cotidiana. Sem muita coordenação motora, precisa de ajuda para se barbear, pentear ou vestir a roupa. Fica descontrolado sem motivo aparente, às vezes fica irritadiço. O que o acalma é a obsessão por conhecimento.

Estimulado pelo pai, Kim é capaz de ficar horas lendo: termina até 8 livros em um dia, um atrás do outro — lembrando 98% de tudo depois. Enquanto uma pessoa comum leva de 2 a 3 minutos para ler uma página, Kim precisa de 8 a 10 segundos. [...]

● **O Aquaman**

A dúvida é: quantos ouros o nadador Michael Phelps vai levar? [...] Ele não é apenas um superatleta. Seu corpo parece mais à vontade na água.

Não se sabe o quanto da capacidade de Michael vem da genética, o quanto é resultado de treino [...]. Mas seu corpo é adaptado. [...] Em outras palavras, suas pernas são curtas, o torso é desproporcionalmente grande. Além disso, ele tem 2 metros de envergadura (contra 1,92 de altura) e pés de 29 centímetros, verdadeiras nadadeiras. [...]

Estudiosos da natação já tentaram entender o que faz Michael mais rápido que os demais. [...]

Sua aparente falta de força é compensada com técnica e hidrodinâmica. [...] Mas o mais interessante é que ele parece não fazer muito esforço para deslizar na água.[...]"

Fonte: BURGOS, Pedro. "Heróis". In: *Superinteressante*. São Paulo: Abril, 24 jul. 2007.

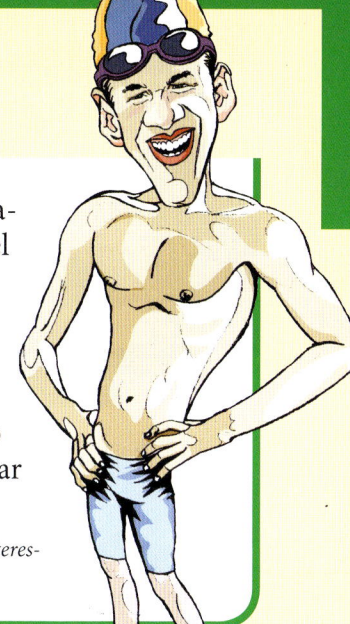

ATIVIDADES

Obter informações

1. **Responda de acordo com o texto.**
   a) Quem são e quais as habilidades das pessoas mencionadas no texto?
   b) Cite as limitações dos "heróis" descritos no texto.

2. **Localize no texto e transcreva o trecho que explica a ecolocalização.**

Interpretar

3. **Considerando a velocidade que uma pessoa comum leva para ler uma página, em quanto tempo ela levaria para ler um livro de 300 páginas? Quanto tempo Kim Peeks levaria?**

4. **Qual dos sentidos de Ben Underwood provavelmente é mais desenvolvido?**

5. **Que outros sentidos uma pessoa com deficiência visual poderia desenvolver?**

6. **Qual das habilidades descritas no texto você considera mais próxima de um superpoder? Por quê?**

Pesquisar

7. **Em grupo, pesquisem.**
   a) Escolham um dos personagens a seguir e pesquisem sobre suas habilidades ou superpoderes. Montem um cartaz e apresentem para os demais colegas. Evidenciem se o personagem escolhido pelo grupo apresenta os sentidos apurados, grande força, velocidade ou mudança na estrutura do corpo e expliquem por que vocês o escolheram.

I - Super-homem.
II - O quarteto fantástico.
III - The Flash.
IV - Hulk.
V - Wolverine.

   b) Pesquisem sobre pessoas comuns da comunidade local que apresentam habilidades, diferentes das mencionadas no texto, que poderiam ser consideradas como superpoderes.

Refletir

8. **Você acha que o culto exagerado ao corpo é uma tentativa de se tornar um super-herói?**

UNIDADE 5

Como você se sente?

Fernando Gonsales é biólogo e veterinário. Autor de história em quadrinhos, nunca fez curso de desenho.

A maioria de suas personagens são animais, que interagem em situações típicas aos humanos, mesclando informações científicas, deboche, ironia e uma pitada de ingenuidade.

Em 1985 criou sua personagem mais conhecida: Níquel Náusea, um rato de esgoto que odeia Mickey Mouse.

Por seu trabalho, Gonsales já recebeu vários prêmios, dentre eles o HQ Mix, o mais importante do gênero. Com um detalhe: até 2000 ganhou nove vezes esse prêmio.

Os quadrinhos de Gonsales são publicados em vários jornais do Brasil e em um jornal de Lisboa, em Portugal.

Por que estudar esta Unidade?

O sistema nervoso e o sistema hormonal, integrados, desempenham uma complexa função em nosso corpo. É essa integração que nos permite reagir a estímulos do ambiente e controlar nosso corpo de maneira adequada.

As características que nos diferenciam dos outros animais, como a linguagem falada, a capacidade de raciocínio e de produção, são respostas do nosso cérebro aos estímulos recebidos do sistema nervoso, do sistema hormonal e da nossa cultura.

Começando a Unidade

1. O que faz o sistema nervoso?
2. Quais são as partes do sistema nervoso?
3. Que ação tem um hormônio no corpo? Que estrutura do corpo pode fabricá-lo?
4. Por que as drogas são substâncias perigosas? Como elas afetam nosso comportamento?

125

TEMA 1

De olho nas notícias

"O poder da imaginação

Estudo revela que mentalizar execução de uma tarefa ajuda a melhorar desempenho

Você acredita que o simples fato de alguém mentalizar que está andando de bicicleta pode ajudá-lo a melhorar seu desempenho? Pois é isso que sugerem experimentos realizados no Laboratório de Neurociências e Comportamento do Instituto de Biociências (IB) da Universidade de São Paulo (USP). Coordenado pelo biólogo André Frazão Helene e orientado pelo professor Gilberto Xavier, o estudo mostrou que um treinamento imaginativo pode de fato aprimorar uma habilidade.

Helene explica que as áreas cerebrais ativadas durante o exercício de imaginação de uma tarefa e sua execução efetiva são muito próximas. 'O tempo de imaginação de um ato motor é igual ao tempo de sua execução real', afirma. 'Ocorre, por exemplo, uma elevação proporcional da taxa de batimentos cardíacos, de ventilação e de consumo de oxigênio quando pessoas se imaginam andando a 5, 8 ou 12 km/h.' "

O pensador, escultura do francês Auguste Rodin (1840-1917)

Fonte: MOEHLECKE, Renata. "O poder da imaginação." In: *Ciência Hoje On-line*. Disponível em: http://cienciahoje.uol.com.br/controlPanel/materia/view/3649. Acesso em 22 jun. 2007.

"HORMÔNIO CONTRA ANSIEDADE AGE AO CONTRÁRIO EM ADOLESCENTES, DIZ ESTUDO

Irritação é palavra constante no vocabulário do adolescente Rafael [...], 13. Uma nota baixa na escola ou a proibição dos pais a uma saída com os amigos são capazes de alterar radicalmente o humor do garoto. 'E quando a internet trava? Aí fico muito irritado.' Assim como a maioria dos adolescentes, Rafael passa da alegria à tristeza em um piscar de olhos — mudança apontada como natural por psicólogos e psiquiatras. 'Os adolescentes falam que são **aborrecentes**, pois ninguém os entende, ninguém fala a mesma língua que eles', afirma a psicóloga Lia Pinheiro [...]

Pesquisadores identificaram um efeito diferente de um hormônio que age contra a ansiedade. Trata-se do THP, um esteroide que é liberado no corpo em situações de estresse. Nos adolescentes, no entanto, o efeito é contrário: aumenta a ansiedade, deixando-os ainda mais irritadiços. Segundo Sheryl Smith, pesquisadora que liderou o estudo, existe, agora, uma explicação científica para a flutuação do humor nos adolescentes — que tanto preocupam pais e professores, além, é claro, deles mesmos. [...]"

Fonte: ARRAIS, Daniela. "Hormônio contra ansiedade age ao contrário em adolescentes, diz estudo." In: *Folha de S.Paulo*. Folha Equilíbrio. 17 maio 2007.

"DO CAOS AO COSMOS

Obra de Arthur Bispo do Rosário, que passou mais de 50 anos em clínicas psiquiátricas, é tema de doutorado

'Um dia, eu simplesmente apareci.' Era assim que o artista plástico Arthur Bispo do Rosário respondia a quem perguntava a sua origem. Ex-marinheiro e pugilista, viveu mais de 50 anos em clínicas psiquiátricas [...].

Esse ser fascinante, que representou o Brasil, em 1995, na Bienal de Arte de Veneza, uma das mais importantes do mundo, foi o tema da tese de doutoramento *Arthur Bispo do Rosário: a estética do delírio*, apresentada por Marta Dantas [...]. Orientado pelo docente Raul Fiker, o trabalho será publicado pela Editora Unesp [...].

A pesquisa apresenta a vida do artista, investiga a experiência de Bispo com a morte e, principalmente, verifica como ele criou, com fragmentos de sua história pessoal e resíduos de materiais da sociedade, um mundo encantado de miniaturas, embarcações, estandartes bordados, vestimentas e objetos diversos. 'Surge assim uma estrutura simbólica complexa, onde a imaginação delirante participa do esforço de transformar o caos em cosmos,' explica Marta. [...]

Entre entradas e saídas de diversas casas psiquiátricas, vítima de seções de eletrochoque, Bispo construiu sua obra. [...] Bispo não desenhou, pintou ou esculpiu. Preferiu bordar, costurar, pregar, colar, talhar e fazer composições a partir de objetos já prontos. Suas obras nasceram daquilo que recolhia pelo mundo. Era aficionado da ordenação, catalogação, preenchimento de espaços e do ato de envolver com fios o corpo dos objetos. [...]."

Fonte: D'AMBROSIO, Oscar. "Do caos ao cosmos." In: *Jornal Unesp*. Disponível em http://www.unesp.br/aci/jornal/207/divino.php. Acesso em 8 ago. 2007.

"DIABETES 2' É VILÃ PARA JOVENS OBESOS

Incidência da doença aumentou nos últimos anos; para especialistas, excesso de peso é a principal causa

A estudante Micheli [...], 17, é diabética como seu pai, o taxista Mário [...], 47. Os dois são portadores do mesmo tipo da doença — o tipo 2. A diferença entre eles, entretanto, é que Micheli descobriu a doença aos 14, e seu pai, depois dos 40. Por conta disso, Micheli integra um grupo que tem preocupado os especialistas nos cinco últimos anos, embora ainda não existam estatísticas no país.

O diabetes tipo 2, que até há poucos anos era considerado uma doença de adultos — surgia a partir dos 35 anos —, tem sido frequentemente identificado também em adolescentes e até em crianças. Nos EUA, 33% dos novos casos de diabetes na faixa dos 10 aos 19 anos são do tipo 2. O motivo da mudança no perfil dos pacientes, dizem os especialistas, é a crescente população de crianças e adolescentes obesos.

No Brasil, de acordo com a Organização Mundial da Saúde, cerca de 32% da população está acima do peso. Os casos de diabetes tipo 2 têm aumentado quase proporcionalmente nos últimos anos: já são 17 milhões de portadores, sendo que, devido às condições de saúde, outros 40 milhões correm o risco de adquirir a doença nos próximos anos. [...]"

Fonte: BORGES, Danielle. "'Diabetes 2' é vilã para jovens obesos." In: *Folha de S.Paulo*. 18 jan. 2004.

De olho no Tema

1. De que maneira você pode melhorar uma habilidade?
2. Você tem o costume de "treinar mentalmente" algo que terá que realizar? Explique.
3. Que explicação científica foi dada para explicar a flutuação de humor nos adolescentes?
4. Você concorda que toda flutuação de humor pode ter uma explicação biológica? Por quê?
5. O artista Bispo do Rosário era considerado anormal. Você concorda com isso? Que ideia você tem de normalidade?

127

TEMA 2

O sistema nervoso

O sistema nervoso integra e coordena as funções ou ações do corpo.

Organização do sistema nervoso

O sistema nervoso humano tem a função de integrar todas as mensagens que são recebidas pelo corpo e coordenar as funções ou ações do corpo. Para efeitos de estudo, esse sistema pode ser dividido em duas partes: o **sistema nervoso periférico** e o **sistema nervoso central**. Observe como funciona a parte autônoma do sistema nervoso periférico no esquema a seguir.

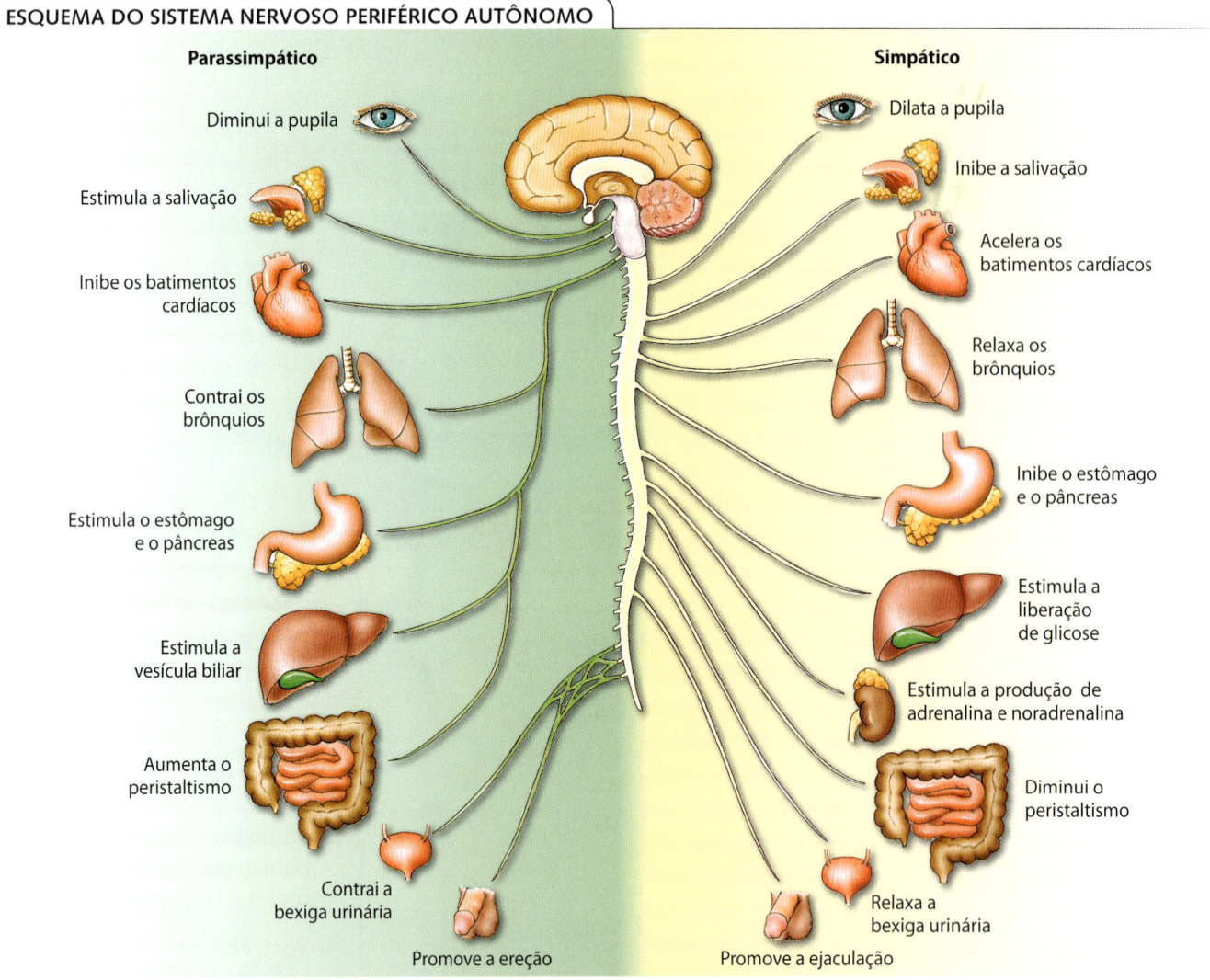

ESQUEMA DO SISTEMA NERVOSO PERIFÉRICO AUTÔNOMO

Parassimpático
- Diminui a pupila
- Estimula a salivação
- Inibe os batimentos cardíacos
- Contrai os brônquios
- Estimula o estômago e o pâncreas
- Estimula a vesícula biliar
- Aumenta o peristaltismo
- Contrai a bexiga urinária
- Promove a ereção

Simpático
- Dilata a pupila
- Inibe a salivação
- Acelera os batimentos cardíacos
- Relaxa os brônquios
- Inibe o estômago e o pâncreas
- Estimula a liberação de glicose
- Estimula a produção de adrenalina e noradrenalina
- Diminui o peristaltismo
- Relaxa a bexiga urinária
- Promove a ejaculação

Fonte: CAMPBELL, Neil A.; MITCHELL, Lawrence G.; REECE, Jane B. *Biology — concepts and connections*. 2. ed. Menlo Park: Benjamin Cummings, 2000.

O **sistema nervoso simpático** garante respostas adequadas às situações de emergência ou estresse que requerem respostas rápidas e intensas, como brincar ou fazer exercício. O sistema simpático é o sistema de alerta e de maior gasto de energia.

O **sistema nervoso parassimpático** normaliza o funcionamento dos órgãos internos quando cessa uma situação de perigo. Portanto esse sistema dirige as atividades dos órgãos nas condições de rotina.

Os sistemas simpático e parassimpático coordenam **ações antagônicas** no controle do metabolismo. Assim, se o simpático dilata a pupila, o parassimpático a contrai. (Representação sem escala. Cores-fantasia.)

Glossário

Antagônica
Oposta, contrária.

Os neurônios

A unidade estrutural e funcional do sistema nervoso é o **neurônio**, célula altamente especializada em transmitir e integrar as mensagens (estímulos) recebidas do ambiente. Por exemplo, uma imagem de televisão ou da página de um livro, o sabor de um alimento ou o som emitido por um avião que decola. Essas mensagens são captadas pela rede de neurônios e distribuídas pelo corpo na forma de impulsos nervosos.

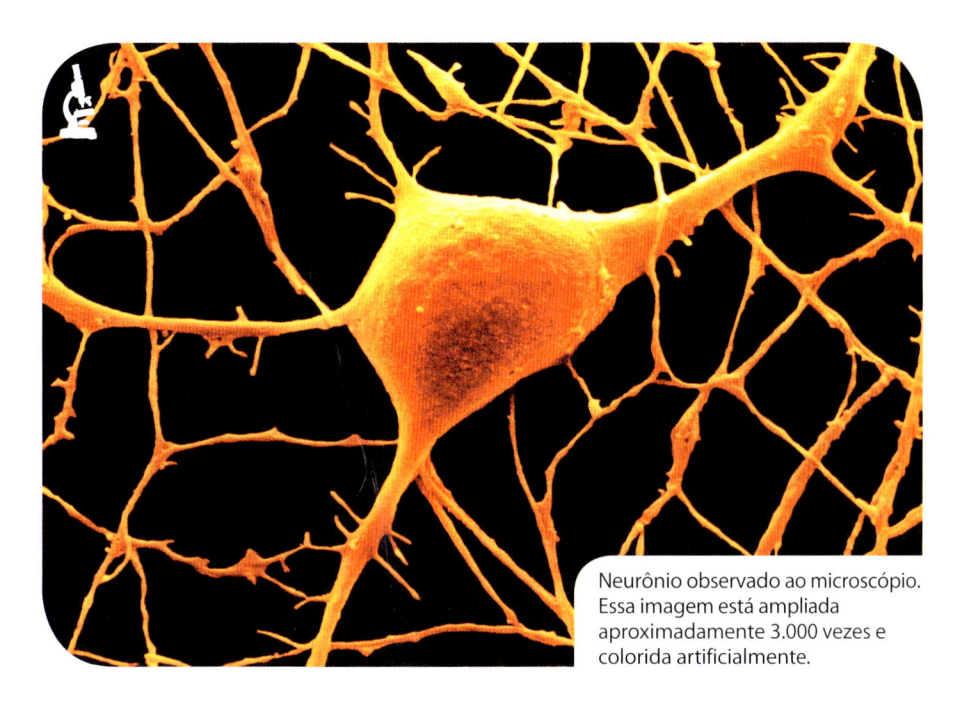

Neurônio observado ao microscópio. Essa imagem está ampliada aproximadamente 3.000 vezes e colorida artificialmente.

ESQUEMA DE UM NEURÔNIO

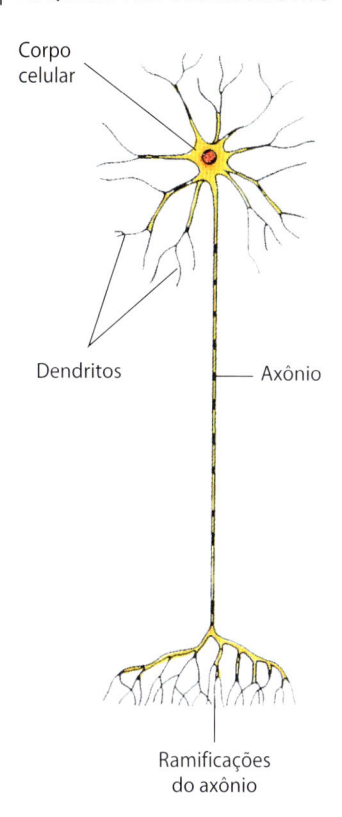

Representação sem escala. Cores-fantasia.

Fonte: CAMPBELL, Neil A.; MITCHELL, Lawrence G.; REECE, Jane B. *Biology — concepts and connections*. 2. ed. Menlo Park: Benjamin Cummings, 2000.

● Estrutura do neurônio

Um neurônio é formado, geralmente, por **dendritos, corpo celular** e um **axônio**. O impulso nervoso percorre o neurônio sempre no mesmo sentido: dendritos, corpo celular e axônio.

- **Dendritos** são prolongamentos numerosos e curtos do corpo celular, são receptores de mensagens.
- **Corpo celular** contém a maior parte do citoplasma e o núcleo da célula.
- **Axônio** é um prolongamento que transmite o impulso nervoso vindo do corpo celular. É, geralmente, mais longo que os dendritos, estendendo-se, em certos casos, da medula espinal até os dedos dos pés. Alguns axônios são envolvidos por uma substância gordurosa de cor branca, que recebe o nome de **estrato mielínico** (bainha de mielina).

● Tipos de neurônio

Dependendo da forma como atuam no organismo, os neurônios podem ser classificados em **sensoriais**, **motores** e **associativos**.

- **Sensoriais** são neurônios que levam as informações dos órgãos dos sentidos (olhos, orelhas, papilas linguais, pele e nariz) até o sistema nervoso central.
- **Motores** levam as mensagens de ação (sentar, correr, pular, andar, escrever etc.) do sistema nervoso central até as glândulas e músculos.
- **Associativos** ligam os neurônios sensoriais aos neurônios motores.

Saiba

Uma célula especial

Os neurônios realizam os mesmos processos vitais que as outras células do corpo. No entanto, diferentemente das outras, são células que geralmente não se reproduzem após sua completa maturação.

De olho no Tema

1. Que sistema atua em situações de emergência?

2. Cite três estímulos que você está recebendo nesse momento. Que tipos de neurônios estão ativados pelos estímulos?

3. O que acontece se os nervos motores de determinada parte do corpo forem lesados?

ESQUEMA DA TRANSMISSÃO DE IMPULSOS NERVOSOS

Figura A

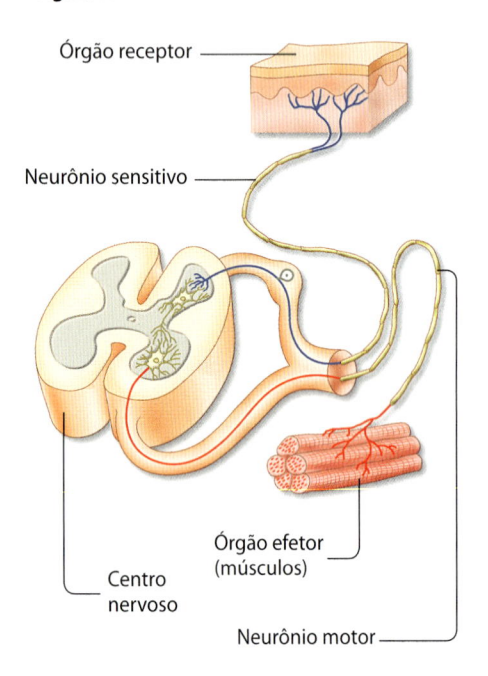

- Órgão receptor
- Neurônio sensitivo
- Centro nervoso
- Órgão efetor (músculos)
- Neurônio motor

Representação sem escala. Cores-fantasia.

Fonte: TORTORA, Gerald J. *Corpo humano — fundamentos de anatomia e fisiologia*. Porto Alegre: Artmed, 2000.

A coordenação nervosa

Os neurônios trabalham de forma coordenada para processar e transmitir a informação.

A transmissão de impulsos nervosos se realiza sempre a partir dos **órgãos receptores** de estímulos para o **sistema nervoso central**, e deste para os **órgãos efetores**.

- **Órgãos receptores** são os órgãos sensoriais, como olhos e pele, que captam estímulos externos ao corpo. Existem também receptores internos, que informam o organismo sobre a temperatura corporal, dor, fome ou cansaço muscular.
- O **sistema nervoso central** recebe os impulsos nervosos e elabora uma resposta específica para cada estímulo. A resposta é enviada até um órgão efetor pelo **sistema nervoso periférico**.
- Os **órgãos efetores** são os órgãos que dão resposta aos estímulos. Geralmente são os músculos e as glândulas. Os músculos realizam movimentos, ou seja, dão respostas motoras. As glândulas produzem substâncias, por isso a sua resposta é secretora. Veja a **figura A**.

A comunicação entre os neurônios se dá numa região denominada **sinapse**.

● As sinapses

A região de comunicação entre os neurônios se chama **sinapse**. Essa conexão não é direta porque os neurônios estão separados uns dos outros.

Entre um neurônio e outro existe um espaço microscópico. Na sinapse ocorre a liberação de substâncias químicas chamadas **neurotransmissores** ou **mediadores químicos**. Essas substâncias têm a capacidade de se combinar com receptores presentes na membrana da célula estimulada, nela desencadeando um novo impulso nervoso, no caso de a célula estimulada ser um neurônio. Quando o impulso nervoso chega ao axônio de um neurônio, estimula a liberação dos neurotransmissores, que chegam ao dendrito do neurônio seguinte, e assim sucessivamente. Veja a **figura B**.

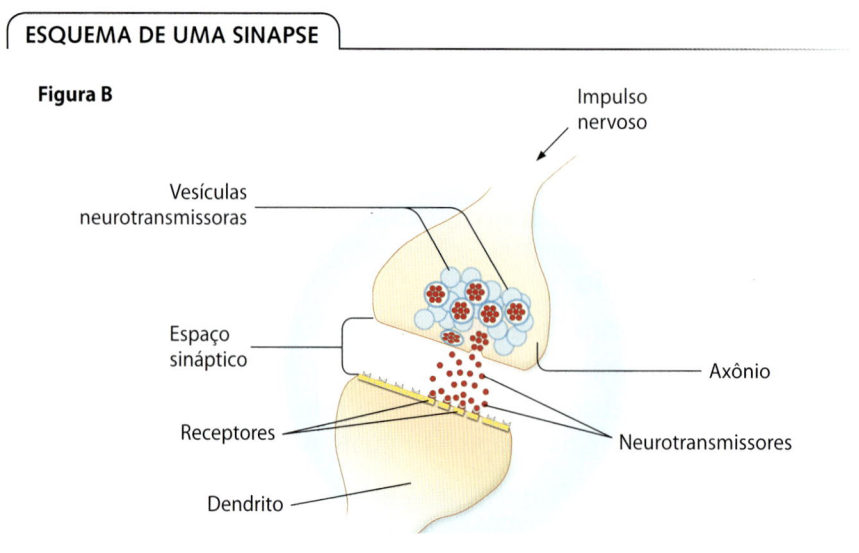

ESQUEMA DE UMA SINAPSE

Figura B

- Impulso nervoso
- Vesículas neurotransmissoras
- Espaço sináptico
- Receptores
- Dendrito
- Axônio
- Neurotransmissores

Representação sem escala. Cores-fantasia.

Fonte: CAMPERGUE, Mariette et al. *Sciences de la vie et de la Terre*. 3e. Paris: Nathan, 1999.

O sistema nervoso periférico

O **sistema nervoso periférico** é constituído por **nervos** e pelos **gânglios nervosos**.

Nervos são conjuntos de dendritos e axônios que se ramificam pelo corpo, recebendo ou levando mensagens para todos os órgãos.

Gânglios nervosos são pequenas dilatações contendo corpos celulares de neurônios, presentes em certos nervos.

A função do sistema nervoso periférico é conectar o sistema nervoso central ao resto do corpo.

O sistema nervoso periférico abrange todas as partes do corpo humano. Para facilitar seu estudo é usual dividi-lo em **sistema nervoso periférico voluntário** e **sistema nervoso periférico autônomo**.

• Sistema nervoso periférico voluntário

Esse sistema atua a partir do conjunto de nervos que chega aos músculos voluntários do corpo, ou seja, aqueles que realizam movimentos que estão sob o controle do indivíduo, como o movimento de pernas, braços, dedos, tronco e face.

• Sistema nervoso periférico autônomo

A rede de nervos desse sistema regula os órgãos internos, cujo funcionamento é **involuntário**. Por exemplo, os intestinos, as glândulas, o coração, os rins, os pulmões e a musculatura associada.

O sistema nervoso autônomo pode ser subdividido em **sistema nervoso simpático** e **sistema nervoso parassimpático**.

> **De olho no Tema**
>
> **1.** Como é feita a conexão entre uma célula nervosa e outra?
>
> **2** Qual é a função dos nervos periféricos voluntários?

DETALHE MUITO AMPLIADO DA REDE DE NERVOS

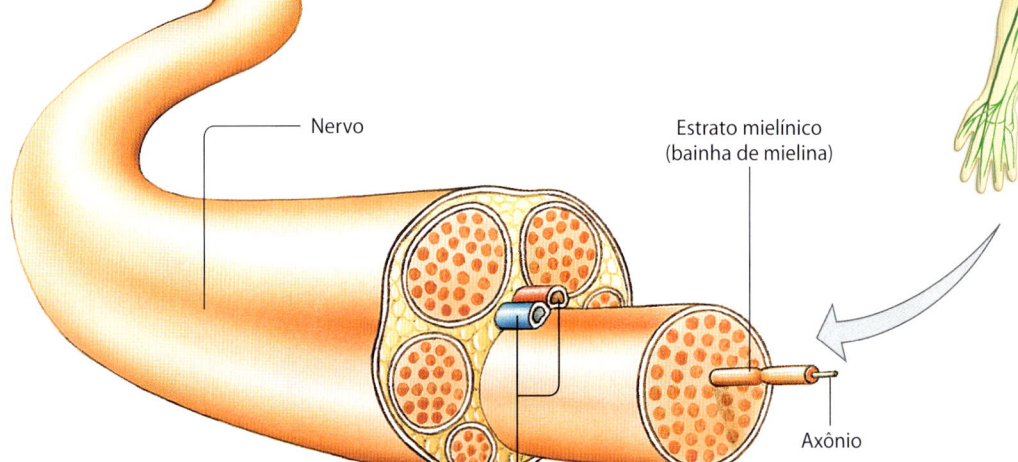

ESQUEMA DA REDE DE NERVOS

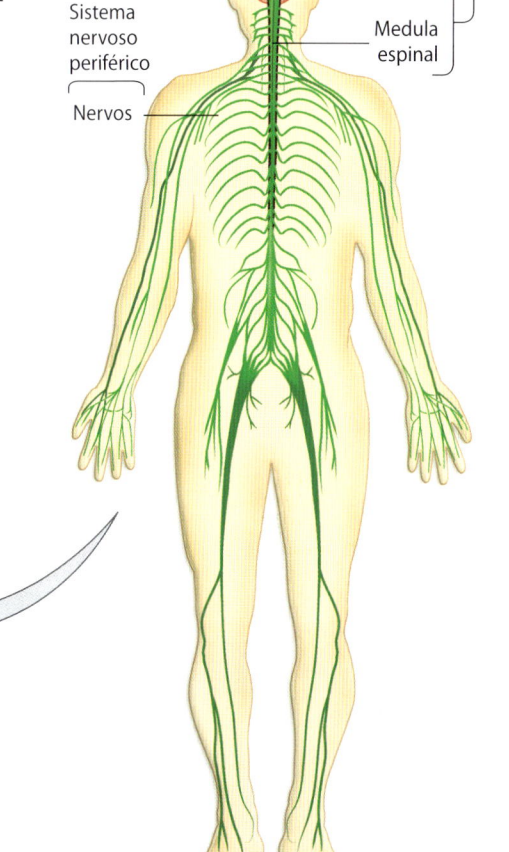

Sistema nervoso central
- Encéfalo
- Medula espinal

Sistema nervoso periférico
- Nervos

Nervo
Estrato mielínico (bainha de mielina)
Axônio
Vasos sanguíneos

Representação sem escala. Cores-fantasia.
Fonte: WALKER, Richard. *Encyclopedia of the human body.* USA: DK USA, 2002.

ESQUEMA DO ENCÉFALO (EM CORTE)

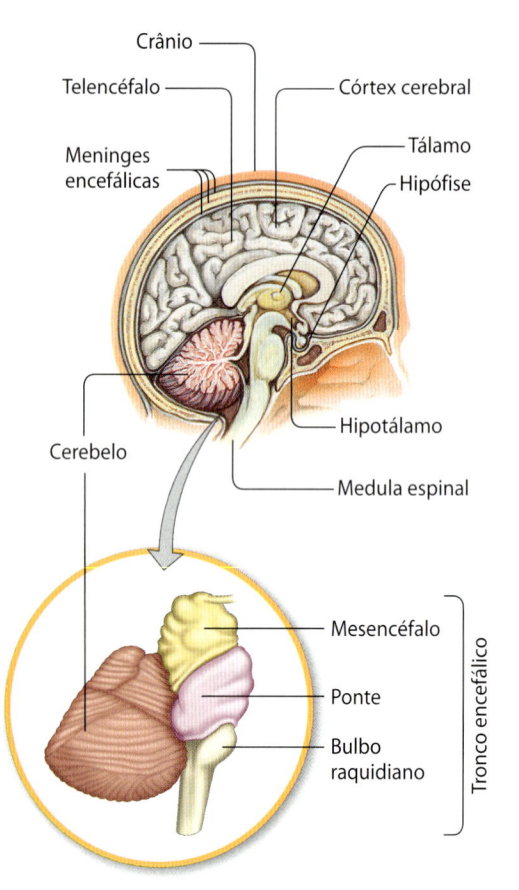

O hipotálamo, o tálamo e o telencéfalo formam o **cérebro**. O **córtex cerebral** é a zona do cérebro responsável pela memória, inteligência e consciência.
(Representação sem escala. Cores-fantasia.)

Fonte: CAMPBELL, Neil A.; MITCHELL, Lawrence G.; REECE, Jane B. *Biology — concepts and connections*. 2. ed. Menlo Park: Benjamin Cummings, 2000.

O sistema nervoso central

O **sistema nervoso central** é formado pelo **encéfalo** e pela **medula espinal**. Esses órgãos são centros nervosos formados por milhões de neurônios e neles são processadas as informações.

O encéfalo

O encéfalo é a maior estrutura de integração e controle do sistema nervoso. Ele é protegido pelos ossos do crânio e por três membranas sobrepostas, as **meninges**. Entre as meninges circula o líquido cefalorraquidiano ou líquor, que protege o tecido nervoso. Os órgãos componentes do encéfalo são o **cérebro**, o **cerebelo** e o **tronco encefálico**.

O cérebro

O **cérebro** é o órgão mais volumoso do encéfalo, e num indivíduo adulto a massa cerebral tem aproximadamente 1.200 gramas. Está dividido em dois hemisférios — direito e esquerdo.

No cérebro se distinguem duas categorias de substâncias: a **substância cinzenta** e a **substância branca**. A substância cinzenta é formada pelo corpo celular dos neurônios e por axônios que não contêm mielina. A substância branca é formada por axônios que contêm mielina e permitem a comunicação entre o cérebro e outros centros nervosos.

A parte mais externa dos hemisférios cerebrais é formada pela substância cinzenta e se chama **córtex cerebral**.

Entre as principais funções do cérebro destacam-se as seguintes: centralizar as ações conscientes; receber e processar as informações enviadas pelos sentidos (visão, audição, tato, paladar e olfato, entre outras); coordenar os movimentos voluntários, como caminhar, correr, pegar objetos etc.; ser o centro da memória, da inteligência, da linguagem, da criatividade e de outras atividades intelectuais.

ESQUEMA DO CÉREBRO E A LOCALIZAÇÃO DAS DIFERENTES FUNÇÕES CEREBRAIS

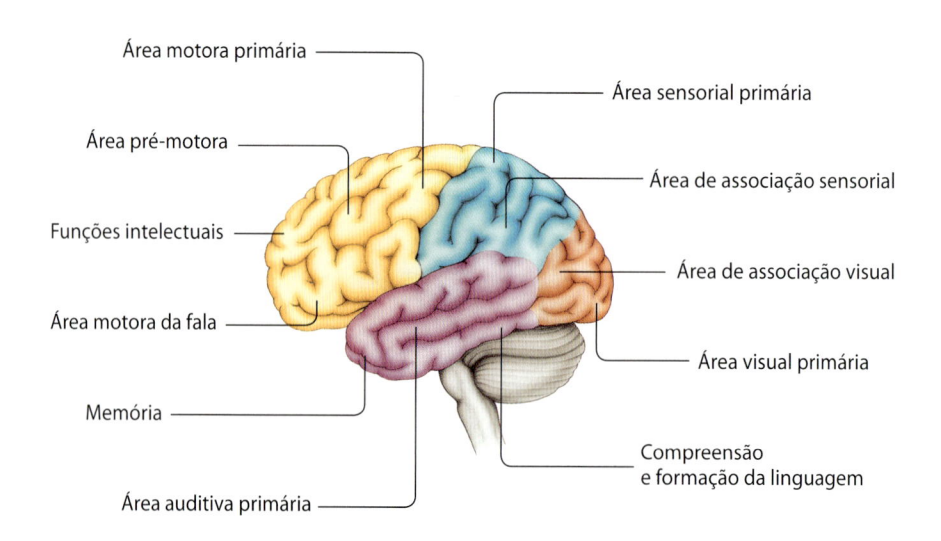

Representação sem escala. Cores-fantasia.

Fonte: TORTORA, Gerald J. *Corpo humano — fundamentos de anatomia e fisiologia*. Porto Alegre: Artmed, 2000.

Saiba +

O hipotálamo

O **hipotálamo** é a área do cérebro encarregada de coordenar órgãos internos e atividades de manutenção do corpo, como o controle da temperatura corporal e da concentração de glicose e de gás carbônico no sangue.

O cerebelo

O **cerebelo** está situado na parte posterior, sob o cérebro, e atrás do tronco encefálico. Como o cérebro, o cerebelo também apresenta dois hemisférios, constituídos por substância cinzenta na superfície e substância branca no interior.

O cerebelo coordena o movimento dos músculos, controla o equilíbrio e a postura do corpo.

O tronco encefálico

O **tronco encefálico** se encontra abaixo do cerebelo. No tronco encefálico são elaboradas ordens para a realização de atividades vitais e involuntárias, como o controle do batimento cardíaco, a respiração, a deglutição, a tosse, o vômito e o espirro.

● A medula espinal

A **medula espinal** é um cordão de tecido nervoso alojado dentro da coluna vertebral, o que contribui para uma proteção eficaz.

A medula espinal mede aproximadamente 45 cm de comprimento e tem a espessura de um dedo mínimo. A substância cinzenta fica no centro da medula e a branca, na parte externa.

Ao longo da medula existem nervos dispostos em pares. No total, são 31 pares de nervos que se conectam à medula.

A medula espinal cumpre duas funções principais. A primeira delas é servir como via de conexão entre os nervos e o encéfalo. Outra função é centralizar muitos atos reflexos, que ocorrem involuntariamente.

Para dar um exemplo da importância da medula, podemos dizer que uma lesão nesse órgão pode produzir paralisia e perda da sensibilidade das pernas. Dependendo da posição da lesão, pode paralisar o corpo do pescoço para baixo. Isso pode ocorrer porque, quando há lesão, os impulsos nervosos da região abaixo do pescoço não chegam ao cérebro nem saem do cérebro para essa região.

Entrando na rede

No endereço http://cienciahoje.uol.com.br/controlPanel/materia/view/3631 você encontra histórias em quadrinhos (*A turma do Zé Neurim*) sobre o sistema nervoso.

De olho no Tema

1. Que parte do sistema nervoso central nos informa que um lugar está frio? E que parte desse sistema é ativada quando a pessoa procura um lugar mais quente?

2. Uma pessoa com uma lesão no cerebelo poderá andar? E dirigir? Explique suas respostas.

ESQUEMA DA MEDULA ESPINAL

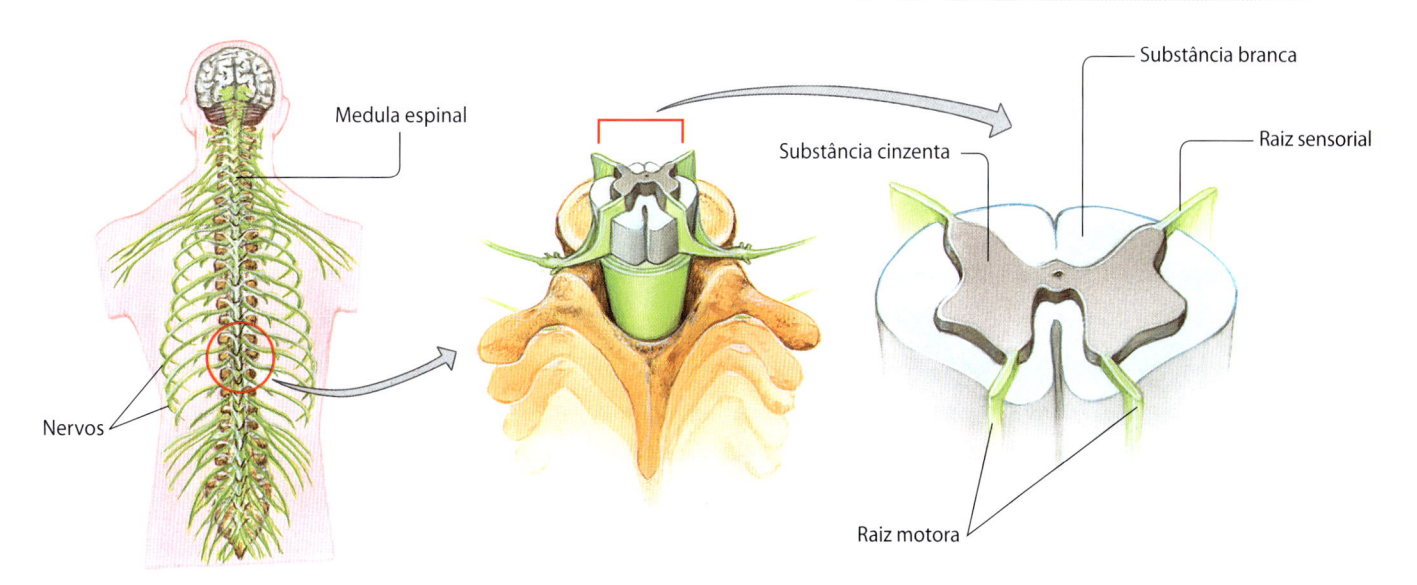

Representações sem escala. Cores-fantasia.

Fonte: TORTORA, Gerald J. *Corpo humano — fundamentos de anatomia e fisiologia*. Porto Alegre: Artmed, 2000.

Ações voluntárias e ações involuntárias

Todas as atividades são controladas pelo sistema nervoso, porém existem atividades **voluntárias**, feitas de acordo com a vontade do indivíduo, e outras atividades que não podem ser controladas, denominadas **involuntárias**.

• Ações voluntárias

Em uma ação **voluntária**, a informação é transmitida ao cérebro, que analisa e elabora a resposta mais adequada. Para um mesmo estímulo existem distintas respostas. Muitos atos de nossa vida diária são voluntários, como ligar o computador ou tomar um copo de água; são atos que decidimos iniciar e que podemos interromper se desejarmos.

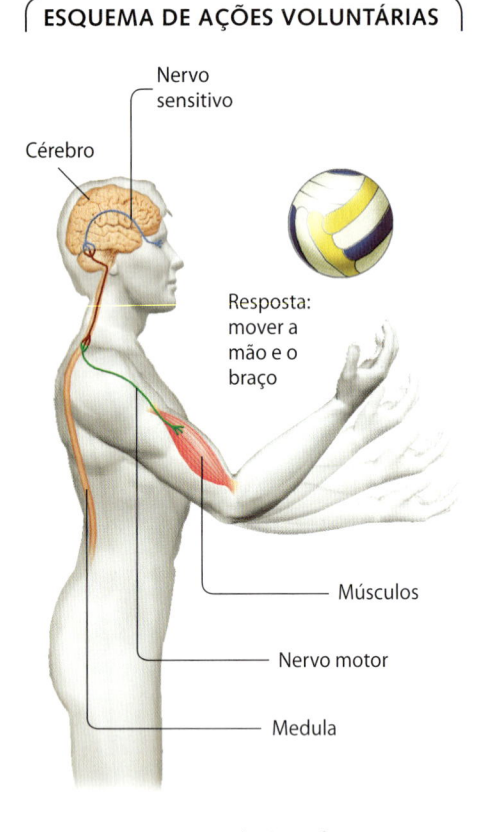

ESQUEMA DE AÇÕES VOLUNTÁRIAS

- Cérebro
- Nervo sensitivo
- Resposta: mover a mão e o braço
- Músculos
- Nervo motor
- Medula

Representação sem escala. Cores-fantasia.

Num jogo de vôlei o sistema nervoso dos jogadores elabora inúmeras ações voluntárias. Observe no esquema ao lado. Na foto jogadores brasileiros fazendo bloqueio contra o México, nos Jogos Panamericanos em 2007.

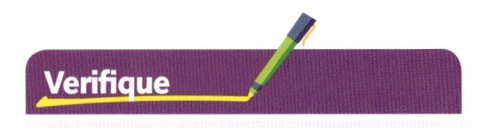

Verifique

Medindo o tempo de reação

Materiais: uma régua, um lenço, um cronômetro, papel e lápis.

Procedimento: trabalhe em grupo.

- Um dos integrantes venda os olhos do outro com o lenço, tendo cuidado para não machucar o colega, e mantém a régua ajustada por cima dos dedos polegar e indicador de seu colega, de maneira que o zero da régua esteja na parte inferior.
- Quem erguer a régua a deixará cair avisando o seu colega simultaneamente mediante um sinal, como a palavra *já* ou tocando seu colega no ombro. Anotem como varia o tempo de reação com ambos os sinais. Repitam o exercício, trocando de funções, ou seja, quem estava vendado, na vez seguinte solta a régua.
- A reação que ocorreu pode ser considerada um ato reflexo? Explique.

Analise: Existe alguma relação entre o tempo de reação e a capacidade de sobrevivência? Por quê?

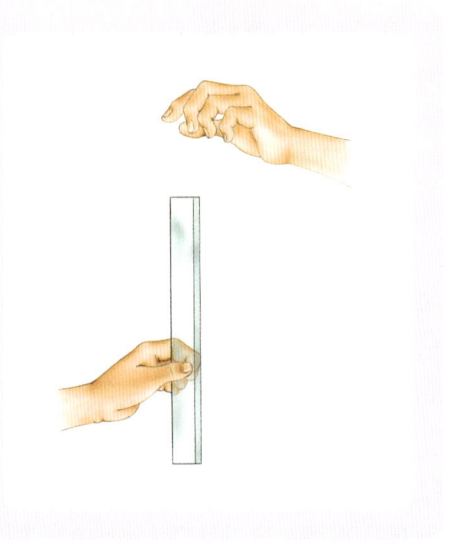

● Reflexos condicionados

Constantemente nosso corpo responde a estímulos e estas respostas são denominadas reflexos. Muitas vezes algumas ações voluntárias se tornam automáticas e as executamos sem pensar. Por exemplo, caminhar, guiar uma bicicleta ou um automóvel etc. Essas ações resultam de aprendizagens e se transformam em **reflexos condicionados**.

Outro exemplo de reflexo condicionado é quando, ao escutarmos a voz de uma pessoa conhecida, imediatamente surge, na mente, a imagem dessa pessoa.

Os reflexos condicionados são adquiridos e podem ser decorrentes da associação a certos estímulos condicionadores que anteriormente eram indiferentes.

● Atos reflexos involuntários

Um ato reflexo é uma resposta rápida, automática e **involuntária** ante o estímulo. Por exemplo, um beliscão provoca a rápida retirada da parte do corpo que foi beliscada, um pedaço de alimento na boca provoca a secreção de saliva.

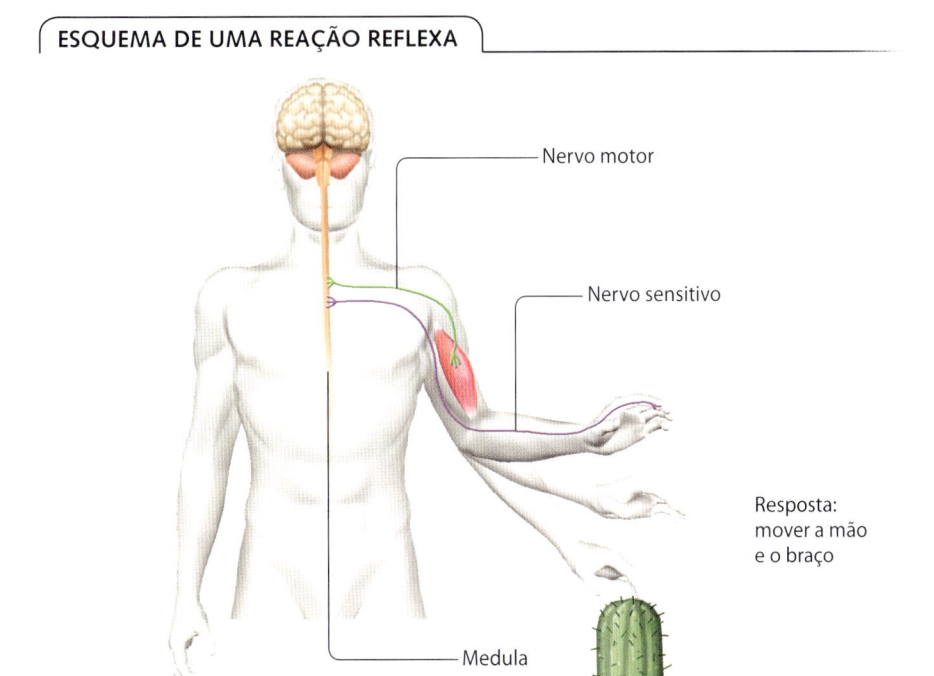

Às vezes, colhendo uma rosa, podemos espetar o dedo em seus espinhos. Imediatamente nosso organismo reage, retirando a mão. Observe o esquema ao lado.

ESQUEMA DE UMA REAÇÃO REFLEXA

- Nervo motor
- Nervo sensitivo
- Resposta: mover a mão e o braço
- Medula

Representação sem escala. Cores-fantasia.

Poucos neurônios entram em ação nos atos reflexos. O caminho sensorial percorrido pelo impulso, chamado **arco reflexo**, é formado por um neurônio sensitivo, um centro nervoso (medula) e um neurônio motor.

Essas respostas medulares permitem ao organismo reagir rapidamente em situações de emergência, antes mesmo que a informação chegue ao cérebro e o indivíduo perceba o que está ocorrendo. Em resumo, no ato reflexo a própria medula envia resposta, sem a mediação do cérebro.

Nem todos os estímulos desencadeiam reflexos. Por exemplo, quando uma pessoa está parada e alguém toca levemente suas costas, seu cérebro recebe e interpreta a informação e manda a ordem para os músculos, que fazem a pessoa virar-se para ver quem é.

De olho no Tema

1. Cite duas ações voluntárias que você realiza diariamente.

2. Cite duas ações involuntárias que ocorrem no seu corpo.

3. Por que os atos reflexos involuntários são importantes?

ATIVIDADES — Temas 1 e 2

Organize o conhecimento

1. Observe o esquema, nomeie as estruturas indicadas por letras e responda.

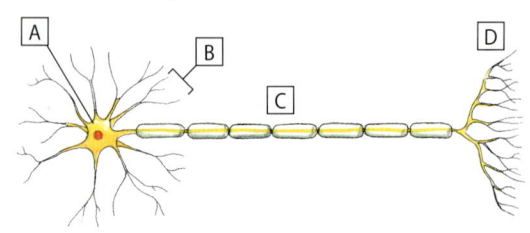

a) Em qual dessas partes estão localizados o citoplasma e o núcleo?

b) Qual parte é recoberta pelo estrato mielínico?

c) Descreva o caminho percorrido por um impulso nervoso. Utilize as palavras-chave.

2. Observe as estruturas no desenho e responda.

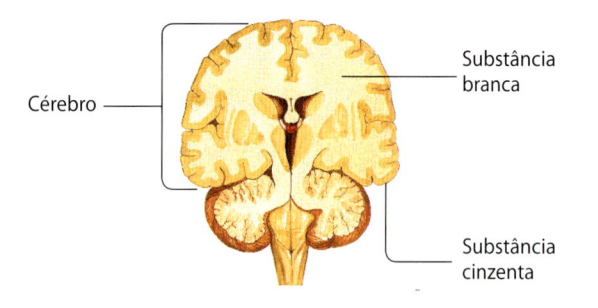

a) Quais partes dos neurônios formam a substância branca? Quais formam a substância cinzenta?

b) Como as substâncias branca e cinzenta estão distribuídas no cérebro e na medula espinal?

3. Retorne à página 128, observe a figura e responda.

a) Um estudante que está respondendo uma prova de vestibular está submetido, principalmente, a estímulos do sistema nervoso simpático. Que sintomas ele pode apresentar?

b) Vanessa observou um brigadeiro na vitrine da padaria e imediatamente sua boca salivou. Nesse caso, que sistema nervoso entrou em ação: o simpático ou o parassimpático?

c) Rodrigo está com pressa de chegar ao museu. Geralmente, em situações como essa, há liberação de adrenalina, hormônio que prepara o corpo para situações de emergência. Que sistema nervoso entrou em ação?

Analise

4. Corrija as alternativas que estiverem incorretas, substituindo pelos termos adequados.

a) O fato de algumas pessoas se recuperarem de lesões graves no sistema nervoso indica que esse tecido tem capacidade de se regenerar, ainda que pequena.

b) Mesmo com a ruptura da medula espinal, o corpo ainda comanda alguns movimentos abaixo da região da lesão.

c) Qualquer que seja a lesão no sistema nervoso, os sentidos mantêm-se inalterados, pois eles não têm relação funcional com o sistema nervoso.

d) Uma pessoa com suspeita de lesão na coluna não deve ser movida do local do acidente porque existe o risco de lesão no sistema nervoso periférico.

5. Leia atentamente o texto e responda às perguntas.

> Em 1848, o operário americano Phineas Gage sofreu um acidente quando uma carga explodiu acidentalmente, arremessando uma barra de ferro na sua cabeça. A barra passou por baixo do olho esquerdo, parando na região anterior do cérebro. Milagrosamente, ele sobreviveu, mas seu comportamento havia mudado, sendo incapaz de se relacionar com as pessoas, pois havia ficado muito impulsivo e inconstante.

a) Por que sua personalidade teria mudado?

b) Observe a figura da página 132 e indique que área do cérebro teria sido atingida nesse acidente. Justifique sua resposta.

6. Observe as figuras abaixo e responda às perguntas.

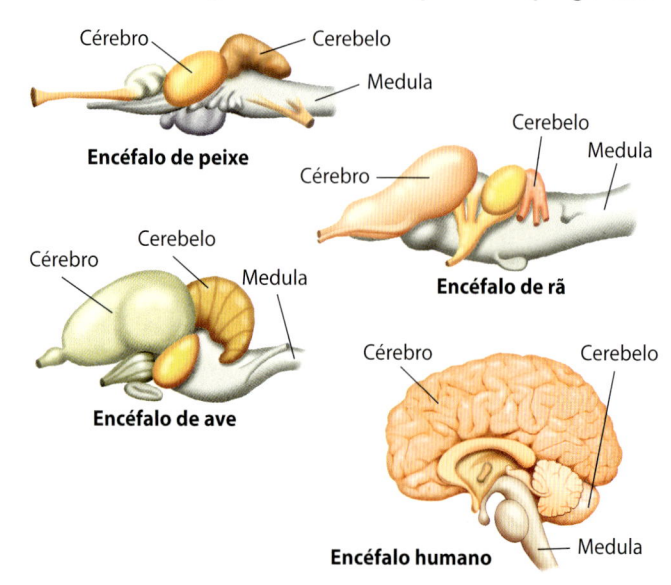

a) O que os encéfalos desses animais têm em comum?

b) Qual a diferença entre o cérebro humano e o dos outros animais? Isso teria alguma relação com a inteligência? Justifique sua resposta.

c) A ave e o ser humano têm cerebelos mais desenvolvidos que o peixe e a rã. Explique qual a importância disso para as aves e seres humanos.

Explore

Cresce consumo de drogas no País

"O consumo de medicamentos estimulantes (anorexígenos) e calmantes (benzodiazepínicos) cresceu no País entre 2001 e 2005, segundo dados do Levantamento Domiciliar Sobre Uso de Drogas Psicotrópicas, feito pelo Ministério da Saúde. A pesquisa, divulgada hoje em Brasília, confirma o alerta dos especialistas sobre o perigo do consumo das drogas lícitas. [...]

O consumo total de estimulantes passou de 1,5% em 2001 para 3,2% em 2005. Isso corresponde a 1,6 milhão de pessoas, principalmente mulheres — numa proporção de quase cinco mulheres para cada homem. A maior incidência entre elas, 5,6%, ocorre entre 25 e 34 anos. [...]

Outro destaque da pesquisa foi o aumento do uso de esteroides (anabolizantes). O consumo triplicou de 0,3% em 2001 para 0,9% no ano passado, com predomínio entre jovens de 18 a 24 anos de idade (1%) e entre 25 a 34 anos (1,2%) [...]

O consumo declarado de drogas ilícitas ao menos uma vez na vida passou de 19,4% em 2001 para 22,8% em 2005. Essa taxa corresponde a 10,7 milhões de pessoas."

Fonte: SANT'ANNA, Emilio.
"Cresce consumo de calmantes e estimulantes no País."
In: *O Estado de S. Paulo*. 24 nov. 2006.

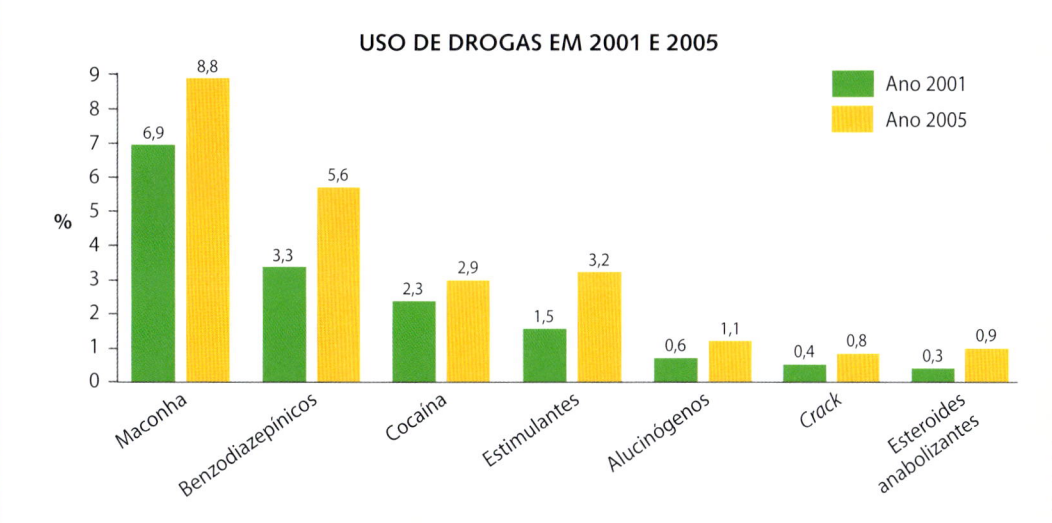

USO DE DROGAS EM 2001 E 2005

Droga	Ano 2001	Ano 2005
Maconha	6,9	8,8
Benzodiazepínicos	3,3	5,6
Cocaína	2,3	2,9
Estimulantes	1,5	3,2
Alucinógenos	0,6	1,1
Crack	0,4	0,8
Esteroides anabolizantes	0,3	0,9

Fonte: http://www.obid.senad.gov.br. Acesso em 26 jun. 2007.

Glossário

Drogas lícitas
São as drogas legalizadas, aceitas pela sociedade, como as bebidas alcoólicas.

Obter informações

1. Indique, de acordo com o gráfico acima, qual foi a droga mais consumida, pelo menos uma vez na vida, pelos brasileiros.
   Essa droga é lícita ou ilícita?

2. O que são substâncias benzodiazepínicas e anorexígenas?

3. Indique qual foi a droga ilícita mais consumida em 2005 e a proporção de brasileiros que já a experimentaram uma vez na vida.

4. Quem são os maiores consumidores de estimulantes, os homens ou as mulheres?

Interpretar

5. Houve um aumento ou uma diminuição na proporção de usuários de drogas ilícitas na população brasileira? Justifique.

6. Para quais drogas foram observados os maiores aumentos no consumo entre a população brasileira? Justifique com dados do texto.

7. Em grupo, discutam:
   a) a legalidade de certas drogas e as consequências de seu uso. Elabore um cartaz ou um *folder* com as opiniões do grupo.
   b) Nesta pesquisa outro lado importante foi relatado: 1,4% dos usuários procurou a droga pelos próprios meios e 4,0% foi procurado por traficantes. O que se pode concluir com essas informações?

TEMA 3

As drogas

As drogas afetam o sistema nervoso central e podem causar dependência.

De olho na notícia

"VIGILÂNCIA APREENDE REMÉDIOS

Até medicamentos de tarja preta e vermelha foram encontrados nos comércios de Rio Branco sendo vendidos ilegalmente

Mais de 300 itens de medicamentos de tarja preta (considerado de alto risco) – entre eles paracetamol, diclofenaco, tetraciclina e até alprazolam, que só podem ser vendidos em drogarias – foram apreendidos pela Vigilância Sanitária Municipal por estarem nas prateleiras de comércios de produtos alimentícios.

A ação é considerada criminosa, já que só quem possui o alvará para a venda de medicamentos, seja ele qual for, são as drogarias, segundo o chefe da Divisão de Produtos da Vigilância, Erisson Mota. [...]

Vender medicamento sem receita médica é uma atitude de extrema irresponsabilidade, segundo Mota. Isso porque os medicamentos de tarja preta – que em geral são os que exigem prescrição médica – têm o mesmo efeito de drogas ilícitas. Caso ele seja tomado em dosagem não recomendada ou ainda por um tempo não recomendado, o paciente terá sérias complicações de saúde, entre elas a dependência química. Medicamentos como estes também estão à venda nos comércios de alimentos, destacou o chefe da divisão. [...].

Linguagem das tarjas

Tarja Preta: informa que o medicamento é de alto risco, não pode ser usado sem prescrição médica e que só podem ser vendidos com apresentação da receita. [...]

Tarja Vermelha: o medicamento com tarja vermelha é de menor risco, ou seja, embora também seja vendido apenas com receita médica, não representa risco de vida, mas apenas de efeitos colaterais. [...]

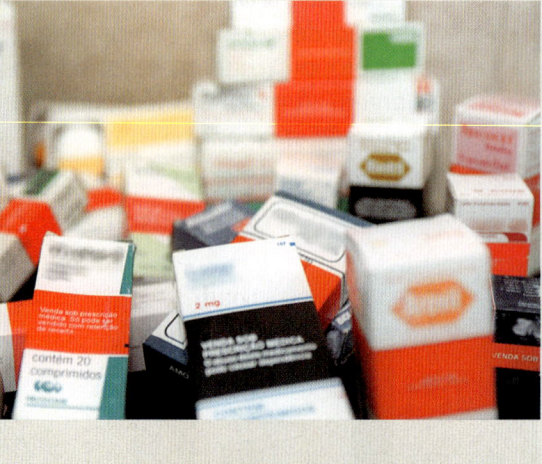

Sem Tarja: a ausência de tarja não é um indicador de que o medicamento possa ser usado sem contraindicação, mas apenas que pode ser vendido sem a apresentação da receita médica [...]."

Fonte: BRASILEIRO, Renata. "Vigilância apreende remédios." In: *Pagina 20* – on-line. Rio Branco-AC, 10 abr. 2007. Disponível em http://www2.uol.com.br/pagina20/10042007/c_0110042007.htm. Acesso em 13 ago. 2007.

Entrando na rede

No endereço http://72.21.62.210/alcooledrogas, você encontra informações sobre drogas e qualidade de vida.

O que são as drogas?

As drogas são substâncias capazes de modificar a função dos organismos vivos, resultando em mudanças fisiológicas ou de comportamento.

As drogas apresentam diferentes efeitos: algumas causam euforia e excitação, outras, sonolência, e há, ainda, aquelas que causam alucinações. Todos esses efeitos se devem à ação dessas substâncias no sistema nervoso.

A maioria das drogas danifica irreversivelmente o sistema nervoso e afeta também outros órgãos.

Classificação das drogas

Entre as várias classificações existentes, adota-se a do pesquisador francês Chaloult, que classificou as drogas em 3 grandes grupos em relação às alterações que provocam no sistema nervoso central (SNC): as drogas **depressoras do SNC**, as **estimulantes do SNC** e as **perturbadoras do SNC**.

- As drogas **depressoras** referem-se ao grupo de substâncias que **diminuem** a atividade do cérebro, ou seja, **deprimem** o seu funcionamento, fazendo com que a pessoa fique "desligada", "devagar", desinteressada pelas coisas. São exemplos o **álcool**, os **inalantes**, os **ansiolíticos** (calmantes), os **barbitúricos** (soníferos) e os **opiáceos** (analgésicos).

- As drogas **estimulantes** referem-se ao grupo de substâncias que **aumentam** a atividade do cérebro. Elas **estimulam** o seu funcionamento, fazendo com que a pessoa fique mais "ligada", "elétrica", sem sono. São exemplos a **cafeína**, a **nicotina**, a **anfetamina** e a **cocaína**.

- As drogas **perturbadoras** referem-se ao grupo de substâncias que modificam **qualitativamente** a atividade do cérebro. Essas drogas **perturbam**, **distorcem** o seu funcionamento, fazendo com que a pessoa passe a perceber as coisas deformadas, parecidas com as imagens dos sonhos. São exemplos **alguns medicamentos**, o **LSD-25**, a **maconha**, alguns **cactos** e **fungos** (cogumelos).

No Brasil, encontram-se duas espécies de cogumelos alucinógenos, o *Psylocibe cubensis* e os cogumelos do gênero *Paneoulus*. Eles produzem alucinações e delírios.

Algumas tribos indígenas brasileiras, especialmente as da região do sertão nordestino, utilizam em rituais sagrados uma bebida feita com partes da planta conhecida como **jurema** (*Mimosa hostilis*). Os indígenas acreditam que o estado alterado da consciência provocado pela ingestão da bebida permite a comunicação com os deuses.

● Possíveis consequências do consumo de drogas

- Possibilidade de causar dependência, que pode ser física, psíquica ou ambas. Uma pessoa dependente é dominada por um impulso forte, quase incontrolável, de utilizar a droga com a qual se habituou, experimentando um mal-estar intenso quando não a consome.

- Alterações físicas, como taquicardia, aumento da pressão arterial, perda de massa corpórea e palidez. Algumas dessas alterações podem levar à morte.

- Danos psicológicos, que se manifestam nas condutas agressivas, na perda de autoconfiança, no isolamento e na dificuldade para enfrentar problemas cotidianos.

- Perturbações e alucinações. Nesse estágio o indivíduo costuma perder a referência de tempo e de lugar.

Há mais de cinco mil anos a papoula (*Papaver somniferum*) é conhecida pela humanidade. Naquela época, os sumérios a utilizavam para combater insônia. No século XIX, farmacêuticos obtiveram da papoula uma substância que foi denominada **morfina**.

A **maconha** é o nome popular da planta *Cannabis sativa*. Ela produz mais de 400 substâncias. Uma delas é o THC (tetraidrocanabinol), que é o principal responsável pelos efeitos da droga.

Na foto, imagem de folhas da planta chamada **coca** ou **epadu** (*Erythroxylon coca*), da qual se extrai a cocaína.
Essa planta ocorre exclusivamente na América do Sul.

De olho no Tema

1. Que tipo de droga (depressora, estimulante ou perturbadora) você considera mais perigoso? Por quê?

2. Por que as pessoas utilizam drogas?

3. Quais são os problemas resultantes da dependência de drogas?

4. Quando um remédio pode ser considerado droga ilícita?

TEMA 4

O sistema endócrino

As glândulas endócrinas produzem os hormônios sob controle do sistema nervoso ou da própria glândula.

As glândulas endócrinas

O sistema endócrino é formado pelas **glândulas endócrinas**, estruturas celulares que produzem os **hormônios** e os liberam no sangue. Os hormônios são transportados pelo sangue para outras regiões do organismo, nas quais atuam controlando o funcionamento dos órgãos.

O sistema endócrino participa, juntamente com o sistema nervoso, do controle de muitas funções do corpo humano. Em geral, o sistema endócrino controla processos como o crescimento, a produção de leite nas lactantes e o desenvolvimento sexual, entre outros.

As principais glândulas endócrinas são a **hipófise**, a glândula **tireoidea**, as **suprarrenais**, o **pâncreas**, os **testículos** e os **ovários**.

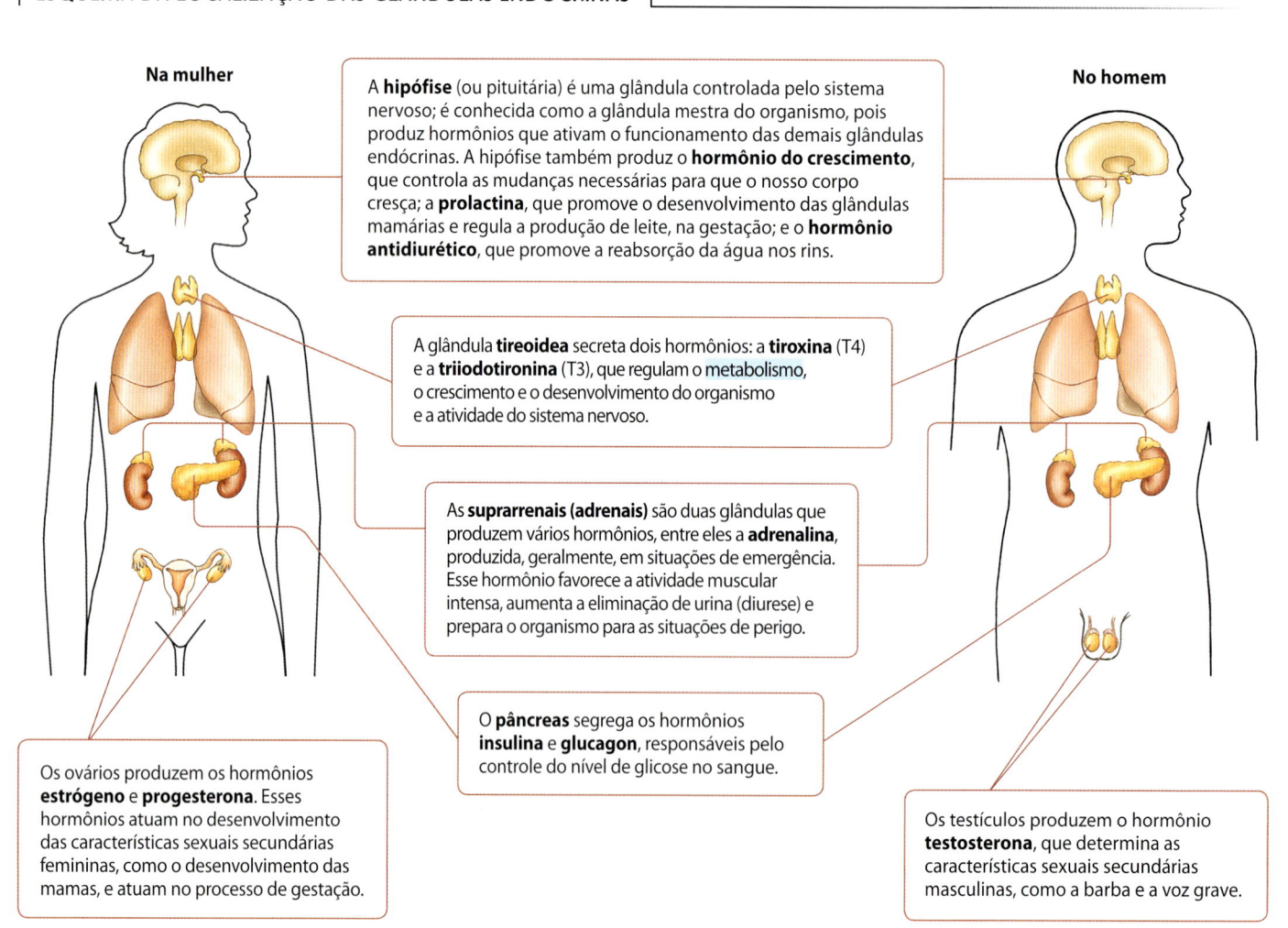

ESQUEMA DA LOCALIZAÇÃO DAS GLÂNDULAS ENDÓCRINAS

Na mulher — **No homem**

A **hipófise** (ou pituitária) é uma glândula controlada pelo sistema nervoso; é conhecida como a glândula mestra do organismo, pois produz hormônios que ativam o funcionamento das demais glândulas endócrinas. A hipófise também produz o **hormônio do crescimento**, que controla as mudanças necessárias para que o nosso corpo cresça; a **prolactina**, que promove o desenvolvimento das glândulas mamárias e regula a produção de leite, na gestação; e o **hormônio antidiurético**, que promove a reabsorção da água nos rins.

A glândula **tireoidea** secreta dois hormônios: a **tiroxina** (T4) e a **triiodotironina** (T3), que regulam o metabolismo, o crescimento e o desenvolvimento do organismo e a atividade do sistema nervoso.

As **suprarrenais (adrenais)** são duas glândulas que produzem vários hormônios, entre eles a **adrenalina**, produzida, geralmente, em situações de emergência. Esse hormônio favorece a atividade muscular intensa, aumenta a eliminação de urina (diurese) e prepara o organismo para as situações de perigo.

O **pâncreas** segrega os hormônios **insulina** e **glucagon**, responsáveis pelo controle do nível de glicose no sangue.

Os ovários produzem os hormônios **estrógeno** e **progesterona**. Esses hormônios atuam no desenvolvimento das características sexuais secundárias femininas, como o desenvolvimento das mamas, e atuam no processo de gestação.

Os testículos produzem o hormônio **testosterona**, que determina as características sexuais secundárias masculinas, como a barba e a voz grave.

Os ovários estão presentes somente nas mulheres e os testículos, somente nos homens. (Representação sem escala. Cores-fantasia.)

Fonte: TORTORA, Gerald J. *Corpo humano — fundamentos de anatomia e fisiologia*. Porto Alegre: Artmed, 2000.

• Como atuam as glândulas endócrinas?

A fabricação de um hormônio é contínua e a sua secreção ocorre quando a glândula endócrina correspondente recebe um impulso nervoso ou uma determinada informação química.

Existem glândulas endócrinas que podem começar a produzir hormônios a partir de um estímulo do sistema nervoso.

Vejamos o caso da **hipófise**. Essa glândula é controlada pelo **hipotálamo** e ambos estão localizados na base do cérebro. O hipotálamo recebe mensagens trazidas pelos nervos e por hormônios do corpo. A partir desses estímulos o hipotálamo realiza o controle da hipófise.

Glossário

Hormônio
Substância produzida por glândulas endócrinas, que é liberada no sangue em pequenas quantidades, exercendo um efeito fisiológico específico.

Metabolismo
Conjunto de transformações químicas necessárias para a formação, desenvolvimento e renovação das estruturas celulares e para a produção de energia necessária à vida.

ESQUEMA DA LOCALIZAÇÃO DO HIPOTÁLAMO E DA HIPÓFISE

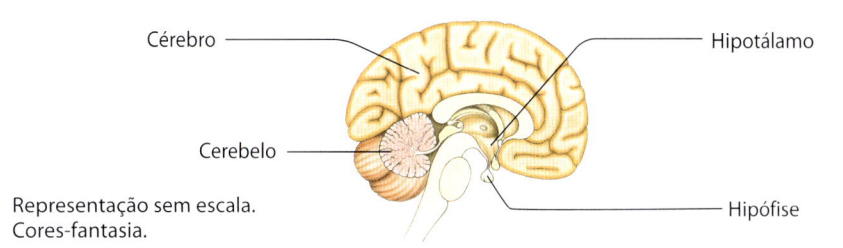

Cérebro — Hipotálamo — Cerebelo — Hipófise

Representação sem escala. Cores-fantasia.

Fonte: TORTORA, Gerald J. *Corpo humano — fundamentos de anatomia e fisiologia*. Porto Alegre: Artmed, 2000.

De olho no Tema

1. A ação das glândulas suprarrenais soma-se à ação de qual parte do sistema nervoso? Que efeito têm essas glândulas no organismo?

2. Se a concentração de glicose no sangue aumentar, que hormônio será produzido? Qual órgão o produz? Como esse hormônio agirá?

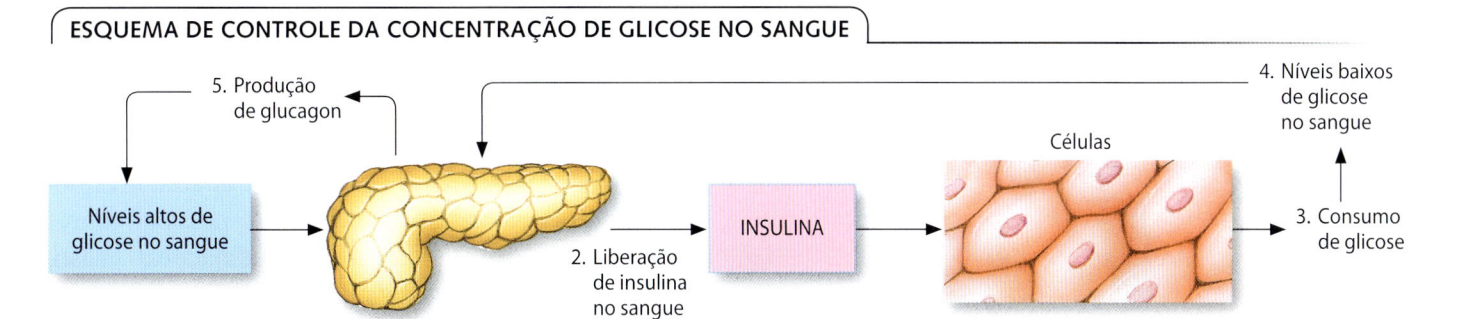

Outras glândulas endócrinas, como o **pâncreas**, por exemplo, são constituídas por células capazes de detectar informações químicas que indicam a necessidade de produção de seus hormônios.

No pâncreas esse controle acontece, basicamente, da seguinte forma:
- Ele produz dois hormônios, que têm funções antagônicas: o **glucagon** e a **insulina**.
- O glucagon eleva a concentração de glicose no sangue. A insulina, ao contrário, abaixa a concentração de glicose.

Quando a concentração de glicose no sangue aumenta, o pâncreas é estimulado a produzir mais insulina. Dessa forma o nível de glicose no sangue deve cair. Isso acontece porque aumenta o nível de absorção e utilização de glicose pelas células do corpo.

Quando a concentração de glicose no sangue fica muito baixa, o pâncreas é estimulado a produzir mais glucagon. Como consequência da ação desse hormônio, ocorre a conversão de glicogênio em glicose no fígado, aumentando a concentração de açúcar no sangue.

ESQUEMA DE CONTROLE DA CONCENTRAÇÃO DE GLICOSE NO SANGUE

5. Produção de glucagon
Níveis altos de glicose no sangue
1. Pâncreas
2. Liberação de insulina no sangue
INSULINA
Células
4. Níveis baixos de glicose no sangue
3. Consumo de glicose

Representação sem escala. Cores-fantasia.

Fonte: TORTORA, Gerald J. *Corpo humano — fundamentos de anatomia e fisiologia*. Porto Alegre: Artmed, 2000.

TEMA 5

Saúde dos sistemas nervoso e endócrino

Diversos distúrbios podem afetar o equilíbrio dos sistemas nervoso e endócrino.

Distúrbios neurológicos: dá para prevenir!

O sistema nervoso, como outros sistemas do corpo, está sujeito a infecções por bactérias e vírus. Algumas dessas infecções, como a poliomielite e a hidrofobia (raiva), afetam seriamente o sistema nervoso, causando paralisias ou até mesmo a morte. Felizmente, porém, essas doenças são facilmente evitadas com a **vacinação** (respectivamente das pessoas e dos animais transmissores), de forma que elas são relativamente raras ou quase inexistentes na maior parte do Brasil. Mas há outras doenças que podem causar danos sérios ao sistema nervoso. Para preveni-las, há algumas regras, como está indicado abaixo:

- Manter uma alimentação saudável e equilibrada.
- Praticar exercícios físicos de forma regular, e também exercícios mentais como leitura, jogos que estimulem o raciocínio (xadrez, palavras cruzadas etc.), e atividades manuais (bordado, tocar instrumentos musicais etc.).
- Reservar tempo para o descanso e o lazer, evitando ao máximo o estresse.
- Evitar ao máximo o consumo de álcool, cigarro e outras drogas.

Vejamos, abaixo, algumas enfermidades que podem afetar o sistema nervoso.

● Doenças degenerativas

Os exemplos mais comuns são o **mal de Parkinson**, um distúrbio neurológico que causa tremores e afeta os movimentos das pessoas, tornando-os instáveis, e o **mal de Alzheimer**, um grave distúrbio que danifica os neurônios do cérebro, causando graves problemas mentais (perda de memória, da fala ou da percepção), e que leva à morte. Não há cura definitiva para essas doenças, embora existam tratamentos que podem melhorar a vida dos pacientes, principalmente os que sofrem do mal de Parkinson.

● Doenças psíquicas

Há uma infinidade de transtornos psíquicos, tais como: **transtorno obsessivo-compulsivo** (comportamentos executados de forma exagerada, como comer, fazer compras, por exemplo, sem que a pessoa afetada consiga parar), **depressão** (estado de tristeza profunda e apatia, mesmo sem motivo aparente), **transtornos psicóticos** (quando a pessoa não interpreta adequadamente a realidade e tem delírios ou alucinações — caso dos esquizofrênicos), entre muitos outros. As causas desses problemas são muitas (genética, histórico familiar, uso de drogas, doenças) e ainda não totalmente conhecidas. O tratamento desses pacientes costuma ser muito difícil e combina o uso de medicamentos e psicoterapia.

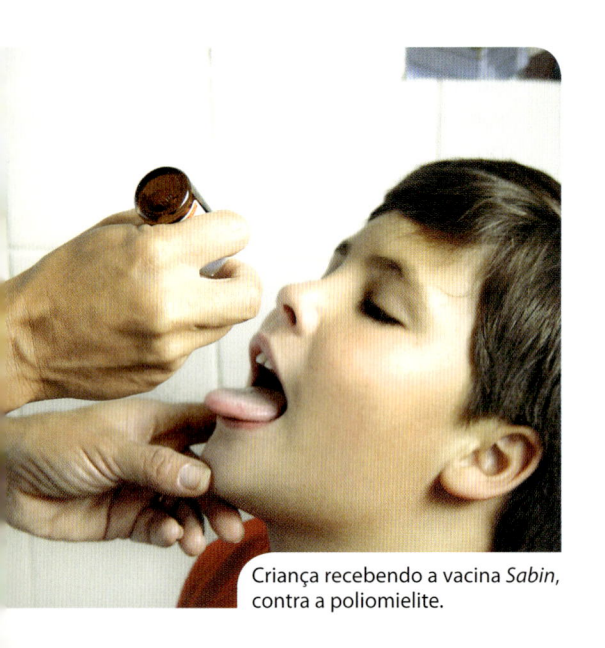

Criança recebendo a vacina *Sabin*, contra a poliomielite.

Tocar instrumentos musicais é uma das maneiras de prevenção de doenças degenerativas ou psíquicas.

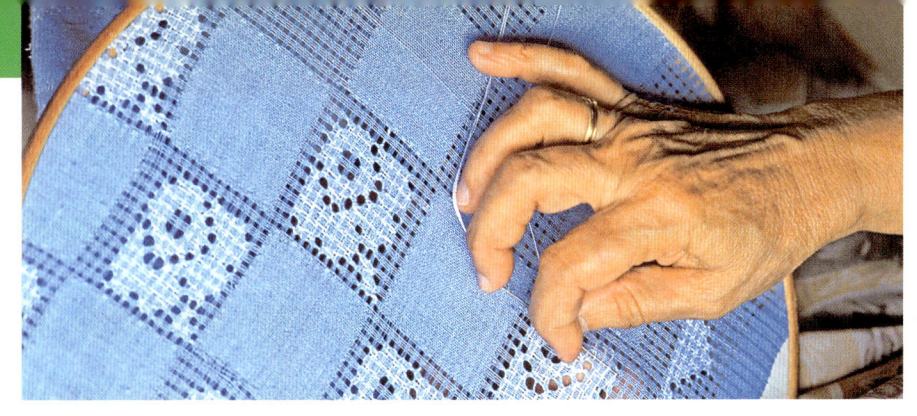

Atividades manuais como confecção de artesanatos são indicadas para prevenção de doenças degenerativas e/ou psíquicas.

Desequilíbrios endócrinos

A produção em excesso de um hormônio ou a diminuição da sua produção põe em risco o equilíbrio do organismo, desencadeando as chamadas disfunções hormonais, como, por exemplo, **diabetes**, **hipotireoidismo** e **hipertireoidismo**.

• Diabetes melito

O **diabetes** é uma doença provocada pela deficiência de produção e/ou de ação da insulina. Parte da glicose que circula no sangue — vinda da digestão dos alimentos — não é absorvida pelas células e acumula-se no sangue. Os sintomas mais comuns são: sede, aumento da frequência de urinar, fadiga e aumento do apetite.

Existem dois tipos de diabetes mais frequentes: o **tipo I** e o **tipo II**.

O diabetes tipo I, também chamado de diabetes juvenil, é o resultado da destruição das células produtoras de insulina por engano, pois o organismo acha que são corpos estranhos (resposta autoimune). Vários fatores parecem estar ligados ao diabetes tipo I; entre eles, incluem-se a origem genética, os autoanticorpos, os vírus e os **radicais livres do oxigênio**. O diabetes tipo II, além da origem genética, tem uma grande relação com a obesidade e o sedentarismo. Estima-se que 60% a 90% dos portadores da doença sejam obesos. Há uma contínua produção de insulina pelo pâncreas; porém ela não é absorvida pelas células musculares e adiposas.

O diabetes tipo II é cerca de 8 a 10 vezes mais comum que o tipo I e pode responder ao tratamento com dieta e exercício físico. Outras vezes vai necessitar de medicamentos orais e, por fim, a combinação destes com a insulina, sob orientação médica.

As pessoas diabéticas podem ter problemas de visão, dificuldade na cicatrização de feridas, doenças cardiovasculares, entre outros.

• Hipertireoidismo e hipotireoidismo

O **hipertireoidismo**, causado pelo excesso de produção de hormônios pela glândula tireoidea, é responsável por sintomas como insônia, taquicardia, emagrecimento acentuado e olhos "arregalados" (exoftalmia). O tratamento pode ser feito com ingestão de medicamentos específicos, cirurgia ou administração de iodo radioativo, todos sob prescrição médica.

Já o **hipotireoidismo** é causado pela insuficiência na produção dos hormônios tireoidianos. Os principais sintomas são: ganho de massa corpórea, embora o apetite esteja normal ou até mesmo menor do que o habitual, cansaço e sonolência. O tratamento é médico e feito com ingestão do hormônio tiroxina.

Saiba +

Radicais livres do oxigênio (RLO)

"[...] Os radicais livres são moléculas transitórias que buscam estabilidade em outras moléculas, átomos ou compostos íntegros do corpo humano. Alteram estruturas do organismo e as convertem em outro radical livre. [...] os RLO estão relacionados a várias doenças, principalmente as cardiovasculares, neurodegenerativas e ao envelhecimento. A produção de radicais livres está relacionada ao próprio metabolismo do corpo e à utilização do oxigênio. A respiração é a sua principal fonte, mas o processo natural de produção de RLO é acelerado pela poluição, exposição à radiação, atividade física extenuante, consumo de fármacos, má alimentação e doenças. [...] Para se ter uma ideia da quantidade de radicais livres produzidos diariamente, cada célula transforma cerca de 2% do oxigênio consumido nessas substâncias. Considerando que cada célula consome cerca de 1 trilhão de moléculas de gás oxigênio por dia, isso equivale a uma média de 20 bilhões de RLO por dia para cada célula. [...]"

Disponível em: http://www.papociencia.ufsc.br/. Acesso em: 17 dez. 2005.

De olho no Tema

1. Explique como funciona a regulação hormonal da concentração de glicose no sangue.

2. Quais os danos que os radicais livres podem causar ao organismo?

3. Na página 127 há uma notícia sobre diabetes. Releia-a e responda: por que há uma previsão de aumento de casos de diabetes no Brasil?

ATIVIDADES — Temas 3 a 5

Organize o conhecimento

1. Observe a figura, identifique as glândulas em seu caderno e responda.

   a) Onde as glândulas endócrinas lançam suas secreções?

   b) O que é possível dizer sobre a quantidade de hormônio produzido pelas glândulas?

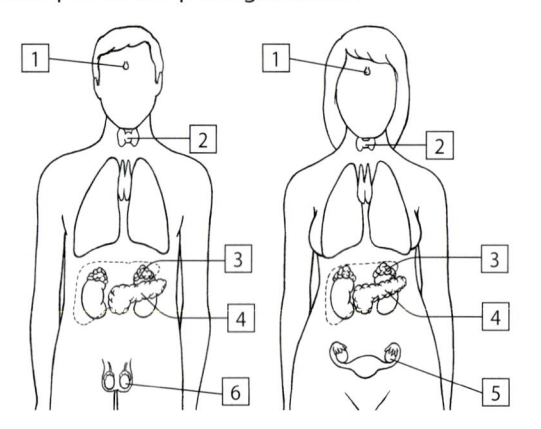

2. Complete as frases em seu caderno, substituindo as letras pelos termos adequados.

   a) Os hormônios circulam por (A) e são produzidos por diferentes (B).

   b) A (C) mantém o corpo em estado de alerta. Esse (D) é produzido pelas (E).

   c) A insulina é produzida quando os níveis de (F) no (G) estão (H).

   d) O hormônio (I) é produzido pelos testículos e regula as (J) masculinas. Os ovários produzem os hormônios (L) e (M).

3. Transcreva e complete o quadro em seu caderno.

Glândula	Hormônio	Localização
Pâncreas		
Hipófise		
Tireoidea		
Suprarrenais		
Ovário		

4. Corrija as alternativas que estiverem incorretas, substituindo pelos termos adequados.

   a) A hipófise produz o hormônio do crescimento, que induz à multiplicação das células e ao aumento do tamanho de várias estruturas.

   b) O hormônio antidiurético, secretado pelas glândulas suprarrenais em momentos de nervosismo, diminui a diurese (eliminação de urina).

   c) A insulina, liberada pelo pâncreas, aumenta a absorção de glicose pelas células, diminuindo a concentração desse açúcar no sangue.

5. Relacione as imagens abaixo com o respectivo hormônio que atua em cada situação.

   1 – prolactina   4 – hormônio antidiurético
   2 – adrenalina   5 – testosterona
   3 – insulina

Analise

6. Um cientista suspeita que certo órgão de um animal tem atividade endócrina. Para testar essa hipótese, ele leva três fatos em consideração:

   – o órgão em questão apresenta muitos vasos sanguíneos;

   – quando esse órgão é retirado cirurgicamente, o animal fica muito apático, e acaba morrendo;

   – o quadro clínico acima pode ser revertido a tempo se um extrato desse órgão for injetado na corrente sanguínea do animal doente.

   É possível dizer que esse órgão realmente tem função endócrina? Por quê? O que precisa ser encontrado no extrato para comprovar ou derrubar de vez essa hipótese?

7. Um jornal publicou a seguinte notícia.

   "Na análise do sangue de uma pessoa que está em situação de perigo, que levou um susto ou está num momento de muita raiva, certamente será possível identificar o aumento de um determinado hormônio."

   • Que hormônio é esse? Que glândula o secreta?

8. Uma mulher de 45 anos vai ao médico queixando-se de dormência nas pernas. Ela diz que urina muito e sente muita sede e cansaço. Um exame de sangue revela que os níveis de glicose estão muito acima do normal.

   a) Qual glândula endócrina não está funcionando de forma adequada nessa paciente?

   b) Que problemas ela pode ter se não fizer tratamento?

   c) Se for ministrado o hormônio que está faltando para a paciente, ela poderá ter uma dieta rica em gorduras? Justifique sua resposta.

Explore

O cérebro dos adolescentes: manual do usuário.

"Eles batem porta, vivem paixões viscerais, pulam de carros em movimento. Estão constantemente entediados e ansiosos. Prudência e autocontrole parecem termos estrangeiros. O mundo gira em torno de sexo, pensamento que eles não largam nem dormindo. De quem é a culpa? Dos hormônios, diz o senso comum. Resposta errada, afirma agora a ciência. O cérebro jovem, repentinamente atirado em uma reforma geral, é que manda [...] Não se trata apenas de um aumento de peso ou volume cerebral. Enquanto algumas estruturas de fato crescem, outras encolhem, sofrem reorganizações químicas e estruturais, e todas acabam por amadurecer funcionalmente. Surgem das habilidades motoras, o raciocínio abstrato, a empatia, o aprendizado social. De posse de um cérebro pronto, nasce um jovem adulto responsável. Mas, até lá, adolescentes têm muito, muito mesmo, o que aprender."

Sistema de recompensa: "conjunto de estruturas responsáveis por premiar determinados comportamentos com bem-estar [...] Do início ao final da adolescência, essas áreas perdem um terço dos seus receptores [...] O tédio, a supervalorização de novos interesses são resultados disso. Como os velhos prazeres já não agradam mais, o cérebro adolescente implora por emoções explosivas."

"A estabanação do adolescente tem a ver com o crescimento rápido do corpo, mas ao contrário do que diz a opinião popular, que põe a culpa nos nervos, isso acontece porque o cérebro não acompanha a transição na mesma velocidade. O giro pós-central é um conjunto de mapas sensório-motores que representa toda a superfície do corpo [...] Como cada parte do corpo encomprida a seu tempo durante a adolescência, essa região é também forçada a passar por um ajuste fino para se adequar à nova realidade corporal."

Córtex frontal: "memória de trabalho, concentração, planejamento e raciocínio abstrato são algumas das funções que o adolescente não tem [bem desenvolvidas] e vai, aos poucos, desenvolvendo."

"Durante a reforma adolescente, essa área ainda está em construção e se comporta como se estivesse [lesada], gerando um tipo de 'miopia' em relação ao futuro que só permite enxergar ganhos imediatos."

Glândula pineal: "é onde acontece a produção de melatonina, um neuro-hormônio que é indutor do sono [...]. Seus níveis aumentam à noite, sinalizando para o corpo que é melhor descansar. Nos adolescentes, sua atividade fica alterada e o pico de melatonina acontece mais tarde do que nas crianças e nos adultos. Essa é uma das razões pelas quais os jovens costumam gostar de dormir tarde — e parecem pregados à cama de manhã cedo."

(Representação sem escala. Cores-fantasia.)

Fonte: CARTONI, Camila. "Cérebro, tá tudo na cabeça". In: *Galileu*. São Paulo: Globo, jan. 2006.

Obter informações

1. Qual é a ideia defendida no texto?

2. Qual a função da glândula pineal e no que ela se relaciona com um hábito tipicamente adolescente?

Interpretar

3. Por que é comum ver adolescentes trombando e tropeçando, ou batendo portas e janelas com força, mesmo quando não estão nervosos?

Refletir

4. De acordo com o texto, as modificações do cérebro surgem, além de outros fatores, do aprendizado social. Que importância tem esse fator?

5. Você concorda com a frase "A cabeça de um adolescente é um trabalho em andamento"? Discuta com os colegas.

6. Pense no que lhe agradava durante a infância e compare com o que lhe dá prazer hoje. Que tipo de mudanças você vê nesse seu padrão de comportamento? Discuta com os colegas.

Por uma nova atitude
Saúde ➕

O álcool afeta o sistema nervoso?

1. Explorar o problema

Sabe-se que a fadiga e a dosagem de álcool são dois fatores que condicionam o tempo de reação de um condutor ao deparar-se com um obstáculo e pressionar o pedal do freio.

A utilização de um simulador permite avaliar esse tempo de reação.

Em um simulador para condutor de veículos aparece um obstáculo. O simulador avalia a distância necessária para frear completamente o veículo, em diferentes velocidades.

Um teste foi realizado com dois tipos de condutores:

- um condutor que não consumiu álcool;
- um condutor que consumiu 3/4 de litro de vinho. Nessas condições, sua alcoolemia (taxa de álcool no sangue) era de 0,8 g/L. O limite tolerado atualmente é de 0,6 g/L.

Os resultados foram:

Influência do álcool no comportamento do condutor		
Velocidade km/h	Distâncias percorridas (m)	
	Sem álcool	Com 0,8 g/L de álcool
60	35,7	45
90	70,7	85
100	85,4	100
120	118,0	135
140	152,2	170

Fonte: CAMPERGUE, Mariette et al. *Sciences de la vie et de la Terre*. Paris: Nathan, 1997.

Policial rodoviário submetendo motorista ao teste do bafômetro, que indica se ela está alcoolizado.

DIAGRAMA 1 – DISTÂNCIAS TEÓRICAS DE PARADA DE UM VEÍCULO EM BOAS CONDIÇÕES DE FREAR (LER O DIAGRAMA A PARTIR DA VELOCIDADE INDICADA NO VELOCÍMETRO)

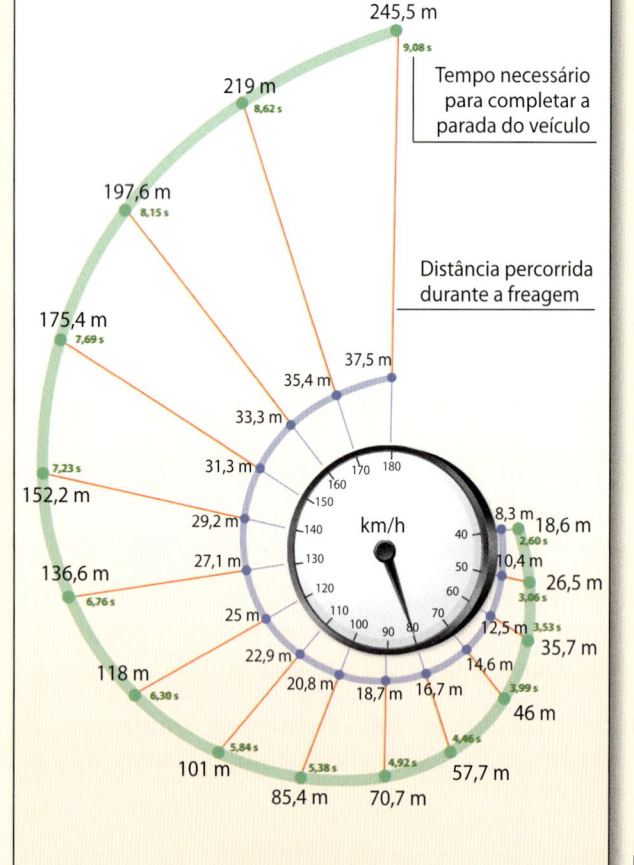

- Distância total percorrida
- Distância percorrida durante o tempo de reação

Distância teórica de parada de um veículo em boas condições de frear: condutor em jejum de bebida alcoólica, freios e pneus em bons estados, estrada seca.

Fonte: CAMPERGUE, Mariette et al. *Sciences de la vie et de la Terre*. Paris: Nathan, 1997.

2. Analisar o problema

No Brasil, mais de 40.000 pessoas perdem a vida anualmente em acidentes de trânsito. Acredita-se, porém, que esses números são maiores, pois os dados estatísticos são falhos. Só nas rodovias paulistas ocorreram, em 2001, 61.000 acidentes, com 2.300 mortes e 23.000 pessoas gravemente feridas. Em todo o mundo o trânsito ceifa vidas, entretanto os números brasileiros são alarmantes e disparam na frente de qualquer país do mundo.

Pátio com carros batidos.
150ª Ciretran, São Roque, SP.

O intervalo de tempo entre o reconhecimento de uma situação perigosa e a ação de resposta a essa situação é chamado de **tempo de reação**, e depende da condição física e do estado emocional do indivíduo.

Quando um motorista (em jejum de álcool) vê um obstáculo a sua frente, um segundo após ele pisa no freio. Esse segundo é o tempo de reação necessário à transmissão do estímulo nervoso. Estando a 50 km/h, um automóvel percorre 14 m pelo tempo de reação, mais 15 m para frear: no total, a distância percorrida pelo automóvel é de 29 m.

Com 0,5 grama de álcool por litro (0,5 g/L) de sangue, que equivale à ingestão de duas taças de vinho ou 3/4 de uma lata de cerveja, um motorista percorre 21 m antes de pisar no freio, o que leva o automóvel a percorrer a distância de 36 m durante a freagem.

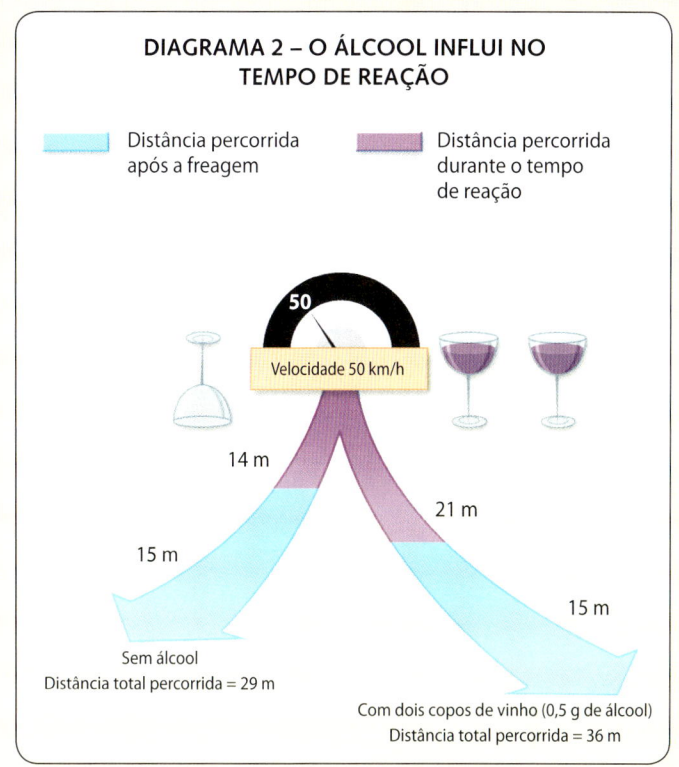

DIAGRAMA 2 – O ÁLCOOL INFLUI NO TEMPO DE REAÇÃO

Distância percorrida após a freagem
Distância percorrida durante o tempo de reação

Velocidade 50 km/h

14 m
21 m
15 m
15 m

Sem álcool
Distância total percorrida = 29 m

Com dois copos de vinho (0,5 g de álcool)
Distância total percorrida = 36 m

Ler o diagrama 1
a) Qual é a distância percorrida durante o tempo de reação, a uma velocidade de 160 km/h?
b) A uma velocidade de 160 km/h, qual é a distância percorrida durante a freagem?
c) A uma velocidade de 100 km/h, qual é a distância percorrida durante a freagem?
d) Que relação pode ser feita entre a velocidade e a distância percorrida após a freagem?

Comparar o diagrama 2
a) Compare a distância percorrida por um motorista em jejum de álcool com a percorrida por outro que ingeriu duas taças de vinho.
b) Calcule o aumento do tempo de reação para o motorista que ingeriu duas taças de vinho.

3. Tomar uma decisão

Forme um grupo com seus colegas e elaborem um cartaz para uma campanha de educação no trânsito, principalmente para o fato de não conduzir um veículo após o consumo de álcool.

Compreender um texto

Tropeçando em uma nova língua

"**Moral da história: Tropeçando em uma nova língua**
Entenda como os neurônios do Ptix ajudaram-no a entender o que a professora estava dizendo

Quando aprendemos a falar (e a compreender) uma língua, utilizamos uma grande região do cérebro cheia de neurônios especializados em ouvir e reconhecer os sons falados e outros que procuram saber o que esses sons querem dizer (como se fossem uma espécie de dicionário). Aí, a pessoa pode guardar na memória, só pensando, ou então falar alguma coisa em resposta ao som que ouviu: um comentário curto, uma resposta comprida ou um palavrão (epa!). Só os seres humanos conseguem isso — os outros animais não. E mais: para isso, só usamos a metade esquerda do cérebro!

Você deve estar pensando: o que é que a outra metade faz? Bem, a parte direita do cérebro participa da linguagem também, através de neurônios que controlam a mímica. É como naquela brincadeira na qual temos que adivinhar uma palavra ou o título de um filme só fazendo gestos. Da mesma forma, sempre que a gente fala, o rosto faz mímica junto, expressando as emoções correspondentes ao assunto: alegria, tristeza, raiva e assim por diante. E as mãos e braços participam também, gesticulando. São os neurônios do lado direito do cérebro que comandam a mímica, sempre conversando com os do lado esquerdo para sair tudo certo. Se não fosse assim, a pessoa poderia rir quando tirasse uma nota ruim na escola e chorar quando ganhasse um presente de Natal. É mole?"

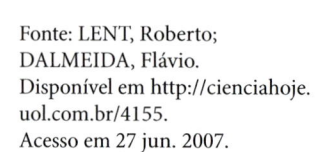

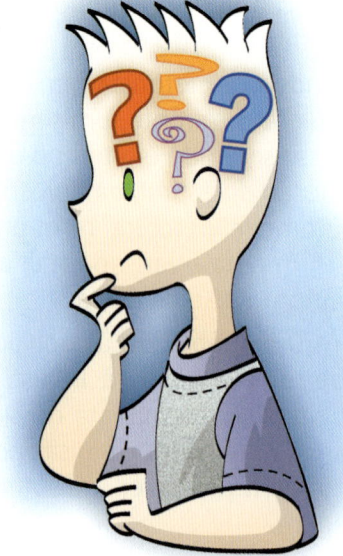

Fonte: LENT, Roberto; DALMEIDA, Flávio.
Disponível em http://cienciahoje.uol.com.br/4155.
Acesso em 27 jun. 2007.

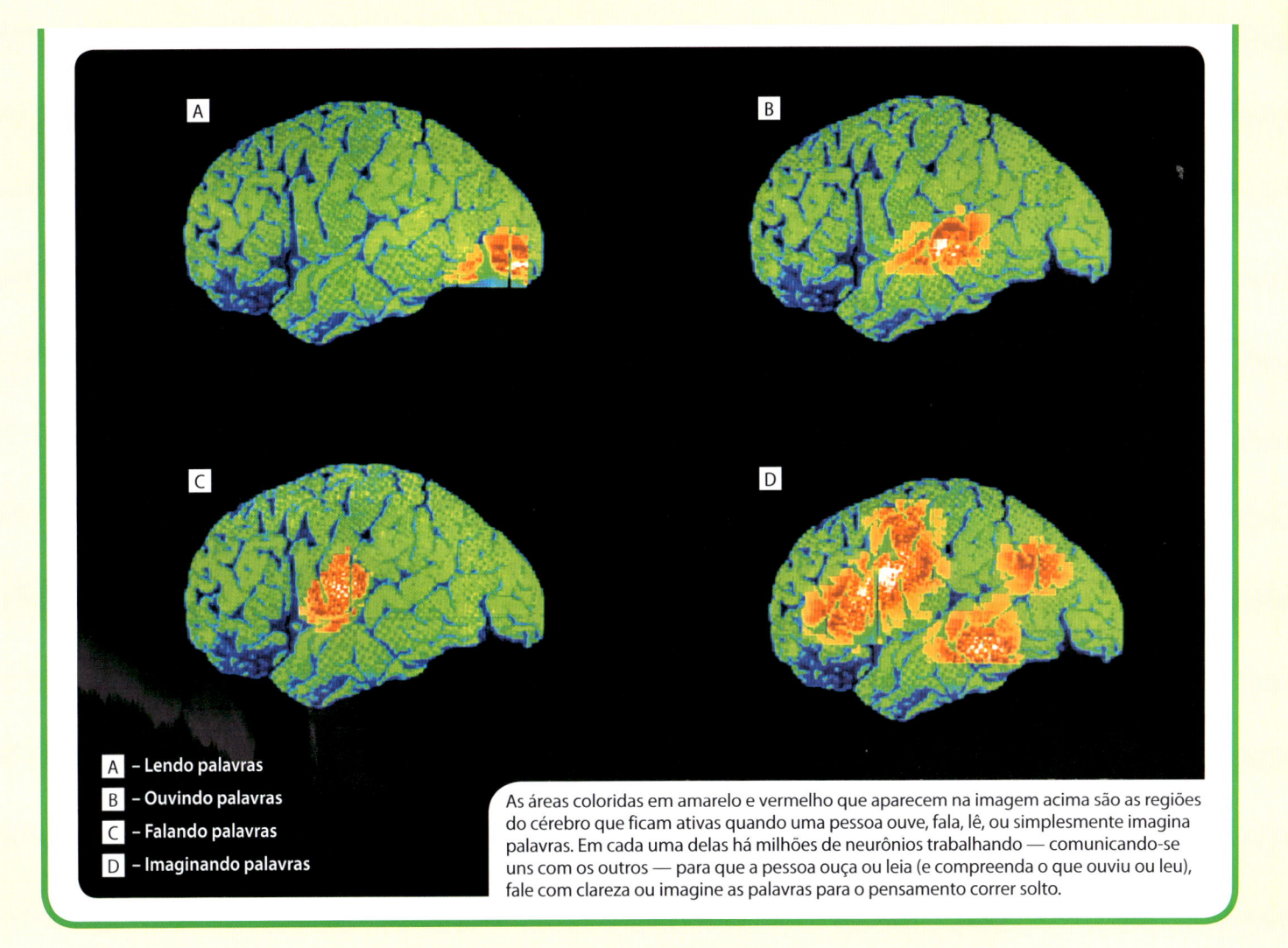

A – Lendo palavras
B – Ouvindo palavras
C – Falando palavras
D – Imaginando palavras

As áreas coloridas em amarelo e vermelho que aparecem na imagem acima são as regiões do cérebro que ficam ativas quando uma pessoa ouve, fala, lê, ou simplesmente imagina palavras. Em cada uma delas há milhões de neurônios trabalhando — comunicando-se uns com os outros — para que a pessoa ouça ou leia (e compreenda o que ouviu ou leu), fale com clareza ou imagine as palavras para o pensamento correr solto.

ATIVIDADES

Obter informações

1. Na história em quadrinhos, as personagens *Olívio Gravador* e *Ocipitaldo Luzes* representam que células do nosso corpo?

2. Segundo o texto, os neurônios especializados em ouvir e reconhecer os sons falados e outros que procuram os significados desses sons estão localizados em que metade do cérebro?

3. Como ocorre a transmissão das emoções?

Interpretar

4. Observando as imagens, em qual atividade o cérebro está mais ativo? Elabore uma justificativa para a sua resposta.

5. Utilize a figura da página 132 e indique quais áreas cerebrais são utilizadas em cada uma dessas atividades: ouvir palavras, ler palavras, falar palavras e imaginar palavras.

Refletir

6. Em dupla, elaborem um pequeno diálogo, que contenha falas que geralmente trazem emoções. Leiam esse diálogo, teatralizando-o. Em seguida, repitam a leitura do texto, dessa vez não expressando nenhuma emoção.

   a) Em que situação foi mais fácil compreender o texto?

   b) Qual a importância das emoções para os seres humanos?

UNIDADE 6

Bom apetite!

Entrevista

Dra. Maria B. de Paula Eduardo
Médica Sanitarista e Epidemiologista

Prevenção de epidemias

A vigilância epidemiológica fornece orientações técnicas para prevenção e controle de doenças de transmissão hídrica e alimentar.

Araribá Como é o seu dia-a-dia?
Dra. Maria Bernadete: Trabalho no Centro de Vigilância Epidemiológica (CVE) da Secretaria de Estado da Saúde de São Paulo, na Divisão de Doenças de Transmissão Hídrica e Alimentar. Recebemos a notificação da ocorrência de surtos ou de casos de doenças causadas por alimentos e água de todas as partes do estado de São Paulo. Além disso, elaboramos material técnico, didático e educativo sobre essas doenças para orientar e educar a população quanto aos cuidados de prevenção dessas doenças.

Araribá Quais são as doenças mais preocupantes em sua especialidade?
Dra. Bernadete: As diarreias agudas representam a manifestação mais frequente das doenças que são veiculadas por água e alimentos contaminados ou por animais (incluídos os de estimação — cachorros, iguanas, *hamsters*), além de febre, náuseas e vômitos e outros sintomas. A hepatite A, a febre tifoide, a cólera e o botulismo são algumas doenças que necessitam de vigilância especial.

As mãos têm sido um dos principais responsáveis pela contaminação de alimentos

Araribá Quais são as regras básicas de prevenção de contaminação hídrica e alimentar?
Dra. Bernadete: Para as doenças diarreicas, em geral, as regras são básicas e simples: **1)** Lavar as mãos antes de manipular e preparar qualquer tipo de alimento; lavar as mãos depois de ocupar o banheiro — as mãos têm sido um dos principais responsáveis pela contaminação de alimentos. **2)** Cozinhar, ferver, assar ou fritar bem os alimentos e sempre reaquecer as sobras de uma refeição para outra. Por exemplo, uma boa parte dos ovos pode conter uma bactéria chamada *Salmonella enteritidis*, que está na gema e na clara; provoca diarreia intensa e, muitas vezes, um quadro grave que exige internação — por isso, os produtos feitos à base de ovos crus, como maioneses caseiras, *mousses*, coberturas de bolo podem causar a doença —; 60% dos surtos notificados ao CVE são devido a essa bactéria, e os produtos à base de ovos são os principais implicados no surto. Carnes cruas ou malcozidas têm sido também responsáveis por boa parte dos surtos. **3)** Guardar na geladeira os alimentos assim que preparados e utilizados — sabe-se, cientificamente, que após 2 horas do cozimento, se os alimentos ficarem fora da geladeira, em temperatura ambiente, bactérias e toxinas começam a crescer/desenvolver-se, constituindo grande perigo para a saúde — por exemplo, a toxina do *Staphylococcus aureus* é termorresistente e, depois de formada, não se inativa pelo aquecimento normal feito no fogão. **4)** Ao preparar os alimentos não faça a contaminação cruzada, isto é, não use utensílios que foram utilizados para outros alimentos. Cuidados devem ser tomados para que alimentos crus não contaminem os já cozidos e preparados. **5)** Lavar e desinfetar bem os vegetais e frutas. **6)** Beber sempre água tratada ou fervida.

Por que estudar esta Unidade?

Os nutrientes podem fornecer energia e regular as múltiplas transformações químicas que acontecem no corpo. A quantidade, qualidade e variedade de nutrientes que ingerimos são garantidas por uma dieta adequada e equilibrada. Mas isso não é simples de controlar!

Somos diariamente expostos a alimentos industrializados de qualidade duvidosa. Pior, o teor nutricional desses alimentos está muito distante das orientações de médicos e especialistas em nutrição, transformando o prazer de se alimentar numa questão de saúde pública.

Começando a Unidade

1. Os diferentes alimentos têm o mesmo valor nutritivo? Por quê?
2. Como deve ser uma dieta equilibrada?
3. Os alimentos da foto constituem uma dieta equilibrada?
4. Você tem o hábito de lavar as mãos antes de se alimentar?
5. O que acontece com os alimentos após serem ingeridos?

TEMA 1

De olho nas notícias

"Doce atração

Sobremesa preparada, mesa posta e você mal pode esperar pelo fim do jantar? Do fundo da mesa, dentro daquele pote especial, os bolinhos de banana parecem sorrir... Antes de atacá-los, você saberia responder o que lhe faz sentir tão atraído por essas doces delícias?

Pois existe uma resposta científica para isso e ela está em um lugar muito pequeno — um espaço entre células do cérebro que (acredite!) é mil vezes menor que a espessura de um fio de cabelo.

Nesses locais acontece a comunicação entre células do cérebro, os neurônios, e é o açúcar um dos responsáveis pela liberação de mensageiros — os neurotransmissores — que vão estabelecer essa conversa entre as células. Serotonina e a β-endorfina (betaendorfina) são os neurotransmissores acionados quando ingerimos açúcares.

Esses dois mensageiros são capazes de modificar o nosso estado de humor. [...] Por isso, então, nos sentimos tão bem quando comemos doces.

Mesmo sem saber da ligação do açúcar com esses prazeres, muita gente, quando se sente triste, corre para a geladeira para devorar um docinho. Mas vai um alerta: açúcar em excesso pode causar a obesidade e diabetes, graves problemas de saúde."

Fonte: "Receita africana salpicada de ciência."
In: *Ciência Hoje das Crianças*. Rio de Janeiro: SBPC, n. 168, maio 2006.

"Vegetarianos transferem estilo de alimentação aos animais

Difícil dissociar a imagem meio desenho animado de um cachorrão com um belo pedaço de bife na boca. Por natureza, cães, e também gatos, são carnívoros. Mas, assim como humanos, existem *pets* vegetarianos. A diferença é que um escolhe, o outro, não.

A veterinária Fernanda [...] questiona a transferência dessa "filosofia" para o mundo animal. Segundo ela, os humanos muitas vezes esquecem que cães e gatos precisam de algumas proteínas específicas. [...]

Cães com deficiência de proteína podem entrar em catabolismo, ou seja, utilizam a proteína dos próprios músculos para gerar energia, o que leva o animal a um estado grave de desnutrição. [...]"

Fonte: STACHUK, Mayra. "Vegetarianos transferem estilo de alimentação aos animais." In: Revista da Folha. *Folha de S.Paulo*, 25 mar. 2007.

"OMS prevê aumento de desnutrição e doenças por mudanças climáticas"

A OMS (Organização Mundial de Saúde) alertou hoje que as mudanças climáticas esperadas por cientistas devem levar ao crescimento das ocorrências de desnutrição e de doenças infecciosas e respiratórias, com efeitos sobretudo para as crianças. [...]

A organização [...] acrescentou que pode ser esperado um aumento das mortes e ferimentos provocados por fenômenos meteorológicos extremos como inundações, tormentas e ondas de calor. A carência de alimentos, pelos desastres climáticos, ainda deve levar ao incremento da incidência de diarreia e outros problemas relacionados com a alimentação, alerta o órgão.

Além de advertir para o crescimento da incidência de problemas respiratórios, com as crescentes concentrações de ozônio na atmosfera, a OMS estima que, por outro lado, as mudanças climáticas possam reduzir a ocorrência de mortes provocadas pela exposição ao frio."

Fonte: http://www1.folha.uol.com.br/folha/ciencia/ult306u16245.shtml
Acesso em 14 ago. 2007.

Devido à estiagem em Canguçu, no estado do Rio Grande do Sul, a plantação de milho não se desenvolveu. Veja o detalhe da espiga na foto.

De olho no Tema

1. Qual das notícias mais lhe chamou a atenção? Por quê?
2. Por que somos atraídos por alimentos doces?
3. O que você acha da alimentação vegetariana para animais de estimação?
4. Como as mudanças climáticas podem prejudicar a produção de alimentos?
5. Quais são as reações físicas ligadas à fome?
6. De que maneira os problemas ambientais estão relacionados com a fome?
7. Na sua opinião qual é a real causa do problema da fome no mundo?

"Cientistas identificam gene que emite sinais de fome"

O gene causa o mal-estar associado à fome, e os roncos no estômago

GENEBRA — Uma equipe de pesquisadores suíços e franceses identificou o gene responsável pela difusão dos sinais de fome, entre eles o aumento da temperatura corporal, os "roncos" do estômago e um certo mal-estar geral, informa a Universidade de Freiburg. [...]

A sincronização das horas das refeições com as reações físicas ligadas à fome 'constituem uma base muito promissora para elaborar tratamentos contra a obesidade, os distúrbios de sono e o alcoolismo', indicou a Universidade de Freiburg, em comunicado de imprensa. [...]"

Fonte: Agência Efe, Genebra, 31 out. 2006.
Disponível em: http://www.estadao.com.br/ciencia/noticias/2006/out/31/336.htm
Acesso em 14 ago. 2007.

TEMA 2

A nutrição e os alimentos

A nutrição inclui a digestão, a respiração, a circulação e a excreção.

A nutrição

A nutrição é o conjunto de processos integrados que envolve a **digestão**, a **respiração**, a **circulação** e a **excreção**. Por meio da nutrição, os seres vivos transformam as substâncias que são introduzidas no organismo (alimentos e gás oxigênio), obtendo principalmente energia.

A digestão realiza-se no **sistema digestório**. Simplificadamente, a digestão consiste em captar o alimento, triturá-lo e reduzi-lo em substâncias menores, para que as células possam absorvê-las e utilizá-las.

A respiração realiza-se no **sistema respiratório** e continua dentro das células. Na respiração, o gás oxigênio do ar é captado nos pulmões e distribuído para todas as células do corpo. Dentro das células, o gás oxigênio é utilizado para a liberação da energia contida nos nutrientes obtidos pela digestão.

O **sistema cardiovascular** ou **circulatório** faz o transporte de substâncias como o gás oxigênio e os nutrientes a todas as células do corpo. O sistema cardiovascular também transporta os resíduos produzidos nas células até os órgãos que os eliminam do organismo.

A excreção realiza-se no **sistema urinário** e consiste na eliminação das substâncias tóxicas produzidas nas células. Essas substâncias são formadas durante as diversas reações que acontecem no organismo e são eliminadas por meio da urina.

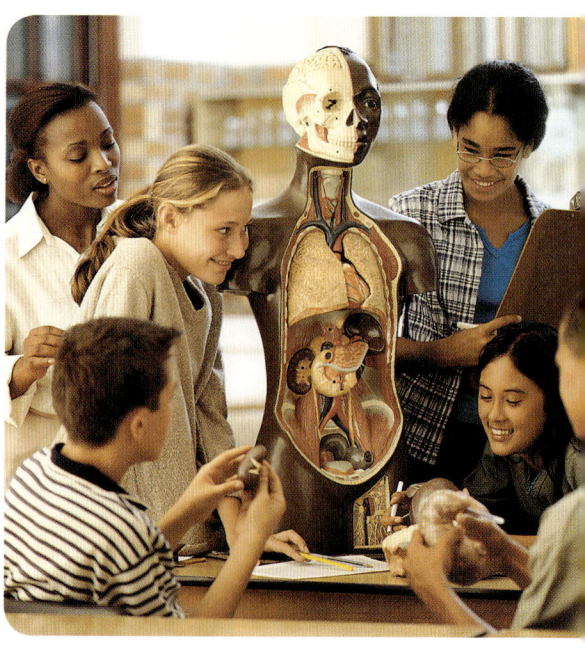

Nutrientes:
- Vitaminas
- Sais minerais
- Carboidratos
- Lipídios
- Proteínas

Os vários processos integrados de nutrição permitem a obtenção de energia necessária às diversas atividades do dia-a-dia.

Saiba +

A água

O organismo humano é constituído por aproximadamente 75% de água.

A água é considerada solvente universal, pois é capaz de dissolver várias substâncias. Quando é ingerida, fornece diversos sais minerais ao corpo. Ela também transporta nutrientes e resíduos das células e participa na manutenção da temperatura do organismo.

Os alimentos e os nutrientes

Os **nutrientes** são substâncias obtidas dos **alimentos**. Os nutrientes fornecem energia para as funções vitais; são a base estrutural dos seres vivos, ou seja, compõem a matéria para a construção do corpo; regulam as diferentes funções do organismo.

Há cinco tipos de nutriente: as **vitaminas**, os **sais minerais**, os **carboidratos**, os **lipídios** e as **proteínas**.

TEMA 3

Vitaminas e sais minerais

As vitaminas e os sais minerais são nutrientes reguladores e previnem o desenvolvimento de diversas doenças.

As vitaminas

As **vitaminas** são nutrientes essenciais ao ser humano. Elas regulam as diversas atividades que ocorrem no corpo.

As vitaminas são encontradas em diferentes tipos de alimentos, como derivados do leite, frutas, folhas verdes e óleos, entre outros.

- A **vitamina A** é necessária à manutenção dos tecidos dos olhos, dos pulmões, da boca, das orelhas e do nariz. Previne resfriados, infecções e cegueira noturna (doença que causa dificuldade de enxergar em ambientes pouco iluminados). A vitamina A é encontrada na gema de ovo e também em alimentos amarelos como cenoura, milho e pêssego.
- A **vitamina K** participa do processo de coagulação sanguínea e previne hemorragias. É encontrada em folhas verdes, tomate, castanha-do-pará, fígado etc.
- A **vitamina D** atua na absorção de cálcio e de fósforo pelo organismo. Previne o raquitismo, doença que torna os ossos e os dentes frágeis. O corpo precisa da luz solar para ativar a produção de vitamina D. Quando é obtida por meio da alimentação, é encontrada no óleo de fígado de bacalhau, fígado e gema de ovo.

Os sais minerais

Os **sais minerais** são nutrientes constituídos de elementos importantes, como o sódio, o potássio, o cálcio e o ferro. Como exemplo de sais minerais temos: o cloreto de sódio (sal de cozinha), o cloreto férrico, o fosfato de cálcio, fosfatos de magnésio etc. Encontramos sais minerais na água, no sal de cozinha, nas frutas, no leite, nos frutos do mar e em diversos outros alimentos.

- Os sais de **sódio** e os de **potássio** regulam a quantidade de água no organismo, além de atuar nas funções do sistema nervoso e na contração muscular. O sódio é encontrado no sal de cozinha e o potássio, em frutas como banana e laranja, entre outras.
- Os sais de **cálcio** e os de **fósforo** entram na composição dos dentes e dos ossos. Os derivados do leite fornecem esses minerais.
- O **ferro** é componente da hemoglobina do sangue. Pode ser encontrado no feijão, na carne e nas folhas. A falta de ferro causa anemia.
- O **iodo** é importante para o funcionamento da glândula tireoidea. A falta ou o excesso de iodo provoca doenças que afetam essa glândula. Hortaliças como agrião, alface, cenoura e tomate, além de peixes e frutos do mar, são fontes de iodo.

Os sais minerais desempenham outras funções essenciais ao funcionamento e à regulação do organismo, além das citadas acima. Porém, o consumo excessivo de alguns sais minerais pode provocar problemas relacionados à pressão arterial.

Os raios solares são importantes na formação da vitamina D. É recomendável, durante a exposição aos raios solares, o uso de filtro solar, bonés ou chapéus, principalmente para pessoas como estes pescadores, cuja profissão exige constante exposição aos raios solares.

De olho no Tema

1. A nutrição está relacionada apenas à ingestão de alimentos? Explique.

2. Escolha duas vitaminas que não foram mencionadas no texto e pesquise sobre suas atuações no corpo e os alimentos onde podem ser encontradas.

3. Quais são os sais minerais importantes para a formação dos dentes?

TEMA 4

Carboidratos, lipídios e proteínas

Os carboidratos e os lipídios são nutrientes energéticos. As proteínas são nutrientes estruturais.

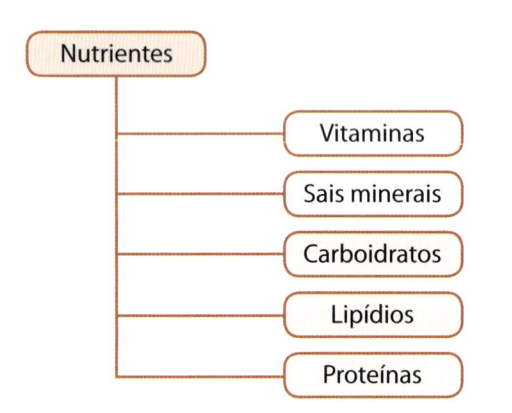

Nutrientes
- Vitaminas
- Sais minerais
- Carboidratos
- Lipídios
- Proteínas

A celulose faz parte de todas as plantas, pois é constituinte da parede celular.

Os carboidratos

Os **carboidratos** ou **glicídios** são a principal fonte de energia do organismo. São também conhecidos como açúcares e estão presentes em vários alimentos, como as frutas, o leite, as raízes, os cereais e o mel. Podem-se classificar os carboidratos de acordo com a sua estrutura química.

Os **monossacarídios**, como a glicose e a frutose, são os carboidratos mais simples.

- A **glicose** é transformada pelas células em energia. Muitos carboidratos complexos são decompostos até se transformarem em glicose, durante a digestão. Além disso, a glicose também é encontrada em diversos alimentos, como frutas, cereais, verduras, mel etc.

  A glicose que chega às células é o nutriente que fornece a energia necessária para o funcionamento do organismo.

- A **frutose** é um dos açúcares encontrados nas frutas.

Os **dissacarídios** são mais complexos, formados por duas moléculas de carboidrato. A sacarose e a lactose são exemplos de dissacarídios.

- A **sacarose** é o açúcar comum, como aquele produzido da cana-de-açúcar.
- A **lactose** está presente no leite e derivados.

Os **polissacarídios** são formados por várias moléculas de carboidrato unidas. O amido, a celulose e o glicogênio são exemplos de polissacarídios.

- O **amido** é utilizado como material de reserva energética pelas plantas e armazenado principalmente nas raízes. Encontra-se na batata, no milho, em grande parte das hortaliças e nos alimentos elaborados com grãos de trigo, como pão e massas.
- A **celulose** constitui a parede das células das plantas, formando as fibras vegetais. Ela não é digerida pelo organismo humano, porém fornece as fibras que auxiliam o funcionamento do intestino.
- O **glicogênio** é utilizado como material de reserva de energia pelos animais e armazenado principalmente nas células do fígado e dos músculos.

A combinação de diferentes alimentos é necessária para garantir a ingestão de substâncias essenciais ao funcionamento do organismo.

Entrando na rede

No endereço http://cienciahoje.uol.com.br/controlPanel/materia/view/60617 você encontra um texto sobre os tipos de gordura.

Os lipídios

Os **lipídios** são substâncias pouco solúveis em água e constituem uma reserva de energia que é utilizada na falta de carboidratos. Lipídios fazem parte da membrana das células, ou seja, participam de sua estrutura. Os lipídios também auxiliam na manutenção da temperatura do corpo, formando uma camada isolante sob a pele, que evita a perda de calor.

Os lipídios podem ser de origem animal ou vegetal e são conhecidos como gorduras e óleos.

- Os **lipídios de origem animal** encontram-se na gema do ovo, nas carnes, no leite e derivados — queijo, manteiga, iogurte etc. Como exemplo temos o colesterol, a cera produzida pelas abelhas, entre outros. Muitas doenças estão associadas a um consumo elevado de lipídios de origem animal, como obesidade e doenças cardiovasculares.

- Os **lipídios de origem vegetal** encontram-se nos óleos vegetais, como o azeite de oliva e o óleo de girassol, no abacate, no amendoim, nas castanhas e nas nozes, entre outros.

REPRESENTAÇÃO DE DEPOSIÇÃO DE COLESTEROL EM UMA ARTÉRIA

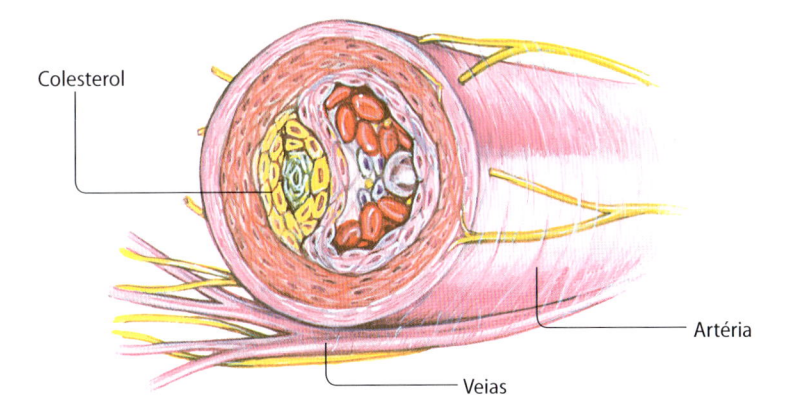

Colesterol
Artéria
Veias

O depósito de colesterol, um tipo de lipídio, pode entupir as artérias e causar doenças, como as cardiovasculares. Em quantidade adequada, o colesterol é importante na formação de alguns hormônios e na fabricação de vitamina D.
(Representação sem escala. Cores-fantasia.)
Fonte: CLAUSEN, John et al. *Corpo humano*. São Paulo: Abril, 1995. (Coleção *Time Life*)

De olho no Tema

1. Que doenças estão relacionadas ao consumo excessivo de lipídios?
2. Que tipos de problema a falta de proteínas na alimentação pode causar?

Verifique

A ação de uma enzima

Realize esta atividade:

Mastigue vagarosamente e diversas vezes uma porção de pipoca preparada sem sal e sem açúcar. O que aconteceu com o sabor da pipoca? Elabore, com um colega, uma explicação para isso.

As proteínas

As **proteínas** são a matéria básica na formação das células. Entram na composição dos músculos, do cabelo, da pele, das unhas, enfim, de todos os tecidos e órgãos.

Muitas proteínas atuam como **enzimas**. As enzimas facilitam as reações biológicas, como as reações da digestão. O amido, por exemplo, é um polissacarídio formado por várias moléculas de glicose. O amido é quebrado em açúcares menores pela ação de uma enzima chamada **amilase**.

As proteínas atuam também como fonte de energia, quando, em casos extremos de falta de nutrientes, as reservas de carboidrato e de gordura se esgotam.

Os alimentos de origem animal, como a clara de ovo, as carnes, o leite e seus derivados, e alguns alimentos vegetais, como o feijão, a lentilha, a soja, a ervilha e o grão-de-bico, são considerados as principais fontes de proteínas.

TEMA 5

A energia nos alimentos

A energia fornecida pelos alimentos e as necessidades energéticas do corpo são medidas em calorias.

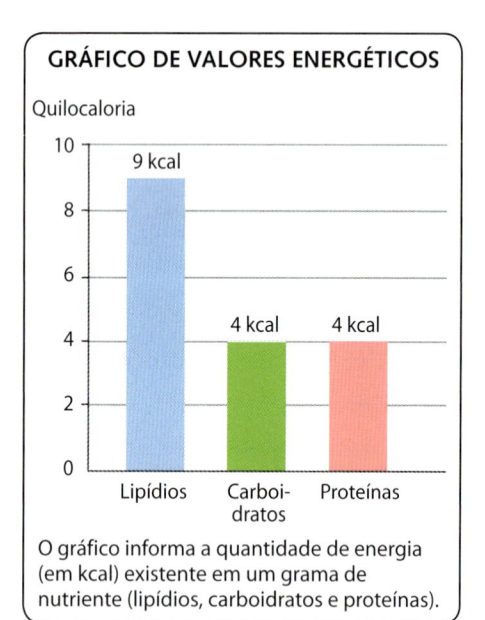

As calorias

A energia presente nos alimentos é liberada no interior das células por meio de reações químicas.

A quantidade de energia que um nutriente contém é medida em **calorias por grama (cal/g)**. Usualmente, os valores energéticos são expressos em **quilocaloria (kcal)**, sendo **1 kcal = 1.000 cal**.

Os nutrientes fornecem diferentes valores energéticos. Veja o gráfico ao lado.

GRÁFICO DE VALORES ENERGÉTICOS

Quilocaloria
- Lipídios: 9 kcal
- Carboidratos: 4 kcal
- Proteínas: 4 kcal

O gráfico informa a quantidade de energia (em kcal) existente em um grama de nutriente (lipídios, carboidratos e proteínas).

Fonte: RIBEIRO, Marisilda de A. et al. Nutritive value of colective meals: tables of food composition versus laboratory analysis. *Revista de Saúde Pública*, v. 29, n. 2, p. 120-126, abr. 1995.

● As calorias contidas nos alimentos

O valor calórico de cada alimento depende do tipo e da quantidade de nutrientes que o constituem. Observe a tabela 1.

Tabela 1

Valor energético de alguns alimentos		
Alimento	Porção	Energia (kcal)
Achocolatado com leite integral	1 copo	165
Arroz cozido	2 colheres	140
Feijão cozido	1 concha	210

Disponível em: http://medicina.fm.usp.br/endoresidentes/dietas/tab_calorias_alimentos.pdf. Acesso em 13 ago. 2007.

● Necessidades energéticas

A quantidade de energia utilizada diariamente depende da idade e do tipo de atividade da pessoa. Em geral, mulheres adultas gastam de 1.800 a 2.000 quilocalorias e homens, de 2.400 a 2.600 quilocalorias por dia para manter o trabalho do organismo.

Utilizamos diferentes quantidades de energia para diferentes atividades (veja a tabela 2). A energia obtida dos alimentos deve garantir quatro funções vitais:

- O **metabolismo basal** indica o mínimo de energia necessário para manter a respiração, a circulação e outras funções vitais. Cerca de 75% da energia obtida dos alimentos é gasta nessas funções.
- O **trabalho muscular** corresponde aos movimentos que realizamos, como andar, falar e praticar esportes.
- A **manutenção da temperatura corporal** é a transformação de energia que o organismo realiza para manter a temperatura constante, independentemente do ambiente.
- O **crescimento** e a **reposição de células** consiste na formação de novos tecidos. As tranformações energéticas realizadas durante o crescimento são maiores durante a infância, a adolescência e a gravidez, porém a reposição de células ocorre durante toda a vida.

Tabela 2

Necessidades energéticas de uma pessoa de 67 kg	
Atividade	Gasto de energia
Dormir	90 kcal/h
Ficar sentado	100 kcal/h
Permanecer em pé	120 kcal/h
Trabalho caseiro leve	180 kcal/h
Caminhar	240 kcal/h
Andar de bicicleta	480 kcal/h
Correr	600 kcal/h
Subir escadas	900 kcal/h

Tabela elaborada com base em: RAW, Isaias et al. *A biologia e o homem*. São Paulo: Edusp, 2001.

TEMA 6

A dieta adequada

Uma dieta equilibrada deve conter nutrientes variados em quantidades adequadas.

A pirâmide alimentar

Existem diversos modelos formulados por especialistas sobre dieta equilibrada. Um dos mais utilizados é a pirâmide alimentar, um guia de alimentação aprovado pela Organização Mundial da Saúde.

A pirâmide indica os grupos e a quantidade de alimentos que devem ser ingeridos ao longo do dia.

Exemplos de medidas de algumas porções

Alimentos	Medidas caseiras
Lipídios	1 colher (sopa) de manteiga, margarina ou maionese
Leite e derivados	1 copo de leite ou de iogurte ou 2 fatias de queijo
Carnes, feijão e nozes	1 filé pequeno de carne bovina, peixe ou ave ou 1 ovo ou 1/2 xícara (chá) de feijão ou 1/2 xícara (chá) de nozes ou castanhas
Frutas	1 fruta fresca ou 1/2 xícara (chá) de suco
Vegetais	1 xícara (chá) de folhas cruas ou 1/2 xícara (chá) de vegetais cozidos
Pães, cereais e massas	1 fatia de pão ou 1/2 xícara (chá) de cereais ou 1/2 xícara (chá) de arroz ou 1/2 xícara (chá) de macarrão cozido

Fonte: TORTORA, Gerald J. *Corpo humano — fundamentos de anatomia e fisiologia*. Porto Alegre: Artmed, 2000.

O segundo patamar reúne grupos de alimentos ricos em vitaminas, minerais e fibras, e regulam as funções do organismo.
2-4 porções de frutas
3-5 porções de vegetais

Os alimentos ricos em lipídios do **topo da pirâmide** devem ser consumidos em menor quantidade, pois são extremamente calóricos. Use moderadamente.
1-2 porções

Os carboidratos são encontrados na **base da pirâmide**, formada por cereais, pães, raízes e tubérculos. Esses alimentos devem ser consumidos em maior quantidade, pois fornecem bastante energia.
6-11 porções

No **terceiro patamar** estão os alimentos ricos em proteínas, que são elementos estruturais do organismo.
2-3 porções de carne
2-3 porções de laticínios

Fonte: Departamento de Agricultura e Departamento de Saúde e Serviços Sociais dos Estados Unidos.

A pirâmide alimentar sofre variações no número das porções de cada grupo alimentar, de acordo com sexo, idade, massa corporal, altura e atividade física de cada pessoa.

A variedade de alimentos é uma das recomendações para uma dieta equilibrada.

Três recomendações para uma dieta equilibrada.
- **Variedade** de alimentos de todos os grupos.
- **Proporcionalidade**, que pode ser observada pelo tamanho dos grupos e pela indicação de número de porções recomendadas.
- **Moderação** no consumo do grupo dos lipídios e açúcares.

De olho no Tema

1. Por que precisamos de energia? Cite três exemplos de atividades ou funções que necessitam de energia.

2. Quando uma pessoa está parada, sem se mexer, ela está utilizando energia? Explique.

3. Uma pessoa que só se alimenta de frutas e verduras apresenta uma dieta equilibrada? Por quê?

ATIVIDADES — Temas 1 a 6

Organize o conhecimento

1. Cite os processos relacionados à nutrição humana.

2. Transcreva e complete o quadro em seu caderno.

Nutriente	Funções
_____	Nutrientes reguladores; podem constituir os dentes e os ossos.
Proteínas	_____
_____	Nutrientes energéticos, também chamados de açúcares.
Vitaminas	_____
_____	Nutrientes que armazenam energia e auxiliam na manutenção da temperatura corporal.

3. Transcreva o quadro abaixo e complete listando alimentos de uma dieta equilibrada. Utilize as informações da pirâmide alimentar da página 159.

Refeição	Alimentos
Café-da-manhã	_____
Almoço	_____
Lanche	_____
Jantar	_____

4. Utilize o gráfico da página 158 e calcule a quantidade de energia fornecida por:

  a) uma barra de chocolate de 50 g.
  Em cada 100 g de chocolate há: 7 g de proteína, 35 g de lipídio, 58 g de açúcar.

  b) uma barra de cereais de 50 g.
  Em uma barra de 25 g há: 1 g de proteína, 2 g de lipídio, 18 g de açúcar.

Analise

5. Observe as fotos e responda:

  a) Qual alimento apresenta maior quantidade de calorias?

  b) Quais são os principais nutrientes encontrados nesse tipo de alimento?

  c) Quais são os principais nutrientes fornecidos pelo alimento da foto B?

6. As pessoas vegetarianas não utilizam carnes em sua alimentação. Como elas obtêm proteínas?

7. Observe a foto abaixo e responda.

- A alimentação é a mesma para todas as pessoas do mundo? Explique.

8. Em dupla, analisem o gráfico e respondam.

Gráfico de distribuição dos alimentos para uma dieta equilibrada
- 12% de lipídios
- 30% de proteínas
- 58% de carboidratos

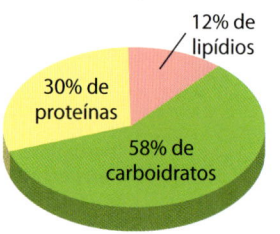

  a) Esse gráfico está de acordo com as informações da pirâmide alimentar da página 159?

  b) Deem um exemplo de refeição com essas proporções. Representem-na num cartaz e exponham-no para a classe.

9. Observe a tirinha e responda:

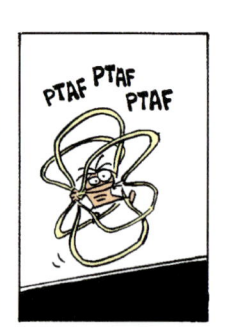

- Em que posição o macarrão está localizado na pirâmide alimentar?
- Qual é o principal nutriente encontrado neste tipo de alimento?
- Por que atividade física, como pular corda, emagrece?

Explore

Você tem fome de quê?

A fome pode ser definida como a sensação fisiológica de necessidade de alimento. Os organismos precisam da energia contida nos alimentos para poder realizar as diversas atividades vitais. O termo fome também é usado amplamente para caracterizar os casos de subnutrição ou privação de alimento entre as populações, um dos problemas em destaque na atualidade. O problema da fome é antigo e nem mesmo os avanços científicos e tecnológicos conseguiram superá-lo.

Os fatores relacionados à fome no mundo podem ser naturais, como secas e pragas agrícolas, porém os principais fatores causadores da fome no mundo incluem a pobreza, os conflitos políticos e a distribuição inadequada de recursos.

O Instituto Brasileiro de Geografia e Estatística (IBGE) divulgou, em uma pesquisa sobre segurança alimentar, que, em 2004, cerca de 14 milhões de brasileiros conviveram com a fome e mais de 72 milhões estavam em situação de insegurança alimentar, não tendo a garantia de acesso à alimentação em quantidade, qualidade e regularidade suficiente.

Em casos crônicos, a falta de alimentação pode levar a um mau desenvolvimento e funcionamento do organismo. O indivíduo perde a capacidade de combater infecções e fica suscetível a várias doenças. As crianças, geralmente as mais prejudicadas, apresentam atraso no desenvolvimento físico e intelectual. No mundo, 6 milhões de crianças morrem por ano devido à fome e à desnutrição, segundo estatísticas da FAO — órgão das Nações Unidas para a Alimentação e Agricultura —, de 2005. A maioria morre de doenças infecciosas curáveis, como pneumonia, diarreia, sarampo e malária, por já estar debilitada.

O estudo da FAO aponta crescimento econômico, investimento em agricultura, bom governo, estabilidade política e educação como algumas das condições essenciais para reduzir a fome no mundo.

Foto de uma garotinha com sua mãe. Elas vivem em um campo de refugiados em Baidoa, na Somália.

Identificar

1. Quais são as principais causas da fome no mundo?
2. Cite algumas consequências da falta de alimentação.

Interpretar

> "Ligo para o cartório de um bairro pobre de São Paulo e pergunto:
> 'O senhor tem aí o registro de causas das mortes de crianças até cinco anos?'.
> O funcionário estranha minha questão e retruca:
> 'Tenho sim, mas para que o senhor quer isso?'.
> Sem mais explicações, lanço-lhe à queima-roupa:
> 'Tem alguém aí que morreu de fome?'.
> 'De fome? Ah, isso não tem não senhor. Aqui tem sarampo, pneumonia, desidratação, mas fome não'.
> Conclusão: pelo registro de óbitos, não se morre de fome no Brasil. [...]"
>
> Fonte: ABRAMOVAY, R. *O que é fome?* São Paulo: Brasiliense, 1989.

3. Você concorda com a conclusão? Explique.

Pesquisar

4. Leia a seguinte frase:

> "[...] tudo isso ocorre num mundo onde somente a produção de grãos já bastaria para assegurar à população mundial mais de 2.000 calorias e os 65 gramas de proteínas de que cada pessoa necessita diariamente."
>
> Fonte: ADAS, Melhem. *A fome. Crise ou escândalo?* São Paulo: Moderna, 2004.

Pesquise a quantidade total de grãos produzida no Brasil. Quanto do total é exportado? Quanto é consumido no próprio país?

É possível afirmar que a fome no Brasil é por falta de alimento?

5. O que é insegurança alimentar?

Argumentar

6. O que as pessoas podem fazer para ajudar a diminuir ou acabar com a fome no Brasil?

TEMA 7

A nutrição: o sistema digestório

O sistema digestório permite que os nutrientes do alimento possam ser absorvidos pelas células do corpo.

O sistema digestório

O sistema digestório é formado pelo **tubo digestório** e pelas **glândulas anexas**. Nesse sistema, as moléculas grandes que compõem o alimento são quebradas. As moléculas menores e mais simples podem, então, entrar nas células.

● O tubo digestório

O tubo digestório é formado pelos seguintes órgãos: **boca**, **faringe**, **esôfago**, **estômago**, **intestino delgado** e **intestino grosso**.

- **A boca**

  A boca é o orifício de entrada do tubo digestório. Nela se encontram estruturas relacionadas à mastigação, que são os dentes e a língua.

- **A faringe**

  A faringe é um canal com cerca de 14 cm de comprimento, que liga a boca ao esôfago. É comum às vias respiratória e digestória.

- **O esôfago**

  O esôfago é um tubo que vai da faringe até o estômago. O esôfago empurra o alimento por meio de movimentos peristálticos.

- **O estômago**

  O estômago é uma dilatação do tubo digestório, em forma de bolsa. Tem capacidade de armazenar cerca de 2 litros de alimento. É revestido internamente por tecido epitelial com grande quantidade de glândulas produtoras de suco gástrico.

- **O intestino delgado**

  O intestino delgado é um tubo com cerca de 6 m de comprimento e 3 cm de diâmetro, apresentando dobras sobre si mesmo, de modo que fique acomodado no abdome. O intestino delgado apresenta três partes: o **duodeno**, o **jejuno** e o **íleo**.

  A parede interna do intestino delgado tem minúsculos prolongamentos em forma de dedos, chamados **vilosidades intestinais**.

  No intestino delgado há, ainda, um grande número de glândulas que secretam o **suco intestinal** ou **entérico**.

- **O intestino grosso**

  O intestino grosso mede 0,5 m de comprimento e 6 cm de diâmetro. Divide-se em três porções: **ceco**, **colo** e **reto**.

  O ceco mede cerca de 5 cm, tem a forma de um saco e comunica-se com o colo, que é a parte maior do intestino grosso. Em seguida ao colo encontra-se o reto, região final do intestino grosso que termina no ânus.

ESQUEMA DAS VILOSIDADES DO INTESTINO DELGADO (EM CORTE)

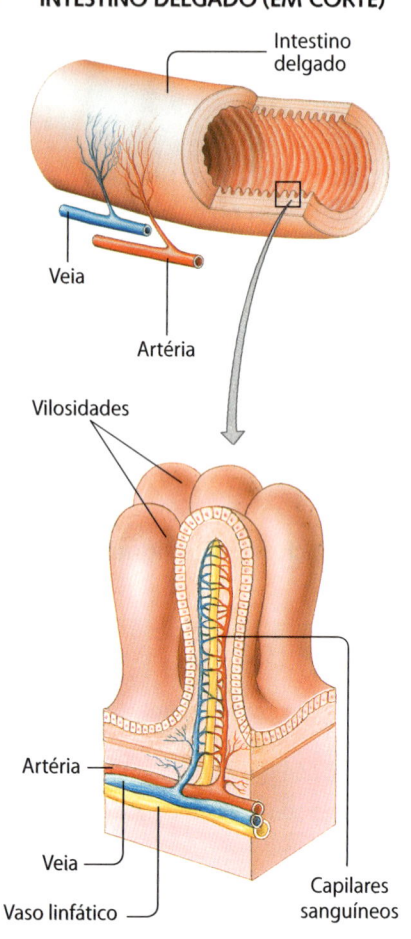

Intestino delgado — Veia — Artéria — Vilosidades — Artéria — Veia — Vaso linfático — Capilares sanguíneos

Representação sem escala. Cores-fantasia.
Fonte: TORTORA, Gerald J. *Corpo humano — fundamentos de anatomia e fisiologia*. Porto Alegre: Artmed, 2000.

Glossário

Abdome
Parte do corpo humano situada entre o tórax e a bacia.

ESQUEMA DO SISTEMA DIGESTÓRIO

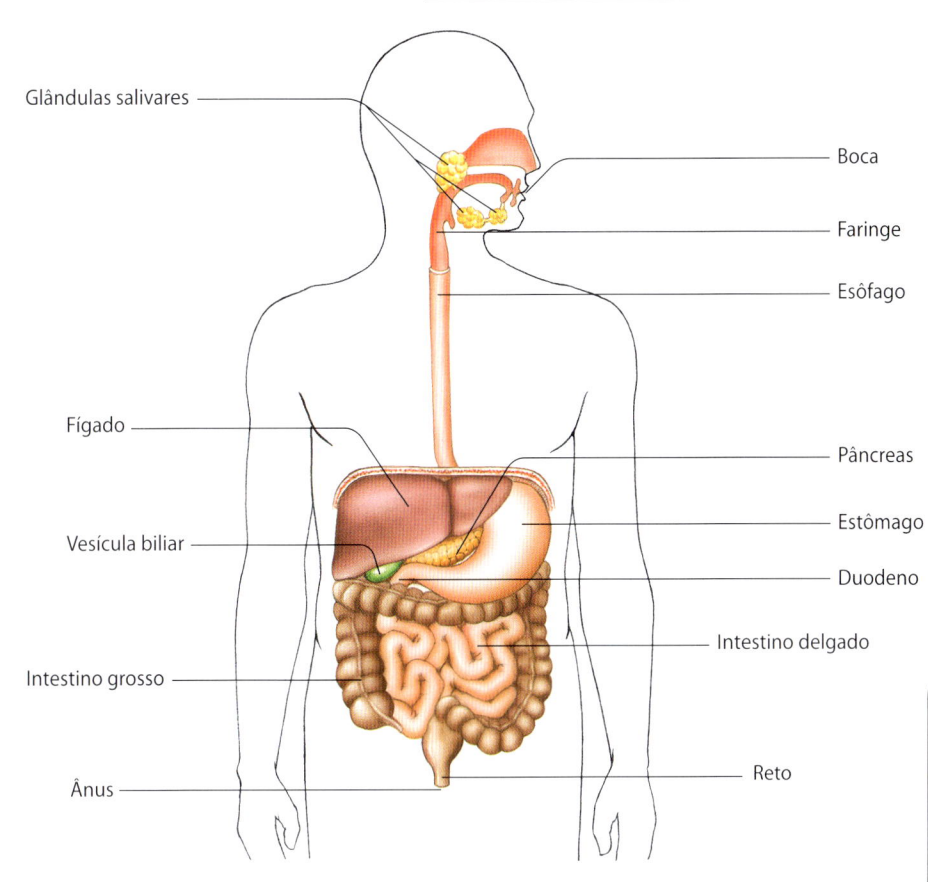

Glândulas salivares
Boca
Faringe
Esôfago
Fígado
Pâncreas
Vesícula biliar
Estômago
Duodeno
Intestino delgado
Intestino grosso
Reto
Ânus

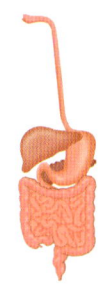

Representação sem escala. Cores-fantasia.

Fonte: TORTORA, Gerald J. *Corpo humano — fundamentos de anatomia e fisiologia.* Porto Alegre: Artmed, 2000.

• As glândulas anexas

As glândulas anexas ao tubo digestório produzem substâncias imprescindíveis à digestão. As glândulas anexas são: as **glândulas salivares,** o **fígado** e o **pâncreas**.

- ### As glândulas salivares

   As glândulas salivares apresentam forma de cachos de uva. Encontram-se na boca e produzem a saliva, que umedece o alimento, facilitando a mastigação e a deglutição.

- ### O fígado

   O fígado é a maior glândula do corpo, com até 1,5 kg. O fígado armazena nutrientes, converte substâncias tóxicas em substâncias inofensivas e produz a **bile**, substância que atua na digestão dos lipídios. A bile é armazenada na vesícula biliar, uma bolsa de forma oval.

- ### O pâncreas

   O pâncreas é uma glândula localizada próximo ao estômago. Essa glândula realiza duas funções muito importantes: a produção de **suco pancreático**, que contém enzimas digestivas, e a produção de dois hormônios: o **glucagon** e a **insulina**, fundamentais para a regulação da quantidade de glicose no sangue.

ESQUEMA DO FÍGADO E DO PÂNCREAS

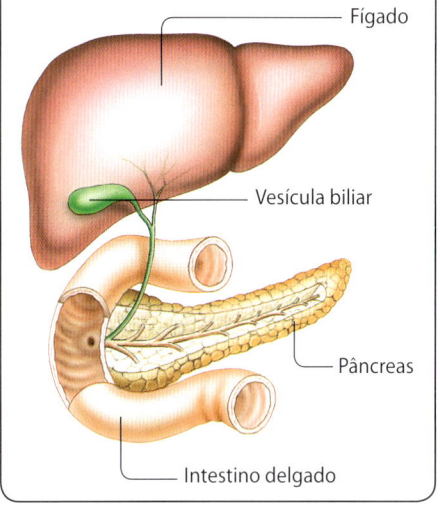

Fígado
Vesícula biliar
Pâncreas
Intestino delgado

Representação sem escala. Cores-fantasia. Estruturas em corte.

Fonte: TORTORA, Gerald J. *Corpo humano — fundamentos de anatomia e fisiologia.* Porto Alegre: Artmed, 2000.

De olho no Tema

1. Por onde o alimento entra no organismo?

2. Qual é a importância do sistema digestório?

3. Uma das glândulas anexas do boi é frequentemente usada na alimentação humana. Que glândula é essa?

TEMA 8

As etapas da digestão (I)

A digestão inicia-se na boca, por meio da mastigação e da ação da saliva. A deglutição conduz o alimento pelo tubo digestório.

A digestão química e a digestão física

A digestão realiza-se por dois tipos de processos: os **processos físicos** ou **mecânicos** e os **processos químicos**.

- Durante os processos **físicos** ou **mecânicos** ocorrem a trituração e a redução dos alimentos em partículas menores, favorecendo a ação dos sucos digestivos sobre eles. A mastigação, a deglutição e os movimentos peristálticos participam da digestão mecânica.
- Os processos **químicos** compreendem as reações químicas nas quais as moléculas dos alimentos são transformadas em outras moléculas mais simples. A digestão química é feita por **enzimas** presentes em todos os sucos digestivos.

A digestão na boca

A digestão se inicia na boca, com a trituração mecânica dos alimentos pelos dentes — a mastigação — e a ação química da **saliva**.

● A mastigação

A mastigação é o ato de cortar e triturar o alimento pelos movimentos dos dentes e da língua. A mastigação aumenta a superfície de contato do alimento com a saliva e facilita a passagem do alimento pelo tubo digestório.

● A ação da saliva

A saliva é produzida nas glândulas salivares; ela umedece o alimento, facilitando a mastigação.

A **amilase salivar** ou ptialina é uma enzima presente na saliva que decompõe parte do amido, transformando-o em um açúcar mais simples chamado maltose. Assim, na boca inicia-se a digestão química dos alimentos que contêm amido.

ESQUEMA DOS TIPOS DE DENTES

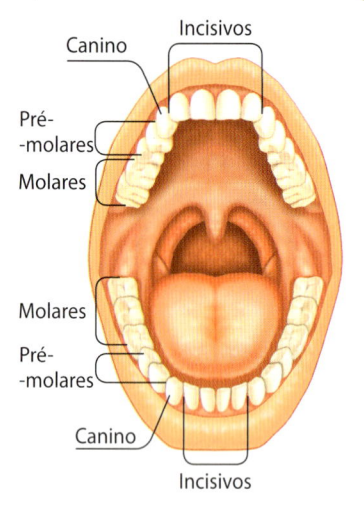

Os dentes participam da digestão mecânica dos alimentos. Eles têm formas diferentes, conforme a função que realizam: cortar e triturar os alimentos. (Representação sem escala. Cores-fantasia.)

Fonte: TORTORA, Gerald J. *Corpo humano — fundamentos de anatomia e fisiologia*. Porto Alegre: Artmed, 2000.

Verifique

- Triture um comprimido efervescente como, por exemplo, de vitamina C e coloque-o num copo. Em outro copo, ponha um comprimido também efervescente, mas inteiro.
- Coloque água nos copos ao mesmo tempo.
- Qual comprimido foi dissolvido primeiro?

Essa experiência pode ser comparada à ação da saliva nos alimentos mastigados.

ESQUEMA DA LOCALIZAÇÃO DAS GLÂNDULAS SALIVARES

A saliva compõe-se de água (principalmente), de muco e da enzima amilase salivar. Ela é produzida e lançada na boca por três pares de glândulas salivares. A saliva umedece o alimento e inicia a digestão do amido.

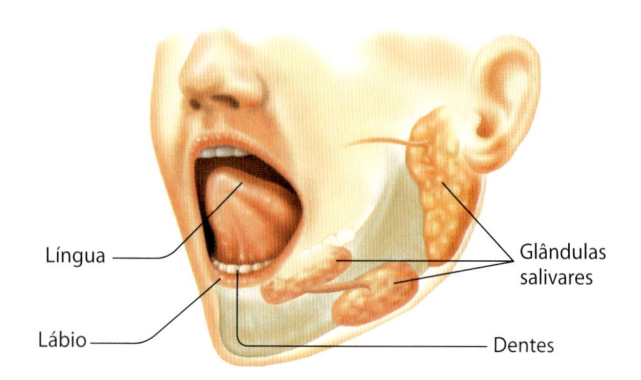

Representação sem escala. Cores-fantasia.

Fonte: PARRAMÓN, Mercé. *Nuestro sistema digestivo*. Barcelona: Parramón, 1993.

A deglutição

Por meio da deglutição, o bolo alimentar que estava na boca chega ao estômago, passando pela faringe e pelo esôfago.

Na entrada da laringe há uma válvula de cartilagem, chamada **epiglote**. A função da epiglote é controlar a passagem do bolo alimentar para o esôfago e evitar que o alimento entre no sistema respiratório. Durante a passagem do bolo alimentar, a epiglote se abaixa, fechando a entrada da laringe. Quando respiramos, a epiglote permite que o ar entre na traqueia. Se o alimento entrar na laringe, ocorre o engasgo.

> **Glossário**
>
> **Válvula**
> Estrutura biológica e mecânica, que permite interromper ou regular a passagem de substâncias de um local para outro.

ESQUEMA DE FUNCIONAMENTO DA EPIGLOTE

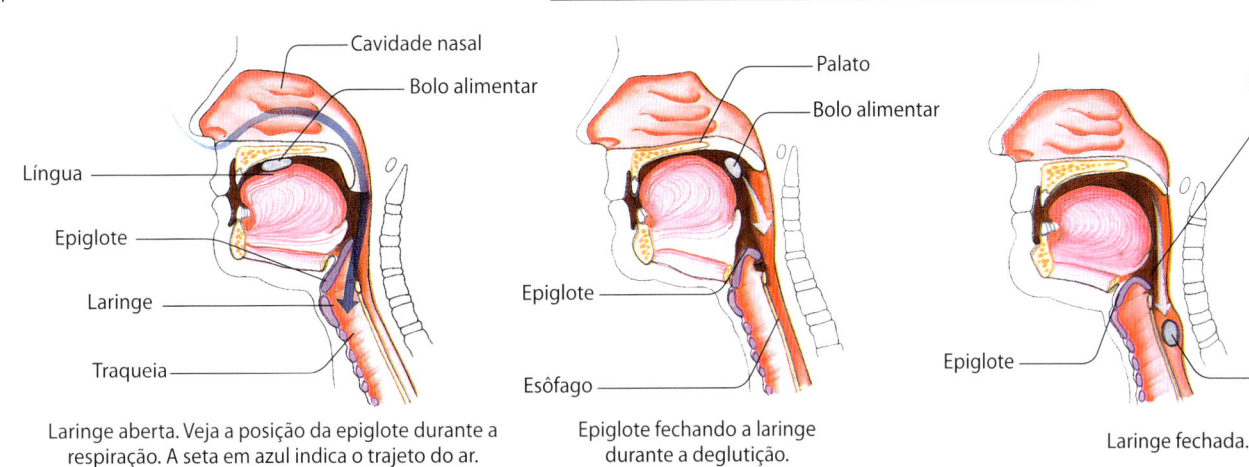

Laringe aberta. Veja a posição da epiglote durante a respiração. A seta em azul indica o trajeto do ar.

Epiglote fechando a laringe durante a deglutição.

Laringe fechada.

Representação sem escala. Cores-fantasia. Estruturas em corte.

Fonte: TORTORA, Gerald J. *Corpo humano — fundamentos de anatomia e fisiologia*. Porto Alegre: Artmed, 2000.

Os movimentos peristálticos

O movimento da deglutição é voluntário, isto é, consciente. A partir do momento em que o alimento é engolido, os movimentos que o conduzem para baixo são involuntários. Esses movimentos são chamados de **peristálticos**.

Quando o bolo alimentar chega ao esôfago, começa a ser empurrado pelo tubo digestório por meio dos movimentos peristálticos. Esses movimentos são produzidos por músculos situados ao longo do tubo digestório, que impulsionam e misturam o alimento com os sucos digestivos.

O muco que o esôfago secreta e os movimentos peristálticos que realiza auxiliam no deslocamento do bolo alimentar até o estômago.

A partir do momento em que o alimento é engolido, ele é empurrado pelos movimentos peristálticos.

ESQUEMA DOS MOVIMENTOS PERISTÁLTICOS

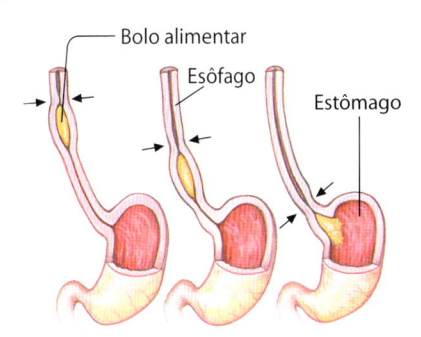

Observe o esquema dos movimentos peristálticos do esôfago empurrando o alimento em direção ao estômago. As setas indicam onde ocorre a contração da musculatura do esôfago. (Representação sem escala. Cores-fantasia. Estruturas em corte.)

Fonte: FANTINI, Fabio et al. *Introduzione alle Scienze della natura*. Bologna: Bovolenta/Zanichelli, 1997.

> **De olho no Tema**
>
> **1.** Explique as funções da saliva.
>
> **2.** Você já engasgou com alguma comida ou bebida? Por que isso ocorre?
>
> **3.** Que tipo de musculatura é responsável pelo deslocamento do alimento no tubo digestório? (Se não lembrar, volte à Unidade 4.)

TEMA 9

As etapas da digestão (II)

As enzimas completam a digestão no estômago e no intestino delgado.

Saiba +
Ácido clorídrico

As células do estômago produzem ácido clorídrico, forte o suficiente para corroer um pedaço de metal. As paredes do estômago não são corroídas pelo ácido porque nelas há uma camada de muco que as protege de seu próprio ácido.

A digestão no estômago

O estômago é uma bolsa de paredes musculares e elásticas que armazena alimentos sólidos e líquidos. No estômago, o alimento é digerido pela ação do suco gástrico.

O bolo alimentar passa para o estômago através da **cárdia**, uma válvula que regula a passagem de alimentos do esôfago para o estômago.

ESQUEMA DA LOCALIZAÇÃO DAS VÁLVULAS DO ESTÔMAGO

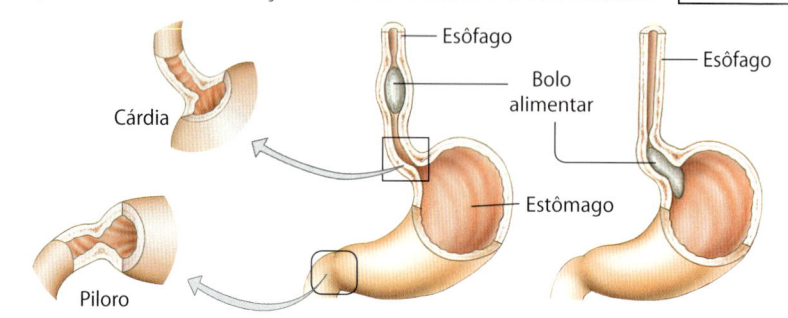

Representação sem escala. Cores-fantasia. Estruturas em corte.
Fonte: TORTORA, Gerald J. *Corpo humano — fundamentos de anatomia e fisiologia*. Porto Alegre: Artmed, 2000.

No estômago, o bolo alimentar é misturado ao suco gástrico por meio dos movimentos peristálticos.

O suco gástrico, produzido por glândulas existentes nas paredes do estômago, é composto de água, ácido clorídrico, muco e enzimas digestivas. A principal enzima produzida no estômago é a **pepsina**, que digere as proteínas. A pepsina age somente em meio ácido.

Após algum tempo sofrendo a ação do suco gástrico, o bolo alimentar é transformado em uma pasta chamada **quimo**. O quimo é conduzido para o intestino através de outra válvula, o **piloro**.

No estômago, portanto, ocorre parte da digestão das proteínas pela ação do suco gástrico.

ESQUEMA DA DIGESTÃO

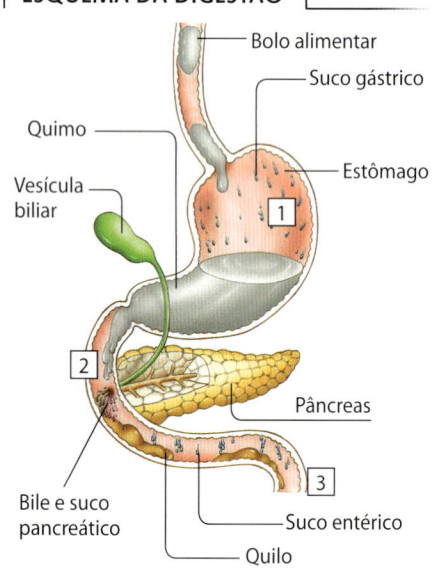

1. O bolo alimentar chega ao estômago, no qual sofre a ação do suco gástrico e se transforma em uma pasta chamada quimo.
2. O quimo chega ao intestino delgado, no qual recebe a bile, o suco pancreático e o suco entérico. Após a digestão no intestino delgado, o quimo se transforma em um líquido viscoso chamado quilo.
3. O quilo passa para a porção inicial do intestino grosso.

Representação sem escala. Cores-fantasia. Estruturas em corte.

Fonte: CAMPERGUE, Mariette et al. *Sciences de la vie et de la Terre*. 3e. Paris: Nathan, 1999.

A digestão no intestino delgado

No intestino delgado, a digestão ocorre principalmente no duodeno.
- A bile, produzida pelo fígado, facilita a ação das enzimas sobre os lipídios.
- O suco pancreático produzido pelo pâncreas contém vários tipos de enzimas que digerem amido, gorduras, açúcares e proteínas.
- As enzimas do suco entérico digerem proteínas, sacarose e maltose, entre outras substâncias. O suco entérico é produzido pela parede interna do intestino.

Terminada a digestão no duodeno, o quimo se transforma num líquido viscoso chamado **quilo**.

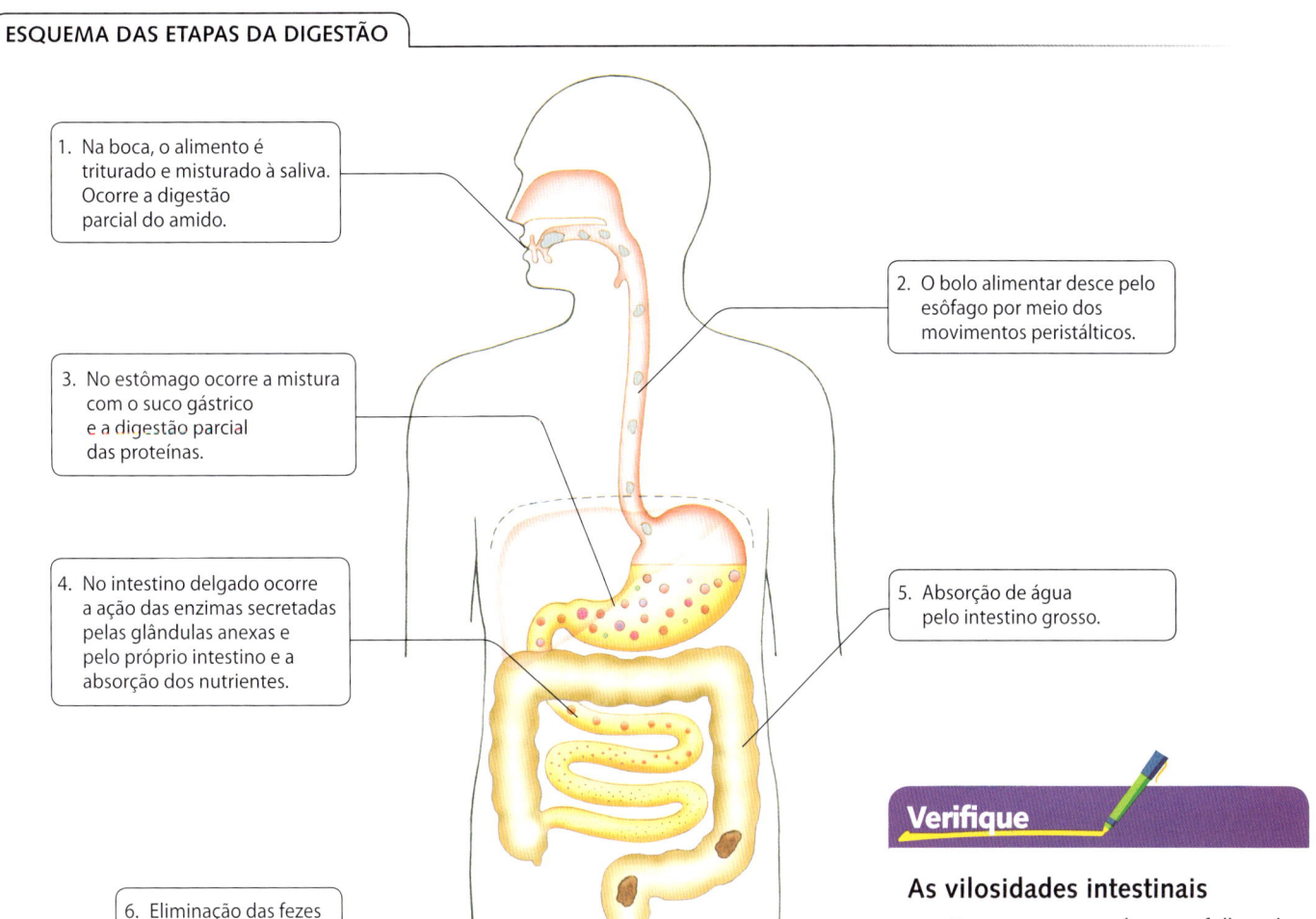

ESQUEMA DAS ETAPAS DA DIGESTÃO

1. Na boca, o alimento é triturado e misturado à saliva. Ocorre a digestão parcial do amido.

2. O bolo alimentar desce pelo esôfago por meio dos movimentos peristálticos.

3. No estômago ocorre a mistura com o suco gástrico e a digestão parcial das proteínas.

4. No intestino delgado ocorre a ação das enzimas secretadas pelas glândulas anexas e pelo próprio intestino e a absorção dos nutrientes.

5. Absorção de água pelo intestino grosso.

6. Eliminação das fezes pelo ânus.

Representação sem escala. Cores-fantasia.
Fonte: CAMPERGUE, Mariette et al. *Sciences de la vie et de la Terre*. 3e. Paris: Nathan, 1999.

A absorção dos nutrientes

A absorção dos nutrientes do quilo ocorre pela passagem das substâncias nutritivas para o sangue, por meio das vilosidades do intestino delgado (jejuno e íleo). As vilosidades aumentam a superfície de absorção do intestino.

Os nutrientes, já "quebrados" em moléculas menores e mais simples, atravessam as paredes do intestino, passam para os capilares sanguíneos, entram na circulação e são distribuídos a todas as células do corpo.

Cerca de 90% da absorção dos nutrientes ocorrem no intestino delgado. Os outros 10% ocorrem no estômago e no intestino grosso.

O intestino grosso

No intestino grosso, completam-se as funções digestivas.
- Ocorre a absorção da água presente no material que chega do intestino delgado.
- Os resíduos que sobram após a absorção de água se compactam e formam as fezes, que são, então, eliminadas pelo ânus.

Verifique

As vilosidades intestinais
- Faça pregas em algumas folhas de papel sulfite. Cubra uma folha aberta de igual tamanho com as folhas pregueadas.
- Quantas folhas dobradas foram necessárias para cobrir a folha aberta?
- Conte quantas dobras existem.

- Compare com as vilosidades intestinais.

De olho no Tema

1. Qual é a importância do ácido clorídrico no processo da digestão?
2. Em que local do sistema digestório ocorre a maior parte da absorção dos nutrientes?

TEMA 10

A saúde do sistema digestório

A manutenção da saúde do sistema digestório depende de uma dieta equilibrada e de hábitos de higiene e conservação dos alimentos.

O sistema digestório e hábitos saudáveis

Os sistemas do corpo humano estão relacionados e é, portanto, importante manter a saúde do corpo em geral. Uma doença ou problema no sistema digestório pode afetar o resto do organismo. Assim, para manter a saúde do sistema digestório, é preciso ter uma dieta equilibrada e cuidados na preparação e na conservação dos alimentos. Alguns alimentos devem ser cozidos e os que serão ingeridos crus devem ser bem lavados. Quanto à obtenção de nutrientes, as pessoas são aconselhadas a não comer quantidades elevadas de alimentos que tenham muito açúcar, gorduras, sal e aditivos químicos.

Certos fatores ou práticas parecem não ter relação direta com a manutenção do sistema digestório, mas contribuem para a prevenção de doenças associadas a esse e outros sistemas. Alguns exemplos são: saneamento básico, uso de preservativos durante as relações sexuais e a prática de esportes; a utilização de remédios com orientação de um médico; a conscientização sobre os riscos do fumo, das bebidas alcoólicas e das drogas.

Assim, o organismo de pessoas que se alimentam de forma adequada e apresentam hábitos saudáveis é menos suscetível a doenças ou consegue se recuperar com maior facilidade de problemas e enfermidades.

Bactérias *Helicobacter pylori*, vistas por microscópio eletrônico, colorizadas artificialmente em amarelo e com uma ampliação de cerca de 7.000 vezes.

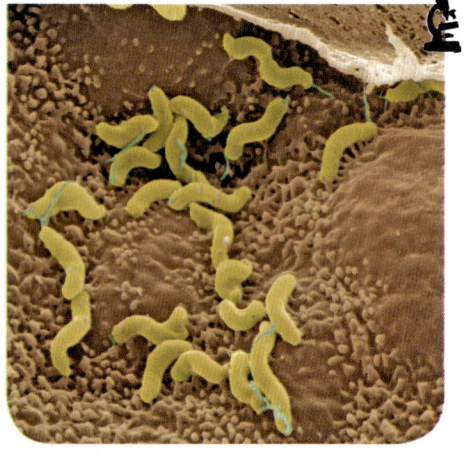

Algumas doenças do sistema digestório

As doenças do sistema digestório são geralmente causadas por maus hábitos de higiene, intoxicação, excesso de certos alimentos e problemas emocionais.

O tratamento dessas doenças deve ser feito sob a orientação de um médico ou profissional habilitado.

• A úlcera péptica

As úlceras pépticas são feridas que se formam nas paredes internas do tubo digestório.

Elas se formam pela ação de agentes agressores, que afetam a camada de muco que protege o tubo digestório. Esses agentes são principalmente a bactéria *Helicobacter pylori*, o álcool, o fumo e certos medicamentos.

A infecção causada pela *Helicobacter pylori* geralmente ocorre quando o indivíduo ingere a bactéria presente em alimentos, líquidos ou utensílios contaminados. Essa infecção pode contribuir para o desenvolvimento de gastrites, úlceras e câncer de estômago.

As pessoas que sofrem de úlceras sentem uma forte dor ou ardência na região do estômago, além de náuseas e vômitos.

A bactéria *Helicobacter pylori* pode ser transmitida pela água e por alimentos contaminados. Alguns estudos sugerem que a contaminação do sistema de irrigação pela rede de esgoto e a subsequente contaminação dos vegetais não-cozidos poderiam ser os principais fatores na transmissão dessa bactéria.

A salmonelose

A salmonelose é uma doença provocada por bactérias do gênero *Salmonella*. A *Salmonella enteritidis* é transmitida ao ser humano por meio da ingestão de alimentos crus ou malcozidos. Esses alimentos são frequentemente de origem animal, sendo carne de frango e principalmente ovos os mais contaminados.

Os doentes apresentam diarreia, cólica abdominal e febre. A doença é mais grave em idosos, crianças e pessoas debilitadas, que podem ter uma diarreia mais severa. A maioria das pessoas adultas se recupera sem tratamento. A prevenção se faz principalmente com o cozimento, higiene no preparo e conservação adequada dos alimentos.

A cirrose

A cirrose hepática é uma doença que acomete o fígado, tornando-o fibroso e sem capacidade de funcionar normalmente.

A cirrose pode surgir devido ao ataque de certos tipos de vírus ou ao consumo de bebidas alcoólicas e certos medicamentos.

O doente apresenta fraqueza, alterações de sono, de apetite e emagrecimento, entre outros sintomas. A doença se desenvolve lentamente e esses sintomas podem demorar a ser percebidos.

Em alguns casos, o transplante de fígado é uma alternativa para o doente.

Fígado sadio (A) e fígado com cirrose (B). O fígado sadio tem aproximadamente 1,5 kg e mede cerca de 18 cm de comprimento num indivíduo adulto.

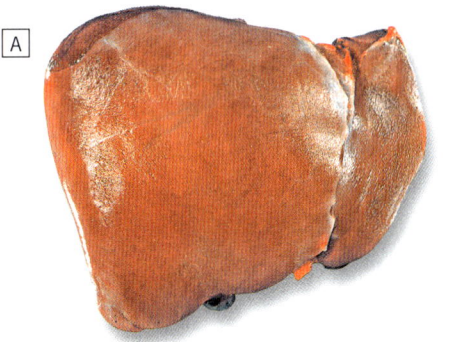

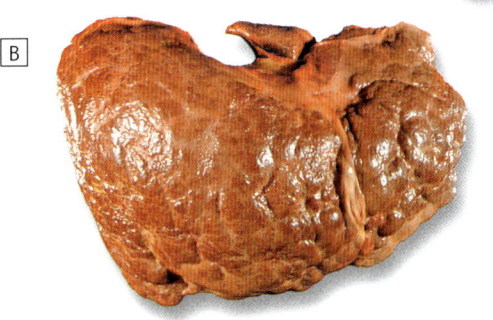

A gastrite

A gastrite é uma inflamação da mucosa do estômago. Medicamentos, infecções por bactéria e problemas psicológicos (como estresse) podem levar ao aparecimento da gastrite.

As crises de gastrite podem provocar dor ou queimação no abdome, perda do apetite, náuseas e vômitos. Também pode ocorrer anemia (carência nutricional).

De olho no Tema

1. A salmonelose é mais grave em que tipos de pessoas? Por quê?
2. Que cuidados as pessoas devem ter para conseguir manter a saúde do sistema digestório?

Alimentos à base de ovos crus, como gemadas e maioneses, podem estar contaminados com *Salmonella*.

Entrando na rede

No endereço http://cienciahoje.uol.com.br/controlPanel/materia/view/3588 você encontra um artigo sobre microrganismos da flora intestinal humana.

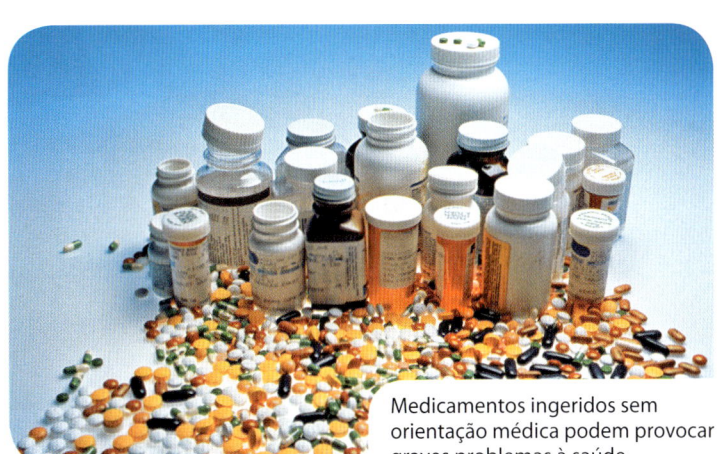

Medicamentos ingeridos sem orientação médica podem provocar graves problemas à saúde.

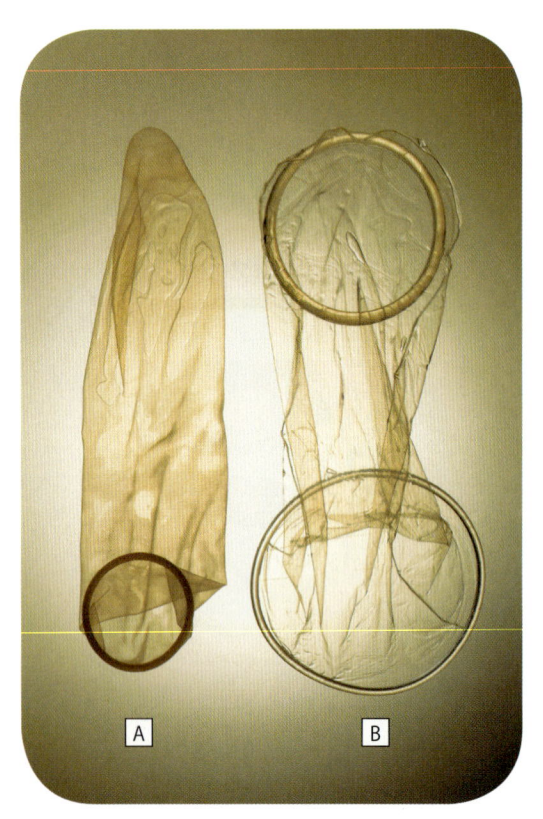

Usar camisinha nas relações sexuais é um dos cuidados para proteger-se contra os vírus das hepatites B e C e de outras doenças sexualmente transmissíveis, como a aids. Em (A) uma camisinha masculina e em (B) uma camisinha feminina.

A hepatite

A hepatite é uma inflamação do fígado. Pode ser provocada por causas diversas, sendo as mais frequentes as infecções virais, o consumo de bebidas alcoólicas ou outras substâncias tóxicas (como alguns remédios).

Os tipos mais comuns de hepatite causada por vírus são:
- A hepatite **tipo A**, transmitida por água, alimentos e objetos contaminados.
- As hepatites virais **tipo B** e **C**, transmitidas principalmente por sangue e seus derivados (o plasma é um exemplo) ou por material contaminado por sangue, como seringas, objetos cortantes, alicates de unha e instrumentos utilizados para fazer tatuagens. O vírus da hepatite B pode ser passado pelo contato sexual, reforçando a necessidade do uso de preservativo (camisinha). A transmissão do vírus da hepatite C pelo contato sexual pode ocorrer, mas é rara.

Frequentemente, os sintomas das hepatites B e C podem não aparecer e, portanto, pessoas aparentemente sadias podem transmitir o vírus, principalmente por contato sexual. Quando aparecem, os sintomas são muito semelhantes aos da hepatite A, mas, ao contrário desta, a hepatite B e a C podem evoluir para uma cirrose ou até câncer de fígado.

No início da doença, os sintomas são semelhantes a uma gripe (febre e cansaço). Depois, a pele assume cor amarelada, a urina fica escura e as fezes se tornam claras. O tratamento para a hepatite é específico para cada tipo. Somente o médico é capaz de diagnosticar e identificar o tipo de hepatite e prescrever o tratamento.

A prevenção de alguns tipos de hepatite pode ser feita por meio da vacinação, mas os cuidados de higiene e proteção individual, como luvas, camisinhas e agulhas descartáveis, são essenciais.

A preparação de alimentos, como esses, em carrinhos ambulantes, nem sempre é feita em condições de higiene necessárias para garantir a segurança alimentar.

HEPATITE A

- É uma doença de início súbito que ataca o fígado e é transmitida por um vírus através de água e alimentos contaminados com fezes.

- **Sinais ou sintomas**: febre (às vezes), mal-estar, falta de apetite, náusea, dor na barriga, icterícia (a pele e os olhos ficam com uma cor amarelo-esverdeada), fezes esbranquiçadas e urina escura (marrom-escura).

- Aos primeiros sinais procure o Serviço de Saúde mais próximo de sua casa. Se for uma criança que frequente creche ou escola, avise imediatamente a escola sobre a doença, para que sejam tomadas medidas que impeçam a transmissão para outras crianças.

- A hepatite A geralmente é uma doença leve e benigna, que ataca mais as crianças, mas pode causar epidemias e surtos nas creches, pré-escolas, berçários etc. No adulto, ela pode ser mais grave.

Fonte: Centro de Vigilância Epidemiológica — Secretaria da Saúde — Governo do Estado de São Paulo.

Glossário

Insuflação
Enchimento com gás, no caso, da cavidade abdominal.

De olho no Tema

1. O que diferencia os tipos de hepatite?
2. Cite exemplos de outras doenças que podem ser prevenidas com o uso de preservativo (camisinha).

Tecnologia em pauta

A laparoscopia

A palavra laparoscopia é formada pelas palavras gregas *laparós* (cavidade abdominal) e *skopéo* (examinar, olhar atentamente).

A videolaparoscopia é o exame da cavidade abdominal, feito sob anestesia geral, após a insuflação do abdome com um gás, geralmente gás carbônico (CO_2). A cirurgia laparoscópica é realizada utilizando-se pinças especiais e uma câmera, e são feitas pequenas incisões no abdome.

Segundo os especialistas, as vantagens desse procedimento em relação à cirurgia convencional, entre outras, reside no fato de essa técnica provocar menos dor no pós-operatório, possibilitar alta hospitalar mais rápida, com menor índice de infecção e menor custo etc.

As cirurgias por videolaparoscopia são realizadas de uma forma menos agressiva e mais segura. Entre elas estão: retirada de cisto de ovário, cirurgia de vesícula biliar, cirurgias de apêndice e de hérnias.

ESQUEMA DE LAPAROSCOPIA

- Pinças especiais
- Câmara de vídeo
- Intestino grosso
- Intestino delgado

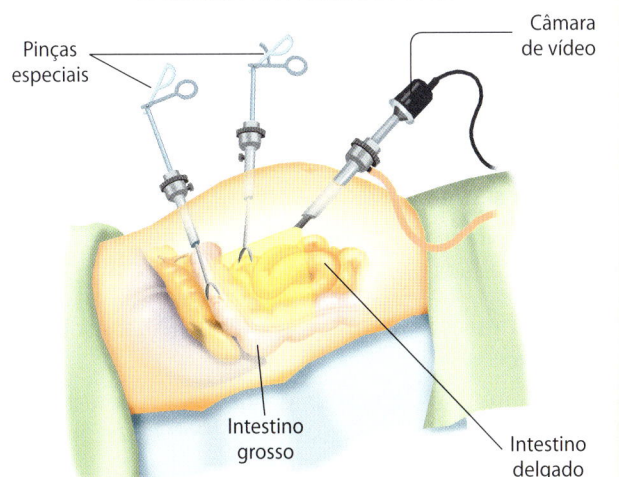

Representação sem escala. Cores-fantasia.

Esquema elaborado com base em: http://www.santalucia.com.br/cirurgia/videolaparoscopia.htm

ATIVIDADES
Temas 7 a 10

Organize o conhecimento

1. Ordene a sequência dos números que mostram o trajeto que o alimento percorre no tubo digestório. Identifique os órgãos e estruturas numerados.

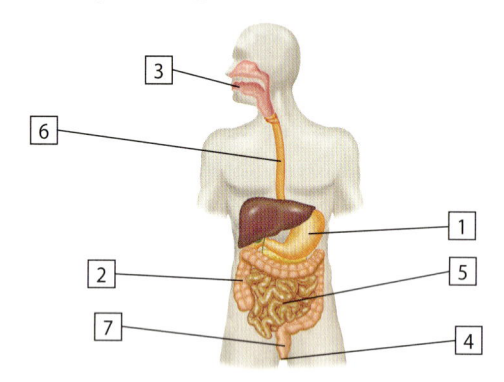

2. O fígado, o pâncreas e as glândulas salivares não compõem o tubo digestório, mas atuam no processo da digestão. Como isso ocorre?

3. Transcreva e complete o quadro em seu caderno.

Órgão	Funções
	Absorção de água e formação das fezes.
Boca	
	Digestão pela ação do suco gástrico.
Intestino delgado	

4. Complete as frases em seu caderno com os termos corretos:

   a) Se o fígado parar de produzir a bile, haverá distúrbio na digestão de _____.

   b) A _____ é uma cartilagem que impede a entrada de alimento na laringe durante a deglutição.

   c) No estômago, o bolo alimentar é transformado em _____ e depois da digestão no duodeno, este é transformado em _____.

   d) O bolo alimentar se desloca pelo tubo digestório graças aos _____ _____.

5. Leia as frases e informe se é digestão física ou digestão química.

   a) A digestão de proteínas que ocorre no estômago por meio do suco gástrico.

   b) A trituração dos alimentos pelos dentes.

   c) O deslocamento do bolo alimentar por meio de movimentos peristálticos.

   d) A transformação do quimo em quilo.

Analise

6. Leia e responda.

   > Cristiane chegou ao hospital queixando-se de forte dor abdominal e diarreia. Seu filho apresentava os mesmos sintomas. Os dois sentiram-se mal após comer um doce feito à base de ovos crus.

   a) Que doença provavelmente atingiu essas duas pessoas?

   b) Como essa doença pode ser prevenida?

7. Leia, observe os gráficos e responda.

   > A palavra cárie vem do latim e significa cavidade ou buraco. É um processo de descalcificação do esmalte dos dentes pelos ácidos formados por bactérias atuando sobre os carboidratos introduzidos durante a alimentação. Há maior probabilidade de ocorrência de cárie quando a ingestão de carboidratos é mais frequente. Além da aplicação de flúor, a saliva também atua na prevenção à cárie, pois neutraliza os ácidos e remove restos de alimentos.

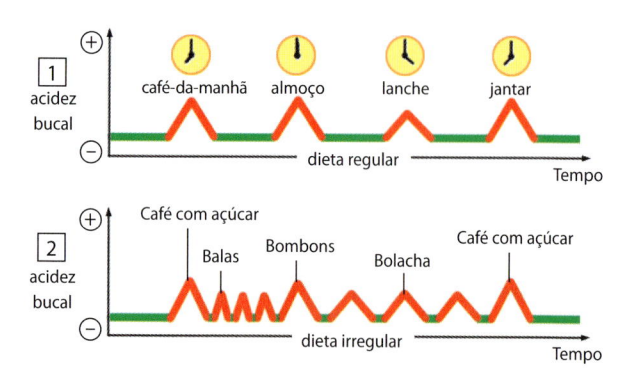

   a) Em qual dos gráficos, 1 ou 2, há maior frequência de períodos de acidez?

   b) O que esse aumento de acidez acarreta à saúde dos dentes?

8. Observe a tirinha e responda.

   HAGAR — CHRIS BROWNE

   - É importante escovar os dentes após as refeições? Por quê?

9. Quando uma pessoa tem diarreia, existe muita ou pouca água nas fezes? Por que isso está relacionado com o intestino grosso?

Explore

O cólera

O cólera é uma doença infecciosa, transmissível, caracterizada por forte diarreia. É causada por uma bactéria que tem a forma de uma pequena vírgula, o vibrião colérico (*Vibrio cholerae*). A transmissão ocorre, principalmente, por meio da ingestão de água contaminada por fezes e/ou vômitos de doente ou portador. Os alimentos e utensílios podem ser contaminados pela água, pelo manuseio ou por moscas. As bactérias eliminam toxinas que provocam fortes diarreias. A pessoa perde assim muita água e pode até morrer por desidratação. A falta de saneamento básico, ou seja, de água e esgoto canalizados e tratados é a principal causa de permanentes surtos de cólera em vários países.

Os primeiros casos de cólera no Brasil, durante a epidemia de 1991, foram detectados no município de Benjamin Constant, Amazônia, fronteira com o Peru. Veja a tabela.

Elaborado com base em: *Guia de Vigilância Epidemiológica*. Brasília: Cenep/FNSMS, 1998.

Glossário

Epidemia
Surto de doença infecciosa que se espalha rapidamente e afeta muitas pessoas de uma população.

Tabela – Casos de cólera no Brasil

Ano	Número de casos	Número de óbitos
1991	2.103	33
1992	37.572	462
1993	60.340	670
1994	51.324	542
1995	4.954	96
1996	1.017	26
1997	3.044	54
1998	2.745	39
1999	4.759	93
2000	733	20
2001	7	0
2002	0	0
2003	0	0

Disponível em: http://www.cve.saude.gov.br/htm/hidrica/dta_estat.htm. Acesso em 18 out. 2005.

ÍNDICE DE ATENDIMENTO TOTAL DE ESGOTOS (%)

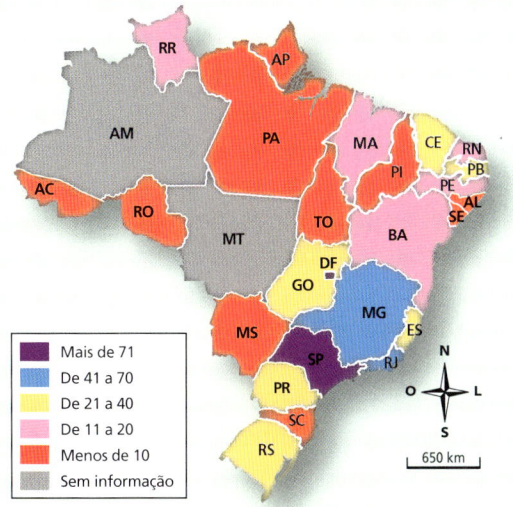

- Mais de 71
- De 41 a 70
- De 21 a 40
- De 11 a 20
- Menos de 10
- Sem informação

Fonte: IBGE, 2003.

Identificar

1. Qual é a principal causa dos surtos de cólera no Brasil?

2. De acordo com o texto e a tabela, é possível dizer que o cólera se espalhou rapidamente pelo Brasil durante certo período? Justifique.

3. Observando o mapa, em que região do Brasil dificilmente ocorrerão casos de cólera? Por quê?

4. Por que o cólera pode ser uma doença fatal?

Argumentar

5. Forme um grupo e pesquisem sobre o cólera nos outros países. Comparem a situação atual desses países com a do Brasil. Verifiquem em que países há maior incidência do cólera e por quê. Apresentem e discutam os resultados com os outros grupos.

Por uma nova atitude
Saúde ✚

Obesidade: uma nova epidemia?

1. Explorar o problema

Você tem se achado meio gordinho ou gordinha? Adora guloseimas, mas passa longe de frutas, legumes e verduras? Fica horas por dia sentado em frente à televisão, ao computador ou ao *videogame*? Cuidado: você pode acabar sendo mais uma vítima da obesidade.

No mundo todo, uma em cada dez crianças está com excesso de peso. São 155 milhões, segundo um levantamento feito pela Organização Mundial da Saúde (OMS). Destas, aproximadamente 40 milhões são classificadas como obesas, ou seja, estão bem acima do seu peso ideal.

A criança ou o adolescente obeso corre o risco de desenvolver sérios problemas de saúde, como pressão alta, diabetes tipo 2, colesterol alto e até problemas cardíacos — doenças que antes praticamente só eram encontradas em adultos. Também tem muito mais chances de se tornar um adulto obeso. E, como se não bastasse, ainda tem que enfrentar o preconceito e a discriminação das pessoas.

Nos dias de hoje, a extrema valorização dos corpos magros e *sarados* e a falta de informação fazem com que muita gente pense que a pessoa é obesa porque é preguiçosa ou simplesmente gulosa. Mas as coisas não são tão simples assim. A obesidade é uma doença, mais propriamente uma síndrome, que pode ter várias causas, mas é, acima de tudo, um *mal* da vida moderna.

Pouca atividade física e alimentos *hipercalóricos*

Genética, doenças como o hipotireoidismo, morte de um parente ou amigo, baixa autoestima, separação dos pais ou outros problemas emocionais. Essas podem ser algumas das causas da obesidade em crianças e adolescentes. Mas a maioria dos especialistas no assunto concorda: a principal razão para o crescente aumento da obesidade no mundo é o fácil acesso a alimentos *hipercalóricos* (e o estímulo ao consumo dessas gulodices), combinado com a diminuição da prática de exercícios físicos. [...]

Nas grandes cidades, o medo da violência e o pouco espaço para brincadeiras ao ar livre também têm feito com que as crianças participem menos de atividades que gastam muita energia, como pular corda, pique e queimada. As brincadeiras agora acontecem mais em lugares fechados, dentro de casa ou em *lan houses*, por exemplo.

As facilidades trazidas pela tecnologia também contribuem para o aumento da obesidade. Cada vez menos as pessoas vão para a escola ou para o trabalho a pé ou de bicicleta. Elevadores, controles remotos, escadas rolantes são símbolos da comodidade da vida moderna. Alimentos empacotados, prontos para serem consumidos também. [...]

Fonte: RAMOS, Maria. Disponível em: http://www.invivo.fiocruz.br/cgi/cgilua.exe/sys/start.htm?infoid=891&sid=8. Acesso em 13 ago. 2007.

2. Analisar o problema

A anorexia e a bulimia

Do outro lado da história está a preocupação excessiva com o corpo, que pode causar distúrbios alimentares. A **anorexia** e a **bulimia** são os distúrbios mais conhecidos.

A pessoa com anorexia torna-se obsessiva com a massa corporal, diminuindo a ingestão de alimento e praticando exercícios físicos na tentativa de emagrecer cada vez mais. Algumas chegam a parar de comer e morrem.

Já na bulimia, a pessoa ingere grande quantidade de comida e depois força o vômito ou toma laxantes para se livrar do que comeu. Comportamentos como a anorexia e a bulimia são um sinal de alerta para um problema mundial que atinge 1% da população feminina entre 18 e 40 anos.

Há vinte anos, as garotas profissionais da moda e propaganda, conhecidas como modelos ou manequins, tinham 8% menos de massa corporal do que a média das mulheres da época. Hoje, o padrão esquelético ganhou força entre as adolescentes, que querem a todo custo ter corpo de modelo, colocando em risco sua saúde, deixando de alimentar-se adequadamente.

Muitas pessoas que desejam emagrecer ou engordar têm uma ideia errada do que é considerado "peso normal".

O IMC é a abreviatura do índice de massa corporal. Esse índice é reconhecido como padrão internacional para avaliar o grau de obesidade e a faixa de massa corporal considerada normal para uma pessoa adulta.

Para calcular seu IMC, divida sua massa corporal pela sua altura ao quadrado.

Exemplo de como calcular o Índice de Massa Corporal (IMC):

Altura: 1,80 m
Massa corporal: 80 kg
80 kg / 1,80 m $\times$ 1,80 m = 24,69 kg/m^2

$$IMC = \frac{massa\ corporal}{(altura \times altura)}$$

A pessoa é considerada acima da massa corporal quando o IMC é superior a 25 kg/m^2. Quando o índice é maior do que 30 kg/m^2, o indivíduo é considerado obeso.

Texto elaborado com base em: Associação Brasileira para o Estudo da Obesidade. Disponível em: http://www.abeso.org.br. Acesso em 30 out. 2005.

Índice de massa corporal	
IMC (kg/m^2)	**Classificação**
< 16	Magreza grau III
16,0 – 16,9	Magreza grau II
17,0 – 18,4	Magreza grau I
18,5 – 24,9	Adequado
25,0 – 29,9	Pré-obeso
30,0 – 34,9	Obesidade grau I
35,0 – 39,9	Obesidade grau II
⩾ 40	Obesidade grau III

Fonte: Organização Mundial da Saúde.

Identificar

a) Quais são as principais causas de obesidade nas crianças e nos adolescentes?

b) A criança e o adolescente obesos podem desenvolver que tipos de doença?

Calcular

a) Calcule o IMC dos indivíduos da tabela.

	Massa corporal	Altura
João	62 kg	1,70 m
Luciana	58 kg	1,58 m
Ricardo	110 kg	1,86 m

b) Qual das pessoas da tabela está acima da massa corporal considerada adequada?

c) Quantos quilogramas essa pessoa teria de emagrecer para se enquadrar no IMC adequado?

d) Uma modelo de 19 anos tem 1,81 m de altura e 52 kg. Sua massa corporal está adequada à sua altura?

3. Tomar uma decisão

Organizem-se em grupos e reflitam sobre as questões abaixo.

a) O que vocês acham das regras de moda, que podem incluir roupas, aparência física, alimentação, estilos musicais?

b) Vocês têm o hábito de comer em lanchonetes? Por quê?

c) Vocês costumam ficar horas assistindo à TV ou brincando com o *videogame*, utilizando controle remoto e alimentando-se de salgadinhos e doces? Essa atitude é saudável? Justifiquem.

d) Vocês mantêm uma dieta balanceada? Se afirmativo, vocês se alimentam adequadamente pensando em saúde ou em aparência?

Após analisarem as questões e as respostas, a quais conclusões o grupo chegou? A maioria das pessoas do grupo tem atitudes que levam a uma vida saudável? Justifiquem.

Os anoréxicos se veem obesos, quando, na realidade, estão magros.

Compreender um texto

"O 'protato': ajuda para os pobres ou cavalo de Troia?"

Os pesquisadores da Universidade Jawaharlal Nehru da Índia obtiveram mediante Engenharia Genética uma batata que contém cerca de 33 a 50% mais proteína do que a batata comum, incluindo quantidades consideráveis de todos os aminoácidos essenciais como a lisina e a metionina. A carência de proteína é muito preocupante na Índia e a batata é alimento básico das pessoas mais pobres.

Essa batata, conhecida como 'protato', foi criada por um grupo de instituições beneficentes, científicas, organismos públicos e empresas privadas da Índia como parte de uma campanha de 15 anos de duração contra a mortalidade infantil. O objetivo da campanha é eliminar a mortalidade infantil proporcionando às crianças água potável, uma alimentação saudável e vacinas.

O protato apresenta um gene do amaranto, gramínea com alto valor proteico, originária da América do Sul, e que se vende muito nas lojas ocidentais de alimentos. O protato tem sido submetido a ensaios de campo e análises para detecção de presença de alérgenos e toxinas. Faltam provavelmente cerca de 5 anos para sua aprovação definitiva pelo Governo da Índia.

Seus defensores, como Govindarajan Padmanaban, bioquímico do Instituto de Ciências da Índia, argumentam que o protato pode dar um forte impulso à nutrição infantil sem perigo de alergia porque tanto a batata como o amaranto são alimentos de amplo consumo. Tampouco representa uma ameaça para o meio ambiente, porque na Índia não há variedades silvestres semelhantes à batata, nem ao amaranto, e o protato não altera o cultivo habitual da produção da batata. Além disso, não há o que se preocupar de que a tecnologia seja controlada por empresas estrangeiras, porque o protato foi criado por centros públicos científicos da Índia. Considerando todas essas vantagens, Padmanaban observa: 'A meu juízo seria moralmente indefensável opor-se a ele'.

Seus opositores, como Charlie Kronick, da ONG Greenpeace, sustenta que a quantidade de proteínas das batatas é muito baixa (2% aproximadamente), e mesmo a duplicação da quantidade de proteínas apenas contribuiria em pequena proporção para resolver o problema da desnutrição da Índia. Afirma que o esforço realizado para obter o protato está mais orientado para obter a aceitação da Engenharia Genética pela opinião pública que a solucionar o problema da desnutrição: 'A causa da fome não é a falta de alimento. É a falta de dinheiro e de acesso aos alimentos. Esses alimentos geneticamente modificados têm sido criados para fazê-los mais atrativos quando, de fato, a utilidade de seu consumo é muito, muito reduzida. Fica muito difícil compreender de que modo modificará, por si só, a situação da pobreza'."

Fonte: FAO – Organização para Agricultura e Alimentação da ONU (Organização das Nações Unidas). *Relatório Biotecnologia agrícola: respondendo às necessidades dos pobres?* Roma: 2004. (Tradução dos editores.)

O amaranto (*Amaranthus cruentus*) é uma planta nativa da América do Sul, região da Colômbia. Além de ser altamente nutritivo, o amaranto é um redutor dos níveis de colesterol.

ESQUEMA SIMPLIFICADO DE TRANSGENIA NA BATATA

Pesquisadores inserem gene do amaranto para que o tubérculo da batata contenha mais proteínas.

Como foi realizado o estudo

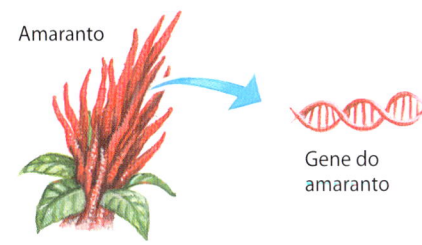

Amaranto → Gene do amaranto

1. Pesquisadores retiraram do amaranto um gene que produz proteínas.

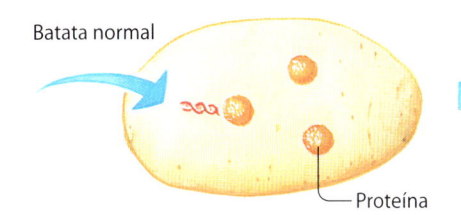

Batata normal — Proteína

2. O gene foi inserido em uma variedade de batata e esta passa a produzir tubérculos com mais proteínas.

Protato

3. O tubérculo da batata alterada geneticamente apresenta quantidades maiores de proteínas do que os das batatas tradicionais.

O que são os alimentos transgênicos

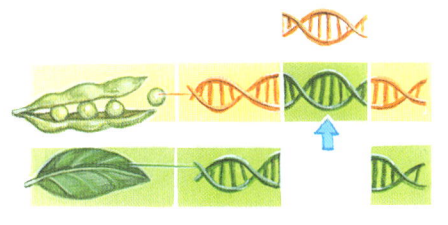

- São produzidos a partir de plantas ou animais que têm seu material genético alterado por meio da inoculação do material genético de outros organismos.

- A modificação genética pode tornar as plantas resistentes a herbicidas e pragas ou gerar plantas com maior retenção de nutrientes.

Vantagens

- Podem produzir alimentos mais nutritivos e baratos.
- Seu cultivo é mais eficiente do que o cultivo convencional e poderia ser a solução para abastecer a população mundial.

Possíveis riscos

- Causar alergias ou danificar o sistema imunológico.
- Em caso de sementes que produzem herbicidas, pode ocorrer a transmissão de seus genes a outras espécies, gerando "superpragas".

(Representação sem escala. Cores-fantasia.)

ATIVIDADES

Obter informações

1. Qual alimento transgênico é descrito no texto? Como foi criado?

2. Localize no texto e transcreva em seu caderno:
   a) um trecho que mostre as vantagens do protato.
   b) um trecho que mostre as desvantagens do protato.

Interpretar

3. Leia o texto, observe o esquema e responda.
   a) O que é um alimento transgênico?
   b) Como os alimentos transgênicos podem contribuir para a saúde e a nutrição das pessoas?

4. Por que é necessário o estudo mais aprofundado dos resultados de produtos transgênicos na alimentação antes de comercializá-los?

Pesquisar

5. Faça uma pesquisa para saber quais alimentos transgênicos são produzidos no Brasil.

6. Pesquise sobre as possíveis alterações que uma planta transgênica pode provocar no ambiente.

7. Traga para a aula pelo menos duas embalagens de alimentos transgênicos e pesquise que tipo de alteração genética foi feito nesses alimentos. Mostre as suas embalagens e veja a de seus colegas.

Refletir

8. Você acredita que a produção de alimentos transgênicos seja o único caminho para solucionar o problema de carência nutricional no mundo? Justifique.

9. O que você pensa a respeito da pesquisa e da produção de alimentos transgênicos? Converse a respeito do assunto com seus colegas.

UNIDADE 7

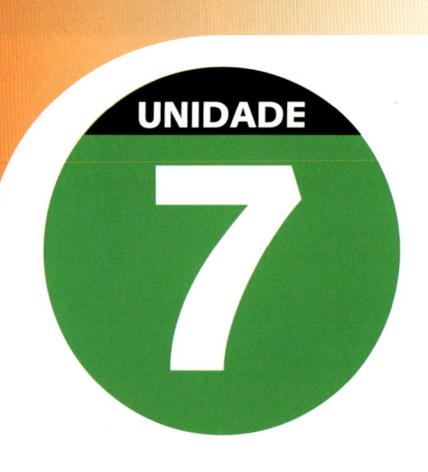

Tum... tum... tum... o pulsar da vida

Vista aérea da Praça do Pomar, Barra da Tijuca, Rio de Janeiro. Observe no detalhe que as ruas terminam em uma praça arborizada, simbolizando um pulmão, herança da arquitetura do século XVIII.

Corpos em movimento

"*Circulação e respiração*

[...] Com o surgimento da obra de William Harvey, De motu cordis, em 1628, essa certeza foi abalada. Através de suas descobertas sobre a circulação do sangue, Harvey deu partida numa revolução científica que mudou toda a compreensão do corpo – sua estrutura, seu estado de saúde e sua relação com a alma – dando origem a uma nova imagem modelo. [...]

A revolução de Harvey favoreceu mudanças de expectativas e planos urbanísticos em todo o mundo. Suas descobertas sobre a circulação do sangue e a respiração levaram a novas ideias a respeito da saúde pública. No Iluminismo do século XVIII, elas começaram a ser aplicadas aos centros urbanos. Construtores e reformadores passaram a dar maior ênfase a tudo que facilitasse a liberdade do trânsito das pessoas e seu consumo de oxigênio, imaginando uma cidade de artérias e veias contínuas, através das quais os habitantes pudessem se transportar tais quais hemácias e leucócitos no plasma saudável. [...]

Artérias e veias modernas

[...] Firmados em seus predecessores iluministas, que concebiam as cidades como artérias e veias, os urbanistas modernos colocaram esse imaginário a serviço de novos usos.

[...] circulando através das ruas-artérias, as pessoas passariam pelos parques fechados, respirando seu ar fresco, da mesma forma que o sangue é refrescado pelos pulmões."

Fonte: SENNETT, Richard. *Carne e pedra*. Rio de Janeiro: Record, 1997.

Por que estudar esta Unidade?

O transporte e a distribuição de nutrientes, hormônios, gases e muitas outras substâncias são feitos por meio de vasos interligados em um sistema conhecido como cardiovascular.

O sistema linfático também é constituído por vasos, porém, é distinto do sistema cardiovascular. O excesso de líquido do organismo flui para os vasos linfáticos e compõe a linfa.

Para se proteger de agentes estranhos, nosso organismo conta com células especializadas do chamado sistema imunitário.

Começando a Unidade

1. Como o gás oxigênio e os nutrientes chegam às células do corpo?
2. Que líquidos circulam em seu organismo? Onde esses líquidos se encontram?
3. Quantas vezes o coração bate por minuto?
4. Como o corpo se defende de partículas ou agentes estranhos ao organismo?
5. Como as vacinas auxiliam na defesa do organismo?

TEMA 1

De olho nas notícias

"HOMENS ESTRESSADOS, DOENÇAS À VISTA?"

Estresse causa mais alterações imunes e hormonais na população masculina do que na feminina

Uma recente pesquisa realizada no Instituto de Ciências Biológicas da Universidade de São Paulo mostra que homens, ao lidarem com situações de estresse agudo, sofrem mais alterações no sistema imune do que as mulheres. Os resultados sugerem que essas mudanças podem estar relacionadas a variações hormonais — também observadas nos testes — e que a população masculina ficaria mais suscetível a doenças do que a feminina após períodos estressantes. [...]

[...] Os homens sofreram mais alterações em seu sistema imune do que as mulheres. A variação mais frequente foi a diminuição no número de células responsáveis pela resposta imune específica (forma mais eficaz e mais demorada de combate a agressões sofridas pelo organismo) e aumento nos parâmetros responsáveis pela imunidade inata, primeira forma de autodefesa do corpo, mas menos eficiente. [...]

[...] quando o corpo é exposto a níveis de cortisol superiores ao normal por períodos prolongados, os efeitos tornam-se prejudiciais. Sua ação sobre o sistema imune é geralmente inibitória e provoca uma baixa na atividade imunológica, permitindo o surgimento de doenças. [...]"

Fonte: RODRIGUES, João Gabriel. "Homens estressados, doenças à vista?". In: *Ciência Hoje on-line*. Disponível em http://cienciahoje.uol.com.br/69361. Acesso em 28 ago. 2007.

"Poluição prejudica o coração de roedores, diz pesquisa

A poluição do ar não prejudica somente os pulmões. É isso que mostra uma pesquisa realizada com 85 ratos saudáveis de laboratório expostos ao material particulado fino proveniente da queima de combustíveis.

Os ratos estudados sofreram danos no sistema cardíaco e circulatório. Os efeitos foram notados depois de apenas um dia.

[...] os ratos tiveram redução do controle autonômico do coração, ou seja, ficaram mais propensos à morte súbita.

[...] Outro efeito notado nos ratos foi o estreitamento das artérias pulmonares, o que gera maior pressão para o coração e pode causar insuficiência cardíaca. [...]

● **Queimadas**

E não é só a poluição das grandes cidades que pode prejudicar o organismo. Grande parte do material resultante da queima de vegetação (ou biomassa) é de partículas finas e ultrafinas, que conseguem atingir as partes mais profundas do aparelho respiratório.

[...] hoje se sabe que o material particulado proveniente das queimadas também afeta o aparelho cardiocirculatório das pessoas. [...]"

Fonte: BALAZINA, Afra. "Poluição prejudica o coração de roedores, diz pesquisa." In: *Folha de S.Paulo*. Caderno Ciências, 6 jul. 2007.

"Estudo mostra método para vacinar recém-nascidos

Vacina costuma ser aplicada, hoje em dia, em bebês com pelo menos dois meses de idade

LONDRES — Um estudo realizado nos Estados Unidos diz que será possível, no futuro, vacinar recém-nascidos. Atualmente, a imunização costuma ser aplicada em bebês com pelo menos dois meses de idade, uma vez que recém-nascidos não contam com um sistema imunológico capaz de responder de forma adequada à maioria das vacinas.

Mas um grupo de imunologistas de um hospital infantil da cidade americana de Boston afirma ter descoberto um tipo de molécula capaz de impulsionar o sistema imunológico de recém-nascidos e, com isso, permitir a vacinação.

Segundo os especialistas, tais moléculas podem detectar invasões de bactérias e vírus e alimentar a produção de citocinas, um tipo de proteína que faz com que outras células imunológicas criem um sistema de defesa contra infecções. [...]

[...] a prática atual, de vacinar bebês quando eles estão com dois, quatro ou seis meses de idade, deixa-os expostos a doenças.

[...] se for possível atuar desde o nascimento da criança, os médicos poderão reduzir essa 'janela' de riscos enfrentados pelos recém-nascidos."

Fonte: http://www.estadao.com.br/ciencia/noticias/2006/abr/25/159.htm
Acesso em 11 maio 2007.

"Cientistas britânicos criam sangue de plástico

Cientistas britânicos desenvolveram sangue artificial de plástico que poderia ser usado como substituto em uma situação de emergência.

Pesquisadores da Universidade de Sheffield afirmaram que o sangue de plástico pode ser uma grande vantagem em áreas de conflitos e guerras. Segundo os cientistas o sangue artificial é leve e fácil de transportar, não precisa de refrigeração e pode ser conservado por mais tempo.

O novo sangue é feito com moléculas de plástico que têm um átomo de ferro em seu centro, como a hemoglobina, que pode levar oxigênio pelo corpo.

Os cientistas afirmam que o sangue artificial pode ser de produção barata e eles estão tentando conseguir mais verbas para desenvolver um protótipo final que seria adequado para testes biológicos. [...]"

Fonte: BBC Brasil, disponível em http://www1.folha.uol.com.br/folha/bbc/ult272u62166.shtml. Acesso em 11 maio 2007.

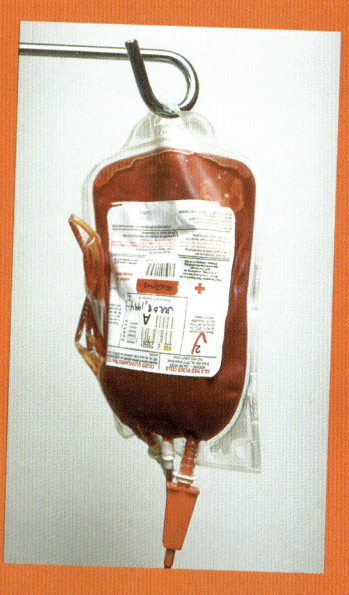

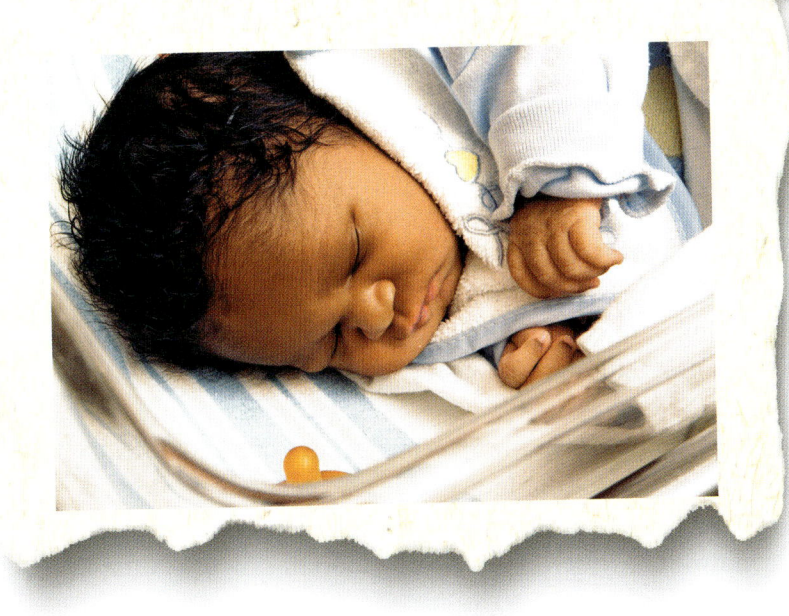

De olho no Tema

1. Qual notícia mais lhe chamou a atenção? Por quê?
2. Como a poluição afeta o sistema cardiovascular de ratos?
3. De que maneira o sangue de plástico poderia ser mais vantajoso do que o sangue natural?
4. Qual é a relação entre a atividade imunológica e a ocorrência de doenças?
5. O cortisol é um hormônio. Como ele pode ser prejudicial para o organismo?

TEMA 2

Sistema cardiovascular

Três elementos principais constituem o sistema cardiovascular: os vasos sanguíneos, o sangue e o coração. As artérias, as veias e os capilares são vasos que formam o sistema cardiovascular.

Um sistema muito abrangente

O sistema cardiovascular é responsável pela circulação do sangue. O sangue transporta nutrientes obtidos pelo processo da digestão, gás oxigênio, gás carbônico, resíduos e hormônios, entre outras substâncias. O sistema cardiovascular inclui os **vasos sanguíneos**, o **sangue** e o **coração**.

- Os vasos sanguíneos são tubos que conduzem o sangue por todo o corpo.
- O sangue é um líquido que transporta substâncias, como o gás oxigênio (dos pulmões até as células do corpo) e o gás carbônico (das células até os pulmões). O sangue também leva os nutrientes absorvidos no sistema digestório até as células. Além dessas substâncias o sangue transporta resíduos tóxicos e hormônios. É constituído por células e plasma.
- O coração é um órgão que mantém o sangue circulando por todo o corpo. Ele funciona como uma bomba.

Vasos sanguíneos

Os vasos sanguíneos formam uma rede de tubos de paredes elásticas que conduzem o sangue pelo corpo. Esses vasos podem ser de três tipos: as **artérias**, as **veias** e os **capilares**.

• Artérias

As artérias levam o sangue **do coração para os tecidos** do corpo. Por serem formadas por músculos lisos e por fibras elásticas, as paredes das artérias são **grossas** e **elásticas**. A primeira característica (musculatura grossa) permite que a artéria suporte a elevada pressão do sangue bombeado pelo coração; já a segunda característica (elasticidade) contribui para que as paredes se contraiam e relaxem a cada batimento cardíaco. Três camadas de tecidos formam as paredes das artérias. Esses tecidos circundam um espaço oco, chamado de luz, através do qual flui o sangue. Uma das características principais desses tecidos é conferir **elasticidade** ao vaso arterial para acomodar o sangue bombeado pelo coração.

As artérias se ramificam, originando as arteríolas, que são vasos de paredes mais delgadas. As últimas ramificações das artérias são chamadas de capilares.

De modo geral, denomina-se **sangue arterial** o sangue que é conduzido pelas artérias, e **sangue venoso** o sangue conduzido pelas veias.

A maioria das artérias transporta **sangue rico em gás oxigênio**, exceto a artéria pulmonar, que leva **sangue rico em gás carbônico** até os pulmões.

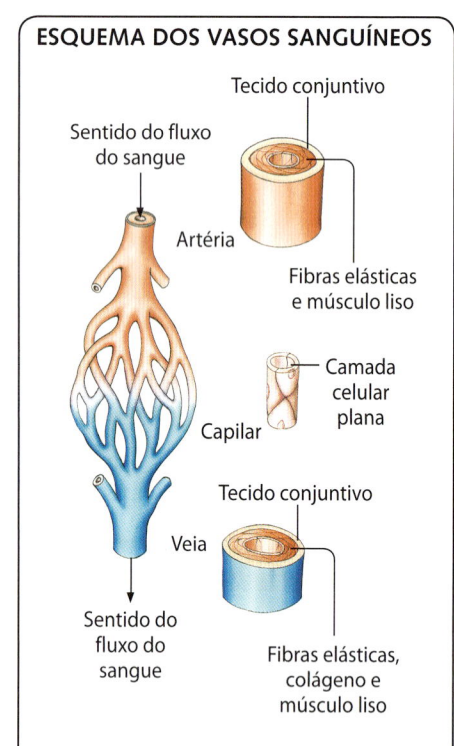

ESQUEMA DOS VASOS SANGUÍNEOS

- Sentido do fluxo do sangue
- Artéria
- Tecido conjuntivo
- Fibras elásticas e músculo liso
- Capilar
- Camada celular plana
- Veia
- Tecido conjuntivo
- Sentido do fluxo do sangue
- Fibras elásticas, colágeno e músculo liso

As paredes das artérias são mais grossas do que as paredes das veias.
Os capilares têm uma única camada de células. Para melhor compreensão, foram representados na cor vermelha os vasos que transportam sangue rico em gás oxigênio e na cor azul os que transportam sangue rico em gás carbônico.
(Representação sem escala. Cores-fantasia.)

Fonte: CAMPERGUE, Mariette et al. *Sciences de la vie et de la Terre*. 3e. Paris: Nathan, 1999.

ESQUEMA DO SISTEMA CARDIOVASCULAR

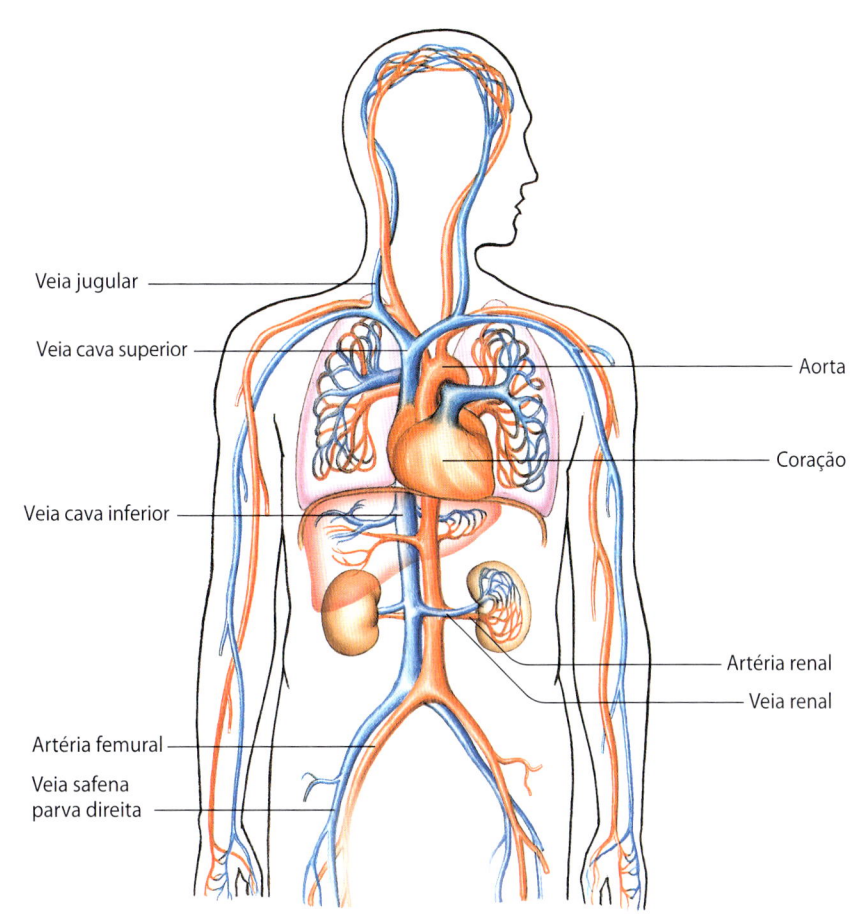

Apenas alguns vasos sanguíneos foram indicados e representados no esquema.
Os vasos representados na cor vermelha transportam sangue rico em gás oxigênio e os de cor azul, sangue rico em gás carbônico.
(Representação sem escala. Cores-fantasia.)

Fonte: TORTORA, Gerald J. *Corpo humano — fundamentos de anatomia e fisiologia*. Porto Alegre: Artmed, 2000.

• Veias

As veias transportam o sangue **dos tecidos do corpo até o coração**. São vasos de menor diâmetro e com paredes mais delgadas em relação às artérias. As veias, como as artérias, também são formadas por três camadas de tecidos. A diferença é que a parede das veias é mais fina (veja esquema da página anterior).

A maioria das veias transporta sangue rico em gás carbônico, com exceção das veias pulmonares, que transportam sangue rico em oxigênio dos pulmões ao coração.

• Capilares

Os capilares são vasos com diâmetro muito pequeno. A parede que os forma é constituída apenas por uma camada de células planas. Isso permite que muitas substâncias do sangue passem facilmente através da parede para atingir as células e vice-versa.

Os vasos capilares são os responsáveis por levar o sangue com nutrientes até as células dos tecidos e receber os resíduos eliminados pelas células, formando uma rede de comunicação entre as artérias e as veias.

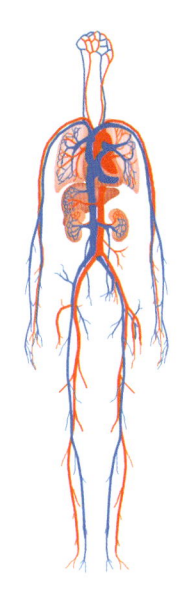

De olho no Tema

1. Cite os principais componentes do sistema cardiovascular.

2. Qual é a importância da elasticidade das veias e das artérias?

3. Por que os capilares apresentam apenas uma camada de células e diâmetro pequeno?

Saiba

Válvulas e varizes

Em seu interior, as veias — em especial as das pernas — apresentam válvulas que garantem o sentido do fluxo do sangue venoso. No caso de essas válvulas não funcionarem bem, o sangue fica retido, dando um aspecto dilatado e tortuoso às paredes das veias. Essas dilatações são chamadas de varizes.

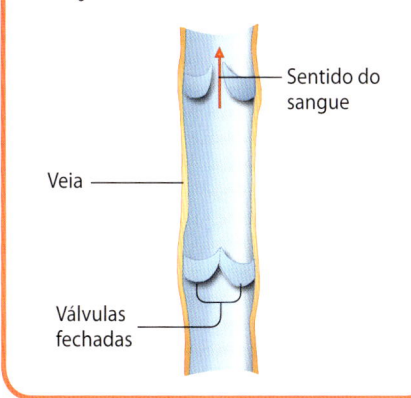

TEMA 3
O sangue e seus componentes

O sangue humano é um líquido denso, de cor vermelha, formado por uma parte líquida, o plasma, por diversos tipos de células e por plaquetas.

Composição do sangue

O sangue é um líquido vermelho que circula por todo o organismo, transportando diferentes tipos de substância. Um indivíduo adulto tem, em média, 5 a 6 litros de sangue.

Uma parte do sangue é líquida e recebe o nome de **plasma**. Nele estão mergulhadas **células sanguíneas**, como os glóbulos vermelhos e os glóbulos brancos, e fragmentos de células, chamados **plaquetas**.

• Plasma

O plasma é um líquido de cor amarelada, que representa 55% do volume total do sangue. É constituído por grande quantidade de água. No plasma, estão dissolvidos nutrientes, gás oxigênio, gás carbônico e hormônios. O plasma tem também resíduos produzidos pelas células, que precisam ser eliminados do corpo.

• A origem das células sanguíneas

Os glóbulos vermelhos são produzidos na parte interna dos ossos longos, também conhecida como medula óssea vermelha. Essas células vivem no sangue por aproximadamente 120 dias. Após esse período, as células são destruídas no baço, no fígado e na própria medula óssea. A medula óssea vermelha é um tecido rico em células-tronco medulares, isto é, capazes de originar diversos tipos de células do sangue, como as hemácias e os glóbulos brancos.

Os glóbulos brancos, além de se originarem na medula óssea vermelha, podem se originar em outros órgãos do corpo, como o baço e o timo. O tempo de vida do glóbulo branco varia desde algumas horas até meses ou anos.

• Glóbulos vermelhos

Também chamados de hemácias, os glóbulos vermelhos são as células sanguíneas que o sangue humano tem em maior quantidade e que dão cor vermelha ao sangue.

Existem aproximadamente cinco milhões desses glóbulos em 1 mm^3 — cerca de 1 gota — de sangue. Os glóbulos vermelhos têm a forma de disco, não apresentam núcleo e contêm **hemoglobina**, uma substância de cor vermelha. A hemoglobina é uma proteína que contém ferro e tem a propriedade de transportar os gases oxigênio e carbônico. O gás oxigênio é transportado para todas as células do corpo, e o gás carbônico produzido nas células é transportado, pelo sangue, até os pulmões.

Os glóbulos vermelhos podem conduzir uma quantidade de gás oxigênio cem vezes maior que a quantidade transportada pelo plasma. Isso acontece devido à presença da hemoglobina nessas células.

Quando não consumimos alimentos ricos em ferro (carnes vermelhas, feijão, verduras com folhas escuras) em quantidade suficiente, a quantidade de hemoglobina dos glóbulos vermelhos pode diminuir, causando a anemia.

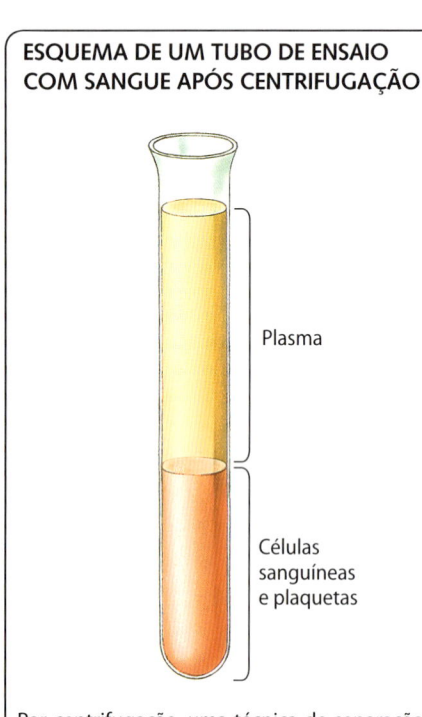

ESQUEMA DE UM TUBO DE ENSAIO COM SANGUE APÓS CENTRIFUGAÇÃO

Plasma

Células sanguíneas e plaquetas

Por centrifugação, uma técnica de separação, o plasma é separado dos elementos sólidos do sangue (células sanguíneas e plaquetas). (Representação sem escala. Cores-fantasia.)

ESQUEMA DAS CÉLULAS SANGUÍNEAS E PLAQUETAS

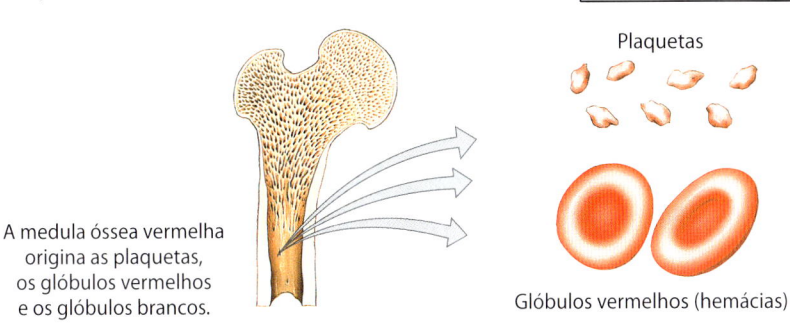

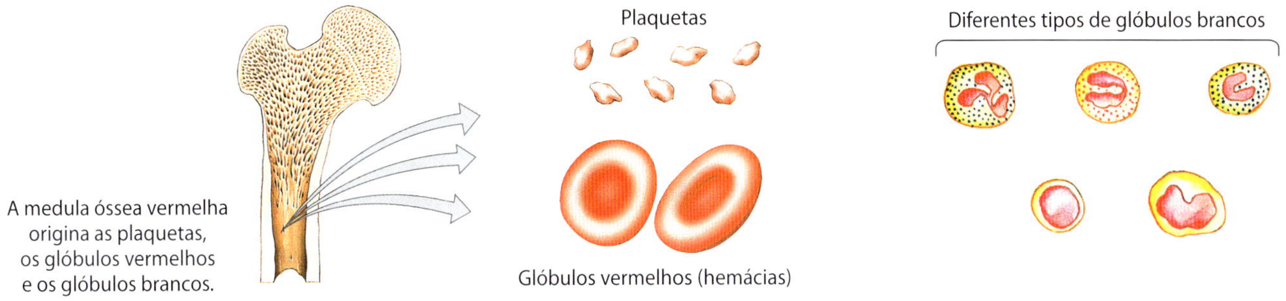

A medula óssea vermelha origina as plaquetas, os glóbulos vermelhos e os glóbulos brancos.

Plaquetas

Glóbulos vermelhos (hemácias)

Diferentes tipos de glóbulos brancos

(Representação sem escala. Cores-fantasia.)

Fonte: TORTORA, Gerald J. *Corpo humano — fundamentos de anatomia e fisiologia*. Porto Alegre: Artmed, 2000.

• Glóbulos brancos

Os glóbulos brancos, também chamados de leucócitos, são células sanguíneas maiores que os glóbulos vermelhos; no entanto estão presentes no sangue em um número muito menor que as hemácias: entre 6.000 e 10.000 por mm^3 em condições normais. Essas células têm a função de nos defender de agentes estranhos ao organismo, como bactérias, vírus e substâncias tóxicas. Isso será explicado mais adiante.

Há glóbulos brancos de vários tipos. Diferem uns dos outros pelo tamanho, pela forma de seus núcleos e pelo modo como atuam. Alguns fagocitam, isto é, englobam, digerem e destroem microrganismos. Outros fabricam **anticorpos**, proteínas que neutralizam a ação de proteínas estranhas ao organismo, denominadas **antígenos**. É por isso que o número de glóbulos brancos no sangue aumenta quando microrganismos penetram no corpo.

• Plaquetas

As plaquetas são fragmentos celulares muito menores que os leucócitos e as hemácias. A quantidade normal de plaquetas no sangue é de aproximadamente 300.000 por mm^3. O tempo de duração das plaquetas é curto: de 5 a 9 dias. As plaquetas evitam perdas de sangue porque promovem a coagulação sanguínea. Veja o esquema abaixo.

De olho no Tema

1. Em exames de sangue, é possível verificar a ocorrência de uma infecção. Como você imagina que isso é feito?

2. Qual é a principal função da hemácia?

3. Você considera importante doar sangue? Por quê?

ESQUEMA DA COAGULAÇÃO DO SANGUE

Quando um vaso sanguíneo se rompe, uma sequência de eventos acontece para impedir a perda de sangue. Acompanhe na figura.

1. A primeira reação ao rompimento de um vaso sanguíneo é a contração do vaso para reduzir o fluxo de sangue.

2. Rapidamente, as plaquetas entram em contato com a parede danificada e aderem a ela.

3. Em seguida, as plaquetas liberam substâncias, mediante uma série de reações químicas, que provocam a transformação de uma proteína do plasma — o **fibrinogênio** — em filamentos.

4. Os filamentos formam uma rede que captura as células sanguíneas, produzindo um **coágulo** ou trombo.
À medida que o vaso sanguíneo vai cicatrizando, o coágulo seca e é reabsorvido.
(Representação sem escala. Cores-fantasia.)

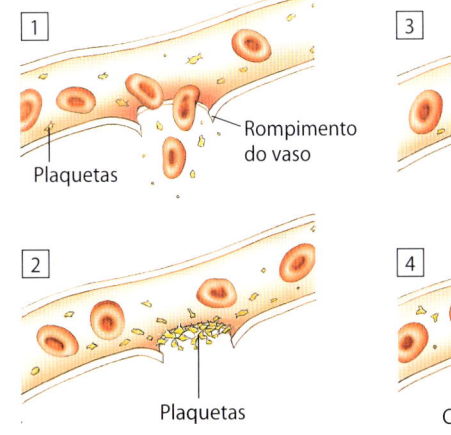

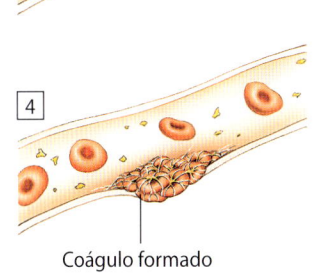

1 — Plaquetas — Rompimento do vaso
2 — Plaquetas
3 — Fibras + plaquetas
4 — Coágulo formado

Fonte: TORTORA, Gerald J. *Corpo humano — fundamentos de anatomia e fisiologia*. Porto Alegre: Artmed, 2000.

TEMA 4

Coração: o sangue vai e volta

O coração é um órgão musculoso que impulsiona o sangue por todo o corpo.

ESQUEMA DE UM CORAÇÃO, EM CORTE

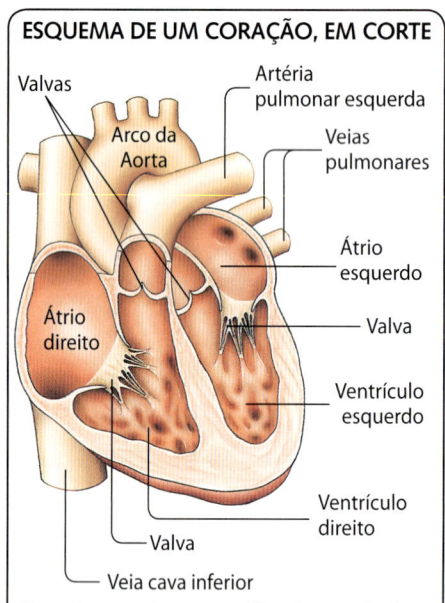

(Legendas: Valvas; Arco da Aorta; Artéria pulmonar esquerda; Veias pulmonares; Átrio esquerdo; Valva; Átrio direito; Ventrículo esquerdo; Ventrículo direito; Valva; Veia cava inferior)

Atenção: no corte esquemático do coração duas das quatro veias pulmonares não aparecem (estão na metade não representada). (Representação sem escala. Cores-fantasia.)

Fonte: TORTORA, Gerald J. *Corpo humano — fundamentos de anatomia e fisiologia.* Porto Alegre: Artmed, 2000.

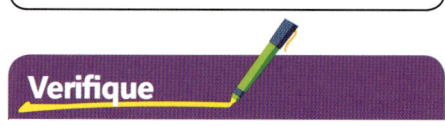

O coração e suas cavidades

O sangue chega à maioria das partes do corpo. Ele é capaz de vencer a gravidade e circular nos pés, na cabeça, nas mãos e no tronco. Isso se deve a um órgão que funciona como uma bomba impulsora: o coração.

• Um músculo poderoso

As paredes do coração são formadas por um músculo potente chamado **miocárdio**. Externamente o coração é coberto por uma membrana, o **pericárdio**. O tamanho do coração depende do sexo, da idade da pessoa e de seu estado de saúde.

Existem quatro **cavidades** no coração: duas superiores, denominadas átrios, e duas inferiores, os ventrículos. Entre as cavidades superiores e inferiores situam-se as **valvas**. Também existem valvas nas saídas dos ventrículos.

• As cavidades

- Os **átrios**, direito e esquerdo, têm paredes delgadas e recebem o sangue das veias. As veias cavas superior e inferior lançam o sangue no átrio direito e as veias pulmonares, no átrio esquerdo.
- Os **ventrículos**, direito e esquerdo, têm paredes grossas e impulsionam o sangue do coração através das artérias. Do ventrículo direito parte a artéria pulmonar e do ventrículo esquerdo, a aorta.

As cavidades situadas do lado direito do coração (que recebem sangue rico em gás carbônico) são separadas das cavidades que ficam do lado esquerdo (que recebem sangue rico em gás oxigênio) por meio de uma parede muscular.

• As valvas

O coração tem valvas que regulam a passagem do sangue dos átrios para os ventrículos: são as valvas **atrioventriculares** esquerda e direita. Para que o sangue passe de um átrio para um ventrículo, uma valva atrioventricular deve abrir-se. A abertura e o fechamento das valvas são causados por diferenças de pressão de uma cavidade para outra.

Existem ainda outras valvas, que se encontram nas saídas dos ventrículos para as grandes artérias, como a artéria pulmonar (valva do tronco pulmonar) e a aorta (valva da aorta). A função dessas valvas é impedir o retrocesso do sangue quando este sai do coração.

Verifique

Os batimentos do coração

Materiais: palito de fósforo e massa de modelar

Procedimento:
- Pegue um pouco de massa de modelar (a quantidade semelhante a uma ervilha).
- Encaixe uma das extremidades do fósforo na massa e achate-a até formar uma base reta para o fósforo.
- Coloque o braço sobre uma mesa com a palma da mão voltada para cima.
- Posicione o fósforo com a massa em um ponto do pulso onde há vibração.

Conclusão:
As vibrações do fósforo são constantes? O que representam estas vibrações?

ESQUEMA DOS MOVIMENTOS DO CORAÇÃO — CICLO CARDÍACO

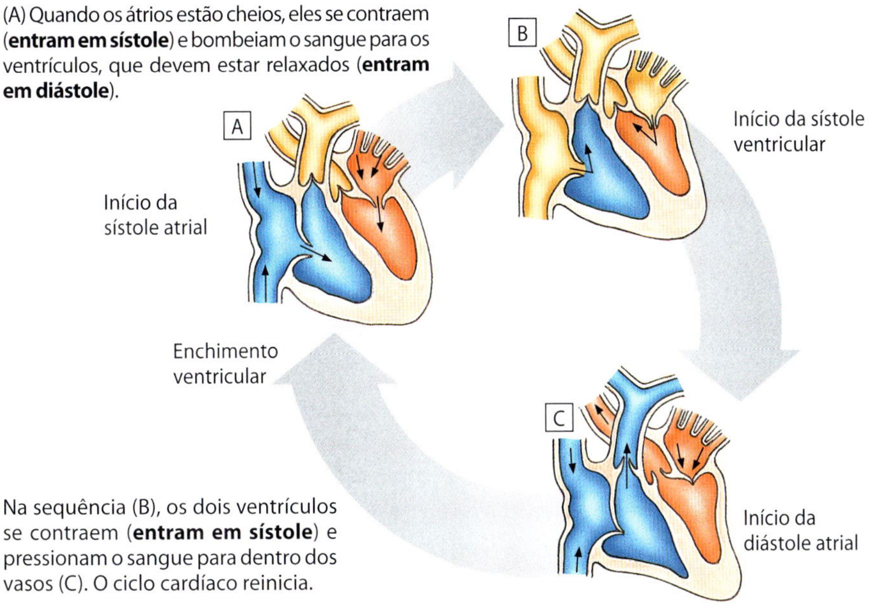

(A) Quando os átrios estão cheios, eles se contraem (**entram em sístole**) e bombeiam o sangue para os ventrículos, que devem estar relaxados (**entram em diástole**).

A — Início da sístole atrial

B — Início da sístole ventricular

C — Início da diástole atrial

Enchimento ventricular

Na sequência (B), os dois ventrículos se contraem (**entram em sístole**) e pressionam o sangue para dentro dos vasos (C). O ciclo cardíaco reinicia.

(Representação sem escala. Cores-fantasia. Esquema em corte.)

Fonte: TORTORA, Gerald J. *Corpo humano — fundamentos de anatomia e fisiologia.* Porto Alegre: Artmed, 2000.

Os batimentos do coração

Para impulsionar o sangue, o coração se move continuamente por meio de contrações, chamadas **sístoles**, seguidas de relaxamentos, denominados **diástoles**. Esse conjunto de movimentos, que ocorrem de forma alternada e em sequência, recebe o nome de **ciclo cardíaco**. Veja o quadro acima.

O coração de um adulto se contrai, em média, 72 vezes por minuto.

Ao auscultar o coração com um estetoscópio, é possível detectar dois sons diferentes que provêm do fechamento das valvas. Um, mais comprido, corresponde ao fechamento das valvas atrioventriculares direita e esquerda. O outro, de menor duração, resulta do fechamento da valva da aorta e do tronco pulmonar.

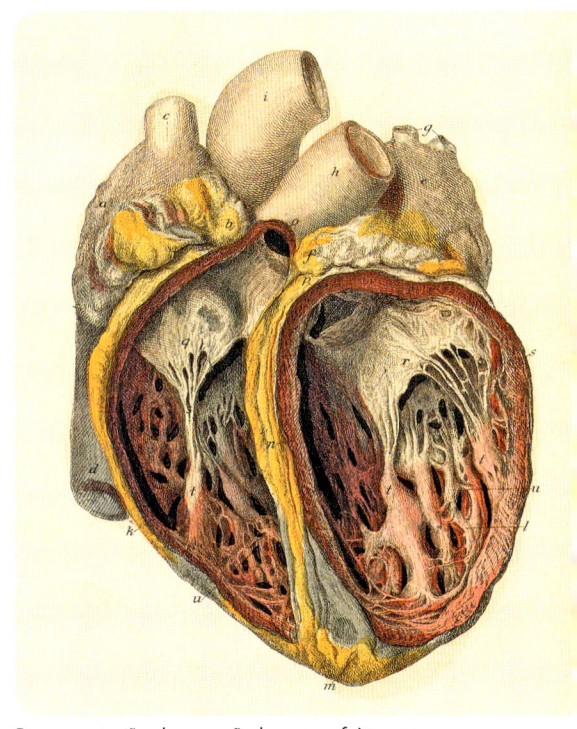

Representação do coração humano feita por C. E. Bock.
Mesmo em situação de repouso, o coração bombeia 30 vezes o volume de sangue equivalente à sua massa a cada minuto.
O coração tem o tamanho aproximado de uma mão fechada.

Tecnologia em pauta

O eletrocardiograma

O eletrocardiógrafo é um aparelho utilizado pelos cardiologistas que permite estudar e registrar a atividade elétrica do coração.

O coração bate toda vez que um impulso elétrico é gerado e transmitido dos átrios aos ventrículos. Esse impulso elétrico é detectado por eletrodos colocados na pele, que registram as contrações num gráfico chamado eletrocardiograma. Por esse gráfico o médico avalia as condições do coração.

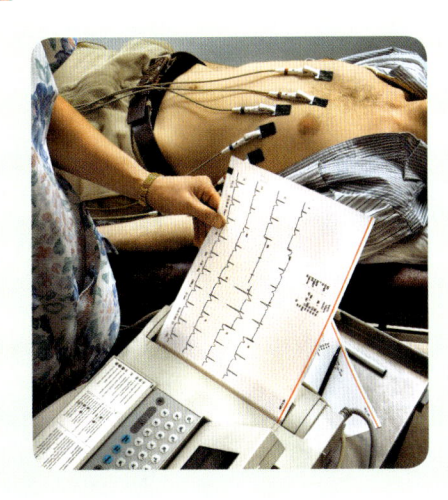

De olho no Tema

1. Por que um átrio se comunica com um ventrículo, porém não se comunica com outro átrio?

2. Como um médico consegue verificar os batimentos do coração?

3. Marque verdadeiro (V) ou falso (F):
   a) Quando o coração se contrai, é chamado de diástole. ( )
   b) As cavidades superiores do coração são os átrios. ( )
   c) O sangue rico em gás oxigênio passa pela aorta. ( )

ATIVIDADES — Temas 1 a 4

Organize o conhecimento

1. Nomeie as estruturas indicadas pelas letras e responda.

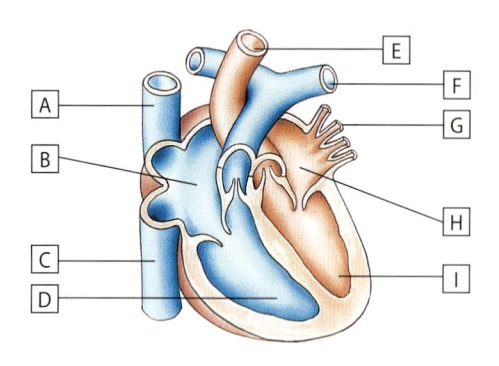

a) Quais dos vasos indicados têm valvas para impedir o retorno do sangue?

b) Quais são as valvas entre as cavidades superiores e inferiores?

c) Qual é o nome dado ao músculo das paredes do coração?

d) Complete com a letra correta:
- Durante a sístole atrial, o sangue preenche o (▢) e o (▢).
- Durante a sístole ventricular, o sangue passa para a (▢) e a (▢).

2. Transcreva e complete o quadro.

Componentes do sangue	Características
Glóbulos vermelhos (hemácias)	_____
_____	Fragmentos celulares que promovem a coagulação sanguínea.
Plasma	_____
_____	Podem ser de vários tipos e defendem o organismo de agentes estranhos que podem causar doenças.

3. Quais são os tipos e como são os vasos do sistema cardiovascular?

4. No esquema abaixo, I, II e III representam componentes do corpo, enquanto A e B representam tipos de sangue.

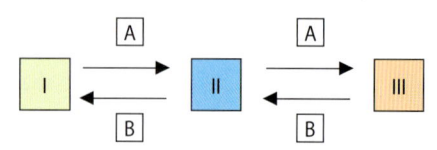

Se **A** representa sangue rico em gás carbônico e **B** representa sangue rico em gás oxigênio, que componentes representam I, II e III, respectivamente?

5. Complete os espaços nas frases com as palavras mais adequadas:

a) Quando o ventrículo esquerdo está em _____, o sangue é bombeado para a aorta.

b) Durante a diástole o sangue entra no átrio _____ vindo das veias cavas.

c) A _____ _____ traz sangue rico em gás oxigênio para o átrio esquerdo.

d) O coração bombeia o sangue que está no ventrículo esquerdo para a _____ e desta vai para o resto do corpo.

Analise

6. Analise o esquema e responda.

O mocotó é uma comida típica brasileira muito apreciada. É feito com uma fatia grossa de perna de boi, cortada de modo que contenha osso, músculos e tendões; apenas a pele é retirada.

a) Localize, no esquema ao lado, a região responsável pela produção de células sanguíneas.

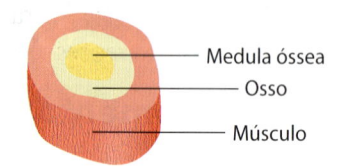

b) Por que as pessoas com anemia são orientadas a comer mocotó?

7. Observe os esquemas e responda.

a) Em qual órgão podem ser encontrados capilares como os apresentados no esquema 1?

b) Que estruturas do esquema 2 estão representadas em A e B?

c) Qual é o destino do sangue que percorre os vasos A e B?

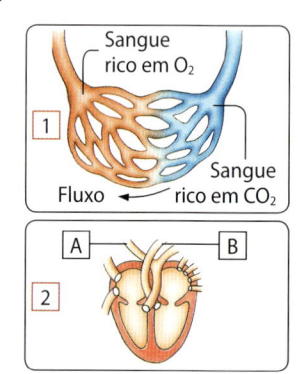

8. Observe a tirinha:

a) O que é anemia?

b) Quais são as causas da anemia?

c) Um paciente foi submetido a um tratamento com doses intensas de radiação ionizante que podem danificar a medula óssea e tornar uma pessoa anêmica. Nesse caso, qual é a razão da anemia?

Explore

A medida da pulsação

As batidas do coração têm um ritmo que chamamos de pulsação. Para medi-la os médicos contam quantas vezes o coração bate em um minuto. Quando tocamos as têmporas, a artéria carótida (localizada na lateral do pescoço) ou o pulso, podemos perceber essas batidas.

- Sinta a pulsação. Para isso, coloque a ponta dos dedos, indicador e médio, no seu pulso, sem pressioná-lo. Conte e anote o número de batidas em um minuto.
- Faça o mesmo no pulso de um colega e anote o resultado.
- Forme um grupo com mais 3 duplas e analisem os resultados obtidos.

O número de batidas do coração muda, dependendo da situação. Podem ser mais lentas ou mais rápidas, quando comparadas a uma situação de tranquilidade ou de esforço físico. Observe o gráfico. Ele representa as medidas da pulsação, em diferentes horas do dia, de um trabalhador de uma empresa de mudanças.

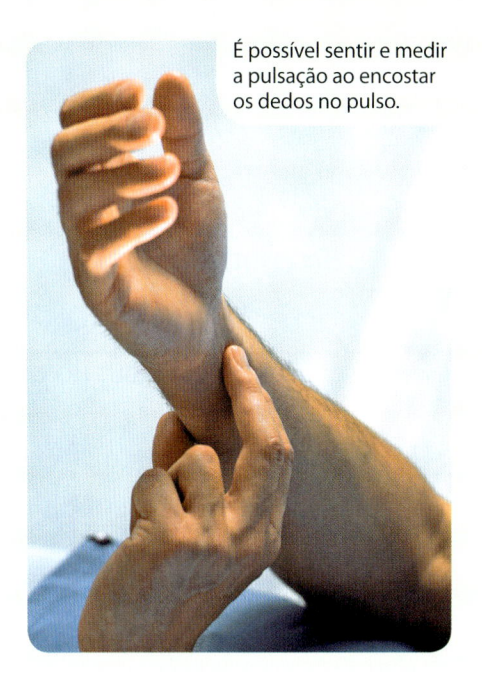

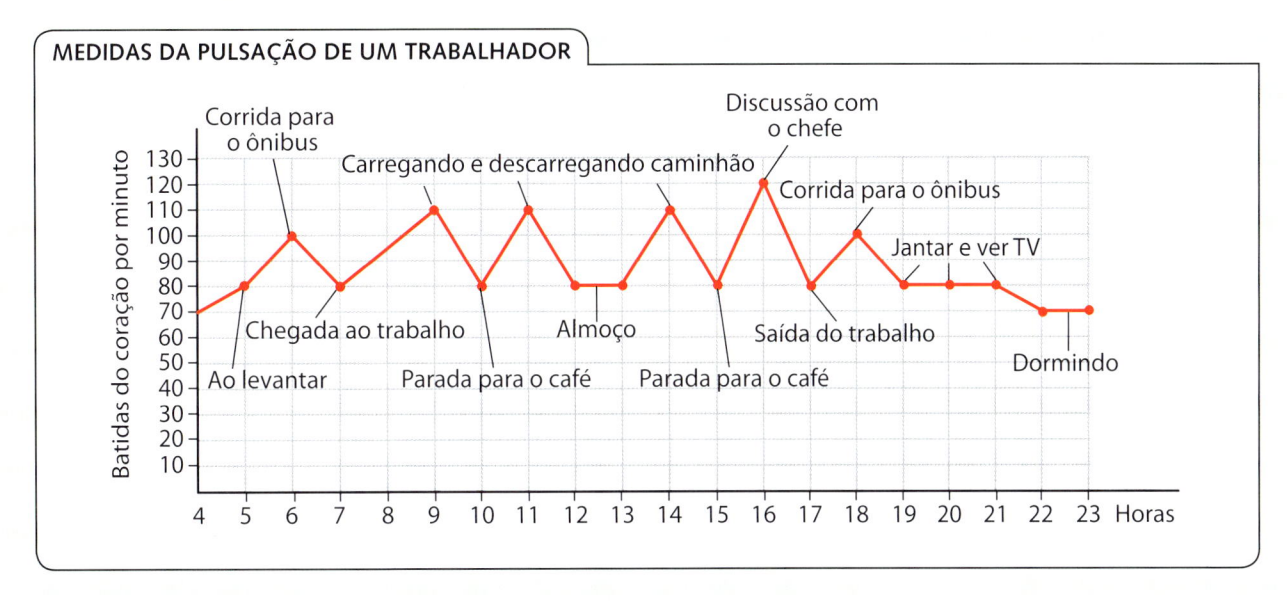

É possível sentir e medir a pulsação ao encostar os dedos no pulso.

MEDIDAS DA PULSAÇÃO DE UM TRABALHADOR

Pontos do gráfico (Batidas do coração por minuto × Horas):
- 4h: 70 — Ao levantar
- 6h: 100 — Corrida para o ônibus
- 7h: 80 — Chegada ao trabalho
- 9h: 110 — Carregando e descarregando caminhão
- 10h: 80 — Parada para o café
- 11h: 110 — Carregando e descarregando caminhão
- 12h: 80 — Almoço
- 14h: 110
- 15h: 80 — Parada para o café
- 16h: 120 — Discussão com o chefe
- 17h: 80 — Saída do trabalho
- 18h: 100 — Corrida para o ônibus
- 19h-21h: 80 — Jantar e ver TV
- 22h-23h: 70 — Dormindo

Ler e interpretar o gráfico

1. Qual foi o número máximo de batimentos cardíacos por minuto do trabalhador nesse dia? Em qual situação ocorreram os batimentos mais rápidos?

2. Em qual situação a pulsação atingiu o menor valor? Que valor foi esse?

3. O número de batimentos cardíacos pode aumentar em situações de tensão e atividade física. O gráfico confirma essa afirmação? Justifique.

4. Em quais situações a medida de 80 batidas por minuto foi obtida? O que isso significa?

Construir um gráfico a partir do anterior

5. Forme um grupo e construa outro gráfico. Leve em conta uma nova situação: o trabalhador agora é um técnico em computação que vai até a empresa em seu próprio automóvel.

TEMA 5

A circulação do sangue e da linfa

O sangue circula por todo o corpo. O excesso de líquido da circulação sanguínea e do corpo forma a linfa.

O percurso do sangue

O percurso do sangue no organismo humano recebe o nome de **circulação sanguínea**. Durante um percurso completo pelo corpo, o sangue passa duas vezes pelo coração.

Observe como isso acontece.

ESQUEMA DO CAMINHO DO SANGUE NO CORPO

Pequena circulação ou circulação pulmonar

A pequena circulação vai do coração até os pulmões e deles novamente para o coração.
- O sangue rico em gás carbônico, é bombeado do **ventrículo direito** para a **artéria pulmonar**. Essa artéria se divide em duas e cada uma delas segue para um pulmão.
- Nos pulmões, o sangue libera o gás carbônico e absorve o gás oxigênio. O sangue oxigenado regressa ao **átrio esquerdo** por meio das quatro **veias pulmonares**.

Grande circulação ou circulação geral

A grande circulação é o trajeto que leva o sangue do coração a todos os órgãos do corpo e deles novamente ao coração. Esse circuito se realiza da seguinte forma:
- O sangue que sai dos pulmões, rico em gás oxigênio, passa do átrio esquerdo ao **ventrículo esquerdo**. Dele, será impulsionado para a **aorta**. A artéria aorta se ramifica em muitas outras artérias que vão a todas as partes do corpo, como o estômago, a cabeça, os braços etc.
- O sangue volta ao coração através das veias e atinge o átrio direito, tanto pela veia cava superior quanto pela inferior.

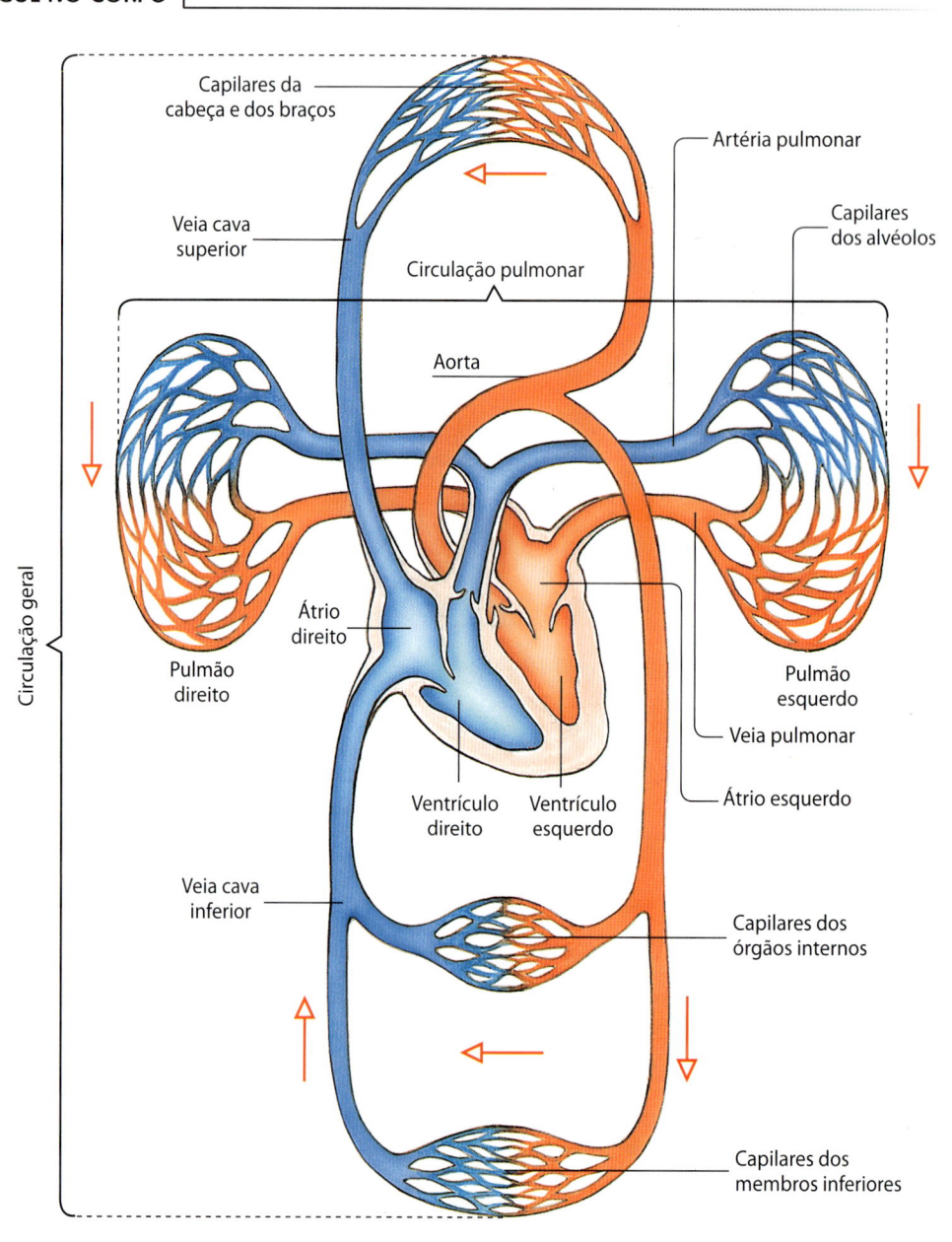

Esquema geral da circulação sanguínea. O trajeto do sangue envolve duas passagens pelo coração. Para facilitar a leitura, atribuiu-se a cor azul ao sangue pobre em gás oxigênio e a cor vermelha ao sangue rico em gás oxigênio. (Representação sem escala. Cores-fantasia.)

Fonte: WALKER, Richard. *Encyclopedia of the human body*. USA: DK USA, 2002.

Como é formado o sistema linfático

O sistema linfático é formado pelos **vasos linfáticos** e por órgãos como o **timo**, o **baço**, as **tonsilas** e os **linfonodos**. No sistema linfático circula um líquido esbranquiçado, que recebe o nome de **linfa**.

O **timo** é um órgão que auxilia e distribui os linfócitos aos outros órgãos. Os linfócitos são células (glóbulos brancos) responsáveis pela produção de anticorpos, especializados na defesa do organismo.

O **baço** é o local de transformação dos linfócitos. As células dentro do baço também fagocitam bactérias, glóbulos vermelhos e plaquetas danificados ou envelhecidos.

As **tonsilas** participam nas respostas imunitárias contra substâncias estranhas que são inaladas.

Os **linfonodos** são órgãos arredondados, distribuídos por todo o corpo, geralmente em grupos. Mais adiante estudaremos suas funções.

O que faz o sistema linfático

Todo o excesso de líquido que sai dos capilares sanguíneos e que banha as células do corpo flui para um sistema de vasos diferente do sistema cardiovascular: o **sistema linfático**. O líquido recolhido é a linfa; ela é formada por parte do plasma e por glóbulos brancos.

A linfa — que flui somente em um sentido: dos tecidos para o coração — é conduzida para vasos mais grossos até retornar à circulação sanguínea e se misturar com o sangue.

O sistema linfático auxilia na drenagem dos líquidos do corpo que ocupam os espaços entre as células, contribuindo com o sistema cardiovascular na remoção do excesso desses líquidos.

Junto à rede de vasos do sistema linfático há os **linfonodos**. Eles são pequenos órgãos especializados na filtragem da linfa e na produção de glóbulos brancos. Quando ocorre uma infecção, provocada por vírus, bactérias ou algum outro agente estranho ao organismo, o linfonodo incha e forma a íngua. Ao observar uma íngua, é possível detectar um processo infeccioso ainda no início.

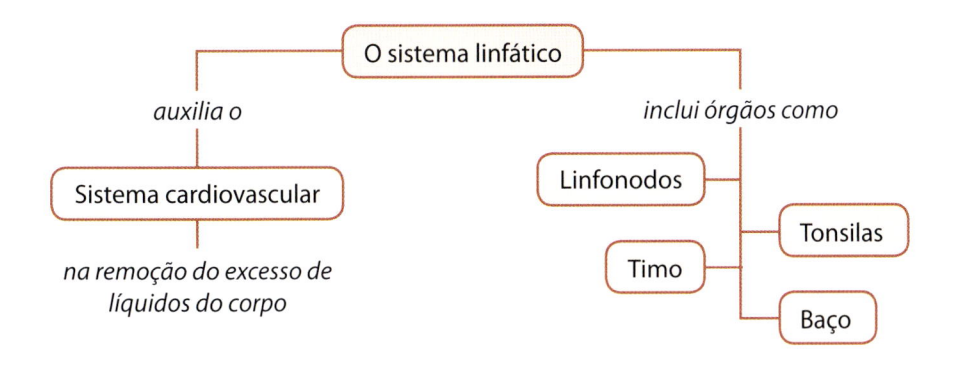

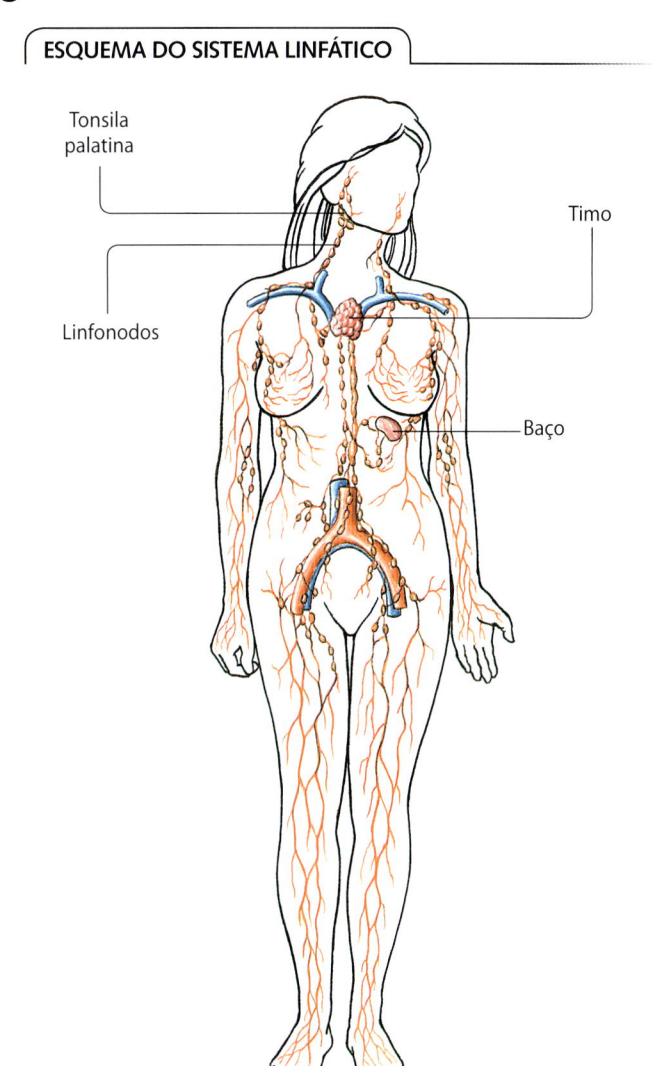

ESQUEMA DO SISTEMA LINFÁTICO

Tonsila palatina
Linfonodos
Timo
Baço

O baço, o timo e as tonsilas são órgãos do sistema linfático formados pelo mesmo tecido que constitui os linfonodos. Atuam, portanto, na fabricação de glóbulos brancos. (Representação sem escala. Cores-fantasia.)

Fonte: WALKER, Richard. *Encyclopedia of the human body*. USA: DK USA, 2002.

O sistema linfático
- auxilia o → Sistema cardiovascular → na remoção do excesso de líquidos do corpo
- inclui órgãos como → Linfonodos, Tonsilas, Timo, Baço

De olho no Tema

1. Descreva, de forma resumida, o percurso do sangue pelo corpo.

2. Quais são as principais diferenças entre o sistema linfático e o sistema cardiovascular?

3. Uma "dor de garganta" pode estar relacionada ao inchaço de um dos órgãos do sistema linfático. Qual é esse órgão?

TEMA 6

O sistema imunitário

O sistema imunitário é constituído por uma diversidade de células de defesa, das quais se destacam os glóbulos brancos.

A defesa do organismo

Como já foi visto nas páginas 185 e 191, os **glóbulos brancos** ou **leucócitos** são células que fazem parte do sangue e da linfa. Eles protegem o corpo, destruindo os microrganismos e os materiais estranhos. Por terem essa capacidade, os leucócitos formam o sistema de defesa do organismo, também chamado de **sistema imunitário**.

Os leucócitos podem ser de vários tipos. Diferem uns dos outros pelo tamanho, pela forma dos núcleos celulares e pelo modo como atuam no sistema de defesa. Alguns englobam, digerem e destroem os microrganismos. Outros fabricam substâncias — os **anticorpos** — que neutralizam a ação de materiais estranhos ao organismo. É por essa razão que o número de glóbulos brancos no sangue aumenta quando vírus e bactérias penetram no corpo. Veja o que acontece.

ESQUEMA DA AÇÃO DO SISTEMA IMUNITÁRIO DURANTE FERIMENTO

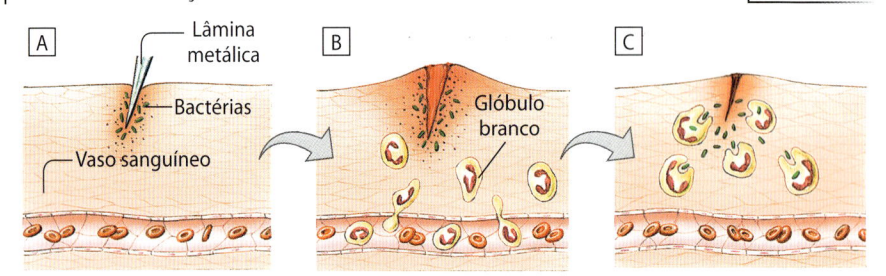

A — Lâmina metálica — Bactérias — Vaso sanguíneo
B — Glóbulo branco
C

Para o local do ferimento (A) é enviado um grande número de glóbulos brancos (B). O lugar incha devido ao acúmulo de líquido. Em (C) os glóbulos brancos englobam e destroem as bactérias.

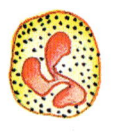

Neutrófilos
Têm grande capacidade de movimentação e de fagocitose. São os primeiros a chegar aos locais de infecção, atravessando as paredes dos capilares e destruindo os microrganismos.

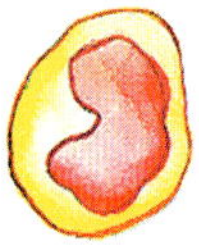

Monócitos
Também fagocitam bactérias. Entram em ação ajudando os neutrófilos, quando as inflamações ou infecções duram muito tempo.

Tipos de leucócitos

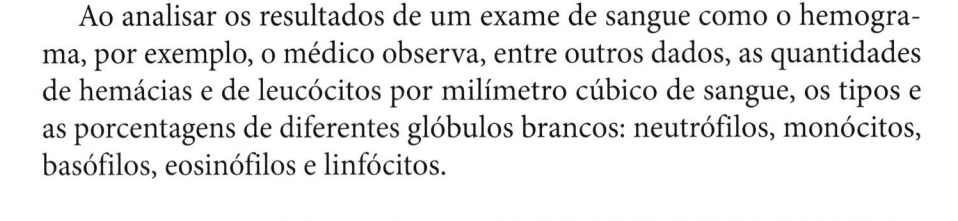

Ao analisar os resultados de um exame de sangue como o hemograma, por exemplo, o médico observa, entre outros dados, as quantidades de hemácias e de leucócitos por milímetro cúbico de sangue, os tipos e as porcentagens de diferentes glóbulos brancos: neutrófilos, monócitos, basófilos, eosinófilos e linfócitos.

Basófilos
São leucócitos que não circulam pelo sangue. Encontram-se em grande quantidade no fígado, no baço, nas tonsilas palatinas e nos linfonodos. Os basófilos estão envolvidos em reações alérgicas e inflamações.

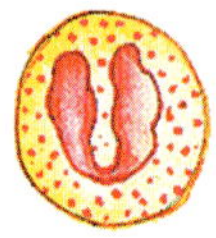

Eosinófilos
Sua quantidade aumenta muito nas alergias e nas doenças provocadas por vermes (verminoses) ou protozoários parasitas. Exemplos de verminoses são a teníase, a elefantíase e o amarelão, e de protozooses, como a giardíase e a malária.

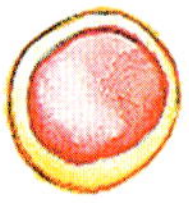

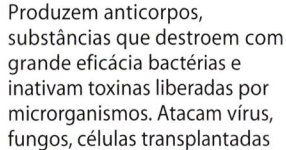

Linfócitos
Produzem anticorpos, substâncias que destroem com grande eficácia bactérias e inativam toxinas liberadas por microrganismos. Atacam vírus, fungos, células transplantadas e células cancerosas.

Representações sem escala. Cores-fantasia.

Fonte das ilustrações: TORTORA, Gerald J. *Corpo humano — fundamentos de anatomia e fisiologia*. Porto Alegre: Artmed, 2000.

Quando o sistema imunitário falha

Há ocasiões em que o sistema imunitário falha e, assim, doenças como a **aids** e o **lúpus**, chamadas oportunistas, se instalam no organismo, podendo levar o indivíduo à morte. Existem também ocasiões em que o sistema imunitário reage de maneira exagerada, provocando as **alergias** e as **rejeições de transplantes**.

● A aids

A aids é uma doença que se manifesta após a infecção do organismo humano pelo vírus da imunodeficiência humana, mais conhecido como HIV (do inglês — *Human Immunodeficiency Virus*).

Também do inglês deriva a sigla aids, *Acquired ImmunoDeficiency Syndrome*, que em português quer dizer Síndrome da Imunodeficiência Adquirida. **Síndrome** significa um grupo de sinais e sintomas que, uma vez considerados em conjunto, caracterizam uma doença. **Imunodeficiência** é a falha do sistema de defesa do organismo humano contra microrganismos invasores, tais como vírus, bactérias, protozoários etc. **Adquirida** significa que a aids não ocorre espontaneamente, mas por um fator externo, a infecção pelo HIV.

O HIV destrói os linfócitos, que são células responsáveis pela defesa do organismo, tornando-o vulnerável a outras infecções e doenças oportunistas, chamadas assim por surgirem nos momentos em que o sistema imunitário do indivíduo está enfraquecido.

Há alguns anos, o diagnóstico da aids era quase uma sentença de morte. Atualmente, porém, a aids já pode ser considerada uma doença crônica. Isso significa que uma pessoa infectada pelo HIV em tratamento médico pode viver com o vírus por um longo período sem apresentar nenhum sintoma ou sinal. Isso tem sido possível graças aos avanços tecnológicos e às pesquisas, que propiciam o desenvolvimento de medicamentos cada vez mais eficazes.

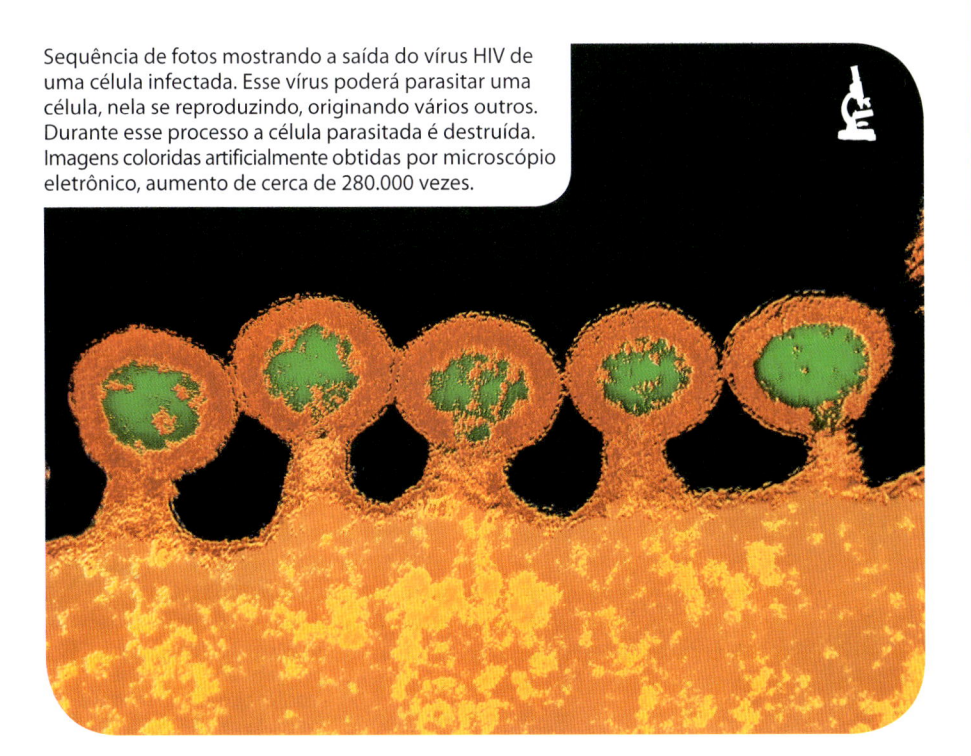

Sequência de fotos mostrando a saída do vírus HIV de uma célula infectada. Esse vírus poderá parasitar uma célula, nela se reproduzindo, originando vários outros. Durante esse processo a célula parasitada é destruída. Imagens coloridas artificialmente obtidas por microscópio eletrônico, aumento de cerca de 280.000 vezes.

Entrando na rede

No endereço http://www.adolesite.aids.gov.br/aids.htm você encontrará informações sobre HIV e aids.

De olho no Tema

1. Como agem os glóbulos brancos na defesa do organismo?
2. O que você pode fazer para evitar uma infecção em um corte acidental na pele?
3. Explique a relação existente entre a aids e o HIV.

Saiba

Controle da transmissão do HIV

- Uso de camisinha nas relações sexuais. Existem camisinhas para homens e para mulheres.
- Uso somente de seringas e agulhas descartáveis.
- Não utilizar objetos cortantes, como tesoura e alicate de unha, que não tenham sido esterilizados.
- Em casos de transfusão de sangue, informar-se sobre o registro e as condições do banco de sangue pelo Disque-Saúde 0800-61-1997.
- As grávidas portadoras do vírus também devem fazer o exame pré-natal. Quando a mãe é tratada, o risco de a criança nascer com o vírus diminui em 97%.

Fonte: Coordenação Nacional de Aids/Ministério da Saúde.

O estresse provocado por situações cotidianas como o trânsito pode desencadear doenças.

O lúpus

O lúpus é uma doença crônica de causa desconhecida que leva a alterações fundamentais no sistema imunitário da pessoa, atingindo predominantemente mulheres.

Uma pessoa que tem lúpus desenvolve anticorpos que reagem contra as suas células normais, podendo afetar a pele, as articulações, os rins e outros órgãos. Ou seja, a pessoa se torna "alérgica" a ela mesma, o que caracteriza o lúpus como doença autoimune. Mas não é uma doença contagiosa, infecciosa ou maligna. A maioria dos casos de lúpus ocorre esporadicamente, indicando que fatores genéticos e ambientais têm um papel importante.

O lúpus pode ser desencadeado por drogas, como a penicilina e a sulfa, por exposição excessiva à luz do Sol, problemas emocionais, infecções e outros tipos de estresse.

Rejeição de transplantes

Transplante é a substituição de um tecido ou órgão. Geralmente, o organismo reconhece as proteínas do tecido ou órgão transplantados como estranhas e produz anticorpos, rejeitando-os.

Por isso, para realizar um transplante, é necessário fazer exames para determinar o grau de compatibilidade entre o doador e o receptor, reduzindo em parte a rejeição. Drogas imunossupressoras também são utilizadas, porém elas tornam os receptores suscetíveis a doenças infecciosas.

As alergias

Algumas pessoas apresentam reações alérgicas a algumas substâncias (antígenos). Os antígenos que provocam as reações alérgicas são denominados **alérgenos**. Os alérgenos mais comuns são alimentos (leite, amendoim, crustáceos e ovos), antibióticos (penicilina, tetraciclina), vitaminas (B_1 e ácido fólico), vacinas, venenos (de insetos e serpentes), pólens, poeira e corantes, entre outros.

Algumas reações alérgicas podem ser localizadas, provocando inchaço nas pálpebras, nos lábios, cãibras, coceira e erupções na pele. Outras reações são generalizadas, como o choque anafilático, que provoca problemas respiratórios e cardiovasculares, podendo até causar a morte.

Pessoas alérgicas devem consultar especialistas informando-se de como evitar as reações e como proceder em caso de manifestações alérgicas extremas.

Entrando na rede

No endereço http://cienciahoje.uol.com.br/controlPanel/materia/view/1085 você vai encontrar informações sobre alergias.

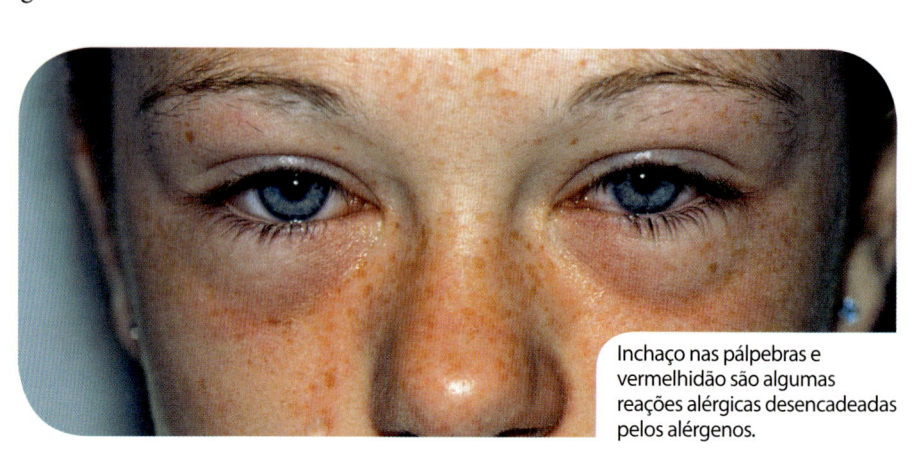

Inchaço nas pálpebras e vermelhidão são algumas reações alérgicas desencadeadas pelos alérgenos.

A imunidade

O organismo humano é exposto constantemente à ação de muitos materiais estranhos, vivos ou não. Para ampliar a proteção que se adquire diante desses materiais (partículas estranhas, venenos, toxinas e peçonhas aplicados por animais ou bactérias e vírus invasores), os cientistas desenvolvem pesquisas de substâncias (**soros** e **vacinas**) que aumentam ou conferem imunidade.

• Soros e vacinas

- Os **soros** são substâncias que contêm doses elevadas de anticorpos produzidos por outra pessoa ou por outro animal como um cavalo. Os médicos aplicam soro numa pessoa que foi mordida por uma serpente ou outro animal peçonhento, situação que exige tratamento rápido e eficaz.

- As **vacinas** são substâncias preparadas com microrganismos (vírus ou bactérias) mortos ou inativos. Um vírus ou bactéria é considerado inativo quando perde a capacidade de se reproduzir. Uma vez introduzidas no organismo, as vacinas provocam a produção lenta de anticorpos específicos para cada tipo de microrganismo, em um processo que demora cerca de um mês. É o que acontece, por exemplo, com as vacinas contra o sarampo, a rubéola ou a antirrábica.

O efeito protetor da vacina aparece quando a pessoa é revacinada, isto é, quando ela novamente entra em contato com o microrganismo (isso ocorre na vacinação de reforço): seu corpo reagirá rapidamente, produzindo anticorpos que evitam a doença.

As vacinas têm prevenido doenças graves como o sarampo, a difteria, o tétano, a coqueluche, a poliomielite, a hepatite, a rubéola, a tuberculose e a febre amarela.

As vacinas previnem contra doenças, pois estimulam o corpo a produzir anticorpos.

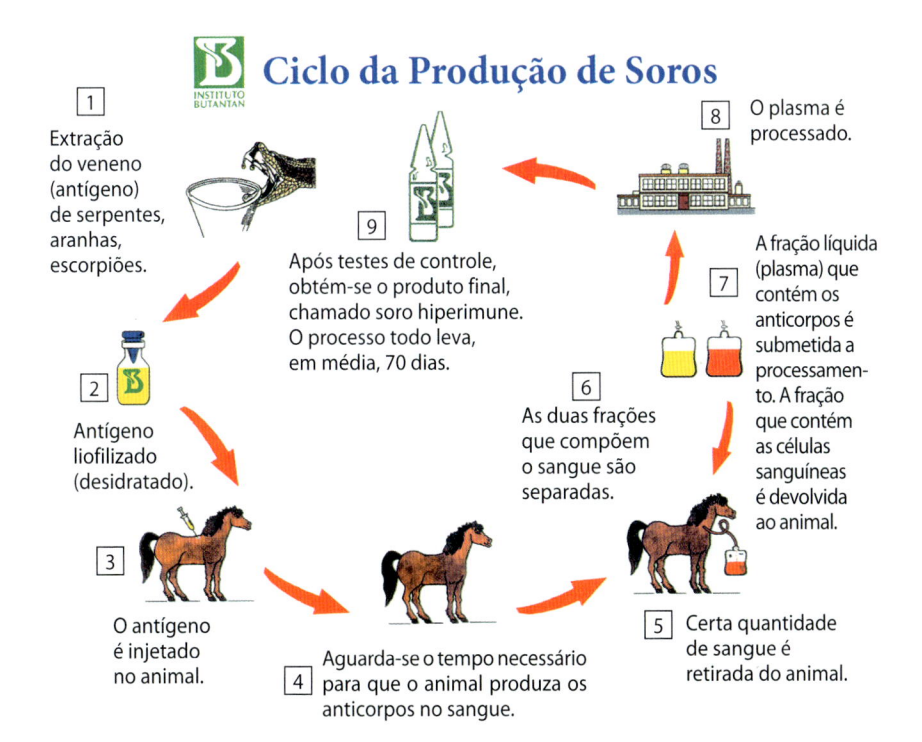

Ciclo da Produção de Soros

1. Extração do veneno (antígeno) de serpentes, aranhas, escorpiões.
2. Antígeno liofilizado (desidratado).
3. O antígeno é injetado no animal.
4. Aguarda-se o tempo necessário para que o animal produza os anticorpos no sangue.
5. Certa quantidade de sangue é retirada do animal.
6. As duas frações que compõem o sangue são separadas.
7. A fração líquida (plasma) que contém os anticorpos é submetida a processamento. A fração que contém as células sanguíneas é devolvida ao animal.
8. O plasma é processado.
9. Após testes de controle, obtém-se o produto final, chamado soro hiperimune. O processo todo leva, em média, 70 dias.

Glossário

Imunidade
Conjunto das defesas de um organismo contra agentes que causam doenças.

Peçonhento
Ser vivo capaz de injetar, inocular, peçonha (veneno), como algumas serpentes.

Entrando na rede

No endereço http://cienciahoje.uol.com.br/controlPanel/materia/view/1095 você encontra artigo sobre microrganismos.

De olho no Tema

1. Você ou alguém que você conhece tem alergia? A qual substância?

2. Explique a diferença entre vacina e soro.

3. Complete os espaços nas frases com as palavras adequadas:

   a) O _____ contém muitos _____ e é utilizado em pessoas que foram mordidas ou inoculadas por animais peçonhentos.

   b) O sistema _____ pode reagir de forma exagerada contra certas substâncias, caracterizando uma _____ _____.

   c) O _____ _____ é formado por vasos e recebe o excesso de líquido do corpo, que constituirá a _____.

   d) Os _____, o _____, as _____ e o _____ são órgãos que compõem o sistema linfático.

195

TEMA 7

A saúde do sistema cardiovascular

O sistema cardiovascular pode ser afetado por doenças como a aterosclerose, a leucemia e a hipertensão.

Doenças cardiovasculares

A saúde do sistema cardiovascular pode ser afetada devido à ocorrência de doenças que atingem o coração e os vasos sanguíneos ou o próprio sangue. A **aterosclerose**, a **leucemia** e a **hipertensão** são alguns exemplos.

Existem alguns fatores que predispõem o organismo ao aparecimento de distúrbios cardiovasculares. Entre eles estão: o consumo elevado de alimentos gordurosos, que pode provocar um aumento na taxa de colesterol do sangue; pressão do sangue elevada; vida sedentária, que favorece a má circulação do sangue; o monóxido de carbono, que endurece as artérias; o tabagismo e o alcoolismo.

• Aterosclerose

Com o passar dos anos, as artérias podem ter o diâmetro diminuído devido ao acúmulo de substâncias gordurosas em suas paredes internas, como o colesterol, ou devido à perda de elasticidade e endurecer. Como consequência, os vasos sanguíneos ficam obstruídos, causando a aterosclerose.

Em algumas ocasiões, a obstrução de determinada artéria é total e o sangue não chega a levar o gás oxigênio nem nutrientes às células. Se isso acontecer em um órgão vital como o coração ou o cérebro, pode ocorrer a morte.

• Leucemia

A leucemia é uma forma de câncer que tem como característica a formação de leucócitos anormais. Células cancerígenas são aquelas que se reproduzem de forma exagerada. No caso da leucemia, os leucócitos se propagam anormalmente na medula óssea, impedindo a produção adequada de outras células sanguíneas. Os leucócitos anormais não protegem o organismo. Atualmente esse tipo de câncer tem um tratamento eficaz, que consiste no transplante de medula óssea.

• Hipertensão

Normalmente a pressão máxima do sangue em um adulto fica entre 10 e 14 mmHg e a mínima, entre 6 e 9 mmHg.

Quando uma pessoa sofre de **hipertensão** (conhecida por pressão alta), sua pressão máxima aumenta anormalmente, chegando a 18 mmHg ou mais. Essa situação pode ser esporádica ou permanente e coloca em perigo a saúde do paciente, já que, nessas condições, artérias podem se romper.

Saiba
Pressão do sangue

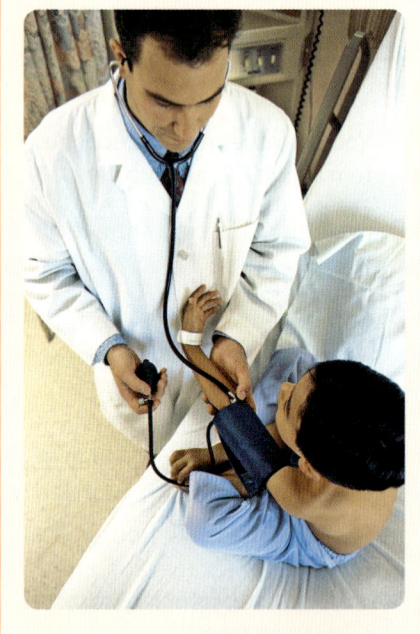

O sangue circula pelas artérias, exercendo pressão, isto é, pressionando as paredes com uma determinada força. A unidade prática da pressão do sangue é o milímetro de mercúrio (mmHg). Essas unidades derivam da clássica experiência realizada pelo físico italiano Evangelista Torricelli (1608-1647), que demonstrou que o ar exerce pressão.

Sal em excesso eleva a pressão do sangue. Evite ingeri-lo em demasia.

TEMA 8

A saúde do sistema linfático

O *sistema linfático pode ser acometido por doenças degenerativas — como alguns tipos de câncer —, por vermes, vírus ou bactérias parasitas.*

● Elefantíase

A **elefantíase**, também chamada de filariose, é uma obstrução dos vasos linfáticos situados, principalmente, nos membros inferiores do corpo. Essa doença é causada por vermes parasitas chamados de filárias (*Wuchereria bancrofti*). O membro afetado fica inchado devido a um acúmulo excessivo de plasma que não retorna à circulação sanguínea. As filárias são transmitidas por picada de mosquitos do gênero *Culex* contaminados.

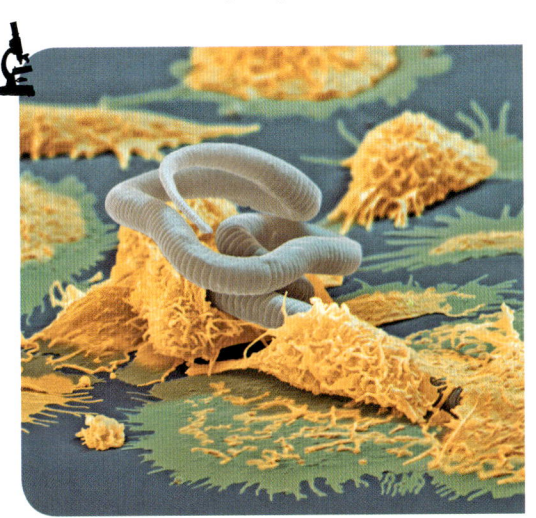

A imagem mostra uma filária *Wuchereria bancrofti* (em cinza), que provoca a elefantíase, sendo atacada por macrófagos (em amarelo). Fotomicrografia por microscópio de varredura, colorizada artificialmente, ampliada cerca de 3.300 vezes.

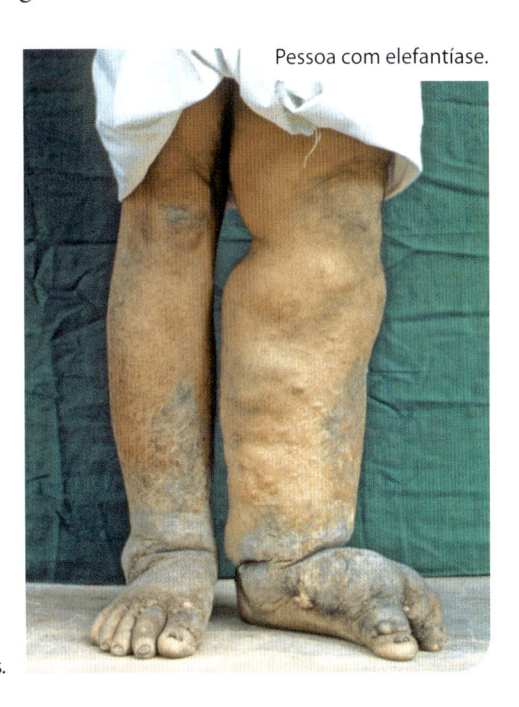

Pessoa com elefantíase.

● Linfoma

O linfoma é um câncer que ataca as células do tecido linfático. Pode originar-se nos linfonodos ou no tecido linfático dos órgãos do corpo. Caracteriza-se por um rápido crescimento de um linfonodo ou de uma zona do órgão afetado. Apresenta sintomas como febre e perda de massa corpórea.

● Angina tonsilar (amidalite)

Quando as tonsilas palatinas (antigamente conhecidas como amígdalas) se infeccionam, surge a angina, uma inflamação aguda na garganta, provocada principalmente por vírus ou bactérias. As tonsilas ficam maiores e com pontos brancos ou amarelos cheios de pus.

Muitas pessoas que sofrem de angina tonsilar crônica têm as tonsilas extraídas, porque as infecções constantes podem dar origem a outras doenças, como reumatismo e problemas cardíacos. Nem todos os médicos estão de acordo com essa cirurgia, devido ao papel protetor das vias respiratórias desempenhado pelas tonsilas.

De olho no Tema

1. Você tem hábitos que podem evitar doenças cardiovasculares? Quais?

2. Lembre-se do que você aprendeu sobre vermes parasitas e explique: que atitudes devemos tomar para evitar uma doença como a elefantíase?

Glossário

Pus
Líquido resultante da inflamação. Contém leucócitos ou seus restos e células mortas.

ATIVIDADES — Temas 5 a 8

Organize o conhecimento

1. Observe o esquema e responda em seu caderno.

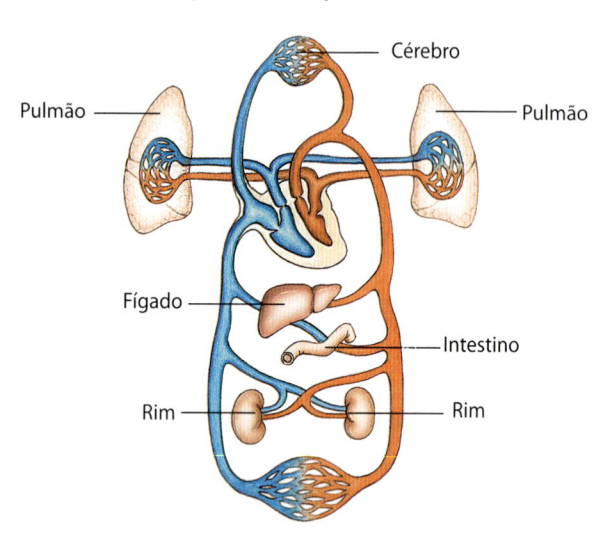

a) Em que cor estão representados os vasos em que circula o sangue rico em gás oxigênio? E os vasos em que circula o sangue rico em gás carbônico?

b) Os vasos realmente apresentam essas cores?

c) O que acontece com o sangue rico em gás carbônico quando ele chega aos pulmões?

d) Qual é o trajeto percorrido pelo sangue rico em gás carbônico que vem do intestino, do fígado e dos rins até atingir os pulmões?

2. Leia e responda.

> Sempre que entramos em contato com substâncias estranhas ou microrganismos, além dos mecanismos gerais de defesa do nosso corpo, é acionado um sistema constituído por vários tipos de leucócitos.

- A qual sistema o texto se refere?
- O que fazem os leucócitos?

3. O que são doenças autoimunes?

Analise

4. O que acontece com a pressão arterial de uma pessoa com aterosclerose?

5. Na circulação sanguínea, o sangue é impulsionado para diferentes órgãos do corpo, transportando, principalmente, nutrientes e gás oxigênio. E o coração? Existem veias e artérias nas paredes do coração? Que órgão impulsiona o sangue que circula por esses vasos?

6. Como atua o vírus HIV no organismo infectado?

7. Leia o texto e responda.

> Os acidentes com animais peçonhentos muitas vezes estão relacionados às atividades humanas realizadas em ambientes naturais. Esses acidentes podem ser provocados por aranhas ou escorpiões.

a) O que deve ser aplicado em uma pessoa nesses casos: vacina ou soro? Por quê?

b) É recomendável que, se possível, o animal seja levado vivo ou morto para identificação. Por quê?

8. Leia o texto e responda.

> O Instituto Butantan, além de realizar pesquisas em diversas áreas das ciências biológicas e biomédicas, é uma das instituições públicas responsáveis pela produção de vacinas e soros no Brasil. Para a produção de soros contra peçonha de serpentes, é necessário ter esses animais à disposição. Assim, o Instituto Butantan não só mantém uma criação de serpentes, mas também recolhe exemplares desses animais de todas as regiões do Brasil.

a) Por que é necessário utilizar a própria peçonha de serpente para obter o soro antiofídico?

b) Quais são os componentes ativos do soro antiofídico?

c) Por que uma pessoa picada por serpente peçonhenta pode sobreviver se, a tempo, a ela for administrado soro antiofídico?

9. (Saresp) Analise e responda.

A aplicação em uma pessoa de substâncias — preparadas a partir de microrganismos inativados — para imunizá-la é feita por meio de:

a) vacina, para curar a doença.
b) soro, para prevenir a doença.
c) soro, para curar a doença.
d) vacina, para prevenir a doença.

10. Em alguns casos, o organismo não consegue se defender dos microrganismos e é necessário recorrer aos antibióticos. Faça uma pesquisa sobre a atuação de antibióticos e responda:

- Os antibióticos podem ser usados para o combate a vírus?
- Por que é importante seguir as orientações do médico no uso de antibióticos?

Explore

Os primeiros passos da vacinação

"Classificada como uma das enfermidades mais devastadoras da história da humanidade, a varíola foi considerada erradicada pela Organização Mundial de Saúde (OMS) em 1980. No entanto, a doença voltou às manchetes de jornal em virtude da suposição de que ela possa ser utilizada como arma biológica.

Acredita-se que a varíola tenha surgido há mais de três mil anos, provavelmente na Índia ou no Egito. De lá para cá, ela se espalhou pelo mundo, causou inúmeras epidemias, aniquilou populações inteiras (como diversas tribos de índios brasileiros) e mudou o curso da história. [...]

No dia 14 de maio de 1796, o médico inglês Edward Jenner retirou pequena quantidade de sangue das mãos de uma camponesa e inoculou em um garoto de oito anos. Com o tempo, constatou-se que a criança havia se tornado imune à varíola. Jenner realizou esse experimento após observar que pessoas antes infectadas com vírus da varíola bovina (bem mais branda) nunca manifestavam a varíola humana: estava descoberta a vacina contra a enfermidade. No entanto, Jenner não foi o primeiro a desenvolver um modo de imunização contra a varíola. Muito antes (por volta do ano 1000), a medicina tradicional chinesa já utilizava um método que constava em extrair o pus das vesículas em estágio avançado de um doente e inoculá-lo em jovens fortes e sadios. Normalmente, esses indivíduos adquiriam formas brandas da doença e a seguir tornavam-se imunes a ela. Seja como for, a descoberta de Jenner mudou a história da imunologia — a própria palavra vacina vem do latim *vaccinus*, de *vacca* (vaca)."

Texto elaborado com base em: FERREIRA, Pablo. Disponível em: http://www.fiocruz.br/ccs/glossario/variola.htm. Acesso em 24 nov. 2005.

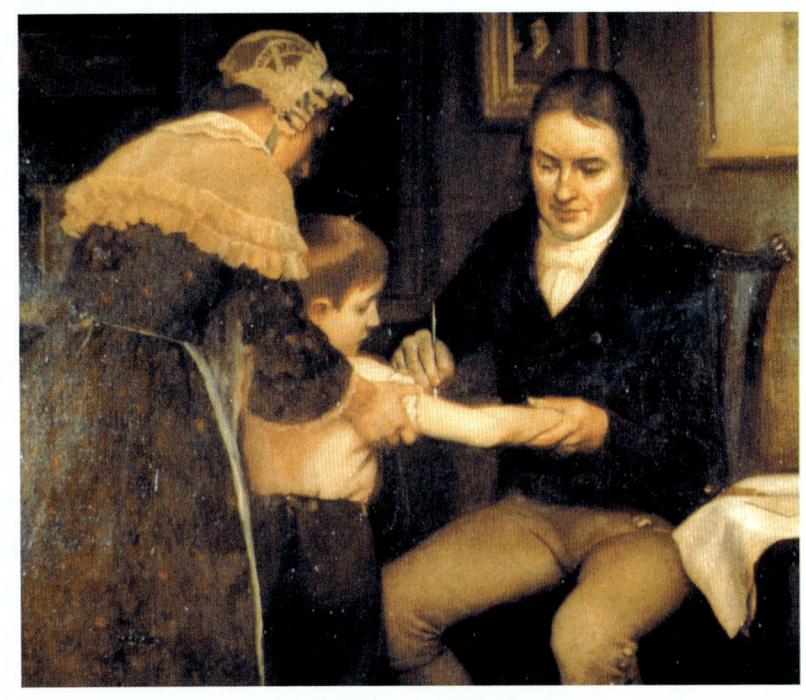

Pintura de Ernest Board (1915) retratando Edward Jenner vacinando James Phipps, com material extraído das pústulas da mão de Sarah Nelmes, em 14 de maio de 1796.

Compreender o texto

1. Por que o autor do texto afirma que a varíola voltou às manchetes dos jornais?

2. Como Edward Jenner chegou à descoberta da vacina contra a varíola?

3. Em que período isso (a descoberta) aconteceu?

Pesquisar

4. Forme um grupo e pesquisem no órgão municipal de saúde do seu município:
   - O calendário de vacinação humana e de outros animais e a importância de cada uma das vacinas para a saúde pública.
   - A história da varíola e sua erradicação.

Pontes, portas e janelas...
Sintonia entre as Ciências

Ao conhecer um museu, você pode fazer uma "ponte" entre aquilo que você já sabe, e também, abrir "portas" e "janelas" que trarão novos conhecimentos.

O Instituto Bio-Manguinhos

O Instituto de Tecnologia em Imunobiológicos (Bio-Manguinhos) da Fundação Oswaldo Cruz (Fiocruz) é o maior fornecedor de vacinas do Ministério da Saúde, além de único produtor nacional dos imunobiológicos que compõem sua linha de produtos — que abrange vacinas pediátricas tradicionais e vacinas para aplicação em áreas geográficas endêmicas; também produz reagentes e insumos para diagnóstico laboratorial além de, a partir de 2006, ter iniciado a fabricação de biofármacos.

Desde sua criação, em 1976, Bio-Manguinhos contribui para o esforço nacional de alcançar uma posição de independência estratégica na produção das vacinas demandadas.

Ocupando 20 mil metros quadrados do campus da Fiocruz, Bio-Manguinhos está em fase de crescimento tecnológico e produtivo. Atualmente, é composto de: Centro de Antígenos Bacterianos, Centro de Processamento Final de Imunobiológicos (um dos mais modernos do mundo, com capacidade de processamento de 200 milhões de doses por ano).

Fonte: disponível em: http://www.bio.fiocruz.br/interna/instituto.htm. Acesso em 26 ago. 2007.

Vista aérea da sede da Fundação Oswaldo Cruz, Rio de Janeiro.

Veja como é feita a vacina contra a febre amarela.

1. Recebimento dos ovos
A vacina contra a febre amarela é produzida utilizando ovos embrionados de galinhas livres de agentes infecciosos, denominados ovos SPF (*Specific Pathogenic Free*).

2. Incubação
Os ovos selecionados são incubados durante 9 dias em equipamentos com temperatura e umidade controladas.

3. 1ª Ovoscopia
No 9º dia de incubação, realiza-se um teste em que cada ovo é observado sob uma fonte de luz, no qual é possível verificar o desenvolvimento do embrião.

4. Inoculação
Os ovos são arrumados em suportes especiais, com a extremidade de maior diâmetro voltada para cima. A inoculação com a suspensão viral é feita diretamente na cavidade vitelina, utilizando uma seringa.

8. Centrifugação

Depois da trituração, o conteúdo de duas câmaras é transferido para um frasco. A centrifugação desse material é realizada sob temperatura e velocidade controladas, resultando em uma suspensão rica em vírus.

9. Controle

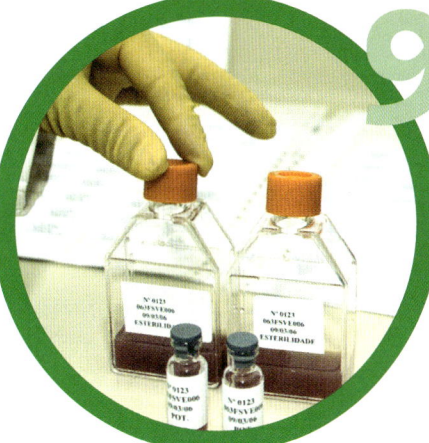

Amostras para realização de testes microbiológicos são retiradas de cada frasco de armazenamento. Depois, os frascos são fechados e identificados com números de série. Após a aprovação, a suspensão viral é utilizada para a formulação da vacina.

Formulação e processamento final

A vacina é então formulada, com a adição de termoestabilizadores, envasada em frascos e submetida ao processo de liofilização, no qual é retirada a água. O líquido vacinal passa à forma de pastilha, garantindo a conservação do produto por mais tempo.

7. Coleta

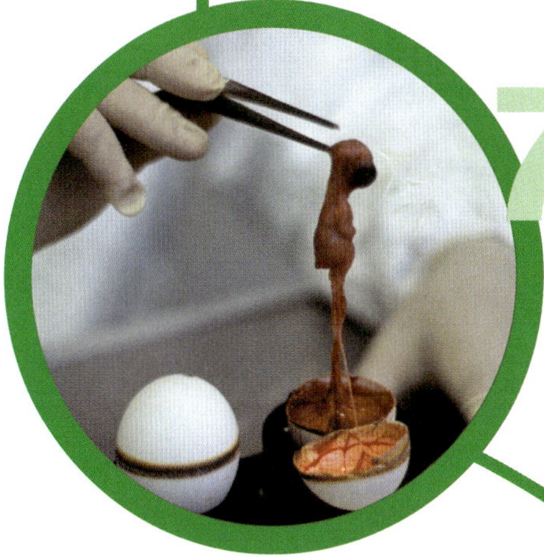

Os embriões são retirados dos ovos com pinça, colocados em câmeras trituradoras e o diluente é adicionado.

6. 2ª Ovoscopia

Mais uma vez, os ovos são observados sob fonte de luz.

11. Produto final

Os frascos da vacina são recravados (fechados com selo de alumínio), rotulados, embalados e, por fim, encaminhados para testes de controle de qualidade. Depois de liberadas, as vacinas estão prontas para serem aplicadas na população.

5. Incubação

Durante três dias, os ovos são incubados em outro equipamento, também com temperatura e umidade controladas.

Fonte: Bio-Manguinhos/Fiocruz.

Um pouco mais

- **Fiocruz — Fundação Oswaldo Cruz** — Av. Brasil, 4365 — Manguinhos, Rio de Janeiro. CEP: 21040-360. No endereço eletrônico http://www.fiocruz.br/bio/ você pode assistir a dois vídeos, um sobre a produção de vacinas e uma visita virtual aos laboratórios do Instituto Bio-Manguinhos.

- No endereço eletrônico http://www.bio.fiocruz.br/ você encontra mais informações sobre o Instituto, assim como uma linha do tempo sobre produção de vacinas.

Por uma nova atitude
Saúde

Aids e preconceito

Cartaz do Dia Mundial de Luta Contra a Aids de 2005. *Aids e racismo — O Brasil tem que viver sem preconceito.*

Folder do Dia Mundial de Luta Contra a Aids de 2006. *A vida é mais forte que a Aids.*

1. Explorar o problema

Leia a seguinte reportagem:

"Pela primeira vez, o Boletim Epidemiológico de Aids do Ministério da Saúde traz informações sobre a doença, segundo cor e raça, revelando que a epidemia vem crescendo entre a população negra e parda. [...]

De acordo com o boletim, a população branca continua sendo o maior grupo de infectados (51,35%). Negros e pardos somam 33,44% do total de casos, e os índios, apenas 0,17%.

'Essa tendência de aumento (entre negros e pardos) também está associada à transmissão heterossexual e à condição de escolaridade', acrescentou o diretor do Programa Nacional de DST/Aids, Pedro Chequer.

[...] Apesar dos números ainda se manterem em um patamar elevado, os dados indicam que a epidemia de aids está em processo de estabilização. Pedro Chequer disse que, apesar da redução de casos em alguns grupos, como usuários de drogas e homossexuais, ainda não se pode falar em controle da doença."

Fonte: JORGE, Cecília. "Aids aumenta entre negros e pardos, segundo boletim". Brasília: Agência Brasil, 30 nov. 2004.

2. Analisar o problema

"[...] Houve mais de cinco milhões de novas infecções em 2005. O número de pessoas vivendo com HIV no planeta atingiu seu maior nível, com cerca de 40,3 milhões de pessoas — eram aproximadamente 37,5 milhões em 2003. Mais de três milhões de pessoas morreram de doenças relacionadas à aids em 2005; dessas, mais de 500 mil eram crianças. [...]

O relatório reconhece que o acesso ao tratamento do HIV melhorou significativamente nos últimos dois anos. Mais de um milhão de pessoas em países de baixa e de média renda agora vivem vidas mais longas e melhores porque estão em tratamento antirretroviral, e cerca de 250 mil a 350 mil mortes foram evitadas neste ano graças ao acesso expandido ao tratamento do HIV. [...]"

Disponível em: http://www.uniaids.org. Acesso em 21 nov. 2005.

Casos de aids segundo raça/cor, por sexo e ano de diagnóstico. Brasil, 2002 a 2006*								
	Ano de diagnóstico	Raça/Cor						Total
		Branca	Preta	Amarela	Parda	Indígena	Ignorado	
Masculino	2002	5.803	1.022	62	2.333	15	7.866	17.101
	2004	7.301	1.553	76	3.998	21	2.228	15.177
	2006	1.804	386	26	1.064	6	373	3.659
Feminino	2002	3.747	809	46	1.547	10	4.541	10.700
	2004	4.257	1.182	48	2.583	16	1.337	9.423
	2006	1.090	259	21	620	3	195	2.188

* Casos notificados no SINAN até 30/6/06. Fonte: http://www.aids.gov.br.cgi/deftohtm.exe?tabnet/aids.def

O Dia Mundial de Luta Contra a Aids de 2005 teve como tema no Brasil a aids e o racismo. Esse tema foi escolhido partindo da perspectiva de que a população negra nunca havia sido alvo de campanhas de prevenção e ela representa 47,3% da população brasileira, segundo o IBGE. Essa representatividade aumenta quando verificamos que ela representa aproximadamente 65% da população de baixa renda.

No Brasil, apesar da tendência à estabilização da epidemia, os casos de aids vêm aumentando entre a população mais pobre, onde a população negra encontra-se em maior proporção.

Em 2006, a campanha teve como foco as pessoas que vivem com HIV/aids.

O desenvolvimento de novos medicamentos vem prolongando a vida de portadores do HIV ao dificultar a multiplicação do vírus. O início dos sintomas da doença é, geralmente, adiado, mas ainda não é possível eliminar o HIV do organismo. O tema "A vida é mais forte que a aids" divulgou a rotina de pessoas portadoras do HIV e procurou reduzir o estigma e a discriminação contra estas pessoas.

Interpretar o texto

a) Quais fatores estão relacionados à tendência de aumento de transmissão do vírus HIV entre negros e pardos?

b) Por que o tratamento da aids melhorou? Quantas mortes foram evitadas?

c) Escreva um trecho do texto que descreve a ação dos medicamentos antirretrovirais.

d) Em 2005, qual foi a porcentagem de crianças que morreram com aids?

Ler a tabela

Como já vimos na Unidade 1 deste livro, do ponto de vista genético, não existem raças humanas. A tabela do Ministério da Saúde, porém, fez um levantamento levando em consideração cor e raça, representando as diferentes etnias. Vamos utilizá-la para entender por que o tema em 2005, no Brasil, foi Aids e racismo – O Brasil tem que viver sem preconceito.

a) Some os novos casos de aids, no ano de 2002, das colunas "Raça/Cor" – Preta e Parda, masculino e feminino, e compare com as outras colunas.

b) Some os novos casos de aids, no ano de 2004, das colunas "Raça/Cor" – Preta e Parda, masculino e feminino, e compare com as outras colunas.

c) Comparando o ano de 2002 com o ano de 2004, em relação ao número de novos casos de infecção pelo HIV, o que ocorreu?

d) Observe a coluna "total" de novos casos de infecção e compare os anos 2002, 2004 e 2006.

3. Tomar uma decisão

a) O que você pode fazer para evitar a disseminação do vírus da aids? E para diminuir o preconceito?

b) Forme um grupo com seus colegas e criem uma campanha contra o preconceito e exponham-na para a classe.

Compreender um texto

A Revolta da Vacina

A Revolta da Vacina, que já causou dezenas de mortes, deixa a capital em escombros.

Bondes tombados na Praça da República são o saldo da fúria popular em 15 de novembro de 1904.

"Os cariocas despertaram hoje em uma cidade destruída. Quase não há lampiões de gás intactos nas ruas. Carcaças de bondes incendiados misturam-se ao material das obras públicas de reforma da capital e aos escombros atirados contra policiais. Dezenas de pessoas morreram nos quatro dias da rebelião que já ficou conhecida como **Revolta da Vacina**.

Tudo começou no dia 10, depois da publicação da lei que torna obrigatória a vacina contra a varíola. De iniciativa do sanitarista Oswaldo Cruz, a lei foi aprovada no fim de outubro. Segundo estatísticas, a varíola deverá matar pelo menos 4 mil pessoas este ano, no Rio de Janeiro. Cruz afirma que a vacina já é obrigatória na Alemanha, França e Itália, com bons resultados. O governo começou então a organizar grupos de vacinadores para sair às ruas. Isso fez com que a população se lembrasse dos "batalhões de mata-mosquitos", que, sob o comando de Oswaldo Cruz, invadiram casas nos últimos anos para exterminar focos de transmissão da **febre amarela**. Dessa vez, os jornais de oposição ao presidente Rodrigues Alves incitaram o povo a rebelar-se, dizendo que a vacina introduz a doença no corpo humano. O medicamento é feito a partir do vírus da varíola com pequena atividade (desativado), para estimular a reação do organismo. O repórter Sertório de Castro, do *Jornal do Commércio*, narrou assim os distúrbios de ontem: 'A multidão fora se refugiar na rua do Sacramento, onde havia casas em ruína, montões de madeiras e de pedras, início das obras da futura avenida Passos. [...] Compacta, fremente, a multidão vaiava o governo, a polícia, aclamando o exército'. [...]

À frente dos protestos está a Liga contra a Vacina Obrigatória, liderada pelo senador e tenente-coronel Lauro Sodré. [...] Há rumores de que políticos monarquistas, como o Visconde de Ouro Preto, também estejam apoiando a Revolta da Vacina."

BRENER, Jayme. *Jornal do Século XX*. São Paulo: Moderna, 1998, p. 35.

Caricatura da Revolta da Vacina, de Leonidas (1904).

Oswaldo Cruz.

O povo não entendia a campanha de vacinação

Motivos a favor da vacinação

1. Nos países onde havia vacinação e reforço da vacinação, a varíola desaparecia em poucos anos.

2. A vacina obrigatória era um caminho para acabar com epidemias que retardavam o progresso da cidade do Rio de Janeiro. As epidemias eram tão constantes que outros países ameaçaram romper relações comerciais com o Brasil.

3. Oswaldo Cruz, coordenador do projeto de vacinação, era um homem persistente e competente. Junto com Emílio Ribas e Adolfo Lutz conseguiu acabar com algumas epidemias.

Motivos contrários à vacinação

1. Em países onde havia rejeição popular à obrigatoriedade da vacinação, ela não foi instituída.

2. Políticos oportunistas e jornalistas diziam que faltava uma base científica para a implantação da vacinação. Os boatos eram de que a vacina contaminava as pessoas com o vírus da varíola. O povo foi mal informado sobre a vacinação.

3. Os métodos de vacinação eram violentos. As Brigadas Sanitárias, acompanhadas por policiais, entravam nas casas e vacinavam as pessoas à força.

ATIVIDADES

Obter informações

1. Forme um grupo com 3 colegas e respondam às questões.
   a) Qual é o principal fato abordado no texto?
   b) É possível identificar o período da história política do Brasil em que tal fato aconteceu? Pesquisem em outras fontes, se necessário.
   c) O que provocou a Revolta da Vacina? Onde ocorreu e quanto tempo durou?

2. Que lei foi aprovada por iniciativa de Oswaldo Cruz?

3. Em que países a vacina contra a varíola já era obrigatória?

Interpretar

4. Identifiquem e transcrevam do texto uma frase que mostre como o povo foi mal informado sobre a vacinação.

5. Recuperem no texto e no quadro uma frase que demonstre os métodos violentos empregados na vacinação das pessoas.

Refletir

6. Respondam.
   O que vocês fariam se fossem o comandante de um navio estrangeiro e tivessem que atracar em porto brasileiro naquela época?

7. Vocês consideram necessárias as campanhas de vacinação? Por quê?

8. O que vocês fariam se fizessem parte do governo naquela época e tivessem que convencer a população sobre os benefícios da vacinação?

205

UNIDADE 8

Renovando a vida

Por que estudar esta Unidade?

Quando nascemos, uma das primeiras atividades do nosso organismo é respirar. Podemos ficar alguns dias sem nos alimentar, porém, se ficarmos sem respirar por alguns minutos, podemos morrer. Nesta Unidade você poderá conhecer os mecanismos da respiração, da eliminação de resíduos do organismo e suas respectivas importâncias.

Começando a Unidade

1. Você conhece algum lugar insalubre? Enumere três características insalubres desse lugar.
2. Qual é o caminho percorrido pelo gás oxigênio no corpo humano?
3. Que substâncias tóxicas o organismo humano elimina? Como isso ocorre?
4. Como é formada a urina?
5. Parar de fumar é uma atitude sensata? Por que se deve fazer isso?

O golfinho consegue permanecer mais tempo submerso do que o ser humano. Com treino conseguimos controlar os movimentos respiratórios, bem como reter mais ar nos pulmões, e permanecer submersos por mais tempo.

TEMA 1 — De olho nas notícias

"Por dentro dos cálculos renais

Cientistas analisam estrutura das pedras nos rins para desenvolver novas formas de tratamento

Conhecer a estrutura cristalina de um tipo de sal que provoca cálculos renais pode ser a chave para o tratamento ou a prevenção desse mal que acomete entre 3% e 4% da população brasileira. [...]

Por isso, pesquisadores da Universidade Federal do Espírito Santo (Ufes) e do Instituto de Pesquisas Energéticas e Nucleares (Ipen) estão estudando a estrutura cristalina desses sais.

Os cálculos renais – ou pedra nos rins, como são chamados – surgem principalmente quando o indivíduo bebe pouco líquido, mas também pode aparecer por causa de infecções ou herança genética. Além disso, estão associados ao consumo abundante de alimentos que contêm sal, proteínas e hidratos. Entre os sintomas estão dor aguda, frequente necessidade de urinar e presença de sangue na urina. Não existe um tratamento preventivo efetivo para os cálculos renais: os médicos apenas sugerem que os pacientes mudem seus hábitos alimentares ou bebam mais água. Nos casos mais graves, o problema é tratado com uma cirurgia para a retirada das pedras ou com uma dissolução dos cristais através de ondas sonoras (litotripsia extracorpórea).

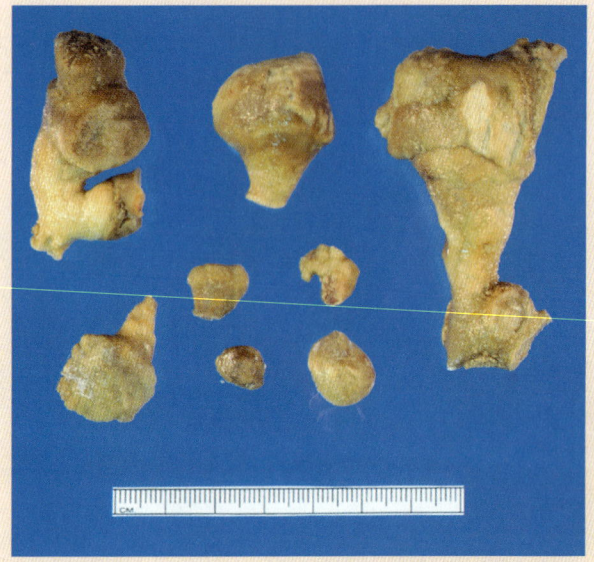

Diferentes cálculos renais formados em seres humanos.

'Os cristais variam de acordo com padrões relacionados a hábitos alimentares, região e gênero', complementa Marcos D'Azeredo."

Fonte: LOVATI, Franciane. "Por dentro dos cálculos renais". In: *Ciência Hoje On-line*. Rio de Janeiro: SBAC, 12. jun. 2006.

"Trocas mais garantidas

Até 10% dos pacientes à espera de um rim possuem anticorpos contra a maioria dos doadores. No jargão médico, eles são considerados como quase 'intransplantáveis'. Em caso de cirurgia, o novo órgão entra em falência ainda com o receptor na mesa de operação. A rotina imposta a esses doentes é penosa. Eles são submetidos à hemodiálise várias vezes por semana, têm uma série de restrições alimentares e não podem beber nenhum tipo de líquido – para mitigar a sede, molham os lábios. Dois novos procedimentos fazem uma espécie de faxina no sistema imunológico dos 'intransplantáveis' a fim de remover os anticorpos e, dessa forma, habilitá-los para o transplante. Um deles consiste em filtrar o sangue do doente numa máquina até remover a maior parte dos anticorpos. Pela outra técnica, o paciente recebe injeções de imunoglobulinas polivalentes, substâncias que inibem a produção de anticorpos. [...] essas medidas fazem com que um paciente refratário a 95% dos doadores em potencial passe a ter anticorpos contra apenas 30% deles – aumentando, assim, a sua chance de receber um novo rim. [...]"

Fonte: BERGAMO, Giuliana. "Trocas mais garantidas". In: *Veja*, São Paulo: Abril, 27 set. 2006.

"OMS DIZ QUE POLUIÇÃO DO AR MATA 2 MILHÕES AO ANO"

[...] A Organização Mundial da Saúde (OMS) pediu que os governos melhorem a qualidade do ar nas cidades, dizendo que a poluição atmosférica mata dois milhões de pessoas anualmente, com mais da metade dessas mortes ocorrendo em países em desenvolvimento. [...]

Reduzir o tipo de poluição conhecido como PM10 – matéria particulada menor que 10 micrômetros – poderia salvar até 300.000 vidas a cada ano, de acordo com nota emitida pelo escritório regional da OMS em Manila, nas Filipinas.

A poluição PM10 é provocada, principalmente, pela queima de combustíveis fósseis ou de outros tipos. As partículas são tão pequenas que escapam dos filtros naturais no nariz e da garganta, e vão parar nos pulmões, onde provocam problemas de saúde. [...]

A OMS informa que, em muitas cidades, os níveis médios anuais de PM10 excedem os 70 microgramas por metro cúbico. Novas normas da OMS pedem a redução do nível a menos de 20 microgramas, para evitar problemas de saúde. Essa medida poderia cortar as mortes provocadas pela poluição do ar em 15%, de acordo com Maria Neira, diretora da OMS para saúde pública e meio ambiente. [...]

A matéria particulada é considerada a pior ameaça para a saúde em termos de poluição do ar, mas as normas da OMS para a qualidade do ar também recomendam uma redução dos níveis de ozônio na baixa atmosfera para 100 microgramas por metro cúbico. A regra anterior previa 120 microgramas. As normas também pedem uma redução do dióxido de enxofre para 20 microgramas, ante um limite anterior de 125."

Fonte: *O Estado de S. Paulo*. Caderno Ciência e Meio Ambiente. 5 out. 2006.

"SP QUER ACABAR ATÉ COM FUMÓDROMO"

São Paulo quer levar ao extremo a proibição de fumar em ambientes fechados. O governo paulista está prestes a lançar o selo Ambiente Livre do Tabaco, um atestado público de que o local em questão se preocupa com a saúde das pessoas e não permite que se fume nem sequer em fumódromos. [...]

'Hoje sabemos que não existe nível seguro de exposição à fumaça do cigarro. Qualquer quantidade, por menor que seja, faz mal à saúde', explica Luizemir Lago, diretora do Centro de Referência de Álcool, Tabaco e Outras Drogas, órgão da Secretaria da Saúde de São Paulo. [...]

O objetivo do selo Ambiente Livre do Tabaco, portanto, é proteger principalmente os fumantes passivos, que pelo simples fato de inalar a fumaça do cigarro alheio podem também ser vítimas de doenças respiratórias (asma, enfisema pulmonar e bronquite, por exemplo) e cardiovasculares (como enfarte), além do câncer de pulmão. 'Existem pelo menos 56 doenças relacionadas ao tabaco', explica o enfermeiro Marco Antônio de Moraes, pesquisador do Centro de Vigilância Epidemiológica do Estado de São Paulo.

Segundo a Organização Mundial da Saúde (OMS), até 15% das verbas de saúde dos países ricos são destinadas ao tratamento de problemas relacionados ao cigarro."

Fonte: WESTIN, Ricardo. "SP quer acabar até com fumódromo". In: *O Estado de S. Paulo*. 16 jun. 2007

De olho no Tema

1. Qual das reportagens mais lhe chamou a atenção? Por quê?
2. Você concorda com a eliminação dos fumódromos? Explique.
3. Quais são as principais causas dos cálculos renais?
4. Escreva três propostas relacionadas à melhoria na qualidade do ar.

TEMA 2

A saúde e a sociedade

Nos meios urbanos e rurais, muitos fatores que afetam a saúde são externos à área de saúde.

Saúde e desenvolvimento

A saúde e o desenvolvimento estão intimamente relacionados. Um desenvolvimento insuficiente que empobreça economicamente a sociedade ou um desenvolvimento inadequado que resulte em consumo excessivo, associado a uma população mundial em crescimento, podem resultar em sérios problemas para a saúde relacionados ao ambiente.

Há locais em que o desenvolvimento socioeconômico é insuficiente, gerando pobreza e consequentemente dificultando o acesso aos serviços básicos de saúde. Na foto, um avião da FAB (Força Aérea Brasileira), levando medicamentos para Cruzeiro do Sul, município do Vale do Juruá (Acre), com epidemia de malária, em novembro de 2005.

Além de expor as populações a sérios riscos ambientais, o crescimento urbano deixou os governos sem condições de proporcionar às pessoas os serviços de saúde ambiental necessários.

A poluição ambiental das áreas urbanas e rurais está associada a níveis excessivos de insalubridade e mortalidade. Residências e locais de trabalho inadequados e superpovoados contribuem para a ocorrência de doenças respiratórias como a tuberculose, a meningite e outras enfermidades.

Os transportes coletivos lotados, que em geral ficam sem ventilação adequada, aumentam a possibilidade de transmissão de microrganismos que causam doenças, principalmente as respiratórias.

Glossário

Insalubridade
Característica do que não é saudável ou do que pode causar problemas de saúde.

Saiba +

Segundo a OMS, a **saúde ambiental** é a parte da saúde pública que se ocupa das formas de vida, das substâncias e das condições em torno do ser humano, que podem exercer alguma influência sobre a saúde e o bem-estar. **A saúde é uma ação individual e coletiva**. Ações individuais que parecem simples, como ter seu próprio copo para beber água ou retirar água dos vasos das plantas para evitar criadouros de insetos transmissores de doenças, são essenciais.

Uma melhor saúde urbana depende de uma ação entre o governo, os prestadores de serviços sanitários, as empresas, as instituições sociais e educacionais e os cidadãos.

Para planejar essas ações objetivando melhoria de qualidade de vida e consequente melhora da saúde da população, são utilizados os **indicadores ambientais**, de **moradia** e de **atendimento sanitário**.

Nem todos os trabalhadores têm acesso aos equipamentos de proteção individual, o que aumenta os índices de acidentes no trabalho e nos transportes, indicando falhas na prevenção de acidentes.

Locais com esgoto a céu aberto como esse da foto aumentam a incidência de moléstias diarreicas, que são indicadores de insuficiência de água e saneamento (atendimento sanitário).

Consumo de drogas, violência e criminalidade são problemas sociais que precisam urgentemente de soluções. Reforçar a segurança ou a educação? Converse com seus colegas a respeito.

A existência de moradias excessivamente aglomeradas, como as da foto, contribuem para a disseminação de doenças. Portanto, a ocorrência de doenças como a tuberculose, por exemplo, é indicador de que o crescimento urbano não está ocorrendo de forma adequada.

De olho no Tema

1. Que tipos de indicadores são empregados para avaliar a qualidade de vida urbana?

2. Por que a prevalência de certas doenças respiratórias, como a tuberculose, são maiores em cidades pobres?

3. Que tipos de trabalhadores estão mais sujeitos às doenças respiratórias? Justifique sua resposta.

O ambiente e as doenças respiratórias

O ar contaminado com vírus, bactérias, gases tóxicos ou poeira é o principal veículo de propagação das doenças respiratórias.

As principais doenças respiratórias são a **faringite**, a **bronquite**, a **asma**, a **pneumonia**, a **gripe**, o **resfriado** e a **tuberculose**.

A foto mostra o céu poluído da cidade de São Paulo. Essa poluição provoca doenças respiratórias, principalmente em crianças e idosos.

• A faringite

A faringite é a inflamação da faringe. É causada por microrganismos como bactérias e vírus. Os principais sintomas da faringite são: dor de garganta, febre e dificuldade de ingerir alimentos.

• A bronquite

A bronquite é a inflamação dos brônquios, que dificulta a chegada de ar aos pulmões. As causas da bronquite podem ser alergias, infecções respiratórias ou irritações provocadas pela fumaça ou pelo fumo.

Os principais sintomas da bronquite são: tosse com catarro, chiado no peito, fadiga e febre.

A foto mostra adolescente fazendo inalação. A inalação é uma das formas de tratamento recomendadas pelos médicos para algumas doenças respiratórias.

• A asma

A asma é uma inflamação crônica dos brônquios. Os bronquíolos sofrem estreitamento, pois ficam inchados e cheios de muco, decorrente da inflamação. Esse estreitamento dificulta a passagem do ar.

Os estímulos que podem desencadear crises de asma são: alergia, substâncias ou produtos que causem irritação das vias aéreas, infecções virais, fatores emocionais, atividade física intensa e alguns medicamentos.

Os principais sintomas da asma são: dificuldade respiratória, chiado, tosse e sensação de aperto no peito (opressão).

Estima-se que a asma afete mais de 100 milhões de seres humanos em todo o mundo. Esse número vem aumentando a cada ano, principalmente entre crianças que vivem nos centros urbanos.

• A pneumonia

A pneumonia é a inflamação dos alvéolos pulmonares. Ela pode ser causada por vírus, fungos, protozoários ou bactérias. Nos alvéolos inflamados acumulam-se líquidos e glóbulos brancos mortos, que dificultam as trocas gasosas e consequentemente a respiração.

A pneumonia pode ser adquirida por aspiração do ar ou de gotículas de saliva e secreções contaminadas ou por transfusão de sangue.

Os sintomas mais comuns da pneumonia são: febre alta, dor torácica, tosse com escarro e respiração ofegante.

A gripe e o resfriado

A gripe é uma infecção das vias respiratórias causada pelo vírus *Influenza*. É altamente contagiosa, pois, quando uma pessoa gripada espirra ou tosse, espalha no ar os vírus que podem ser inalados por qualquer pessoa que esteja por perto.

Geralmente, o vírus da gripe é eliminado do organismo, sem maiores consequências, depois de cerca de uma semana após o surgimento dos sintomas, embora possa trazer complicações em pessoas idosas. No entanto, há alguns tipos de vírus da gripe que são mortais, como o da gripe aviária (H5N1) e o da gripe-espanhola, que matou 20 milhões de pessoas no início do século XX.

Os sintomas da gripe muitas vezes se confundem com os do resfriado, que é provocado por outros tipos de vírus, mas tem sintomas mais brandos que a gripe.

Veja as diferenças entre a gripe e o resfriado na tabela ao lado.

Sintomas	Gripe	Resfriado
Início	Súbito	Gradual
Febre	Alta, geralmente acima dos 38 °C; dura de três a quatro dias	Rara
Tosse	Seca, pode posteriormente apresentar secreção	Irritativa
Dor de cabeça	Forte	Rara
Dores musculares	Comuns e frequentemente severas	Leves
Coriza	Às vezes	Comum
Dor de garganta	Às vezes	Comum

Fonte: TORTORA, Gerard J. et al. *Microbiologia*. Porto Alegre: Artmed, 2003.

A tuberculose pulmonar

A tuberculose é uma enfermidade muito contagiosa, causada pela bactéria *Mycobacterium tuberculosis*, também conhecida como bacilo de Koch. Esse microrganismo geralmente parasita os pulmões. Quando isso ocorre, o tecido pulmonar é destruído e substituído por outro mais grosso e fibroso, que impede as trocas gasosas da respiração.

A tuberculose geralmente apresenta os seguintes sintomas: tosse e eliminação de muco por mais de quatro semanas, presença de sangue no escarro, falta de apetite, emagrecimento, dor no peito, suores noturnos, cansaço e febre baixa. Apesar de ser uma doença grave, existem medidas preventivas, como a vacinação. Quando a doença é tratada no começo, as chances de cura são maiores.

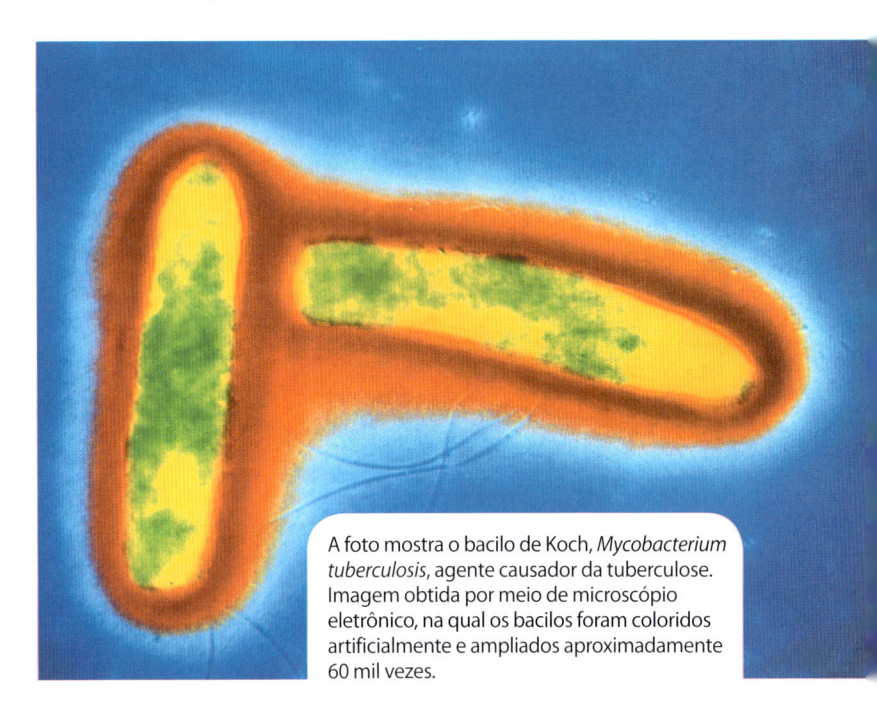

A foto mostra o bacilo de Koch, *Mycobacterium tuberculosis*, agente causador da tuberculose. Imagem obtida por meio de microscópio eletrônico, na qual os bacilos foram coloridos artificialmente e ampliados aproximadamente 60 mil vezes.

Prevenção e tratamento

A **prevenção** das doenças respiratórias envolve principalmente:

- Vacinar-se: para a prevenção da gripe e da pneumonia bacteriana, existem vacinas que devem ser tomadas anualmente nos postos de saúde ou nas clínicas especializadas.

  Tomar a vacina BCG evita as formas graves da tuberculose. Deve ser aplicada em todas as crianças a partir do nascimento.

- Não compartilhar objetos de uso individual, como xícaras, copos, talheres e batons.
- Evitar lugares sem ventilação adequada.

O **tratamento** de todas as doenças deve ser realizado sob orientação médica. O repouso, a alimentação saudável e a ingestão de líquidos são importantes para a recuperação dos doentes.

De olho no Tema

Um rapaz voltou de uma viagem queixando-se de tosse há mais de um mês, catarro com sangue e dor no peito. Levado ao hospital, ele ficou em quarentena até receber alta. Porém, ele precisou tomar antibióticos durante três meses.

1. Que doença o rapaz provavelmente teve?

2. Por que ele precisou ficar em quarentena?

TEMA 3

A respiração: o sistema respiratório

O sistema respiratório é formado pelas vias respiratórias e pelos pulmões. Por meio desse sistema, o gás oxigênio é captado e ocorre a eliminação do gás carbônico.

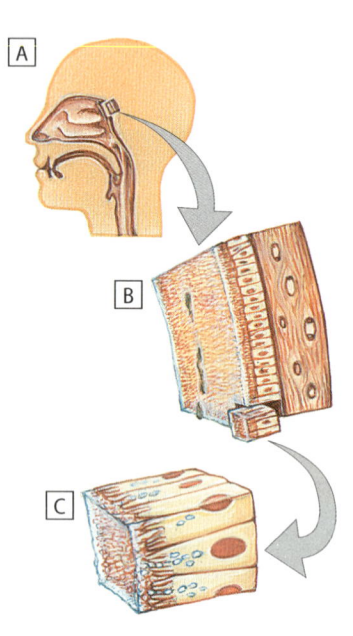

O sistema respiratório

O sistema respiratório nos permite absorver o gás oxigênio (O_2) do ar e eliminar o gás carbônico (CO_2), também conhecido como dióxido de carbono.

O sistema respiratório humano é formado pelas vias respiratórias e pelos pulmões.

As vias respiratórias

Por meio das vias respiratórias, o ar entra e sai do nosso corpo. Elas compreendem os seguintes órgãos e estruturas: as cavidades nasais, a faringe, a laringe, a traqueia, os brônquios e os bronquíolos.

- **As cavidades nasais**

  As cavidades nasais são revestidas por um tecido epitelial rico em vasos sanguíneos, que umedecem e aquecem o ar inalado. Nessas cavidades nasais encontram-se as células sensoriais do olfato, que permitem a percepção de aromas. Há também células com pelos e células produtoras de muco, que impedem a entrada de partículas e microrganismos no interior dos pulmões.

- **A faringe**

  A faringe é um tubo compartilhado pelos sistemas digestório e respiratório. A faringe comunica as cavidades nasais com a laringe.

- **A laringe**

  A laringe é um tubo exclusivo do sistema respiratório que liga a faringe à traqueia; na laringe se encontram as pregas vocais. Na parte superior da laringe há uma válvula (a epiglote) responsável pelo seu fechamento durante a ingestão de alimento.

  Quando, por algum motivo, a epiglote não se fecha totalmente, pode entrar alimento na traqueia, ocasionando reflexos de tosse e engasgamento (Ver Saiba + na página seguinte).

- **A traqueia**

  A traqueia é um tubo constituído de anéis de reforço formados por **cartilagem**, um tecido que dá sustentação. A traqueia se bifurca na extremidade inferior, dando origem aos brônquios.

- **Os brônquios**

  Os brônquios são dois tubos que se ramificam da traqueia. Cada brônquio penetra em um dos dois pulmões. Os brônquios se ramificam e se convertem nos **bronquíolos**, formando uma estrutura denominada **árvore respiratória**. Os bronquíolos terminam em pequenas bolsas chamadas **alvéolos pulmonares**. Os alvéolos são recobertos por uma rede de finos capilares sanguíneos. Nos alvéolos ocorre a troca de gases entre o ar atmosférico que chega aos pulmões e o sangue dos capilares.

Esquema da cavidade nasal (A) e do tecido (B) que a reveste. No detalhe, células produtoras de muco (C). (Representação sem escala. Cores-fantasia).

Fonte: ROCA, Núria; SERRANO, Marta. *Aparato respiratorio — soplo de vida*. Barcelona: Parramón, 1995.

ESQUEMA DA ÁRVORE RESPIRATÓRIA

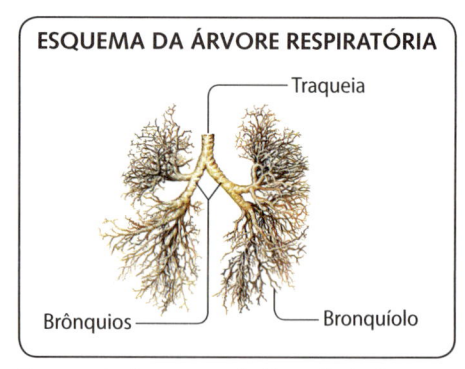

Traqueia
Brônquios
Bronquíolo

Representação sem escala. Cores-fantasia.

Fonte: CAMPBELL, Neil A.; MITCHELL, Lawrence G.; REECE, Jane B. *Biology — concepts and connections*. 2. ed. Menlo Park: Benjamin Cummings, 2000.

ESQUEMA DO SISTEMA RESPIRATÓRIO

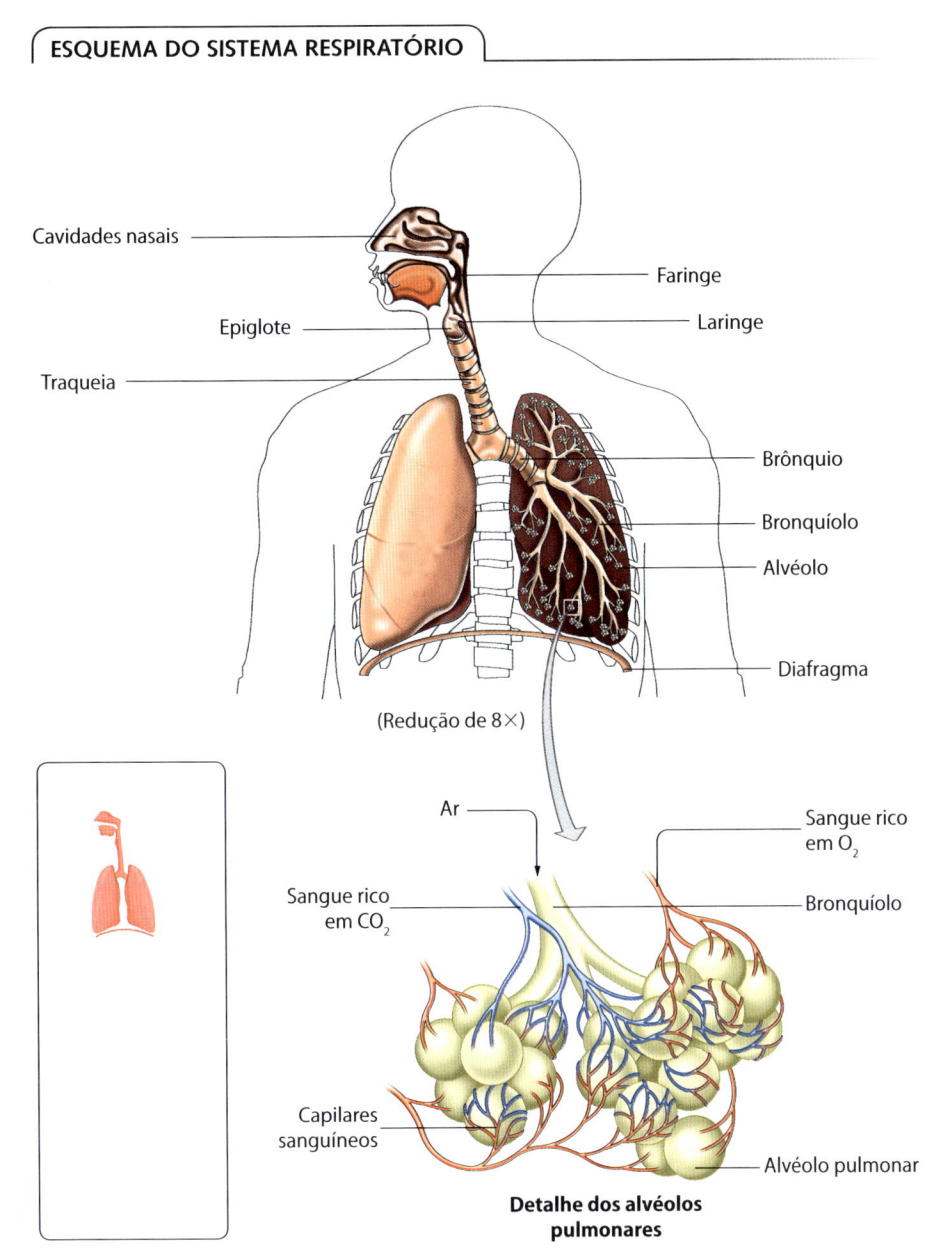

- Cavidades nasais
- Epiglote
- Traqueia
- Faringe
- Laringe
- Brônquio
- Bronquíolo
- Alvéolo
- Diafragma

(Redução de 8×)

Detalhe dos alvéolos pulmonares
- Ar
- Sangue rico em CO_2
- Sangue rico em O_2
- Bronquíolo
- Capilares sanguíneos
- Alvéolo pulmonar

O esquema mostra as vias respiratórias e os pulmões. No detalhe, os alvéolos pulmonares estão muito ampliados em relação às outras estruturas. (Representação sem escala. Cores-fantasia).

Fonte: TORTORA, Gerald J. *Corpo humano — fundamentos de anatomia e fisiologia*. Porto Alegre: Artmed, 2000.

Saiba +

A manobra de Heimlich

"Geralmente, quando uma pessoa engasga, basta que ela comece a tossir, ou que alguém lhe dê palmadas nas costas para que o problema seja resolvido. Em algumas situações, porém, as vias respiratórias estão totalmente obstruídas pelo alimento ou objeto e a vítima não consegue respirar, podendo perder a consciência e até morrer. Uma técnica que pode salvar a vida de uma pessoa nessa situação é a **Manobra de Heimlich**, feita da seguinte forma: posiciona-se atrás da pessoa engasgada, envolvendo-a com os braços e se faz, com o punho, compressões sucessivas e direcionadas para cima na região entre o umbigo e as costelas. A manobra é repetida quatro vezes e, se não surtir efeito, procura-se auxílio médico imediato. [...]"

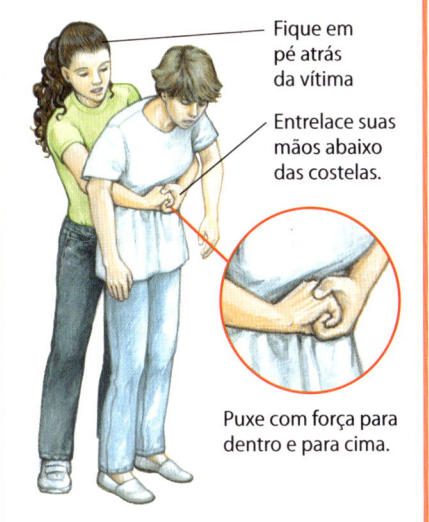

- Fique em pé atrás da vítima
- Entrelace suas mãos abaixo das costelas.
- Puxe com força para dentro e para cima.

Fonte: *Manual de Primeiros Socorros*. São Paulo: Ática, 1996.

• Os pulmões

Os pulmões são dois órgãos de cor rosada e de textura esponjosa. O pulmão esquerdo tem uma concavidade, onde está localizado o coração.

Os pulmões têm cerca de 300 milhões de alvéolos. Se todos os alvéolos pulmonares de uma pessoa adulta fossem esticados e colocados lado a lado, sua superfície seria de 60 a 80 m^2. Esses números mostram a enorme superfície que garante a alta capacidade de trocas gasosas nos alvéolos pulmonares.

Abaixo dos pulmões encontra-se o **diafragma**, um músculo que separa o tórax do abdome. O diafragma é um músculo exclusivo dos mamíferos. O movimento do diafragma e dos músculos entre as costelas é que permite a **ventilação pulmonar**, como veremos a seguir.

De olho no Tema

1. Onde ocorrem as trocas gasosas?

2. Sabe-se que a nicotina presente no cigarro destrói as células com cílios da mucosa nasal. Quais são as consequências desse fato no sistema respiratório?

3. Como é a disposição dos brônquios nos pulmões, e de que forma essa disposição melhora as trocas gasosas?

TEMA 4

A entrada e a saída de ar do corpo humano

A inspiração e a expiração são movimentos respiratórios que ocorrem devido à ação conjunta do diafragma e dos músculos intercostais. Esses movimentos são involuntários.

Os movimentos respiratórios

Cada vez que respiramos, ocorrem dois movimentos: o de **inspiração** e o de **expiração**. Esses movimentos se alternam várias vezes por minuto.

Com esses movimentos, a caixa torácica aumenta ou diminui seu volume devido à ação conjunta dos músculos intercostais e do diafragma.

ESQUEMA DOS MOVIMENTOS DE INSPIRAÇÃO E EXPIRAÇÃO

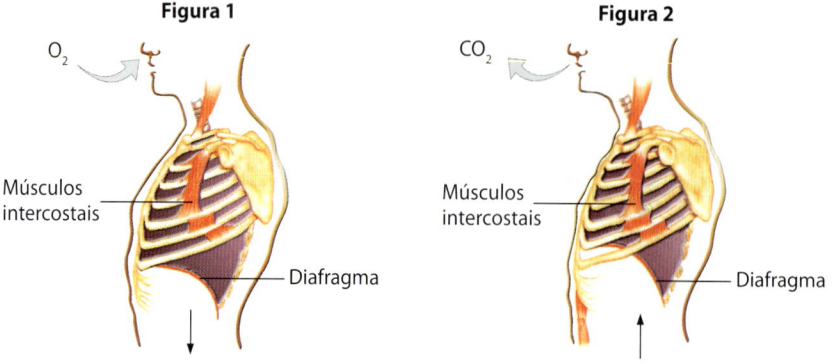

Figura 1 — O_2 — Músculos intercostais — Diafragma — Na inspiração o diafragma desce

Figura 2 — CO_2 — Músculos intercostais — Diafragma — Na expiração o diafragma sobe

Representação sem escala. Cores-fantasia.
Fonte: CAMPBELL, Neil A.; MITCHELL, Lawrence G.; REECE, Jane B. *Biology — concepts and connections*. 2. ed. Menlo Park: Benjamin Cummings, 2000.

- Durante a **inspiração** os músculos intercostais elevam as costelas e o diafragma desce, proporcionando um aumento de volume no tórax. Quando isso ocorre, a pressão do ar dentro dos pulmões é menor que a pressão atmosférica. Então, o ar externo se move rapidamente para dentro do organismo. Observe a figura 1.
- Durante a **expiração** os músculos intercostais relaxam-se e o diafragma sobe. Em consequência, o volume da caixa torácica diminui. Quando isso ocorre, a pressão do ar dentro dos pulmões aumenta, empurrando o ar para fora do organismo. Veja a figura 2.

Ventilação pulmonar é o conjunto dos movimentos de inspiração e expiração.

A regulação da respiração

A respiração é um processo involuntário, ou seja, não depende da nossa vontade. O centro nervoso da respiração se localiza no **bulbo raquidiano**, acima da medula espinal. As células nervosas localizadas no bulbo enviam ordens que produzem a contração ou o relaxamento dos músculos que intervêm na respiração. A respiração também é controlada pelo sistema nervoso autônomo e, dentro de certos limites, pode ser controlada voluntariamente.

ESQUEMA DE LOCALIZAÇÃO DO BULBO

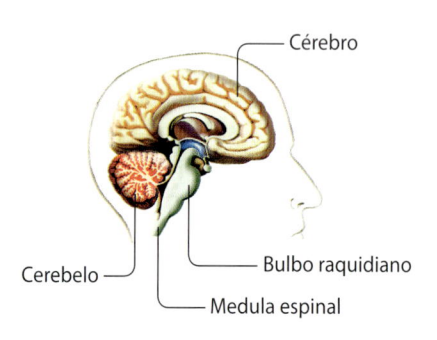

Cérebro — Cerebelo — Bulbo raquidiano — Medula espinal

Representação sem escala. Cores-fantasia.
Fonte: POSTLETHWAIT, John H.; HOPSON, Janet L. *The nature of life*. New York: McGraw-Hill, 1995.

Os gases da respiração

Os gases respiratórios são dois: o **gás oxigênio** e o **gás carbônico**.

As células utilizam o gás oxigênio para liberar a energia contida nos nutrientes absorvidos durante a digestão dos alimentos. Esse processo é chamado de **respiração celular**. A maior parte desse processo se realiza nas mitocôndrias, estruturas intracelulares responsáveis pela obtenção de energia.

O gás carbônico, por sua vez, é formado no interior da célula a partir da liberação de energia da glicose. Esse gás deve ser eliminado do corpo, pois é uma substância tóxica para as células.

A degradação da glicose, na presença de gás oxigênio (O_2), resulta na liberação de gás carbônico (CO_2), água e energia.

$$\text{glicose} + O_2 \longrightarrow CO_2 + H_2O + \text{energia}$$

A MITOCÔNDRIA É UM ORGANOIDE DA CÉLULA

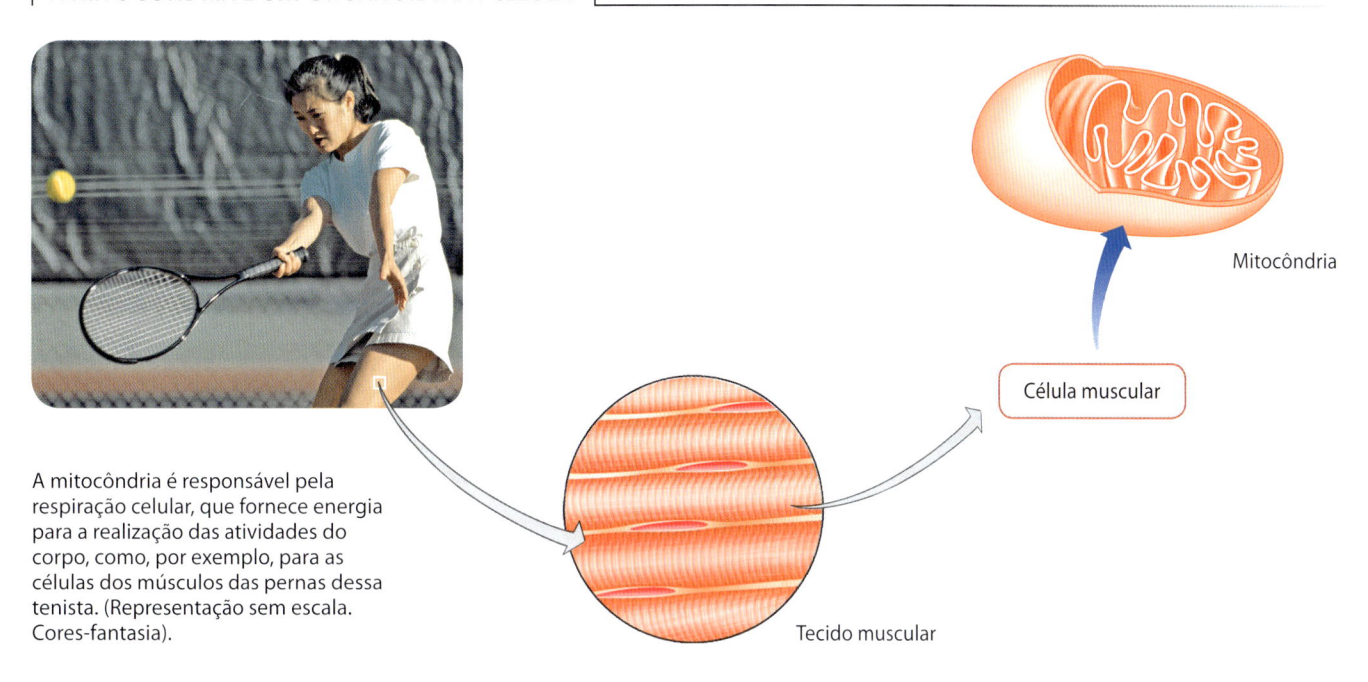

A mitocôndria é responsável pela respiração celular, que fornece energia para a realização das atividades do corpo, como, por exemplo, para as células dos músculos das pernas dessa tenista. (Representação sem escala. Cores-fantasia).

Fonte: TORTORA, Gerald J. *Corpo humano — fundamentos de anatomia e fisiologia*. Porto Alegre: Artmed, 2000.

A troca de gases e a difusão

O gás oxigênio captado pelos pulmões deve chegar até as células, e o gás carbônico produzido no interior das células deve ser eliminado do corpo.

Os glóbulos vermelhos (hemácias) do sangue são as células responsáveis pelo transporte do gás oxigênio e do gás carbônico.

A troca desses gases ocorre por meio do fenômeno da **difusão**. A difusão consiste no movimento de gases e moléculas de uma região de maior concentração para outra região de menor concentração. O gás oxigênio, que está mais concentrado no sangue do capilar, passa para as células. O gás carbônico, que está mais concentrado nas células, passa para o sangue e é levado pelos capilares até os pulmões.

De olho no Tema

1. Se um animal receber uma pancada forte na região em que se localiza o bulbo raquidiano, ele pode morrer rapidamente. Por que isso acontece?

2. Uma célula muscular tem muito mais mitocôndrias que uma célula adiposa. Com base nisso, compare o metabolismo dessas duas células.

ATIVIDADES
Temas 1 a 4

Organize o conhecimento

1. Ordene o trajeto que o gás oxigênio percorre ao entrar no organismo e responda às perguntas abaixo.
   a) Do que são formados os anéis do órgão 2? Que característica esses anéis apresentam?
   b) Em que local se encontram as células sensoriais do olfato?
   c) O que é o órgão X e qual sua função?

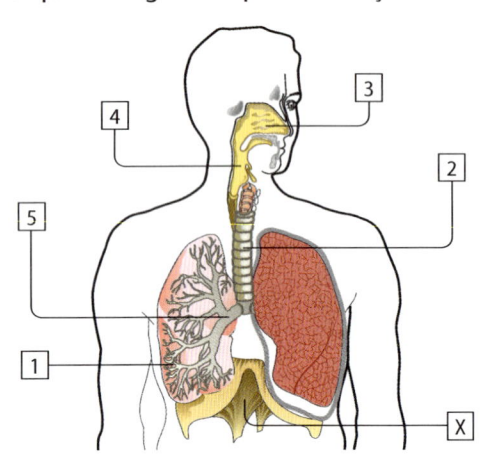

2. Observe a figura abaixo e responda:

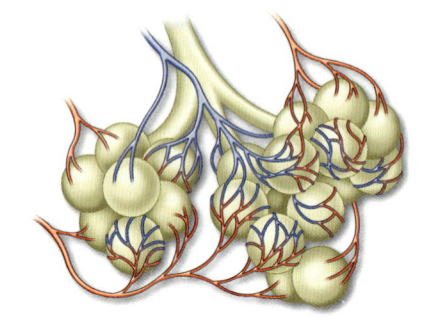

   a) Quais são as estruturas do sistema respiratório que você vê e qual é a função delas?
   b) Indique o nome de uma doença que é resultado da inflamação dessa região do corpo, bem como os seus sintomas e possíveis causas.

3. Corrija as afirmações falsas, substituindo pelos termos adequados.
   a) Os pulmões enchem-se com ar rico em gás carbônico, que é, então, eliminado.
   b) O ar entra no pulmão no local de menor pressão para o de maior pressão.
   c) O diafragma se contrai, abaixando-se, e o ar passa do local de maior pressão para o de menor pressão, entrando nos pulmões.
   d) O mecanismo de ventilação pulmonar é totalmente automático, não sendo possível aumentar o volume de ar inspirado.

Analise

4. Leia o texto.

   > "Segundo dados do Boletim Epidemiológico (Sesab/SUS/2002), 'o Brasil é o 13º país do mundo com maior número de casos de tuberculose, ultrapassando em média 80 mil casos', fato este decorrente de bolsões de pobreza e da alta densidade demográfica, fatores que elevam o risco de infecção. As populações mais carentes apresentam condições propícias para a ocorrência dessa infecção em função das aglomerações intradomiciliares. Muitos casos não diagnosticados pertencem a uma faixa de endemia oculta, que possivelmente são os indivíduos com dificuldade de acesso aos serviços de saúde, baixo grau de escolaridade, alimentação deficiente ou insuficiente, habitação insalubre e outros fatores aliados à falta de recursos financeiros. Ficam, desse modo, sem esclarecimento para diagnosticar e tratar a doença."
   >
   > Texto parcial da revista *Vox Scientia*. Disponível em: http://www.eca.usp.br/nucleos/njr/voxscientiae/yara_paulo13.html. Acesso em: 10 nov. 2005.

   a) De que doença trata o texto?
   b) Que condições favorecem o risco de infecções nas populações carentes?
   c) Proponha condições para que a doença fique sob controle no Brasil.

5. Quando engolimos algum alimento, a epiglote, uma válvula da laringe, impede que o alimento passe da faringe para a traqueia. Com base nisso, responda:
   a) É possível respirar e engolir o alimento ao mesmo tempo? Justifique.
   b) Que riscos a pessoa corre se a epiglote não fechar adequadamente enquanto ela engole o alimento?
   c) Explique quais procedimentos devem ser adotados no caso de uma pessoa engasgar, e o que não pode ser feito.

6. O alcatrão, presente no cigarro, irrita a parede dos brônquios, causando bronquite. Se a inflamação for muito persistente, os alvéolos pulmonares perdem elasticidade e não conseguem expelir o ar rico em gás carbônico que chega aos pulmões. Isso é chamado de enfisema pulmonar.
   a) Explique por que, em estágio avançado, essa doença pode causar a morte.
   b) É comum que fumantes morram de ataques cardíacos. Pense de que forma o enfisema pulmonar pode contribuir para agravar problemas cardíacos.

Explore

A poluição em nossa vida.

"Nos anos 70, as projeções sobre o impacto da poluição eram catastróficas. Até o fim do século, dizia-se, seria preciso usar máscaras de oxigênio nas cidades para sobreviver a substâncias tóxicas. Ao contrário da previsão dos mais pessimistas, de lá para cá, houve uma redução da poluição atmosférica por causa das medidas de controle de emissão de poluentes. [...] Apesar disso, uma outra previsão pessimista acabou se confirmando: mais e mais pessoas sofrem de asma, bronquite, rinite alérgica e doenças do sistema respiratório. E morrem em virtude disso.

A razão é o crescimento exponencial do número de automóveis em circulação. Em menos de trinta anos, a frota de carros brasileira mais do que duplicou. [...] Calcula-se que oito paulistanos ainda morrem a cada dia em razão dos males causados pela poluição. 'Os prejuízos com a fumaça continuam a ser pesados. Hoje, é como se cada paulistano fumasse quatro cigarros por dia, desde que nasceu', diz o patologista Paulo Saldiva, professor da Faculdade de Medicina da Universidade de São Paulo e um dos maiores especialistas em poluição."

Fonte: BUCHALLA, Anna Paula. "Fumaça rima com ameaça". In: Veja. São Paulo: Abril, 29 jun. 2005.

Efeitos da poluição na saúde humana		
Poluentes	**Principais fontes**	**Efeitos na saúde**
Monóxido de carbono (CO)	Veículos	Diminui a oxigenação do sangue, causa tonturas, vertigens e alterações no sistema nervoso central. É fatal em doses altas e ambientes fechados.
Dióxido de enxofre (SO_2)	Indústrias e veículos a diesel	Coriza e danos irreversíveis aos pulmões. Pode matar em altas doses.
Ozônio (O_3)	Ação da luz solar sobre alguns gases liberados na queima de combustíveis	Irritação nos olhos, nariz e garganta, desconforto respiratório, diminui resistência a infecções.
Material particulado (fumaça, poeira, fuligem)	Veículos movidos a diesel, indústrias, desgastes dos pneus e sistemas de freio	Agrava quadros de bronquite, asma, alergias e infecções respiratórias. Pode ser cancerígeno.
Hidrocarbonetos	Queima incompleta e evaporação de combustíveis (álcool, gasolina e diesel)	Irritação nos olhos, nariz, pele e aparelho respiratório. Pode causar câncer.
Aldeídos	Veículos	Irritação nos olhos, nariz e garganta. Pode provocar câncer.
Óxidos de nitrogênio (NOx)	Veículos	Desconforto respiratório, diminuição da resistência a infecções.

Fonte: MACEDO, Laura Valente. Problemas ambientais urbanos causados pelo trânsito na Região Metropolitana de São Paulo (RMSP). In: GUERRA, Antônio José Teixeira e CUNHA, Sandra Baptista (orgs.). *Impactos ambientais urbanos no Brasil*. Rio de Janeiro: Bertrand Brasil, 2001. 416p.

Ler a tabela

1. De acordo com a tabela, que gases poluentes são os mais tóxicos e quais as suas principais fontes geradoras?

2. Observe a coluna que cita as principais fontes de poluição e indique qual fonte produz a maior diversidade de poluentes.

3. Quais poluentes são cancerígenos?

4. Volte à página 209, releia o texto sobre poluição do ar e veja na tabela desta página que fonte de poluente deve ser eliminada para evitar cerca de 2 milhões de mortes por ano.

Argumentar

5. Em São Paulo e em algumas cidades de outros países, foi instituído um sistema de restrição à circulação de automóveis com o intuito de diminuir a frota circulante de veículos e, com isso, diminuir a poluição do ar. Forneça um argumento a favor e outro contrário à circulação dos automóveis.

TEMA 5

O sistema urinário humano

O sistema urinário é formado pelos rins e pelas vias urinárias. O sistema urinário produz e elimina a urina do corpo.

A excreção

As atividades celulares produzem substâncias tóxicas, como o gás carbônico e a ureia (formada da degradação de proteínas, no fígado), que precisam ser eliminadas do organismo. O gás carbônico é facilmente eliminado do corpo por meio da respiração, mas as outras substâncias precisam ser "filtradas" do sangue para, enfim, serem eliminadas do corpo. O processo de eliminação dessas substâncias tóxicas provenientes da atividade do organismo é chamado de **excreção**.

Não se deve confundir evacuação com excreção. Na evacuação, são eliminados resíduos não digeridos dos alimentos e células mortas do trato digestório, enquanto a excreção implica o descarte de resíduos provenientes da atividade celular dos tecidos do corpo, como a digestão dos nutrientes no interior das células.

Nos seres humanos, o sistema urinário é formado pelos rins e pelas vias urinárias. Esse sistema é responsável pela eliminação de resíduos tóxicos e pela manutenção do equilíbrio corporal.

● O que são os rins?

Os rins são dois órgãos com formato de feijão, de cor vermelho-escura, que estão posicionados acima da cintura. Em adultos, cada rim mede aproximadamente 12 cm de comprimento.

Os rins são os principais órgãos excretores do corpo. Eles se encarregam de eliminar o excesso de água no organismo e substâncias tóxicas, como a ureia e o ácido úrico, que matam as células em altas concentrações.

● O que fazem os rins?

Os rins filtram o sangue, extraindo os resíduos tóxicos, e reabsorvem para o sangue as substâncias aproveitáveis. O sangue a ser filtrado circula pelo rim entrando pela artéria renal. Uma vez extraídas as substâncias residuais, o sangue filtrado sai do rim e retorna à circulação por meio da veia renal. Apesar do tamanho diminuto, os rins filtram todo o sangue do corpo a cada cinco minutos, formando a urina.

● A estrutura do rim

O rim é formado pelas seguintes partes: o córtex renal, a medula renal e a pelve renal.

- O **córtex renal** é a parte mais externa do rim. Ele tem um aspecto granuloso e coloração clara. Em seu interior encontram-se os néfrons. O **néfron** é a unidade funcional do rim, filtrando o sangue e produzindo uma pequena quantidade de urina. Mais de um milhão de néfrons são encontrados no córtex de cada rim e filtram o sangue de todo o corpo aproximadamente trezentas vezes por dia. O produto obtido pelo conjunto de todos os néfrons resulta no grande volume de urina que vai para a bexiga urinária.

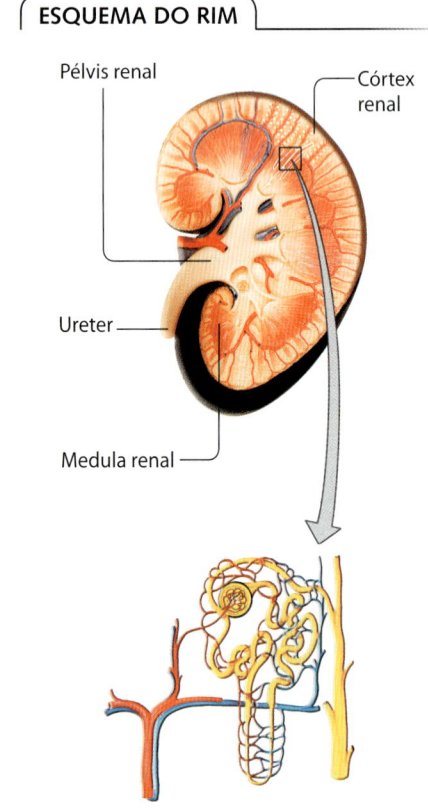

ESQUEMA DO RIM

Pélvis renal
Córtex renal
Ureter
Medula renal
Néfron

Corte esquemático do rim; no detalhe, néfron bastante ampliado.
(Representação sem escala. Cores-fantasia).

Fonte: TORTORA, Gerald J. *Corpo humano — fundamentos de anatomia e fisiologia*. Porto Alegre: Artmed, 2000.

ESQUEMA DO SISTEMA URINÁRIO

Legendas da figura: Veia renal; Rim direito; Artéria renal; Rim esquerdo; Ureter; Bexiga urinária; Músculo esfíncter; Uretra.

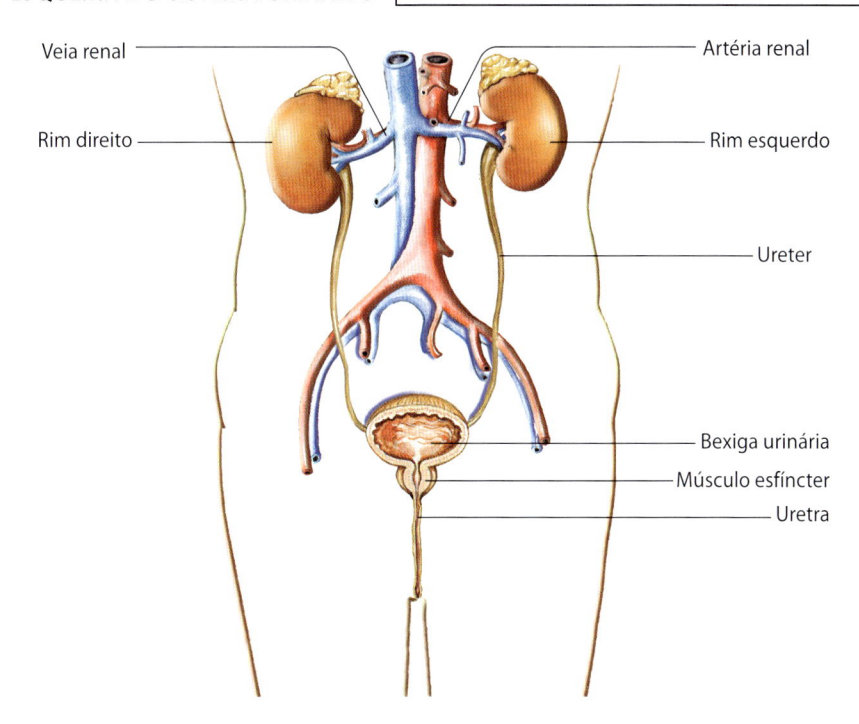

O esquema do sistema urinário mostra como os rins se conectam com as vias urinárias. Observe que a artéria renal leva sangue para o rim. O sangue sai do rim pela veia renal. A bexiga está representada em corte para mostrar sua ligação com o canal da uretra.
(Representação sem escala. Cores-fantasia).

Fonte: TORTORA, Gerald J. *Corpo humano — fundamentos de anatomia e fisiologia*. Porto Alegre: Artmed, 2000.

- A **medula renal** tem aspecto estriado, isto é, apresenta sulcos claros, contrastando com um fundo de cor escura. A medula renal contém numerosos tubos coletores de urina.
- A **pelve renal** é uma cavidade em forma de funil. Ela tem por função coletar a urina formada pelos rins e conduzi-la até os ureteres. Veja a figura acima.

Os rins filtram o sangue, extraindo principalmente a ureia e o ácido úrico, e permitem a reabsorção de outras substâncias úteis ao organismo.

● As vias urinárias

As vias urinárias são formadas pelos **ureteres**, pela **bexiga urinária** e pela **uretra**.

- Os **ureteres** são dois tubos que medem aproximadamente 28 cm de comprimento. Eles conduzem a urina produzida nos rins até a bexiga urinária.
- A **bexiga urinária** é uma bolsa muscular onde se acumula a urina antes de ser expelida ao exterior. A bexiga aumenta de tamanho à medida que acumula urina. Na parte inferior da bexiga há um músculo circular chamado esfíncter, que fecha a uretra e controla o ato de urinar.
- A **uretra** é o canal por onde passa a urina da bexiga urinária até o exterior do organismo. Nos homens, esse canal mede aproximadamente 18 cm e, nas mulheres, cerca de 6 cm.

Os rins e as vias urinárias formam o sistema urinário; os rins produzem a urina, e as vias urinárias a eliminam do corpo.

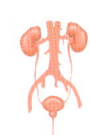

Verifique

Filtrando com o papel

Realize a seguinte atividade:
- Misture em um copo um pouco de água, farinha e sal. 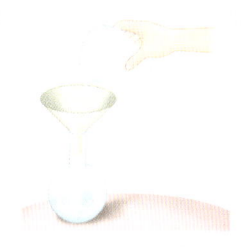
- Filtre essa mistura utilizando um funil com filtro de papel.
- Observe e registre o que ocorreu.
- Compare essa filtração com a que ocorre nos rins.

De olho no Tema

1. Defina excreção. Que produtos corporais devem ser eliminados nesse processo?

2. Embora os rins produzam continuamente a urina, as pessoas não urinam constantemente. Justifique esse fato.

TEMA 6

A formação da urina

A urina é o produto da filtração do sangue. A urina é formada por água, sais e substâncias tóxicas, como a ureia e o ácido úrico.

As etapas da formação da urina

Em cada néfron, a formação da urina acontece em três etapas: a filtração, a reabsorção e a secreção.

- **Filtração.** Nessa etapa são filtrados os nutrientes, os resíduos tóxicos (ureia e ácido úrico), os sais e a água. Os elementos grandes, como as células sanguíneas e as grandes moléculas de proteínas, não passam pelo néfron e mantêm-se na corrente sanguínea.
- **Reabsorção.** Nessa etapa a água, os nutrientes (proteínas, lipídios e glicose) e alguns sais minerais são reabsorvidos e voltam ao sangue pelos capilares que rodeiam o néfron. Esses nutrientes reabsorvidos são importantes para as atividades celulares e, portanto, não devem ser eliminados.
- **Secreção.** Nessa última etapa, são eliminadas certas substâncias do plasma sanguíneo, que não foram filtradas inicialmente. Isso acontece, por exemplo, com alguns sais minerais e medicamentos.

Saiba +

- Os rins filtram diariamente quase 2 mil litros de sangue, que resultam em aproximadamente 1,5 litro de urina.
- O ácido úrico, a ureia e muitas outras substâncias, como alguns medicamentos e drogas, são eliminados na etapa de secreção. As drogas, por exemplo, são encontradas em maior concentração na urina do que no próprio sangue. É por esse motivo que o exame *antidoping* é feito por meio da análise da urina.

ESQUEMA DO PROCESSO DE FORMAÇÃO DA URINA

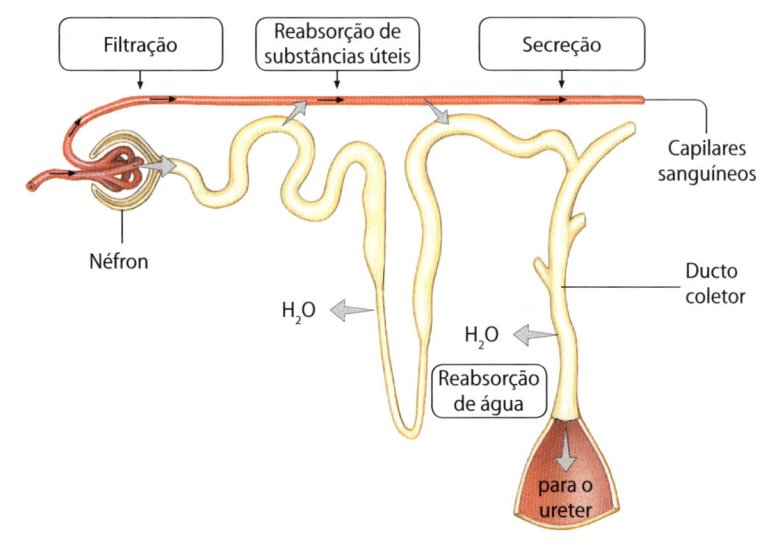

Representação sem escala. Cores-fantasia.

Fonte: CAMPBELL, Neil A.; MITCHELL, Lawrence G.; REECE, Jane B. *Biology — concepts and connections*. 2. ed. Menlo Park: Benjamin Cummings, 2000.

Como ler a tabela

Os números colocados na tabela indicam a quantidade de diferentes substâncias por litro de urina. Essa quantidade vem expressa com os símbolos das unidades, neste caso **grama** (g) por **litro** (L).

Composição da urina (g/L)	
Água	950 g/L
Proteínas	0
Lipídios	0
Glicose	0
Ureia	12 a 30 g/L
Ácido úrico	0,4 a 0,8 g/L

A composição da urina

A urina é o produto da filtração do sangue e é composta de várias substâncias: água, sais minerais, ureia e ácido úrico. A tabela ao lado apresenta a análise da urina de uma pessoa saudável, e não inclui os sais minerais. A urina é um líquido amarelado, transparente, claro e ligeiramente ácido.

O ser humano elimina diariamente entre 1 L e 1,5 L de urina.

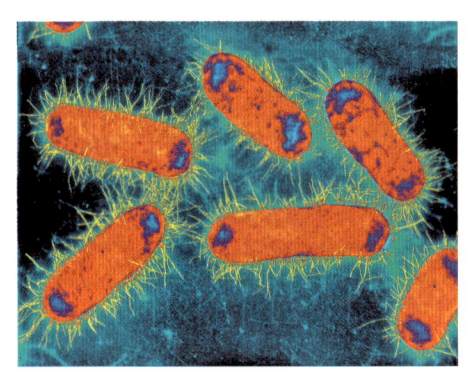

Bactérias *Escherichia coli*, um dos principais agentes que causam as infecções urinárias. Imagem obtida por microscópio eletrônico, colorizada artificialmente e ampliada aproximadamente 16 mil vezes.

As doenças renais

Há fatores, como substâncias tóxicas ou bactérias, que podem alterar o funcionamento normal dos rins ou das vias urinárias e ocasionar as chamadas doenças renais

• Doença nos rins: a nefrite

Nefrite ou glomerulonefrite é resultado de um processo inflamatório que atinge os **glomérulos** — uma parte do néfron.

A produção e a deposição de anticorpos em resposta à presença de uma substância estranha ao organismo ocasiona lesões. Essas infecções podem levar ao aparecimento de sangue na urina e ao aumento da pressão arterial.

As nefrites mais comuns são provocadas por microrganismos (vírus ou bactérias). Há também as nefrites causadas por medicamentos.

Não há como prevenir esse tipo de infecção. O tratamento se faz com orientação médica; mudanças na dieta também ajudam.

• Doenças nas vias urinárias

- Os **cálculos renais** são conhecidos como "pedras" e podem acometer qualquer ponto do sistema urinário (rins, ureteres, bexiga urinária ou uretra). São formados, em sua grande maioria, por sais de cálcio. O cálculo pode obstruir o ureter e causar cólicas renais e vômitos.

    Pessoas com propensão à formação de cálculos renais devem seguir orientação médica na alimentação e ingerir grande quantidade de líquido (cerca de 2 a 3 litros ao longo do dia).

- A **cistite** é a inflamação que ocorre na bexiga urinária. Geralmente ela é causada por microrganismos. O doente não consegue reter a urina por muito tempo na bexiga e precisa eliminá-la frequentemente, em pequenas quantidades. Essa micção (ato de urinar) provoca fortes dores. O tratamento deve ser orientado pelo médico, que procurará eliminar a causa da infecção.

De olho no Tema

1. Se a glicose e outras substâncias orgânicas passam pelos néfrons, por que, geralmente, essas substâncias não são encontradas na urina?

2. O que acontece com a quantidade de urina eliminada em uma pessoa que toma bastante água? Justifique sua resposta.

Tecnologia em pauta

Hemodiálise, uma técnica que salva vidas

O mau funcionamento dos rins pode provocar a morte de um doente renal, mas, graças ao avanço da tecnologia, existem aparelhos que substituem as funções renais, prolongando a vida do paciente por vários anos. Um deles é o aparelho de hemodiálise, que filtra o sangue, retirando a ureia e o ácido úrico.

A hemodiálise é uma técnica que consiste em eliminar as substâncias tóxicas do sangue por meio de uma membrana existente no aparelho. Para praticar a hemodiálise é necessário inserir um tubo ou cateter em uma artéria e outro cateter em uma veia do paciente. Nesse tratamento o paciente necessita permanecer conectado ao aparelho de hemodiálise durante quatro a seis horas, tantas vezes por semana quantas forem necessárias até que os níveis de ureia e ácido úrico no sangue voltem ao normal.

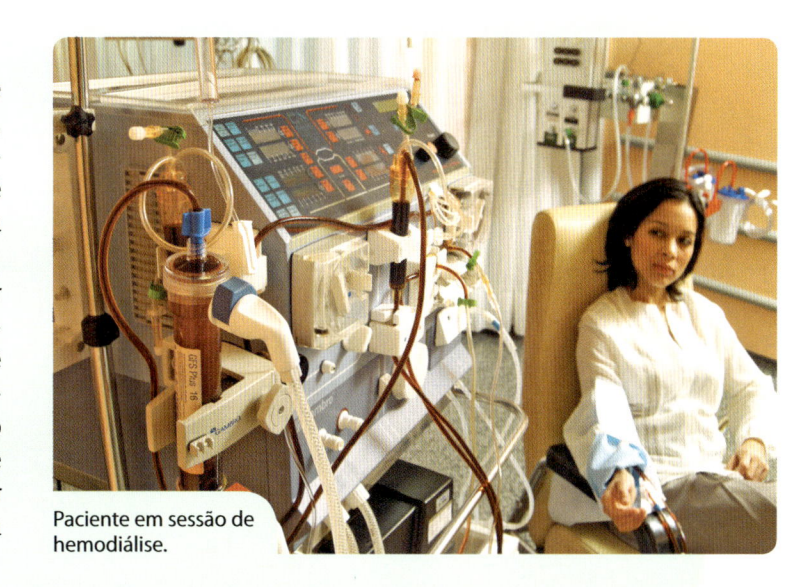

Paciente em sessão de hemodiálise.

ATIVIDADES — Temas 5 e 6

Organize o conhecimento

1. Escreva o nome e a função das estruturas indicadas.

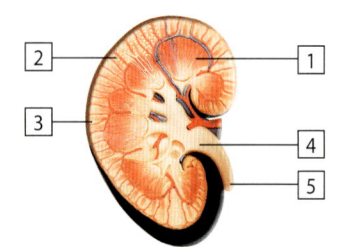

2. Observe o esquema.

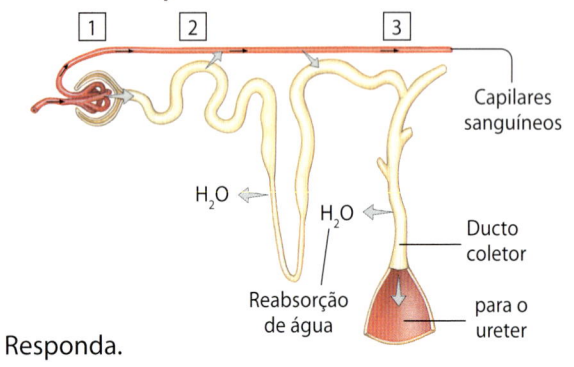

Responda.

a) Qual é a estrutura representada?

b) Considerando o processo de formação da urina, a que correspondem os números 1, 2 e 3 respectivamente?

Analise

3. Um médico atendeu dois pacientes. Leia os casos e responda.

Caso 1
Um paciente queixa-se de tosse, pigarro, dificuldade de respirar.

a) Que perguntas o médico faria a respeito dos hábitos cotidianos desse paciente?

b) Levante hipóteses sobre o tipo de doença desse paciente, levando em conta que ele fuma um maço de cigarros por dia há mais de dez anos.

Caso 2
O paciente traz o resultado de um exame laboratorial de urina com os seguintes resultados:

Resultados do exame do paciente	
Ureia	+
Sais minerais	++
Proteínas	+

Dados de uma pessoa normal	
Ureia	+++
Sais minerais	++
Proteínas	–

a) Que órgãos do paciente apresentam problemas?

b) Que etapa da formação da urina está com problemas?

c) Os resultados do exame indicam que o paciente está com problemas renais, que impedem a eliminação de substâncias tóxicas. Que procedimento poderia ser realizado para resolver momentaneamente o problema?

4. Leia a tabela e responda.

Tabela comparativa de alguns constituintes da urina e do plasma sanguíneo		
Constituintes	Urina	Plasma sanguíneo
Água	950 g/L	900 g/L
Glicose	0	0,80 g/L
Proteínas	0	70 g/L
Lipídios	0	5 g/L
Ureia	12 a 30 g/L	0,25 g/L
Ácido úrico	0,4 a 0,8 g/L	0,04 g/L

Fonte: CAMPERGUE, Mariette et al. *Sciences de la vie et de la Terre*. 3e. Paris: Nathan, 1999.

a) Onde são encontradas as maiores quantidades de ureia e de ácido úrico: na urina ou no plasma sanguíneo? Por quê?

b) A partir de qual líquido do meio interno do corpo a urina é formada?

c) Qual é a função mais evidente dos rins de acordo com os dados da tabela?

d) O que acontece com a concentração de ureia na urina de uma pessoa que tem uma dieta muito rica em proteínas? Justifique.

e) Com base nos dados das tabelas indicadas ao longo do texto, seria normal uma pessoa com uma dieta rica em proteínas apresentar essas substâncias na urina?

5. Duas espécies de roedores são muito semelhantes. Uma delas, porém, vive em ambientes muito úmidos, com acesso a muita água, e a outra vive em locais muito secos, com pouca disponibilidade de água. Os rins das duas espécies estão esquematizados abaixo. A região do córtex está indicada em vermelho e a região da medula, em amarelo.

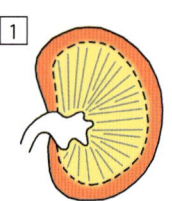

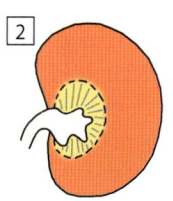

Levando em conta que é no córtex renal que ocorre a reabsorção de água, indique qual dos rins pertence ao animal que vive em ambientes mais secos, justificando sua escolha.

Explore

A salgada decisão do náufrago sedento.

Imagine a seguinte situação: uma pessoa escapa ilesa de um naufrágio, mas está sozinha em um bote, morrendo de fome e de sede. Acabou a comida disponível e o cantil de água está vazio. Falta muito para chegar à terra firme e ela decide tomar uma medida drástica: beber água do mar. "Que gosto ruim, salgado", disse, mas encarou o desafio mesmo assim. Será que foi uma decisão acertada?

Os rins não servem apenas para a "filtração do sangue" e a remoção das substâncias tóxicas do organismo. Eles regulam a quantidade de água e de sais minerais do nosso corpo, mantendo-os em uma concentração relativamente constante. Isso pode ser facilmente observado quando tomamos muita água: urinamos grande quantidade de urina diluída; no caso contrário, urinamos pouco, e uma urina mais concentrada. Coisa parecida ocorre com os sais minerais do corpo (ou seja, quanto mais sal é ingerido, mais sal é eliminado), com um detalhe: os sais minerais em nosso organismo estão dissolvidos em líquido (plasma), e dessa forma eles só podem ser eliminados do organismo em meio líquido, pelo suor ou pela urina.

Em uma situação normal, ingerimos cerca de cinco gramas de sal por dia. Se há um pequeno excesso de sais minerais no sangue a ser eliminado, a tendência é que esses sais sejam diluídos por mais fluido do corpo (o que mantém o equilíbrio da concentração de sais do corpo), e que com isso mais água e sais minerais sejam eliminados pela urina. Entretanto, isso é minimizado pela ação do hormônio antidiurético (ADH) liberado pela hipófise, que faz com que os túbulos dos néfrons absorvam mais água, formando uma urina concentrada e com menos água. O problema é que cada litro de água do mar tem uma quantidade de sal sete vezes maior (35 gramas) que a que nós costumamos ingerir. Nessa situação, por mais ADH que seja liberado, os canais dos néfrons tentam secretar ativamente esse excesso absurdo de sal e eliminá-lo do organismo, mas, como esse sal só sai dissolvido em água, muita água é eliminada na urina. Será que o organismo consegue excretar todo esse sal? A resposta está na tabela abaixo.

Suponha que o náufrago tenha bebido um litro e meio de água do mar. Isso significa que ele ingeriu 52,5 gramas de sal. Como se vê abaixo, o organismo dele eliminou cerca de 39 gramas de sal, e mais de dois litros de urina.

Volume ingerido de água do mar	Quantidade ingerida de sal	Volume eliminado de urina	Quantidade de sal eliminada pela urina
1.500 mL	52,5 g	2.400 mL	39 g

Obter informações

1. Qual é a função do hormônio antidiurético (ADH) no organismo? Quando há um pequeno excesso de sais minerais no sangue, há um aumento ou uma diminuição na secreção de ADH? Justifique.

Interpretar

2. Leia a tabela acima e responda.
    a) O náufrago conseguiu eliminar todo o sal que ele ingeriu?
    b) Compare o volume de água que ele bebeu e o volume de urina que ele eliminou. Ele ganhou ou perdeu água? De quanto foi o ganho ou a perda de água?

3. A decisão do náufrago de tomar água do mar foi acertada? O que pode acontecer com ele se continuar bebendo água do mar?

Refletir

4. O que você sente quando come algo salgado (um saquinho de pipoca, por exemplo)? Explique o porquê desse efeito no organismo.

5. Escreva um texto imaginando soluções para que uma pessoa que sobreviveu a um naufrágio mantenha-se viva. O que ela poderia ou não fazer? Tente pensar nas possibilidades com base no que você aprendeu nessa Unidade.

Por uma nova atitude
Saúde ✚

A saúde e o hábito de fumar

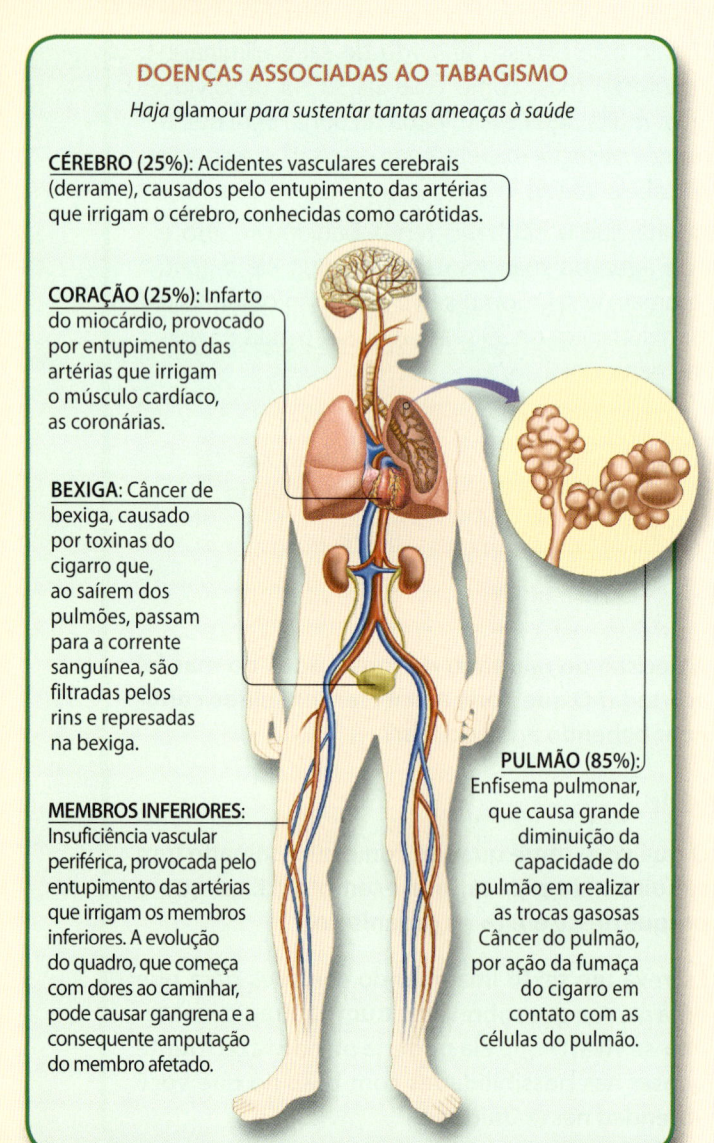

Na foto, trabalhadores de Cuba colocam as folhas do tabaco para secagem.

DOENÇAS ASSOCIADAS AO TABAGISMO
Haja glamour para sustentar tantas ameaças à saúde

CÉREBRO (25%): Acidentes vasculares cerebrais (derrame), causados pelo entupimento das artérias que irrigam o cérebro, conhecidas como carótidas.

CORAÇÃO (25%): Infarto do miocárdio, provocado por entupimento das artérias que irrigam o músculo cardíaco, as coronárias.

BEXIGA: Câncer de bexiga, causado por toxinas do cigarro que, ao saírem dos pulmões, passam para a corrente sanguínea, são filtradas pelos rins e represadas na bexiga.

MEMBROS INFERIORES: Insuficiência vascular periférica, provocada pelo entupimento das artérias que irrigam os membros inferiores. A evolução do quadro, que começa com dores ao caminhar, pode causar gangrena e a consequente amputação do membro afetado.

PULMÃO (85%): Enfisema pulmonar, que causa grande diminuição da capacidade do pulmão em realizar as trocas gasosas. Câncer do pulmão, por ação da fumaça do cigarro em contato com as células do pulmão.

1. Explorar o problema

Até quase o final do século XIX, o uso do tabaco era restrito aos círculos da alta nobreza europeia. Embora o processo de manufatura em escala industrial do cigarro tenha sido inventado em 1880, foi a partir da Primeira Guerra Mundial, com a distribuição de cigarros aos soldados, o afrouxamento das restrições ao uso de drogas e o *glamour* que o cinema e a indústria cultural conferiram ao hábito de fumar, que o uso do cigarro se disseminou. E como! Atualmente existem cerca de 1,3 bilhão de fumantes no mundo, e morrem 4,9 milhões de pessoas anualmente em consequência do cigarro, a maior parte delas nos países em desenvolvimento que, nos dias de hoje, são os consumidores preferenciais dessa droga. Se nada for feito nesse sentido, a Organização Mundial da Saúde estima que, até 2050, 520 milhões de pessoas morrerão por doenças relacionadas ao consumo de tabaco, a um custo anual de 200 bilhões de dólares.

Fontes: http://www.cigarro.med.br. Acesso em 4 jul. 2007; COLAVITTI, Fernanda. Você sabe o que está fazendo? *Galileu*. São Paulo: Globo, fev. 2006.

2. Analisar o problema

Cerca de 25% dos casos de ataques cardíacos, 90% dos casos de câncer de pulmão e 30% de todos os tipos de câncer estão relacionados ao fumo. Vale lembrar que o câncer de pulmão, por exemplo, praticamente não existia antes do fumo. Um único cigarro contém cerca de 5 mil substâncias tóxicas, algumas das quais indicadas na figura 1.

Figura 1

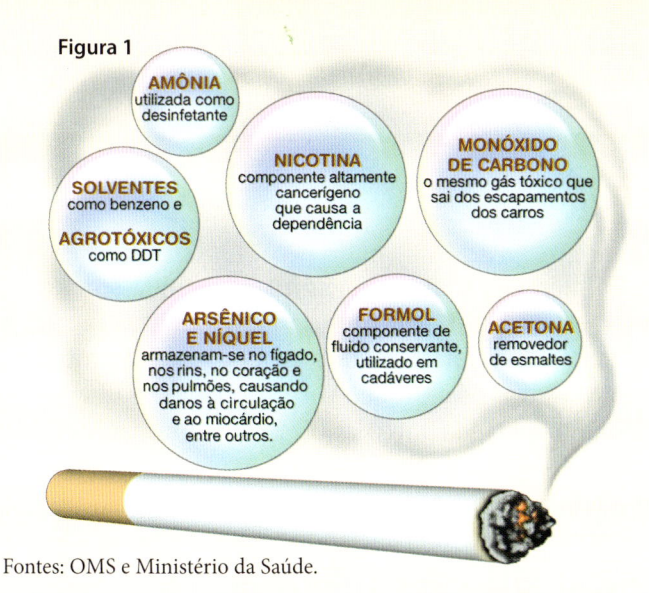

AMÔNIA utilizada como desinfetante

SOLVENTES como benzeno e **AGROTÓXICOS** como DDT

NICOTINA componente altamente cancerígeno que causa a dependência

MONÓXIDO DE CARBONO o mesmo gás tóxico que sai dos escapamentos dos carros

ARSÊNICO E NÍQUEL armazenam-se no fígado, nos rins, no coração e nos pulmões, causando danos à circulação e ao miocárdio, entre outros.

FORMOL componente de fluido conservante, utilizado em cadáveres

ACETONA removedor de esmaltes

Fontes: OMS e Ministério da Saúde.

Ler as imagens e a tabela

a) Qual é a porcentagem dos casos de problemas respiratórios obstrutivos (bronquite, enfisema etc.) que podem ser atribuídos ao cigarro? Por que o cigarro causa esses problemas?

b) Uma pessoa sofreu um acidente vascular cerebral (derrame). Qual é a chance de que ela tenha sido fumante antes do acidente?

c) A tabela abaixo apresenta o número de casos de câncer no Brasil durante um ano (2003). Sabendo que o fumo é responsável por 90% dos casos de câncer do pulmão e vias aéreas, e por 30% dos casos de outros tipos de câncer (boca, esôfago e estômago), estime o número de pessoas que poderiam estar vivas em 2004 se não estivessem fumando.

3. Tomar uma decisão.

Por que parar:

- **Após 20 minutos:**
  – a pressão arterial volta ao normal.

- **Após 8 horas:**
  – os níveis de monóxido de carbono e de gás oxigênio do sangue voltam ao normal.

- **Após 24 horas:**
  – o risco de ataque cardíaco diminui.

- **Após duas semanas a nove meses:**
  – a circulação do sangue melhora e a função pulmonar melhora 30%.

- **Após 1 ano:**
  – o risco de doenças do coração diminui 50%.

- **Após 5 anos:**
  – o risco de câncer do pulmão cai 50% e os de câncer de boca, garganta, bexiga, rins e pâncreas diminuem. Se a pessoa tem alguma doença crônica, largar o cigarro melhora as condições de saúde.

a) "Parar de fumar é uma questão de sobrevivência, e deve ser feita quanto antes." Reúna um argumento contrário ou a favor da frase. Exponha para a classe.

b) Com base nas informações do texto, elabore um cartaz sobre os riscos do cigarro. Coloque no cartaz se você concorda ou não com o hábito de fumar. Dê uma razão.

Tipo de câncer	Número de casos de câncer no Brasil (2003)			
	Estimativa de casos novos		Estimativa de óbitos	
	Casos	Casos*	Casos	Casos*
Pele (não melanoma)	108.785	226,98	1.195	2,04
Próstata	46.540	100,20	10.845	19,11
Pulmão e vias aéreas	29.090	60,81	21.370	31,84
Cólon e reto	27.955	61,90	11.000	24,68
Estômago	26.650	53,94	14.415	29,28
Cavidade oral	14.355	29,82	4.325	9,66
Esôfago	10.970	20,63	6.900	12,93
Leucemias	9.710	20,00	6.210	12,28
Melanoma	5.700	11,81	1.550	2,90
Outras localizações	172.100	342,86	70.450	141,34
Total	532.390	1.101,60	266.150	343,16

Fonte: Instituto Nacional de Combate ao Câncer (http://www.inca.gov.br). Acesso em ago. 2007.
*100 mil habitantes.

Compreender um texto

A polêmica do futebol nas alturas

"Jogar ou não jogar futebol profissional acima dos 2.500 metros de altitude? Essa é a polêmica que divide o organismo que gere o futebol em nível mundial (FIFA) e os países andinos — Colômbia, Bolívia, Equador e Peru. Essas seleções realizam normalmente os desafios de apuramento para os mundiais ou para a Taça dos Libertadores da América em estádios como o La Paz a 3.600 metros (Bolívia), Bogotá a 2.640 metros (Colômbia), Quito a 2.850 metros (Equador) e Cuzco a 3.400 metros (Peru) e contestam a decisão da FIFA em proibir desafios a essas altitudes [...]. A federação internacional argumenta com razões médicas que demonstram que jogos praticados em zonas altas colocam em risco a saúde dos atletas. Posição que futebolistas, treinadores e dirigentes dos países andinos contestam — argumentando que o diagnóstico médico é insuficiente e 'pouco sólido' — considerando a decisão injusta e que coloca em causa a sua tradição e a geografia. [...]

O interessante dessa polêmica, a segunda em dez anos, é que o próprio presidente da FIFA, Joseph Blatter, em fevereiro de 2000, defendeu o direito de a Bolívia jogar na altitude. Afirmou ele: 'Eu nasci nas montanhas. O meu povo na Suíça está diante das montanhas mais altas da Europa. Por isso não tenho medo da altura'. Essa frase está escrita numa placa colocada em frente ao Estádio Hernando Siles em La Paz."

Fonte: *Diário de Notícias* (Portugal). 9 jun. 2007. Disponível em http://dn.sapo.pt/2007/06/09dnsport/proibicao_jogos_futebol_altitude_pro.html. Acesso em 20 jun. 2007.

Efeitos da altitude no corpo humano

Os efeitos da altitude podem ser moderados ou muito severos, dependendo das condições do ambiente e da resistência do atleta. Em último caso, uma doença crônica das altitudes altas pode levar à morte — o que acontece com frequência entre alpinistas. Até agora, porém, não foi constatada a morte de nenhum jogador de futebol em consequência da altitude.

Vista panorâmica do estádio Hernando Siles, situado a 3.600 metros de altitude, em La Paz, na Bolívia.

Estudantes bolivianos protestando contra a decisão da FIFA de abolir os jogos internacionais de futebol em cidades com altitudes acima de 2.500 metros.

Futebol e altitude
Algumas reações no corpo de um atleta durante uma partida em altitude elevada

Sistema cardiovascular
- Aumento da pressão arterial.
- Aumento do tamanho do coração. Durante a aclimatação, é comum que haja taquicardia e fadiga, que melhoram após algumas semanas. Em casos extremos, há arritmias, parada cardíaca e morte.

Sistema muscular
- Aumenta a concentração de mioglobina (proteína que armazena e fornece gás oxigênio ao músculo). Com isso, o corpo aclimata-se melhor ao ar rarefeito.
- Ainda assim, durante a aclimatação, é comum que os músculos entrem em fadiga por falta de gás oxigênio, o que aumenta a ocorrência de cãibras e dores musculares. Geralmente, isso melhora depois de duas a três semanas.

Sistema respiratório
- A concentração de O_2 na altitude mantém-se a mesma da superfície, mas a pressão do ar em grandes altitudes é menor e, portanto, é mais difícil para os pulmões se encherem de ar. Com isso, a ventilação pulmonar aumenta muito, e o jogador sente cansaço, mas, uma vez aclimatado, a respiração tende a se normalizar.
- Há risco de edema pulmonar (entrada de plasma no alvéolo) em altitudes maiores (acima de 2.800 m), o que pode levar uma pessoa à morte se ela não for medicada ou levada para altitudes menores.

Sistema nervoso e hormonal
- Visão, memória e sono deterioram-se em grandes altitudes. É comum, nos primeiros dias, que as pessoas sintam dores de cabeça e náuseas. Isso ocorre porque, a cada °C de calor perdido pelo corpo, o fluxo de sangue para o cérebro diminui 6%. Esse quadro tende a melhorar com o tempo.
- Hipotálamo e o hormônio adrenalina estimulam o aumento da pressão arterial. Uma vez aclimatado o organismo, esse estímulo neuro-hormonal para.
- Em casos extremos, há sangramento na retina.

Sistema esquelético
- Aumento da produção de hemácias (glóbulos vermelhos) pela medula óssea, o que melhora a captação de gás oxigênio pelo sangue e favorece a aclimatação do organismo à altitude.

ATIVIDADES

Obter informações

1. Qual foi a polêmica decisão mencionada no texto, e quais são os motivos da controvérsia?

2. De acordo com o infográfico.
   a) Que efeitos a altitude tem na respiração dos atletas?
   b) Como os músculos respondem ao ar rarefeito?
   c) Quais os riscos para a saúde ou para a vida que os atletas podem correr ao praticar esportes em grandes altitudes?

Interpretar

3. Por que há risco de parada cardíaca entre atletas que jogam em grandes altitudes?

4. Por que há uma piora na capacidade mental de alguns atletas nessas condições?

5. Médicos, jogadores e representantes dos países andinos contestam a decisão da FIFA com base no argumento de que não há risco para a saúde do atleta fazer jogos em grandes altitudes. Que mudanças acontecem no corpo que permitem a aclimatação dos jogadores depois de algum tempo?

Refletir

6. Você concorda com a decisão da FIFA de proibir jogos em lugares com altitudes acima de 2.500 metros? Discuta com os colegas.

7. Pesquise o que acontece com o número de hemácias e com a capacidade respiratória e cardíaca das pessoas que vivem em locais de grandes altitudes quando elas passam a morar em regiões mais próximas do nível do mar.

Oficinas de Ciências

Índice

1. Localizando besouros, 231
2. Estudos de caso com mariposas, 232
3. Desenvolvimento fetal, 233
4. Genética e descendência, 235
5. Homem-máquina, máquina-homem, 236
6. Obtenção de açúcares, 237
7. Conservação de alimentos, 238
8. Vigilância e cuidados com o corpo, 240
9. A ventilação pulmonar, 242

Oficina 1 — Localizando besouros

Seleção natural

De acordo com a teoria evolutiva aceita atualmente, as características mais vantajosas para os organismos em determinadas condições ambientais acabam predominando na população por meio da seleção natural, pois os organismos que apresentam essas características têm maiores chances de sobrevivência e de deixar mais descendentes.

Objetivo

Observar como algumas características são selecionadas positivamente e se estabelecem na população, em detrimento de outras.

Materiais

- 3 folhas de cartolina grandes (50 × 50 cm) de cor verde.
- 3 folhas de cartolina de cor amarela, do mesmo tamanho.
- Tesoura com pontas arredondadas.
- Fita adesiva.
- Cronômetro.

Procedimentos

1. Com uma cartolina de cada cor, fazer quarenta esquemas de "besouros" (vinte de cada cor), como na figura ao lado, cada um com cerca de 2 cm de comprimento.
2. Com a fita adesiva, o professor deve colar dez esquemas em cada uma das folhas inteiras restantes de cartolina, na disposição que quiser, apenas tomando o cuidado de colar "besouros" de ambas as cores.
3. Uma vez montadas as cartolinas com os esquemas (deve-se trazê-las prontas, para evitar que os alunos vejam a disposição dos esquemas de antemão), colocá-las a cinco metros de distância dos alunos.
4. Dividir os alunos em dois grupos. Cada aluno deve apontar para o professor onde estão os "besouros" nas quatro cartolinas. Os alunos têm 10 segundos cronometrados para apontar o máximo possível de esquemas que encontrarem.
5. Os alunos dos dois grupos deverão se alternar até que todos os "besouros" tenham sido apontados. Ganha o grupo que conseguir apontar mais esquemas.

ATIVIDADES

Analisar

1. Responda:
    a) Nas cartolinas de cor amarela, quais "besouros" são encontrados mais facilmente, os amarelos ou os verdes? Por quê?
    b) Em uma floresta, qual dos tipos de besouro seria mais vulnerável a um predador? Justifique sua resposta.

Interpretar

2. Considerando que uma população de besouros do deserto é constituída de indivíduos claros e escuros, quais têm maior chance de sobreviver e deixar descendentes? Justifique sua resposta.

Pesquisar

3. Como se chama a estratégia que alguns animais apresentam de ficar praticamente invisíveis no meio em que vivem? Qual a vantagem evolutiva disso?

Oficina 2 — Estudos de caso com mariposas

Seleção natural

O processo de seleção natural favorece, ao longo das gerações sucessivas, a permanência e o aperfeiçoamento de características que conferem vantagens aos organismos que as têm.

Objetivo

Mostrar estudos de caso e experimentos que demonstrem a ocorrência de evolução por seleção natural em populações de mariposas.

Procedimentos

Ler os seguintes experimentos e responder às questões.

Experimento 1

Em uma população de mariposas, há indivíduos esbranquiçados (claros) e escuros, em proporções diferentes conforme o tipo de ambiente. Um cientista, querendo ver se a coloração escura de algumas mariposas podia ser adquirida em determinadas condições do ambiente, fez o seguinte experimento:

1. Formou dois grupos de larvas de mariposas, com vinte indivíduos cada um.

2. Um grupo foi alimentado com folhas impregnadas de fuligem.

3. O outro grupo foi alimentado com o mesmo tipo de folhas dado ao primeiro grupo, mas sem a fuligem.

Foi observado que as larvas do grupo que não recebeu fuligem na alimentação deram origem a mariposas escuras na mesma proporção do grupo que ingeriu fuligem na dieta. Esses resultados indicam que outros fatores além dos ambientais (como a Genética) estão envolvidos na determinação da coloração em mariposas.

Experimento 2

Uma experiência mais recente foi realizada, também com mariposas, da seguinte maneira: foram capturadas muitas mariposas claras e escuras; esses exemplares foram marcados com uma pequena mancha de tinta nanquim que permitia ao observador identificá-las posteriormente. Assim, um grande número foi solto em uma floresta poluída pela fuligem e em outra intacta. Depois de algum tempo, as mariposas foram novamente capturadas e as marcadas, contadas: das 488 mariposas escuras e 496 claras deixadas na floresta não-poluída, o observador recapturou 34 escuras e 62 claras; na floresta coberta com fuligem, entre as mariposas libertadas, foram recapturadas cerca do dobro de mariposas escuras em relação às claras.

ATIVIDADES

Analisar

1. Com base nos resultados do primeiro experimento, deve-se dizer que a característica da cor das mariposas é determinada somente pelo ambiente? Justifique.

2. No segundo experimento, o que pode ter acontecido com as mariposas não-recapturadas?

3. Como podemos usar os resultados do segundo experimento para ilustrar a seleção natural? Relacione a teoria de Darwin aos resultados observados nos experimentos.

Oficina 3 — Desenvolvimento fetal

O tamanho e a massa corpórea real de um feto

Desde o momento da fecundação até o final da gravidez, tanto o embrião como o organismo materno sofrem diversas mudanças. O feto, à medida que vai se desenvolvendo, ganha massa corpórea e aumenta de tamanho, até o momento em que esteja preparado para nascer.

Objetivo

Construir gráficos que mostrem como o tamanho e a massa corpórea de um feto variam de acordo com o tempo de gestação.

Materiais

- Folhas de papel.
- Régua.
- Lápis.

Procedimentos

1. Observar os dados da tabela ao lado.
2. Traçar sobre uma folha de papel um gráfico com o tamanho do embrião ou do feto a cada mês de gestação (dados obtidos na tabela). Colocar no eixo horizontal os meses de gestação e no eixo vertical o tamanho alcançado pelo embrião ou feto, em centímetros.
3. Em outra folha de papel, traçar um gráfico com a massa do embrião ou do feto a cada mês de desenvolvimento. Colocar no eixo horizontal os meses de gestação e no eixo vertical a massa (em gramas) alcançada pelo embrião ou feto.

Nota: Traçar o gráfico de massa a partir do quarto mês de gestação, já que a massa do embrião é muito pequena nos três primeiros meses de desenvolvimento.

Tempo de gestação	Tamanho	Massa corpórea
1 mês	0,6 cm	0,2 g
2 meses	3 cm	1 g
3 meses	7,5 cm	30 g
4 meses	18 cm	100 g
5 meses	30 cm	450 g
6 meses	35 cm	800 g
7 meses	42 cm	1,3 kg
8 meses	45 cm	2,3 kg
9 meses	50 cm	3,4 kg

Fonte: TORTORA, Gerald J. *Corpo humano — fundamentos de anatomia e fisiologia*. Porto Alegre: Artmed, 2000.

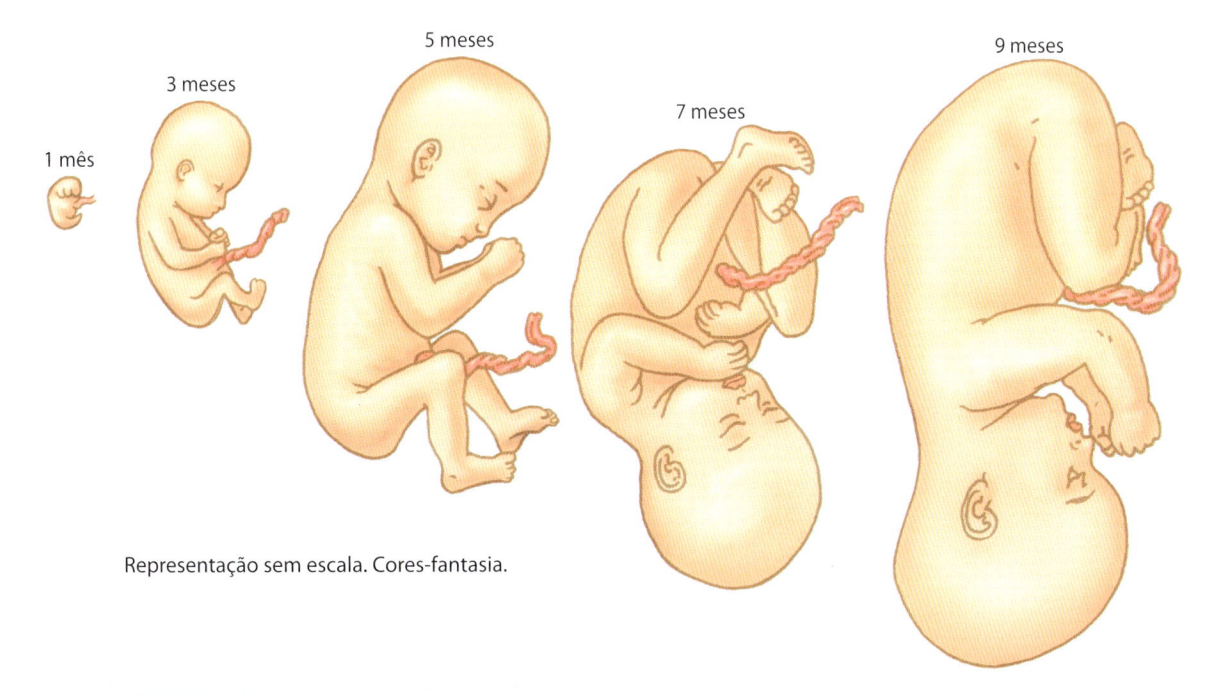

Representação sem escala. Cores-fantasia.

Oficina 3 — Desenvolvimento fetal

ATIVIDADES

Observar

1. Observando os gráficos feitos, responda em seu caderno:
   a) Quais são os meses em que o feto apresenta maior crescimento?
   b) Quais são os meses em que o feto apresenta maior ganho de massa?

Comparar

2. Pelos dados apresentados, pode-se justificar o não aparecimento da barriga saliente em mulheres grávidas até o terceiro mês de gestação?

3. Compare as colunas da tabela e responda.
   a) De quantas vezes foi o aumento de massa corpórea do feto desde o início da gestação até pouco antes de nascer? Esse crescimento em massa do feto é maior que o seu crescimento em tamanho?
   b) Entre o segundo e o quarto mês, há um crescimento muito rápido do comprimento do feto, que fica 5 × mais comprido no final desse período que no segundo mês de gestação. O aumento da massa do bebê é maior ou menor do que o crescimento em tamanho nesse período? Elabore uma justificativa para esse fato.

Refletir

4. Reflita e discuta com seus colegas:
   a) Como é possível a acomodação do feto no útero materno nos meses finais da gravidez?
   b) A tendência, com o crescimento exagerado do bebê, seria que ele pressionasse ou fosse pressionado pelos órgãos internos da mãe, ocasionando uma lesão em ambos. Isso, no entanto, não ocorre. Que estrutura protege o feto contra choques mecânicos?

Concluir

5. Por que, nos últimos meses de gestação, o feto se coloca de cabeça para baixo? O que pode acontecer se o feto não se colocar nessa posição?

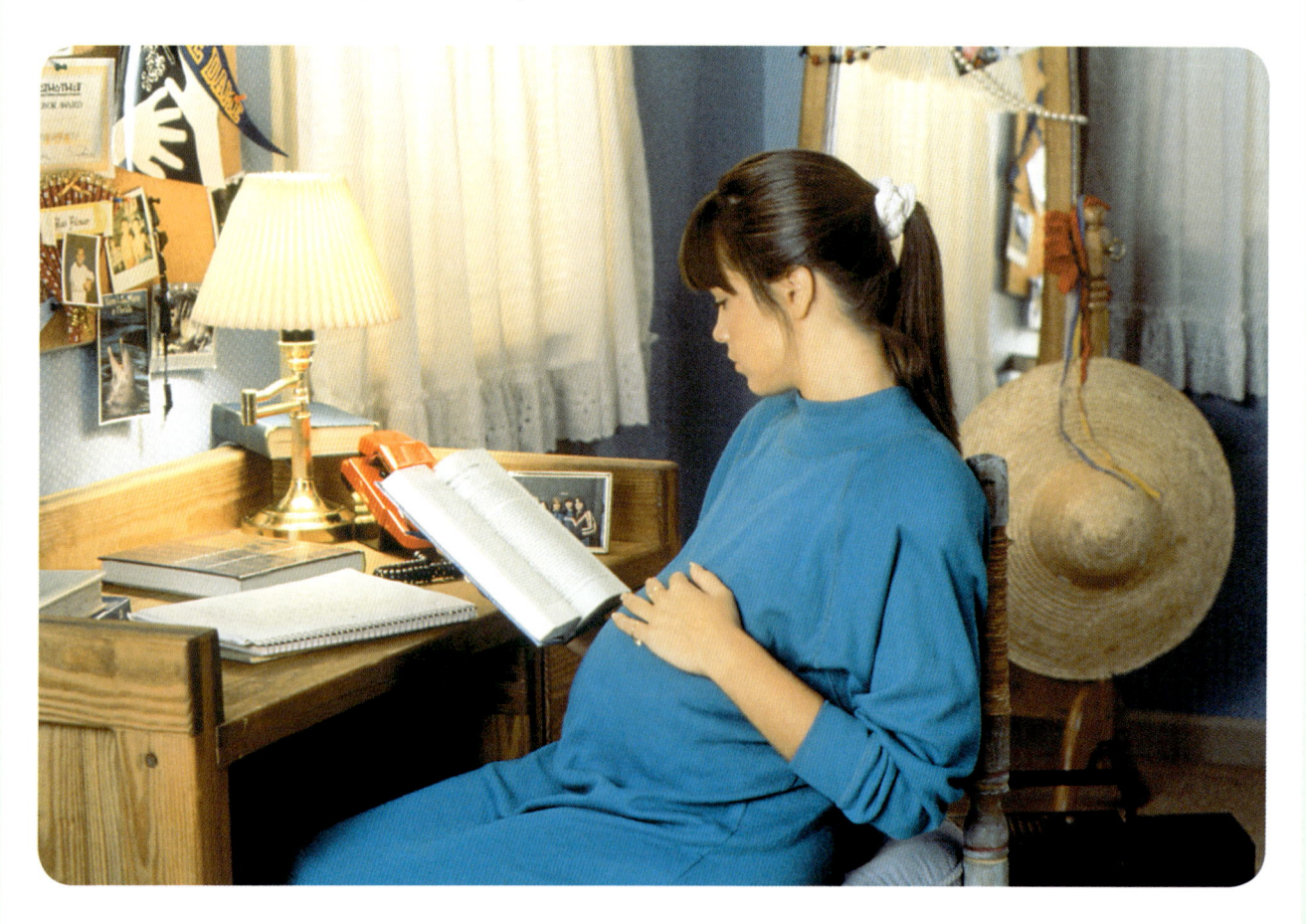

Oficina 4 — Genética e descendência

Interpretação das características genéticas

Nos ratos, o gene que determina a cor do pelo escuro é dominante sobre o gene que determina o albinismo e, consequentemente, a pelagem branca. O caráter recessivo só se manifesta em estado homozigótico.

Em um laboratório, foram criados vários ratos machos escuros e várias fêmeas albinas. Casais de ratos foram pegos ao acaso e, como resultado dos acasalamentos, nasceram tanto descendentes escuros como brancos.

Objetivo

Analisar o genótipo e o fenótipo de ratos, de cores de pelo diferentes, em cruzamentos hipotéticos.

ATIVIDADES

Analisar

1. Analisando o texto acima, responda em seu caderno:
   a) Qual é o fenótipo e o genótipo dos ratos machos progenitores? Justifique sua resposta.
   b) Qual é o fenótipo e o genótipo das fêmeas progenitoras?

2. Sabendo os genótipos das fêmeas e dos machos progenitores, monte uma tabela mostrando o cruzamento entre esses animais e o genótipo de seus descendentes.

3. Analisando esse problema do ponto de vista estatístico, elabore um gráfico colocando no eixo vertical a porcentagem (%) da descendência e no eixo horizontal o genótipo correspondente.

4. Analisando mais uma geração de ratos, ou seja, o cruzamento entre os animais da F1 (resultantes do primeiro cruzamento), responda em seu caderno:
   - Seria possível prever os genótipos e fenótipos dos descendentes resultantes do cruzamento entre dois animais de pelagem escura?

Concluir

5. Caso a resposta anterior seja afirmativa, responda:
   a) Qual seria o genótipo dos novos descendentes?
   b) E o fenótipo desses animais?

Elaborar

6. Elabore um novo gráfico para essa F2 (descendentes do segundo cruzamento), colocando a porcentagem (%) de descendência no eixo vertical e o genótipo correspondente no eixo horizontal.

Compreender

7. Analise atentamente a possibilidade de cruzamento entre os animais da F1. Outros tipos de cruzamento seriam possíveis entre esses animais? Quais?

Oficina 5 — Homem-máquina, máquina-homem

Visitando filmes

A estrutura e o funcionamento do corpo humano lembram as engrenagens de uma máquina em muitos aspectos, e a comparação entre nós e as máquinas já esteve muito em voga. Embora atualmente esse paralelo seja visto com reservas entre os cientistas e educadores, o progresso tecnológico forja equipamentos cada vez mais sofisticados – e de funcionamento e capacidade semelhantes aos desempenhados pelos seres humanos –, indicando uma convergência cada vez maior entre as máquinas e nós.

Objetivo
Assistir a dois filmes e estabelecer, com base neles, relações entre o corpo humano e as máquinas.

Procedimentos
Para essa atividade, os alunos deverão assistir a pelo menos um dos filmes: *Eu, robô* (2004) e *O homem bicentenário* (1999). Atenção para a classificação indicativa do filme.

Outras sugestões: *2001, uma odisseia no espaço* (1968), *Tempos modernos* (1936) e *X-Men, o filme* (2000).

Em seguida, os alunos devem reunir-se em duplas e responder às seguintes questões:

ATIVIDADES

Interpretar

1. Como os seres humanos se relacionam com as máquinas nas cenas apresentadas no filme *Eu, robô* ou no filme *O homem bicentenário*?

2. Em ambos os filmes, como as máquinas se sustentam e se locomovem? Em que esses mecanismos se assemelham ao processo de sustentação e de locomoção dos seres humanos? E no que diferem?

3. Que características das máquinas abordadas nos dois filmes as tornam semelhantes aos seres humanos? Essas características são encontradas nas máquinas de hoje? Que parte do corpo humano é responsável por essas características?

4. Existe em algum dos filmes uma crítica à relação homem-máquina? Em qual deles? Como é essa crítica?

5. Vocês conseguem indicar relações entre o ser humano e as tecnologias em outras formas de arte (música, livros, internet)? Como você acha que essas formas de arte expressam a relação homem-tecnologia? Dê ao menos um exemplo.

Foto do personagem do filme *O homem bicentenário*.

Oficina 6 — Obtenção de açúcares

Extração e identificação de nutriente

O açúcar mais popularmente utilizado no Brasil é extraído da cana-de-açúcar. Porém há outros, como é o caso do açúcar extraído da beterraba ou o açúcar extraído de frutos.

Objetivo
Obter açúcar de frutos.

Materiais
- 1 cacho de uvas.
- 1 manga. Observação: O fruto deve estar maduro.
- 1 copo (200 mL) de garapa.
- Açúcar refinado de cana-de-açúcar.
- 1 prato.
- 1 colher ou socador.
- Água.
- 3 recipientes de vidro (copo).
- Recipiente ou jarra de plástico.
- Funil, papel de filtro.
- Gaze.
- Fita adesiva.

Observação: dependendo da localidade e da época do ano, poderá ser escolhido outro tipo de fruto.

Procedimentos
1. Em um prato, amassar com a colher ou com o socador de cinco a dez uvas.
2. Filtrar o suco obtido, usando o papel de filtro, e colocá-lo no recipiente de plástico.
3. Pegar 2 colheres (sopa) dessa solução e colocá-la no recipiente de vidro.
4. Descartar o restante da solução e lavar o recipiente de plástico.
5. Descascar a manga e cortar em pedaços menores.
6. Repetir os passos 1 a 4, com os pedaços da fruta no lugar das uvas e utilizar um novo recipiente de vidro.
7. Pegar 2 colheres (sopa) da garapa e colocá-la no terceiro recipiente de vidro.
8. Tampar a boca dos recipientes de vidro com a gaze, fixando-a com o auxílio da fita adesiva.
9. Colocar os recipientes com as diferentes soluções em ambiente iluminado e arejado.
10. Deixar os recipientes em repouso de um dia para o outro.

ATIVIDADES

Comparar

1. Compare as substâncias obtidas do suco da uva, da manga e da garapa com o açúcar refinado (que é industrializado) e responda no caderno:

   a) Há semelhanças entre as diferentes substâncias? Quais?

   b) Quais seriam as diferenças entre elas?

Compreender

2. Qual tipo de açúcar foi obtido após a evaporação da água do suco da uva e da manga? Pesquise em duas fontes diferentes para formular sua resposta.

Elaborar

3. Elabore uma lista com os alimentos de seu uso diário e os diferentes açúcares que cada um fornece.

Oficina 7 — Conservação de alimentos

Aditivos alimentares

A conservação de alimentos é uma prática antiga e inclui a defumação, a salga, o acréscimo de condimentos, além da fermentação e da adição de açúcar.

Com a crescente demanda de alimentos desenvolveram-se novas técnicas de conservação.

Objetivo
Verificar a presença de aditivos em diferentes tipos de alimento.

Materiais
- Rótulos de diferentes alimentos, tais como balas, iogurtes, bolachas, macarrões instantâneos, temperos industrializados, sorvetes, hambúrgueres, sopas instantâneas, salgadinhos e outros.

Procedimento
Coleta de dados: em um grupo de 5 colegas, escolher 5 produtos alimentares industrializados, consultar seus rótulos e reproduzir a tabela abaixo em seu caderno com os códigos dos aditivos presentes.

Observe as informações sobre os ingredientes de um achocolatado. Que aditivos ele tem?

ATIVIDADES

Consultar

1. Consultem a tabela de aditivos alimentares na página seguinte e identifiquem os aditivos que apareceram com maior frequência nos rótulos pesquisados. Se algum aditivo encontrado não estiver na tabela, façam uma pesquisa sobre sua função, efeito sobre a saúde e a ingestão diária tolerada.

2. Qual dos produtos pesquisados contém maior número de aditivos?

Comparar

3. Comparem seus dados com os de seus colegas. Qual categoria de produtos contém maior quantidade de aditivos?

Pesquisar

4. Que razões justificam a utilização dos aditivos químicos?

5. Citem outras substâncias, além dos aditivos, que podem acabar sendo digeridas com os alimentos.

Verificar

6. Verifiquem se os produtos que vocês consomem trazem nos rótulos informações suficientes.

Aditivos encontrados	Produto 1	Produto 2	Produto 3	Produto 4	Produto 5
Antioxidantes					
Aromatizantes					
Conservantes					
Corantes					
Estabilizantes					

Oficina 7 — Conservação de alimentos

Refletir

7. De que forma o consumidor pode se defender contra abusos cometidos pela indústria alimentícia?

Tabela 1 – Aditivos alimentares e suas características

Aditivo	Função	Efeitos sobre a saúde	Ingestão diária tolerada em mg/kg de massa corpórea em seres humanos
Antioxidantes	Evitam o ranço provocado por possíveis alterações em óleos e gorduras presentes no alimento.	Em altas doses podem causar modificações genéticas.	• Ácido ascórbico (A.I) – 0 a 15. • Tocoferóis (A.XI) – 0 a 2. • Ácido cítrico (A.II) – sem limites.
Aromatizantes/ Flavorizantes	Podem atribuir ao alimento o aroma de algo que não está presente ou ressaltá-lo.	O glutamato monossódico (F.IV) pode provocar, quando consumido em excesso, alterações no apetite, problemas circulatórios e no sistema nervoso.	• Essências naturais (F.I) – sem limites. • Essências artificiais (F.II) – sem limites. • Glutamato monossódico (F.IV) – não especificado.
Conservantes	Impedem a deterioração de alimentos durante certo período.	O ácido benzoico pode afetar o metabolismo; o dióxido de enxofre irrita mucosas e é cancerígeno; nitritos e nitratos, geralmente utilizados em carnes e produtos de salsicharia, afetam o fígado e o intestino e em altas dosagens são cancerígenos.	• Ácido benzoico (P.I) – 0 a 5. • Nitratos (P.VII) – 0 a 5. • Nitritos (P.VIII) – 0 a 0,2. • Ácido sórbico (P.IV) – 0 a 25. • Dióxido de enxofre e derivados (P.V) – 0 a 0,7.
Corantes	Existem os corantes naturais e os artificiais. Atribuem uma coloração atraente aos alimentos.	Ingeridos em excesso podem provocar alergias, sobrecarregar o fígado e causar insuficiência renal.	• Corantes naturais (C.I) – não especificado. • Corantes artificiais (C.II) – não especificado. • Caramelo (isento) – não especificado.
Estabilizantes	Têm a função de dar "corpo" a alimentos instáveis, como, por exemplo, sorvetes, e emulsões, como a maionese.	Sem informações.	• Polifosfatos (ET.IV) – sem limites. • Citrato de sódio (ET.VI) – sem limites. • Polissorbato (ET.XIV) – 0 a 25.

Tabela elaborada com base em: ANVISA – Agência Nacional de Vigilância Sanitária – e GAVA, A. J. *Princípios de tecnologia de alimentos*. São Paulo: Nobel, 1979.

Observações:

1. Na coluna de ingestão diária tolerada, após o nome do aditivo, é colocado entre parênteses o código obrigatório de rotulagem do produto alimentar.
2. Após o código, é delimitada a quantidade em miligramas de aditivo por quilograma de massa corpórea humana considerada tolerada no período de um dia.

Oficina 8 — Vigilância e cuidados com o corpo

Hábitos e comportamento humano

O comportamento e a vida na nossa sociedade baseiam-se em uma série de regras. No que diz respeito, por exemplo, à higiene e saúde, há muita influência dos conhecimentos e práticas científicas.

Objetivo
Observar e comparar hábitos de higiene e limpeza.

Procedimentos
1. Você deverá observar a sua própria casa, a escola e um banheiro público.
2. Observar e anotar os hábitos de higienização próprios e de outras pessoas nos diferentes locais.
3. Prestar atenção nos procedimentos, produtos e utensílios usados.
4. Identificar as pessoas que apresentam os hábitos de higienização (familiar, funcionário de limpeza etc.).
5. Anotar o maior número de informações em um quadro como o da atividade 4.

Oficina 8 — Vigilância e cuidados com o corpo

ATIVIDADES

Analisar

1. Você já observou que alguns hábitos e costumes são aceitos e realizados na nossa cultura por tantas pessoas que até parecem naturais? Cite exemplos de hábitos que você considera naturais.

2. A prevenção de várias doenças respiratórias, por exemplo, respalda-se em normas de higiene que têm como intenção deixar o ar com menos veículos transmissores de doenças. Dos hábitos mencionados na atividade 1, algum está relacionado à prevenção de doenças respiratórias? Qual(is)?

Refletir

3. O que você acha de pessoas que não fazem uso desse conjunto de hábitos e costumes? Explique.

Construir

4. Monte uma tabela como a seguinte com os resultados da observação:

	Casa	Escola	Banheiro
Aspecto geral			
Procedimentos			
Produtos			
Utensílios e materiais			
Pessoa			

Comparar

5. Observando a tabela que você montou, é possível afirmar que foram levadas em consideração normas para higienização do espaço físico em todos os locais observados? Por quê?

Pesquisar

6. Leia o texto e responda às questões:

> Na organização de nossa vida em sociedade, algumas atitudes cotidianas têm relação com uma explicação científica sobre a origem das doenças, que nem sempre foi a mais aceita: algumas doenças são causadas por seres microscópicos, invisíveis a olho nu.
>
> Os conhecimentos científicos na área da saúde são responsáveis por nos orientar a respeito do que podemos ou não fazer em determinadas situações, para não ficarmos doentes.

a) Observando como é realizada a limpeza de sua casa, prédio ou escola, dê exemplos de práticas que pretendem eliminar esses seres microscópicos.

b) No que diz respeito à produção e eliminação de excretas e fezes por nosso corpo, que hábitos a nossa sociedade tem propagado como corretos?

c) Como você explicaria a diferença desses hábitos em relação a outras sociedades, até mesmo a nossa, séculos atrás? Faça uma pesquisa.

Experimentar

7. Faça a seguinte atividade e responda às questões:

Materiais

- Tinta atóxica própria para pintura a dedo e luvas.

Procedimentos

1. Formar uma dupla.
2. A atividade deverá ser realizada no banheiro da escola.
3. Um dos alunos deverá vestir as luvas e pintar as mãos enluvadas com a tinta. O outro colega deverá anotar os acontecimentos.
4. O aluno com a luva deverá simular que vai ao banheiro: abrir a porta, dar descarga, usar a torneira da pia etc.
5. Depois de terminar a atividade, todos os alunos deverão ajudar a limpar o banheiro.

a) Descreva o que aconteceu, levando em conta as anotações.

b) O que a tinta pode representar?

c) Adiantou lavar as mãos depois de ir ao banheiro? Por quê?

d) Como o nosso organismo consegue se defender de microrganismos?

e) Que atitudes devem ser tomadas para que as mãos fiquem realmente limpas?

Oficina 9 — A ventilação pulmonar

Movimentos respiratórios

A respiração é um processo vital para os seres vivos. Tomando o ser humano como exemplo, o processo respiratório envolve músculos (diafragma) e ossos (caixa torácica), permitindo que os pulmões se encham de ar e que este seja eliminado após as trocas gasosas realizadas nos alvéolos pulmonares.

Objetivo
Construir um modelo que explique a ventilação pulmonar.

Materiais
- Uma garrafa plástica (tipo PET) vazia e transparente.
- Uma rolha de borracha ou cortiça com um furo no centro. A rolha deve se encaixar na boca da garrafa.
- Uma caneta (da qual se possa retirar a carga). Não pode ter furo lateral.
- Dois balões de borracha, sendo um maior e o outro menor.
- Tesoura de pontas arredondadas, fita adesiva.

Nota: a garrafa plástica precisa ter paredes rígidas (não pode ser muito flexível).

Procedimentos
1. Com o auxílio da tesoura, cortar a parte inferior da garrafa plástica (o corte deve ser feito um pouco abaixo da metade da garrafa).
2. Introduzir a caneta sem carga no furo da rolha.
3. Na extremidade da caneta que ficará para dentro da garrafa adaptar o balão menor. Prendê-lo com fita adesiva.
4. Colocar a rolha com a caneta na boca da garrafa, deixando uns 5 cm da caneta para dentro da garrafa.
5. Testar assoprando a outra ponta da caneta para se certificar de que não está havendo vazamento de ar entre a caneta e o balão pequeno.
6. Cortar a parte superior (abertura) do balão maior. Adaptar essa película de borracha à porção inferior da garrafa, fechando-a.
7. Deixar a película de borracha esticada e prendê-la com a fita adesiva.
8. Puxar essa película de borracha para baixo e observar.

Oficina 9 | A ventilação pulmonar

ATIVIDADES

Analisar

1. Analisando o modelo e comparando-o com o corpo humano, responda no caderno:

a) O que representa o balão menor colocado no interior da garrafa?

b) E a borracha do balão maior?

c) E a garrafa?

d) Qual parte do corpo está sendo representada pela caneta?

Comparar

2. Comparando o modelo com o processo respiratório que ocorre em nosso organismo, responda no caderno:

a) O que é simulado quando se puxa a borracha do balão maior para baixo?

b) E quando a borracha retorna para a posição inicial?

Julgar

3. Encontre a alternativa falsa e corrija-a no caderno:

a) Ao baixar a película de borracha do balão maior, ocorre aumento de volume e diminuição da pressão dentro da garrafa, o que faz com que o balão menor se encha.

b) Ao voltar com a película de borracha à posição inicial, há diminuição do volume e aumento da pressão dentro da garrafa, e o balão menor se esvazia.

c) Ao puxar a película de borracha do balão maior para baixo, está sendo representado o movimento do diafragma durante a expiração.

Elaborar

4. Elabore um esquema simplificado que explique o processo de ventilação pulmonar, fazendo uma relação entre os movimentos respiratórios (expiração/inspiração), posição do diafragma, pressão e volume da caixa torácica. Indique os tipos de ar (rico em gás oxigênio ou rico em gás carbônico) utilizados durante os movimentos respiratórios. Se preferir, use símbolos, setas etc.

Informar

5. Comente com seus colegas as principais dificuldades encontradas na realização desse experimento e como elas foram superadas.

Pesquisar

6. Em grupo, pesquisem sobre os efeitos do cigarro no sistema respiratório. Construam um cartaz com ilustrações e informações e mostrem para os outros grupos.

Fique por dentro

Filmes

- **A.I. – Inteligência Artificial**. 2001 – EUA, 143 min. Direção de Steven Spielberg. Um casal decide adotar um robô (David) capaz de ter sentimentos humanos para substituir o filho, que tinha uma doença incurável e foi congelado até que a cura da doença fosse encontrada. Quando o filho do casal é curado, o robô David é abandonado.
- **Epidemia (Outbreak)**. 1995 – EUA, 128 min. Direção de Wolfgang Petersen. Um vírus desconhecido extermina a população e os animais de uma pequena tribo na África. Um macaco portador do vírus é contrabandeado e a doença começa a se espalhar a uma velocidade assustadora nos Estados Unidos.
- **GATTACA – A experiência genética**. 1997 – EUA, 106 min. Direção de Andrew Niccol. Retrata uma sociedade de classes cuja manipulação do código genético humano tornou-se prática de controle e divisão social. Vincent Freeman, considerado um *inválido* devido a seu código genético, luta contra o sistema dessa sociedade.
- **Life running out of control**. 2004 – Alemanha/EUA, 94 min. Direção de Bertram Verhaag. Na Ciência dos anos 1980, com a ajuda da engenharia genética, encontra-se a chave para conquistar a vida na Terra. De repente tudo parece possível. Vinte anos depois é contada uma jornada para explorar a contínua e progressiva manipulação genética de plantas, seres humanos e outros animais.
- **Minha vida em cor-de-rosa**. 1997 – França, 98 min. Direção de Alain Berliner. Um garoto que pensa que é uma garota – e age como tal. O que lhe parece absolutamente normal é completamente bizarro para as pessoas que o cercam. Entre as quais está a família, que não sabe exatamente como proceder diante do comportamento estranho do filho e da reação indignada dos vizinhos.
- **Osmose Jones**. 2001 – EUA, 95 min. Direção de Peter e Robert Farrely. Frank Pepperidge é um construtor que repentinamente pega um resfriado. Esse pequeno fato provoca uma guerra dentro do seu corpo.
- **Parque dos dinossauros (Jurassic Park)**. 1993 – EUA, 101 min. Direção de Steven Spielberg. Um parque construído por um milionário tem como habitantes dinossauros vivos, recriados com técnicas de engenharia genética.
- **Planeta dos Macacos (Planet of the apes)**. 2001 – EUA, 120 min. Direção de Tim Burton. Após sofrer um acidente na espaçonave em que se encontrava, Leo Davidson chega a um planeta estranho e primitivo. Nesse planeta os seres humanos são os "animais" e lutam pela sobrevivência, mas são caçados e escravizados por primatas tiranos, que formam o poder local.
- **Super size me, a dieta do palhaço**. 2004 – EUA, 100 min. Direção de Morgan Spurlock. Documentário no qual o diretor decide se alimentar durante alguns meses apenas em cadeias de *fast food*, registrando que efeitos isso teria no seu corpo. Após quase adoecer, o resultado é um libelo contra os maus hábitos alimentares.
- **Viagem insólita (Innerspace)**. 1987 – EUA, 120 min. Direção de Joe Dante. Tuck Pendleton, um piloto de teste da Marinha Americana, se oferece para uma missão altamente perigosa: entrar a bordo de um submarino que será encolhido e inserido no corpo de um coelho.
- **X-Men**. 2000 – EUA, 105 min. Direção de Bryan Singer. Em um futuro próximo, os seres humanos estão em pé de guerra com pessoas mutantes que apresentam superpoderes.

Endereços na internet

Ciências

- Consulte esse endereço para pesquisar matérias e artigos sobre as várias áreas da ciência. **http://www.cienciahoje.uol.com.br/controlPanel/materia/view**
- Esse endereço eletrônico apresenta artigos sobre neurociência. **http://www.cerebronosso.bio.br/**
- Esse endereço eletrônico apresenta a versão digital da *Série Didática* do Instituto Butantan e textos de divulgação científica. **http://www.butantan.gov.br/materialdidatico/index.htm**
- Aprenda sobre curiosidades por meio de experimentos. **http://educar.sc.usp.br/youcan/**
- Esse endereço eletrônico oferece a oportunidade de pesquisar diversos temas, com a finalidade de produzir textos próprios e publicar trabalhos com a ajuda de professores. **http://www.toligado.futuro.usp.br/**
- Consulte esse endereço para obter lições de Biologia, Ciências, Física e Química do programa de educação à distância dirigido a jovens e adultos. **http://www.bibvirt.futuro.usp.br/textos**

Sexualidade
- Esse endereço é voltado para o público adolescente e apresenta várias informações sobre sexualidade e DSTs. **http://www.adolesite.aids.gov.br**

Genética
- Obtenha informações sobre cursos, atividades *on-line*, textos para debates e *links* interessantes sobre genética. **http://odnavaiaescola.com/**

Jogos e animações on-line

- **http://revistaescola.abril.com.br/multimidia/pag_animacao/gal_animacao_243282.shtml**
  Uma animação que mostra o trajeto do alimento pelo sistema digestório.
- **http://www.turmadochiquinho.com.br/oxy/viagens_oxy_eguerra.asp**
  Uma animação sobre as defesas do organismo, que simula uma guerra contra as bactérias.

Livros

Genética e Evolução
- BIZZO, N. *Evolução dos seres vivos*. São Paulo: Ática, 1999. (Col. De olho na Ciência)
- BRANCO, S. M. *Transgênicos — Inventando seres vivos*. São Paulo: Moderna, 2004.
- MARTHO, G. *A evolução dos seres vivos*. São Paulo: Scipione, 1990. (Col. O Universo da Ciência)
- MERCADANTE, C. *Evolução e sexualidade — o que nos faz humanos*. São Paulo: Moderna, 2004. (Col. Desafios)
- PARKER, S. *Darwin e a evolução*. São Paulo: Scipione, 1996. (Col. Caminhos da Ciência)
- PEREIRA, L. V. *Clonagem. Da ovelha Dolly às células-tronco*. São Paulo: Moderna, 2005. (Col. Polêmica)

Alimentação
- ADAS, M. *A fome. Crise ou escândalo?* São Paulo: Moderna, 2004. (Col. Polêmica)
- AMADO, J. et al. *As viagens dos alimentos*. São Paulo: Atual, 2000. (Col. Nas ondas da história)
- PARKER, S. *Os alimentos e a digestão*. São Paulo: Scipione, 1997. (Col. O Corpo Humano)

Saúde
- CAVINATTO, V. M. *Saneamento básico. Fonte de saúde e bem-estar*. São Paulo: Moderna, 2003. (Col. Desafios)
- CUNHA, P. *Por dentro do sistema imunológico*. São Paulo: Saraiva, 1994.
- GIKOVATE, F. *Drogas. Opção de perdedor*. São Paulo: Moderna, 2004. (Col. Polêmica)
- TELAROLLI, R. Jr. *Epidemias do Brasil, uma abordagem biológica e social*. São Paulo: Moderna, 2004.

Adolescência e sexualidade
- FALCÃO, A.; VERÍSSIMO, M. *PS Beijei*. São Paulo: Salamandra, 2004.
- MUNIZ, F. *Manual dos namorados*. São Paulo: Salamandra, 2005.
- RIBEIRO, M. *Menino brinca de boneca?* São Paulo: Salamandra, 2001.
- ROCHA, R. *Pra que serve?* São Paulo: Salamandra, 1996.
- WROBEL, V.; OLIVEIRA, C. E. *Os desafios na adolescência*. São Paulo: Moderna, 2005. (Col. Polêmica)

Seres humanos e etnias
- MARTINS, M. H. P. *Somos todos diferentes! Convivendo com a diversidade do mundo*. São Paulo: Moderna, 2001. (Col. Com-Viver)
- ROCHA, R. *Declaração universal dos direitos humanos*. São Paulo: Salamandra, 2004.
- RODRIGUES, R. M. *O homem na pré-história*. São Paulo: Moderna, 2003. (Col. Desafios)
- ROSA, N. S. S. *Etnias e cultura*. São Paulo: Moderna, 2004. (Col. Arte e Raízes)

Referências bibliográficas

AIELLO, L.; DEAN, C. *An introduction to human evolutionary anatomy*. Londres: Academy Press, 1990.

ANDRADE, M. M.; MEDEIROS, J. B. *Comunicação em língua portuguesa*. São Paulo: Atlas, 2001.

ARANHA, M. L. A.; MARTINS, M. H. P. *Filosofando: introdução à Filosofia*. São Paulo: Moderna, 1993.

ARMSTRONG, L. *Performing in extreme environments*. Washington: Library of Congress, 2000.

ÁVILA, V. *El músculo – órgano de la fuerza*. Barcelona: Parramón, 1994.

BERGAU, M. et al. *Umwelt: Biologie*. Stuttgart: Ernest K. Schulbucherverlag, 1987.

BLACK, R. M. *The elements of Paleontology*. Cambridge: Cambridge University Press, 1976.

CAMPBELL, N. A.; MITCHELL, L. G.; REECE, J. B. *Biology: concepts and connections*. 2. ed. Menlo Park: Benjamin/Cummings, 2000.

CAMPERGUE, M. et al. *Sciences de la vie et de la Terre*. 3e. Paris: Nathan, 1999.

_____. *Sciences de la vie et de la Terre*. 4e. Paris: Nathan, 1998.

_____. *Sciences de la vie et de la Terre*. 5e. Paris: Nathan, 1997.

CARRERA, M. *Insetos de interesse médico e veterinário*. Curitiba: CNPQ/Universidade Federal do Paraná, 1991.

CASCUDO, L. C. *História da alimentação no Brasil*. São Paulo: Edusp, 1983. v. 1 e 2.

DAWKINS, R. *A escalada do monte improvável*. Trad. Suzana Sturlini Couto. São Paulo: Companhia das Letras, 1998.

_____. *O gene egoísta*. Trad. Geraldo H. M. Florsheim. Belo Horizonte: Itatiaia, 2001.

_____. *O relojoeiro cego — A teoria da evolução contra o desígnio divino*. Trad. Laura Teixeira Motta. São Paulo: Companhia das Letras, 2001.

DE ROBERTIS, E. D. P.; DE ROBERTIS Jr., E. M. F. *Bases da Biologia celular e molecular*. Rio de Janeiro: Guanabara Koogan, 1993.

DI DIO, L. J. A. *Tratado de anatomia aplicada*. São Paulo: Póluss Editorial, 1999. v. 1 e 2.

EL-HANI, C. N.; MEYER, D. *Evolução — O sentido da Biologia*. São Paulo: Unesp, 2005.

EL-HANI, C. N.; VIDEIRA, A. A. P. *O que é vida? Para entender a Biologia do século XXI*. Rio de Janeiro: Relume Dumará, 2000.

ENCICLOPÉDIA AVENTURA VISUAL. *Esqueleto*. Rio de Janeiro: Globo, 1990.

FANTINI, F. et al. *Introduzione alle Scienze della natura*. Bolonha: Bovolenta/Zanichelli, 1997.

FOOD AND AGRICULTURE ORGANIZATION OF THE UNITED NATIONS. *The state of food and agriculture 2003–2004. Agricultural biotechnology: meeting the needs of the poor?* Roma: FAO, 2004.

FREIRE-MAIA, N. *Teoria da evolução: de Darwin à teoria sintética*. Belo Horizonte: Itatiaia, 1988.

FUNDAÇÃO BRASILEIRA PARA O DESENVOLVIMENTO DO ENSINO DE CIÊNCIAS. *Laboratório básico polivalente de ciências para o 1º grau: manual do professor*. Rio de Janeiro: FENAME/PREMEN/DEF, 1978.

_____. *Revista de Ensino de Ciências*. São Paulo: FUNBEC, 1984.

FUNDAÇÃO PARA O DESENVOLVIMENTO DA EDUCAÇÃO e SECRETARIA DE ESTADO DA EDUCAÇÃO. *Ideias — Papel da educação na ação preventiva ao abuso de drogas e às DST/AIDS*. São Paulo: FDE/SEE, 1996.

FUTUYMA, D. J. *Biologia evolutiva*. 2. ed. Ribeirão Preto: FUNPEC, 2002.

GAMLIN, L. *Evolução*. Trad. Rosemeire Ziegelmaier. São Paulo: Globo, 1993.

GUERRA, A. J. T.; CUNHA, S. B. *Impactos ambientais urbanos no Brasil*. São Paulo: Bertrand Brasil, 2001.

HARRISON, G. A. et al. *Biologia humana — Introdução à evolução, variação e crescimento humanos*. São Paulo: Nacional/USP, 1971.

INSTITUTO BRASILEIRO DE GEOGRAFIA E ESTATÍSTICA. *Recursos naturais e meio ambiente: uma visão do Brasil*. Rio de Janeiro: IBGE, 1992.

JONES, S. et al. *The Cambridge Encyclopedia of Human Evolution*. Cambridge: Cambridge University Press, 1992.

KELLER, E. F. *The century of the gene*. Cambridge: Harvard University Press, 2000.

LEAKEY, R. E. *A evolução da humanidade*. São Paulo: Melhoramentos, 1981.

LOYOLA E SILVA, J. *Zoologia*. São Paulo: FTD, 1973.

MADER, S. S. *Biology*. 6. ed. Boston: McGraw-Hill, 1998.

MARANDINO, M. et al. (Org.). Coletânea do VII Encontro *Perspectivas do Ensino de Biologia*. São Paulo: Faculdade de Educação/USP, 2000.

MARCONDES, L. *O sangue*. São Paulo: Ática, 1996.

MARGULIS, L. *Os cinco reinos*. Rio de Janeiro: Guanabara Koogan, 2001.

MARGULIS, L.; SAGAN, D. *O que é vida?* Trad. Vera Ribeiro. Rio de Janeiro: Jorge Zahar Editor, 2002.

MARTINS, M. H. P. *Somos todos diferentes. Convivendo com a diversidade do mundo*. São Paulo: Moderna, 2001. (Col. Aprendendo a Com-viver)

MELLO, T. *Faz escuro mas eu canto: porque amanhã vai chegar*. 19. ed. Rio de Janeiro: Bertrand Brasil, 2000.

MINISTÉRIO DA EDUCAÇÃO E CULTURA e INSTITUTO NACIONAL DE ESTUDOS E PESQUISAS EDUCACIONAIS. *SAEB (Sistema de Avaliação de Educação Básica)*. 2. ed. Brasília: MEC/INEP, 1999.

MINISTÉRIO DA EDUCAÇÃO E CULTURA e SECRETARIA DE EDUCAÇÃO FUNDAMENTAL. *Parâmetros Curriculares Nacionais*. Brasília: MEC/SEF, 1997.

MONTANARI, V.; CUNHA, P. *Nas ondas do som*. São Paulo: Moderna, 1996.

NIELSEN, K. S. *Fisiologia animal — Adaptação e meio ambiente*. 5. ed. São Paulo: Editora Santos, 2002.

PARRAMÓN, M. *Nuestro sistema digestivo*. Barcelona: Parramón, 1993.

POSTLETHWAIT, J. H.; HOPSON, J. L. *The nature of life*. 3. ed. Nova Iorque: McGraw-Hill, 1995.

RAW, I. A *Biologia e o homem*. São Paulo: Edusp, 2001.

RIBEIRO, M. A. et al. "Nutritive values of collective meals: tables of food composition versus laboratory analysis". In: *Revista de Saúde Pública*, v. 29, n. 2, abr. 1995.

RIDLEY, M. *Evolução*. Tradução Henrique Ferreira et al. Porto Alegre: Artmed, 2006.

_____. *O que nos faz humanos*. São Paulo: Record, 2004.

ROCA, N.; SERRANO, M. *Aparato respiratorio — Soplo de vida*. Barcelona: Parramón, 1995.

SÁNCHEZ, D.; CEREZO, J. M. *Ciencias de la naturaleza. Curso 1º ESO*. Madri: Santillana, 2000.

SANTOS, S. *Evolução biológica — Ensino e aprendizagem no cotidiano de sala de aula*. São Paulo: Annablume, 2002.

SANTOS, T. M. *Manual de psicologia*. São Paulo: Nacional/USP, 1967.

SCIENTIFIC AMERICAN BRASIL. *Darwin: as chaves da vida*. São Paulo: Duetto, 2005. (Col. Gênios da Ciência)

SECRETARIA DE ESTADO DA EDUCAÇÃO DE MINAS GERAIS. *Conteúdos Básicos de Minas Gerais — Matemática e Ciências*. v. 2. Belo Horizonte: SEEMG, 1993.

SECRETARIA DE ESTADO DA EDUCAÇÃO DE SÃO PAULO. *Prática pedagógica — Biologia e Química*. v. 1. São Paulo: SE/CENP, 1994.

_____. *Prática pedagógica — Biologia 2º grau — O trabalho educacional na prevenção da cólera*. São Paulo: SE/CENP, 1994.

_____. *Prática pedagógica — Ciências Ensino Fundamental*. v. 1. São Paulo: SE/CENP, 1997.

_____. *Projeto Ipê — O currículo e a compreensão da realidade*. São Paulo: SE/CENP, 1991.

_____. *Proposta Curricular para o ensino de Ciências e Programas de Saúde 1º grau*. 3. ed. São Paulo: SE/CENP, 1988.

SENNETT, R. *Carne e pedra*. Rio de Janeiro: Record, 1997.

SILVEIRA, J. M. F. J. et al. *Biotecnologia e recursos genéticos — Desafios e oportunidades para o Brasil*. Campinas: Instituto de Economia/Finep, 2004.

SOCIEDADE BRASILEIRA DE ANATOMIA. *Terminologia anatômica — Terminologia anatômica internacional*. São Paulo: Manole, 2001.

SPROULE, A. *Charles Darwin*. São Paulo: Globo, 1995.

SUPLICY, M. *Sexo para adolescentes*. São Paulo: FTD, 1998.

TIME LIFE. *A Era do Computador*. Rio de Janeiro: Abril, 1995. (Col. Ciência e Natureza)

_____. *Corpo humano*. Rio de Janeiro: Abril, 1995. (Col. Ciência e Natureza)

TORTORA, G. J. *Corpo humano – fundamentos de anatomia e fisiologia*. Porto Alegre: Artmed, 2000.

VIGARELLO, G. *O limpo e o sujo. Uma história da higiene corporal*. São Paulo: Martins Fontes, 1996.

WALKER, R. *Atlas do corpo humano: os principais órgãos, músculos e ossos em tamanho real*. São Paulo: Moderna, 1995.

WALLACE, A. R. *The Malay Archipelago*. North Clarendon: Periplus, 2000.

WHITFIELD, P. *História natural da evolução*. São Paulo: Verbo, 1993.

Créditos das fotos

(da esquerda para a direita, de cima para baixo)

As imagens identificadas com a sigla CID foram fornecidas pelo Centro de Informação e Documentação da Editora Moderna.

p. 14	Reprodução
p. 15	Horizon/Latinstock; Ludovic Maisant/Corbis/Latinstock; Rosa Gauditano/Studio R
p. 18	CID
p. 19	Magritte, René, Perspicacity, licenciado por AUTVIS Brasil, 2007; CID
p. 24	Dr. Jeremy Burgess/SPL/Latinstock
p. 25	General Photographic Agency/Getty Images
p. 28	Caio Guatelli/Folha Imagem
p. 30	Fernando Gonsales
p. 31	Germano Woehl Jr./Instituto Rã-bugio
p. 33	Fotos: Fabio Colombini
p. 34	Paulo Jares/Editora Abril; Luis Carlos Bassalo Crispino; Luis Carlos Bassalo Crispino; Luis Carlos Bassalo Crispino; Luis Carlos Bassalo Crispino
p. 35	Milton Shirata/Editora Abril; Haroldo Palo Jr./Kino; Haroldo Palo Jr./Kino
p. 36	Fotos: Prof. Dr. Thales Renato de Freitas
p. 38	Pete Oxford/Minden Pictures/Latinstock
p. 39	Fotos: Tiago Falótico
p. 40/41	CID; CID; CID; CID; CID; CID; AJ Photo/SPL/Latinstock
p. 42	Adão Iturrusgarai
p. 43	Fotos: CID
p. 45	Seridec Photoimagene/CID
p. 50	Eye of Science/SPL/Latinstock
p. 53	Charles Thatcher/Stone/Getty Images
p. 59	SciencePictures Ltd/SPL/Latinstock; Garry Watson/SPL/Latinstock; Neil Bromhall/Genesis Films/SPL/Latinstock; Neil Bromhall/SPL/Latinstock
p. 60	CID
p. 62	Glauco
p. 64	CID; CNRI/SPL/Latinstock
p. 65	Junião
p. 66	AJ Photo/SPL/Latinstock
p. 67	CID
p. 68/69	Bluestone/SPL/Latinstock
p. 71	Christian Darkin/SPL/Latinstock; 1990 Watterson/Dist. by Atlantic Syndication/Universal Press Syndicate
p. 74	Dept. of Clinical Cytogenetics, Addenbrookes Hospital/SPL/Latinstock
p. 77	Claude Nuridsany & Marie Perennou/SPL/Latinstock; Lester V. Bergman/Corbis/Latinstock; Dr. David Patterson/SPL/Latinstock
p. 79	A. Barrington Brown/SPL/Latinstock; Jewish Chronicle Archive/HIP/TopFoto/Keystone
p. 81	Dept. of Clinical Cytogenetics, Addenbrookes Hospital/SPL/Latinstock
p. 83	Gustoimages/SPL/Latinstock; Roger Wright/Stone Sub/Getty Images
p. 87	The Bridgeman Art Library/Keystone; Laguna Design/SPL/Latinstock
p. 88	Mark Bolton/Corbis/Latinstock
p. 90	Robert Brocksmith/SPL/Latinstock; Dr. Kari Lounatmaa/SPL/Latinstock
p. 91	Sam Ogden/SPL/Latinstock; Hybrid Medical Animation/SPL/Latinstock
p. 95	Sinclair Stammers/SPL/Latinstock
p. 98	Gustavo Tomsich/Corbis/Latinstock; William Thomas Cain/Reportage/Getty Images
p. 99	Fabio Colombini
p. 102	Andrew Syred/SPL/Latinstock; CNRI/SPL/Latinstock
p. 106	Carlos Luvizari/CID
p. 110	Bluestone Productions/Taxi/Getty Images
p. 117	Du Cane Medical Imaging Ltd/SPL/Latinstock; Ron Chapple/Taxi/Getty Images
p. 120	David P. Hall/Masterfile/Other Images
p. 121	Condé Nast Archive/Corbis/Latinstock
p. 123	Warner Brothers/Album/Latinstock; 20th Century Fox/Zuma Press/Keystone; Warner Bros TV/Album/Latinstock; Sunset Boulevard/Corbis/Latinstock; 20th Century Fox/Courtesy Everett Collection/Keystock
p. 124/125	Foto: Cleo Velleda/Folha Imagem; Tiras: Fernando Gonsales
p. 126	CID; Scott Tysick/Masterfile/Other Images
p. 127	Reprodução/AE
p. 129	David McCarthy/SL/Latinstock
p. 134	Evaristo Sá/AF/Getty Images
p. 135	Fernando Favoretto/CID
p. 138	Renata Freitas/Folha Imagem
p. 139	M Werner/F1 Online/Other Images; Botanica/Jupiter/Other Images; Ricardo Azoury/Pulsar
p. 142	Ivania Sant'Anna/Kino; CID
p. 143	Salomon Cytrynowicz/Pulsar
p. 144	Lou Chardonnay/Corbis/Latinstock; CID; CID; CID; Fabio Colombini
p. 146	Celso Meira/Agência O Globo
p. 147	Paulo Liebert/AE
p. 148	Flávio Dealmeida
p. 149	Wellcome Dept. Of Cognitive Neurology/SPL/Latinstock
p. 150	Cortesia Drª Maria Bernadete de Paula Eduardo
p. 150/151	Paulo Manzi
p. 152	CID; First Light/Latinstock
p. 153	Rodrigo Baleia/Folha Imagem
p. 154	CID
p. 155	Januari Simões/Folha Imagem
p. 156	Fotos: CID
p. 159	CID
p. 160	CID; CID; Matt Henry Gunther/Taxi Japan/Getty Images; Fernando Gonsales
p. 161	David Turnley/Corbis/Latinstock
p. 165	CID
p. 168	Eye of Science/SPL/Latinstock; Silvestre Machado/Opção Brasil Imagens
p. 169	CNRI/SPL/Latinstock; CNRI/SPL/Latinstock; Iara Venanzi/Kino; CID
p. 170	Iara Venanzi/Kino; Dudu Cavalcanti/Folha Imagem
p. 172	2007 King Features/Ipress
p. 175	Fotos: CID
p. 176	Tania Midgley/Corbis/Latinstock
p. 178/179	Fotos: Nilo Lima/Opção Brasil Imagens
p. 180	CID; Eduardo Lara/SambaPhoto
p. 181	Fotos: CID
p. 187	CID; Lester Lefkowitz/Photographer's Choice/Getty Images
p. 188	Fernando Gonsales
p. 189	Russell Sadur/Dorling Kindersley/Getty Images
p. 193	NIBSC/SPL/Latinstock
p. 194	CID; Dr. P. Marazzi/SPL/Latinstock
p. 195	Ian Hooton/SPL/Latinstock
p. 196	CID; Comstock/CID
p. 197	Eye of Science/SPL/Latinstock; R. Umesh Chandran, TRD, Who/SPL/Latinstock
p. 198	Dorling Kindersley/Getty Images
p. 199	Mary Evans Picture Library
p. 200/201	Alexandre Campbell/Tyba; Fotos: Cortesia FIOCRUZ
p. 202	Fotos: Ministério da Saúde
p. 203	Acervo Iconographia
p. 204	Biblioteca Municipal Mário de Andrade (SP); Reprodução/AE
p. 206/207	Jeff Rotman/Index Stock Imagery/Latinstock
p. 208	Dr. G. W. Willis/Visuals Unlimited/Getty Images
p. 209	Ivania Sant'Anna/Kino; Photononstop/Latinstock
p. 210	Regiclay Saady/Pagos/AE; Juca Martins/Olhar Imagem
p. 211	Delfim Martins/Olhar Imagem; Juca Varella/Folha Imagem; Caio Guatelli/Folha Imagem; Robson de Oliveira/NextFoto
p. 212	Cleo Velleda/Folha Imagem; Iara Venanzi/Kino
p. 213	CAMR/A.B. Dowsett/SPL/Latinstock
p. 217	CID
p. 223	Eye of Science/SPL/Latinstock; AJ Photo/Hop American/SPL/Latinstock
p. 226	CID
p. 228	Aizar Raldes/AFP/Getty Images
p. 229	Aizar Raldes/AFP/Getty Images
p. 232	Joke Stuurman/Huitema/Foto Natura/Minden Pictures/Latinstock; Martin Withers/FLPA/Minden Pictures/Latinstock
p. 234	Gabe Palmer/Corbis/Latinstock
p. 236	Touchstone Pictures/Phil Bray/Album/Latinstock
p. 237	CID; Iara Venanzi/Kino
p. 238	Carlos Luvizari/CID